Heinrich Willhelm Stoll

Anthologie griechischer Lyriker

für die obersten Klassen der Gymnasien mit litterarhistorischen Einleitungen und

erklärenden Anmerkungen

Heinrich Willhelm Stoll

Anthologie griechischer Lyriker
für die obersten Klassen der Gymnasien mit litterarhistorischen Einleitungen und erklärenden Anmerkungen

ISBN/EAN: 9783744671460

Hergestellt in Europa, USA, Kanada, Australien, Japan

Cover: Foto ©Paul-Georg Meister /pixelio.de

Weitere Bücher finden Sie auf **www.hansebooks.com**

Anthologie
GRIECHISCHER LYRIKER

für

die obersten Classen der Gymnasien

mit

litterarhistorischen Einleitungen und erklärenden Anmerkungen

von

H. W. Stoll,

Professor am Gymnasium zu Weilburg.

Erste Abtheilung.
Elegien und Epigramme.

Vierte verbesserte Auflage.

HANNOVER.
Carl Rümpler.
1872.

Vorwort.

Der Unterzeichnete will durch die vorliegende Anthologie keineswegs die Lectüre des Homer und der Tragiker in unseren Gymnasien beschränkt wissen. Beide sollen nach wie vor ihre erste Stelle behaupten; aber sollte man nicht, wenn es mit geringem Aufwande von Zeit und ohne Beeinträchtigung jener geschehen kann, auch dem dritten Zweige griechischer Dichtung eine Stelle gönnen und so Epos und Drama in Verbindung bringen? Durch die Aufnahme dieses natürlichen Verbindungsgliedes, welches bei der Entwickelung der griechischen Poesie allmählich vom Epos zum Drama hinüberleitete, können beide nur gewinnen, und der Schüler wird so zugleich mit dem Entwicklungsgange der ganzen griechischen Poesie auf concrete Weise bekannt gemacht. Da aber die lyrische Poesie der Griechen mehr wie jede andere mit ihrer politischen und socialen Entwickelung in Zusammenhang steht und am klarsten und tiefsten das innere Gemüthsleben des Volkes ausspricht, so wird der Schüler durch die Lectüre der Lyriker auch eine genauere Kenntniss von den Eigenthümlichkeiten des griechischen Nationalcharakters erlangen und für politische und Culturgeschichte keinen geringen Gewinn ziehen.

Besondere Schwierigkeiten wird in den obersten Classen der Gymnasien die Lectüre der griechischen Lyriker nicht machen. Wenn ein Schüler seinen Homer Jahre lang gelesen hat, so wird er mit der Elegie, dem Epigramm und manchen anderen Dichtungsarten nur geringe Mühe haben; muthete man aber bisher dem Schüler der Oberklassen zu, eine sophokleische oder euripideische Tragödie im Einzelnen und Ganzen zu verstehen, so kann man auch wohl von ihm verlangen, dass er selbst Stücke von Pindar, dem schwierigsten der Lyriker, begreife, zumal wenn vorzugsweise die leichteren ausgewählt werden. Im Ganzen ist ein griechisches lyrisches Gedicht, weil es klein und darum leicht in seinen einzelnen Theilen zu überschauen ist, leichter zu verstehen als die Tragiker und in gewisser Beziehung auch leichter als Homer; und der Schüler wird die lyrischen Gedichte gerne lesen, weil er hier eben bald ein Ganzes erfassen kann. Das Lyrische spricht überhaupt das Gemüth des Jünglings an, und aus der griechischen Lyrik weht ihm ein verwandter Geist entgegen. Bei ihm erschliesst sich eben die tiefere Gemüthswelt und, indem er aus dem Kindes- und Knabenalter heraustretend mit Begeisterung dem Leben zustrebt, ringt er sich aus dem Zustande der blossen Receptivität los und sucht nach allgemeinen Gedanken; diese sich bildenden Gedanken eines jugendlichen Geistes und das erwachende tiefere Gefühlsleben findet der Jüngling in der griechischen Lyrik, mit welcher dieses Volk aus dem kindlichen Zeitalter des Epos sich zu bewussterem, selbstständigerem Leben herausrang und in die Welt des Gemüths eintrat, jedoch ohne, wie so häufig unsere moderne Lyrik, den realen Grund zu verlieren. Die lyrische Muse der Griechen reicht, wie die epische und tragische, dem Jüngling einen gesunden, kräftigen Trank, der in unseren schlaffen, verkünstelten Zeiten den Geist erfrischen kann und begeistern für Manneswürde, für Gerechtigkeit und Gesetzlichkeit, zu Vaterlandsliebe und zu ächter Frömmigkeit.

Der Verfasser hat die vorliegende Anthologie für die obersten Classen der Gymnasien bestimmt, weil er der Ansicht ist, dass griechische Lyriker, und seien es auch nur gnomische Disticha der leichtesten Art, nicht eher gelesen werden sollen, als bis der Schüler sich mit Homer gehörig bekannt gemacht und so eine Grundlage für die Lectüre der Lyriker gelegt hat; alsdann wird er leicht und schnell den grösseren Theil der in der Anthologie gebotenen Stücke lesen können. Man verwende nur in den zwei letzten Gymnasialjahren auf diese Lectüre dann und wann einige Stunden, seien sie nun extra zugesetzt oder dem bisher gelesenen Dichter entzogen. In dem letzten Falle gebe man den bisherigen Dichter der Privatlectüre anheim, und wenn der Schüler in einen Zweig der lyrischen Dichtung eingeführt ist, so überlasse man die Fortsetzung einer controllirten Privatlectüre und greife die auf kurze Zeit unterbrochene frühere Lectüre wieder auf. Auf diese Weise werden Homer und die Tragiker nichts einbüssen, und der Schüler wird zugleich mit der lyrischen Poesie der Griechen bekannt gemacht. Der Verfasser hat durch die Einrichtung seines Buches, durch die beigegebenen litterarhistorischen Einleitungen und die erklärenden Anmerkungen beabsichtigt, dass dies möglichst schnell in der Schule und ohne besondere Schwierigkeit in der Privatlectüre geschehen könne.

Den vorstehenden in dem Vorworte der ersten Auflage ausgesprochenen An- und Absichten des Verfassers bei Abfassung dieses Buches ist zu dessen besonderer Freude die Zustimmung competenter Richter zu Theil geworden, und da er aus den öffentlichen Beurtheilungen, sowie aus dem schnellen Verbrauche des Buches ersehen, dass dessen Einrichtung im Allgemeinen zweckentsprechend sei, so hat er bei Ausarbeitung der zweiten Auflage Haltung und Anordnung unverändert gelassen. Bei der Auswahl der aufzunehmenden Dichter jedoch hat er sich, namentlich auch veranlasst durch den Wunsch und den freundlichen Rath hochachtbarer Schulmänner und die wohlwollende Aufforderung öffentlicher Beurtheiler, denen beiden ich hiermit meinen besonderen Dank ausspreche, in dieser zweiten Auflage weitere Grenzen gesteckt. So ist in die erste Abtheilung noch Archilochos aufgenommen, in die zweite Alkaios, Alkman, Stesichoros, Ibykos, Bakchylides. Der Verfasser hat hierdurch von dem in der ersten Auflage befolgten, im Ganzen gewiss richtigen Grundsatze, nur möglichst ganze Stücke zu liefern, abgehen müssen; allein die genannten Dichter nehmen in der Entwickelungsgeschichte der griechischen Lyrik eine so bedeutende Stelle ein, dass eine Bekanntschaft mit denselben für den Schüler wünschenswerth ist, zumal da ein Theil ihrer Fragmente der Art ist, dass daran der Character ihrer Dichtungsweise erkannt werden kann. In Betreff der Aufnahme alexandrinischer Elegiker, die von manchen Seiten gewünscht wurde, hat der Verfasser lange geschwankt; doch haben ihn theils die Schwierigkeiten der Kritik und der Exegese, theils die Eigenthümlichkeit des Inhalts von einer Aufnahme derselben absehen heissen. Unter die Fragmente des Theognis und anderer schon in der ersten Auflage aufgenommenen Dichter, sowie unter die Epigramme, bei deren Auswahl vornehmlich der Inhalt massgebend war, sind noch hier und da neue Stücke eingeschoben worden, namentlich bei den Epigrammen mit Rücksicht auf Homer eine Anzahl aus dem Peplos des Aristoteles. Ferner hat der Verfasser noch einige Stücke von Theokrit und von Pindar zugefügt, die Pythia 4. in der Absicht, den Schüler mit der lyrischen Behandlung eines bedeutenden epischen Stoffes bekannt zu machen. Möge das πᾶσιν ἀδεῖν χαλεπόν, das dem Verfasser bei dem Geschäfte der Auswahl so oft auf die Zunge kam, auch bei der Beurtheilung dieser Auswahl eine billige Berücksichtigung finden. Ueber manche andere Punkte, wie über Auslassung anstössiger Verse, ob die einen geringen Raum beanspruchende Angabe des Autors einer Erklärung, der wohl auch einem Schüler bekannt zu werden verdient, in einem Schulbuche zulässig sei, u. dgl., soll hier nicht gerechtet werden. Was die Kritik und Erklärung anlangt, so wiederholt der Verfasser, obgleich die mehrjährige Behandlung des Gegenstandes in der Schule auch ihm nicht fruchtlos geblieben, hier gerne und mit Dank das Bekenntniss seiner Abhängigkeit von den bisherigen Herausgebern und Erklärern der betreffenden Dichter, von Ahrens, Ameis, Bergk, Boeckh, Dissen, Hermann, Jacobs, Rauchenstein, Schneidewin, Teuffel, Weber, Welcker und andern um die griechische Lyrik hochverdienten Männern, sowie er die vielfache Belehrung nicht unerwähnt lassen will, welche ihm die Beurtheiler der ersten Auflage haben zu Theil werden lassen.

Bei Gelegenheit dieser dritten Auflage, welche in Haltung und Umfang sich von der vorigen nicht unterscheidet und nur hier und da eine einzelne Aenderung oder Besserung erfahren hat, wollen wir nicht unerwähnt lassen, dass von dem Buche eine holländische Uebersetzung erschienen ist unter dem Titel: Stoll, H. W., Anthologie uit Grieksche Lierdichters, met biographische inleidingen en ophelderende aanteekeningen. Naar het Hoogd. voar Nederlandsche gymnasia bewerkt door E. Mehler. 1e Stuk: Elegien en Epigrammen. 2e Stuk: Melische, Chorische en Bucolische poezy.

Diese vierte Auflage hat nur einige wenige Aenderungen erfahren.

H. W. Stoll.

Inhalt.

Erste Abtheilung.

I. Elegien.

1. Kallinos .... pag. 7
2. Archilochos .... „ 9
3. Tyrtaeos .... „ 17
4. Mimnermos .... „ 26
5. Solon .... „ 29
6. Xenophanes .... „ 45
7. Theognis .... „ 49
8. Simonides .... „ 73
9. Ion .... „ 75
10. Euripides .... „ 78

II. Epigramme.

1. Archilochos .... pag. 83
2. Erinna .... „ 84
3. Simonides .... „ 84
4. Anakreon .... „ 90
5. Aeschylos .... „ 91
6. Euripides .... „ 92
7. Thukydides .... „ 92
8. Platon .... „ 92
9. Simmias .... „ 95
10. Speusippos .... „ 95

11. Demosthenes	pag.	96
12. Aristoteles	„	96
13. Anyte	„	99
14. Zenodotos	„	100
15. Kallimachos	„	100
16. Asklepiades	„	101
17. Leonidas	„	102
18. Mnasalkas	„	103
19. Dioskorides	„	103
20. Antipatros	„	103
21. Meleagros	„	106
22. Parmenion	„	111
23. Lollius Bassus	„	111
24. Antiphilos	„	111
25. Philippos	„	112
26. Lukianos	„	114
27. Gaetulicus	„	115
28. Adespota	„	115

I.

ELEGIEN.

Die Elegie.

Ἐλεγεῖον ist augenfällig von dem Worte ἔλεγος *) abgeleitet, welches einen Klaggesang bezeichnete. Danach liegt die Vermuthung nahe, dass die Elegie bei den Griechen ähnlich, wie heut zu Tage bei uns, die Bedeutung eines Trauer- und Klageliedes gehabt habe. Dem aber widerspricht die Geschichte der Elegie durchaus; die Elegien der älteren griechischen Zeit waren nichts weniger als Klaggesänge. Ἐλεγεῖον hatte nur eine formelle Bedeutung, es bezeichnete nämlich die Verbindung eines Hexameters mit einem Pentameter, ein Distichon, und unter τὰ ἐλεγεῖα, wie unter dem später entstandenen ἡ ἐλεγεία, verstand man jedes aus Distichen bestehende Gedicht, ohne Rücksicht auf seinen Inhalt. Bei der Ableitung des Wortes ἐλεγεία von ἔλεγος muss man also ganz von dem Inhalte absehen und sich lediglich an die äussere Form halten; die Elegie hatte von dem ἔλεγος nur das Versmass und das Aeussere des Vortrags, nämlich die Begleitung der Flöte, entlehnt.

Die Elegie hat sich aus dem Epos hervorgebildet. Dieses war bis ungefähr zum Anfange der Olympiaden die ein-

---

*) Die Ableitung des Wortes ἔλεγος hat den Alten sowohl, wie den neueren Gelehrten grosse Mühe gemacht, und noch heute herrscht darüber Verschiedenheit. Einige leiten es ab von εὐ-λέγειν, beloben, so dass es ein Lobgedicht (elogium) auf Verstorbene bezeichne, Andere von ἔλεος und γόος. Andere von ἄλγω, ἔλγω, dem Stammwort von ἄλγος. Eine andere beliebte Etymologie ist die von ἒ λέγειν, weh-sagen, klagen, ἔλεγος, also gleich Wehklage. Nach dieser Fassung aber müsste das Wort den Gesetzen der Etymologie gemäss ἔλογος (wie von εὐ-λέγειν εὔλογος) heissen. Daher haben neuere Gelehrte, an dieser Ableitung festhaltend, die Entstehung des Wortes so erklärt, dass es eine unmittelbare Nachahmung des als Refrain bei Klageliedern dienenden Ausrufs ἒ λέγε (ἒ ἒ λέγ' ἒ ἒ λέγε) sei mit der sich zunächst bietenden Endung. Man vergleicht damit Ailinos (von αἴ-Λίνος), Iobakchos (von ἰὼ-Βάκχε) und andere aus ähnlichen Epiphonemen auf ähnliche Weise entstandene Liedernamen. O. Müller hält den Ursprung des Wortes, da alle dafür versuchten Etymologien wenig Wahrscheinlichkeit haben, für ungriechisch. Die Karer und Lyder standen bei den Griechen im Rufe, in Todtenklagen und überhaupt in melancholischen Sangweisen ausgezeichnet zu sein; wahrscheinlich hätten die Ionier zugleich mit solchen Melodien und Liedern das Wort ἔλεγος von ihren kleinasiatischen Nachbarn empfangen.

zige kunstvoll ausgebildete Dichtungsart. Bis dahin hatte sich das Volk in ruhiger, leidenschaftsloser Betrachtung an der grossartigen Fülle seiner alten Heldenzeit geweidet; nun aber trat, nach dem Sturze der Monarchien und mit der Begründung der Freistaaten, ein regeres Leben ein, wo die bewegte Gegenwart an den Einzelnen herantrat, dass er suchen musste sich geltend zu machen und mit seinem Wünschen und Wollen hervortrat. Dadurch war der Boden für die lyrische Poesie geschaffen, in der die äussere Welt der Erscheinungen, die Objectivität, vor dem dichtenden Subjekte in den Hintergrund tritt, während in dem Epos der Dichter anspruchslos hinter der von ihm dargestellten objectiven Welt verborgen steht. Die Elegie nun ist der erste Schritt von dem Epos zu der lyrischen Poesie. In der Elegie tritt der Dichter selbst hervor mit seinen Gefühlen, Gesinnungen und Wünschen, aber er überlässt sich noch nicht, wie dies in der ausgebildeten Lyrik geschieht, einem freien, ungehinderten Fluge des Geistes, sondern die umgebende Welt, die Objectivität, ist für ihn noch die feste Grundlage, von der er ausgeht und zu der er nach kurzem Fluge immer wieder zurückkehrt. In sofern steht die Elegie dem Epos noch nahe, aber sie hat in Bezug auf den Gegenstand nicht den weiten, grossartigen Gesichtskreis des Epos; die nächste Umgebung, die Stadt und das engere Vaterland, das gesellige Privatleben u. s. w., ist die objective Unterlage, von der sie ausgeht.

Dem Inhalte angemessen muss auch die äussere Form, das Versmass sein, denn bei der wahren Kunst erschafft sich der Stoff die ihm geeignete Form. Der Hexameter ist von dem Epos herübergenommen; dazu tritt der Pentameter, in welchem durch eine geringe Veränderung der ruhige, majestätische Gang des Hexameters gebrochen und aufgehalten wird, so dass eine grössere Beweglichkeit entsteht, der Bewegung des Gefühls und des Gedankens entsprechend. In dem Hexameter erhebt sich der Gedanke, in dem Pentameter senkt er sich wieder und kommt zum passenden Abschluss. Auch hier zeigt sich der bescheidene Flug des Elegikers; das Distichon hat bei weitem nicht den Wechsel und die Beweglichkeit, welche in den grösseren lyrischen Strophen herrscht, es ist der erste Anfang der lyrischen Strophe und hat im Ganzen einen ruhigeren, dem epischen Versmasse verwandten Charakter.

Durch den Charakter des Versmasses und durch die dem Elegiker eigenthümliche Stimmung wird auch die Formation der Gedanken bedingt. Die Elegie liebt die Ausführlichkeit; der Pentameter ist dem Hexameter dienstbar, er führt gerne den Gedanken des Hexameters erklärend und bestätigend aus, er hebt ihn durch einen Gegensatz hervor, rundet ihn ab zur Sentenz u. s. w.

Wie das Epos, so ist auch die Elegie von dem ionischen Stamme ausgegangen, und sie ist bis zur gelehrten alexandrinischen Zeit fast ausschliesslich das Eigenthum dieses Stammes geblieben. Daher herrscht in ihr der ionische Dialekt, der sich nur in Wenigem von dem epischen entfernt. Früher als in dem übrigen Griechenland entwickelte sich bei den Ioniern unter dem glücklichen Himmel Kleinasiens und der Inseln in freierem, republikanischen Staatsleben eine rege Thätigkeit der Bürger, Handel und Schifffahrt brachten Reichthum und Wohlstand, Angriffe der benachbarten Barbaren und innere Zerwürfnisse weckten die Thatkraft. In solchen Verhältnissen nahm die nächste Umgebung den Einzelnen besonders in Anspruch; sein Selbstgefühl erwachte, er trat mit seinen Gesinnungen und Bestrebungen selbständig hervor, äusserte sich frei über das Zunächstliegende, über den Staat und seine eigenen Verhältnisse, sprach seine Freude aus und sein Leid und seinen Zorn. Die poetische Form, in der dies geschah, war die Elegie.

Als Begründer der Elegie gilt bei den Griechen Kallinos von Ephesos c. Ol. 1. (777 a. Chr.). Seine Elegie hat einen kriegerischen und politischen Charakter, und in dieser politischen Richtung folgen ihm die meisten von den nächsten Elegikern. Da der Staat die Kräfte und das Interesse der Bürger vornehmlich in Anspruch nahm, so musste diesem die Elegie, die ihrem Wesen nach auf das äussere umgebende Leben gerichtet ist, vorzugsweise zugewandt sein. Unter die politischen Elegiker rechnet man ausser Kallinos den Tyrtaeos, Solon, Theognis, auch gehören theilweise hierher Archilochos, Mimnermos, Xenophanes. Die Elegie streift leicht zum Gnomischen hinüber, sie erhebt sich zu allgemeinen Betrachtungen politischer und ethischer Natur und fasst die gewonnene Lebensweisheit in kurze Sprüche (Gnomen, Sentenzen) zusammen. Daher werden die oben als politische Elegiker bezeichneten Dichter auch zum Theil gnomische genannt, wie Xenophanes, Theognis, Solon. Wo das Interesse für öffentliches Leben geschwunden ist oder das Staatsleben eine solche Ausbildung erhalten hat, dass die Elegie nicht mehr fähig ist dasselbe zu fassen und zu beherrschen, da zieht sie sich bescheiden zurück und erfreut sich an der Darstellung des individuellen Privatlebens und der heitern Geselligkeit. So entstand die sympotische Elegie, worin, so viel wir wissen, Archilochos voranging; ihm folgten Theognis, Xenophanes, Ion u. A.; derselbe Archilochos dichtete auch threnetische oder Trauerelegien, welche Gattung später besonders von Simonides von Keos ausgebildet wurde. Mimnermos ist der Reigenführer der erotischen oder Liebeselegie; sie war eine beliebte Dichtungsart bei den Alexandrinern, unter denen in dieser Beziehung Philetas (c. Ol. 120. 300 a. Chr.) und Kallimachos (c. Ol. 125. 280 a. Chr.) als Muster galten. Von beiden aber sind nur unbedeutende Bruchstücke erhalten. Wenn man übrigens so die Elegie in verschiedene Classen theilt, politische, kriegerische, sympotische, threnetische, erotische, gnomische, so ist dies nur eine von dem nach leichter Uebersicht strebenden Verstande hervorgerufene Sonderung, welche in der Wirklichkeit nie in so schroffer Weise stattgefunden hat; die verschiedenen Arten spielen mannigfach in einander über. Der Dichter greift aus dem reichen, vollen Leben irgend einen Gegenstand heraus und behandelt ihn dem der Elegie eigenthümlichen Charakter gemäss, wobei denn von der einen Seite der Gegenstand selbst, von der andern die eigenthümliche Anlage des Dichters der Elegie ihr besonderes Gepräge geben.

Die Elegien wurden zum Theil, besonders die von vorzugsweise politischem Charakter, in grösseren Versammlungen der Bürger vorgetragen, meistentheils aber bei festlichen Mahlen, Symposien. Dies geschah in lebhafter Recitation entweder ohne musikalische Begleitung oder mit Anwendung der Flöte, doch gewöhnlich nur so, dass der gehobene Vortrag durch ein kurzes Vorspiel eingeleitet und hier und da durch Zwischenspiele unterbrochen wurde. Ol. 47, 3. 590 a. Chr. traten der Argiver Sakadas und der Arkader Echembrotos bei den pythischen Spielen mit threnetischen Elegien auf, welche für den Gesang zur Flöte eingerichtet waren. Obgleich diese Art musikalischer Aufführung zu Delphi, als der heitern Stimmung des Festes nicht entsprechend, gleich wieder abgeschafft wurde, so ist es doch ziemlich gewiss, dass in der Folge noch Elegien threnetischer Art auf diese Weise componirt wurden.

Ungefähr zu gleicher Zeit mit der Elegie entstand eine andere Gattung der Poesie, die selbständig neben ihr herging, die iambische. Ueber diese s. Einleitung zu Archilochos. Da von dieser Dichtungsgattung nur sehr wenig Bruchstücke mehr übrig sind, so ist ihr in dieser Anthologie keine besondere Abtheilung zugewiesen; einige Bruchstücke finden sich bei Archilochos und Solon.

1. Kallinos.

Ueber die Lebensverhältnisse des Kallinos von Ephesos, des Urhebers der Elegie, ist uns aus dem Alterthum nichts überliefert; auch sind die Angaben, nach welchen man seine Lebenszeit berechnet, so ungewiss und schwankend, dass die neueren Literarhistoriker hierüber zu sehr verschiedenen Resultaten gelangt sind. O. Müller (Gesch. d. Gr. Lit. I. p. 91.) setzt seine Blüthezeit in die Regierungsjahre des lydischen Königs Ardys (Ol. 25, 3—37, 4. 678 – 629 a. Chr.); auf einer sicherern Grundlage jedoch ruht die Annahme derer, welche sein Mannesalter um die erste Olympiade (777 a. Chr.) ansetzen. Strabo (14, p. 647. s. Archil. No. 8.) gibt das Zeitverhältniss des Kallinos und des Archilochos so an, dass er sagt, Archilochos spreche von der Zerstörung der Stadt Magnesia (am Mäander) als von einer bekannten Sache, während Kallinos diese Stadt, welche mit Ephesos langwährende Kriege führte, als sehr mächtig und blühend schildere. Magnesia aber wurde von den Horden der Trerer, eines wilden kimmerischen Stammes, der, von den Skythen aus seinen nördlich vom Schwarzen Meere gelegenen Wohnsitzen vertrieben, sich in den pontischen und phrygischen Gebirgen festgesetzt zu haben scheint und von da aus seit alter Zeit häufige Einfälle in das vordere Kleinasien machte, nach der wahrscheinlichsten Berechnung ungefähr 10 Jahre vor des lydischen Königs Kandaules Tod (726 a. Chr.) zerstört. Sonach wird Kallinos nicht lange nach der ersten Olympiade geblüht haben.

Wahrscheinlich waren die Elegien des K. sämmtlich kriegerischen Inhalts; die einzige, welche wir noch übrig haben, und diese nicht ganz vollständig, schliesst sich in der Sprache eng an Homer an und zeigt noch eine gewisse epische Breite und Fülle, welche sich nicht in das knappe Mass des Distichons fügen will. Der Satz zieht sich bei ihm oft aus einem Distichon in das andere hinüber, worin ihm auch die nächstfolgenden Elegiker noch öfter gefolgt sind. K. feuert in dieser Elegie die Jugend seiner Vaterstadt, die sich schon unter dem milden Himmel Ioniens und durch die Nähe des schwelgerischen Lydiens angesteckt, einer behaglichen Weichlichkeit und einem üppigen Lebensgenusse hinzugeben begann, zu tapferem Kampfe gegen die Nachbarstadt Magnesia an; doch erkennen wir aus dem Feuer der Begeisterung des Dichters selbst und aus den Motiven, welche er in seinem Gedichte anwendet, um seine Landsleute zur Tapferkeit anzuspornen, dass der kriegerische Geist der Ephesier noch nicht ganz in der üppigen Lebensfülle untergegangen sein kann.

Μέχρις τευ κατάκεισθε; κότ' ἄλκιμον ἕξετε θυμόν,
ὦ νέοι; οὐδ' αἰδεῖσθ' ἀμφιπερικτίονας,
ὧδε λίην μεθιέντες; ἐν εἰρήνῃ δὲ δοκεῖτε
ἧσθαι, ἀτὰρ πόλεμος γαῖαν ἅπασαν ἔχει.
. . . .
5 καί τις ἀποθνήσκων ὕστατ' ἀκοντισάτω.
τιμῆέν τε γάρ ἐστι καὶ ἀγλαὸν ἀνδρὶ μάχεσθαι
γῆς πέρι καὶ παίδων κουριδίης τ' ἀλόχου
δυσμενέσιν. θάνατος δὲ τότ' ἔσσεται, ὁκκότε κεν δὴ
Μοῖραι ἐπικλώσωσ'. ἀλλά τις ἰθὺς ἴτω
10 ἔγχος ἀνασχόμενος καὶ ὑπ' ἀσπίδος ἄλκιμον ἦτορ
ἔλσας, τὸ πρῶτον μιγνυμένου πολέμου.
οὐ γάρ κως θάνατόν γε φυγεῖν εἱμαρμένον ἐστίν

Stob. Floril. 51, 19. — Gewöhnlich bezieht man die Elegie auf einen Krieg mit den Trerern; aus dem Gedichte selbst aber wird es wahrscheinlich, dass an einen Lanzenkampf gegen Gleichbewaffnete, also wohl gegen die Magneten, nicht aber gegen kimmerische Horden, zu denken sei. — Der Dichter beginnt mit einem Vorwurf; sein Schmerz und Unwille bricht in eine dreifache Frage aus (ähnlich Il. 4, 242 ff.). Die Lücke nach dem vierten Vers suchte Joach. Camerarius, der durch diese Elegie die Fürsten der Christenheit zu einem Kreuzzuge gegen die Türken zur Befreiung der Griechen entflammen wollte, auszufüllen durch den Vers:

εὖ νύ τις ἀσπίδα θέσθω ἐν ἀντιβίοις πολεμίζων.

Aber die Lücke ist grösser; die verlorenen Verse enthielten eine weitere Ausführung von V. 4. πόλεμος γαῖαν ἅπασαν ἔχει und schilderten die drohende Gefahr. Daran schloss sich alsdann die Aufforderung zum todesverachtenden Kampfe, wozu noch V. 5. gehört. Stobaeus, dem die Elegie erhalten hat, zog V. 5. noch herzu, weil die folgenden Verse die Motive für die Aufforderung in V. 5. enthalten. Deren sind zwei: 1) die Ehre, 2) die Unvermeidlichkeit des Todes. Sie reichen bis zur Mitte von V. 9. und es schliesst sich daran die wiederholte Aufforderung zu muthigem Kampfe V. 9 — 11. In den folgenden Versen werden dieselben Motive wieder aufgegriffen und weiter auseinandergelegt, jedoch in umgekehrter Ordnung.
V. 1. cf. Hom. Il. 24, 128. τέο μέχρις. — κατάκειμαι, wie κάθημαι Hom. Od. 2, 255. 4, 628. in Unthätigkeit liegen, sitzen; so κεῖσθαι Il. 2, 688. — κότε, ionisch statt πότε, ebenso V. 8. ὁκκότε f. ὁππότε, V. 12. κως f. πως. — ἄλκιμον ἐξ. θυμόν, cf. Il. 5, 529.
V. 2. οὐδ' αἰδεῖσθ' ἀμφιπερικτ. cf. Od. 2, 65.
V. 3. μεθιέντες, cf. Il. 4, 234. μήπω τι μεθίετε θούριδος ἀλκῆς, cf. ib. 240. 13, 121.
V. 9. ἀλλά, cf. Tyrt. 1, 15. Hom. Od. 5, 450. Il. 23, 414. 426.
V. 12. cf. Il. 12, 322 ff. 6, 488.

ἀνδρ', οὐδ' εἰ προγόνων ᾖ γένος ἀθανάτων.
πολλάκι δηϊοτῆτα φυγὼν καὶ δοῦπον ἀκόντων
ἔρχεται, ἐν δ' οἴκῳ μοῖρα κίχεν θανάτου· 15
ἀλλ' ὁ μὲν οὐκ ἔμπης δήμῳ φίλος οὐδὲ ποθεινός,
τὸν δ' ὀλίγος στενάχει καὶ μέγας, ἤν τι πάθῃ.
λαῷ γὰρ σύμπαντι πόθος κρατερόφρονος ἀνδρός
θνῄσκοντος, ζώων δ' ἄξιος ἡμιθέων.
ὥσπερ γάρ μιν πύργον ἐν ὀφθαλμοῖσιν ὁρῶσιν· 20
ἔρδει γὰρ πολλῶν ἄξια μοῦνος ἐών.

V. 14. u. 15. ἔργεται, d. i. εἴργεται, cf. Demosth. de Corona §. 97, πέρας μὲν γὰρ ἅπασιν ἀνθρώποις ἐστὶ τοῦ βίου θάνατος, κἂν ἐν οἰκίσκῳ τις αὐτὸν καθείρξας τηρῇ. — Simonid. f. 65. Bergk. ὁ δ' αὖ θάνατος κίχε καὶ τὸν φυγόμαχον. — Zu ἔργεται ergänze τίς. cf. Tyrt. 1, 28. Hom. Il. 22, 199.
V. 17. τὸν δέ, den κρατερόφρων ἀνήρ. Da durch τὸν δέ der Begriff noch nicht klar herausgestellt ist, so wird V. 17. repetirt in V. 18. u. 19., doch in Verbindung mit einem neuen Gegensatze. In diesen letzten Versen hebt der Dichter den κρατερόφρων ἀνήρ besonders hervor im Gegensatze zu den Anfangsversen, zu dem schlaffen Verhalten der Ephesier. Diese sollen κρατερόφρονες ἄνδρες sein; dann können sie das Vaterland von den V. 4. ff. geschilderten Leiden befreien. — ὀλίγος καὶ μέγας, cf. Il. 9, 36. 258. Od. 1, 395.
V. 20. ἐν ὀφθαλμοῖσιν ὁρᾶν, vor Augen sehen, verschieden von ὀφθαλμοῖσιν ὁρᾶν. Il. 3, 306. 24, 294.
V. 21. πολλῶν ἄξια = ἄξια τούτων, ἃ πολλοὶ ἔρδουσιν.

II. Archilochos.

Archilochos, ein jüngerer Zeitgenosse des Kallinos, gehörte einem vornehmen Geschlechte auf Paros an, zog aber in der Hoffnung, den ärmlichen Verhältnissen, in denen er in seiner Heimat lebte, zu entgehen, mit seinem Vater Telesikles Ol. 15 od. 18 (720 od. 708 v. Chr.) an der Spitze einer Colonie von Paros nach dem fruchtbaren und goldreichen Thasos. Anstatt jedoch die Quellen des Reichthums dieser schönen Insel zu eröffnen, strebten die neuen Colonisten bald nach dem Besitz des gegenüberliegenden gold- und weinreichen thrakischen Küstenstriches und verwickelten sich so mit den einheimischen Völkern und mit frühern griechischen Colonien in Kriege, an denen sich auch Archilochos als tapferer und muthiger Kämpfer betheiligte (fr. 1—5.). In diesen Verhältnissen vermochte Archilochos das gehoffte Glück nicht zu gewinnen und zog, unzufrieden mit der Lage der Dinge auf Thasos, die er in seinen Gedichten als ganz verzweifelt schildert (fr. 8. 9. 12), wieder nach Paros zurück, nachdem er wahrscheinlich vorher an manchen andern Orten sich herumgetrieben hatte. Seinen Tod fand er in einem Kriege der Parier mit dem benachbarten Naxos.

An den bewegten Schicksalen unseres Dichters hatte jedenfalls der innere Zwiespalt seines Gemüthes grossen Antheil. Er war ein reizbarer, von den heftigsten Leidenschaften bewegter Mann, in dem die widersprechendsten Stimmungen zusammenflossen und der, in sich selbst zerrissen, mit der umgebenden Welt in steten Kämpfen lebte. In diesen Zerwürfnissen zeigt er eine schonungslose Bitterkeit und Schmähsucht. Am meisten erfuhr seinen Zorn die Familie des Lykambes, der ihm die jüngere seiner Töchter, Neobule, zur Ehe versprochen, später aber aus uns unbekannten Gründen sein Wort wieder zurückgenommen hatte. Dafür nun wurde er in den Versen des beleidigten Dichters mit so schmachvollen Lästerungen angegriffen, dass sie sich sämmtlich aus Scham und Verzweiflung erhängt haben sollen.

Archilochos wurde von den Alten allgemein als einer der grössten Dichter anerkannt und neben Homer und Pindar auf eine Stufe gestellt. Leider aber sind uns von seinen Gedichten ausser drei Epigrammen (s. Epigramme I.) nur kleine Bruchstücke gerettet. Er war ein Mann von reicher dichterischer Begabung, welcher Sprache und Metrum mit sicherer Gewandtheit und genialer Kraft zu behandeln wusste und die griechische Poesie durch ganz neue Dichtungsarten schöpferisch erweitert hat. In der von Kallinos erfundenen Elegie bewegte er sich zuerst mit Glanz und Gewandtheit, so dass er auch in dieser Dichtungsart zu den ausgezeichnetsten gerechnet wird. Die hohe Stellung aber, die ihm von den Alten in der Poesie eingeräumt wird, gründet sich besonders auf die Erfindung neuer Metra und Dichtungsarten. So ist er der Schöpfer der iambischen Poesie, deren Zweck die Satire war, schonungsloser Angriff des Mangelhaften, Schwachen und Schlechten in den menschlichen Verhältnissen und der menschlichen Natur. Das hierzu geeignetste Versmass war der von Archilochos zuerst angewandte iambische Trimeter. Das iambische Versmass, zu dem sogenannten doppelten Rythmengeschlechte (γένος διπλάσιον) gehörig, in dem die Arsis die doppelte Länge der Thesis hat, zeigt gegenüber dem ruhigen dactylischen Versmasse, in dem Arsis und Thesis von gleicher Länge sind, etwas Leichtes, Bewegliches und keck Angreifendes. Die Sprache in diesen iambischen Versen des Archilochos unterschied sich auch völlig von der an das homerische Epos sich anlehnenden Sprache der Elegie, indem sie einfach und schmucklos der Ausdrucksweise des gewöhnlichen Lebens entnommen war, jedoch ohne ins Niedrige und Gemeine zu verfallen. — Unter den dem Archilochos folgenden Iambographen erwähnen wir noch Simonides von Amorgos, einen jüngern Zeitgenossen des Archilochos, Hipponax aus Ephesos um Ol. 60 (540 v. Chr.), den Erfinder der Choliamben, und Solon (s. d.). Ein dem iambischen verwandtes, gleichfalls zum γένος διπλάσιον gehöriges Versmass ist das trochäische, das ebenfalls Archilochos zuerst angewandt hat in dem trochäischen Tetrameter, einem Masse, das doch einen weichern Charakter hat als der rasch vorwärts dringende Iambus; dagegen mit der Elegie verglichen, haben die Trochäen weniger Schwung und Adel der Empfindung und nähern sich dem Tone des gemeinen Lebens (s. zu No. 14.).

Unter den andern metrischen Erfindungen des Archilochos erwähnen wir noch die sogenannten Epoden, in welchen auf einen längeren Vers in regelmässiger Folge ein kürzerer folgt, z. B. auf einen iambischen Trimeter ein iambischer Dimeter oder ein kleiner dactylischer Vers, auf einen dactylischen Hexameter ein iambischer Trimeter oder Dimeter u. s. w. Solche Verbindungen enthalten den ersten Keim der später entstandenen Strophen der äolischen Poesie. Horaz hat diese Art von Gedichten in Form und Geist dem Archilochos nachgebildet, jedoch ohne den Inhalt und die rücksichtslose Schärfe des Ausdrucks überall beibehalten zu haben.

ΕΛΕΓΕΙΑ.

1.

Εἰμί δ' ἐγὼ θεράπων μὲν Ἐνυαλίοιο ἄνακτος,
καὶ Μουσέων ἐρατὸν δῶρον ἐπιστάμενος.

2.

Ἐν δορὶ μέν μοι μᾶζα μεμαγμένη, ἐν δορὶ δ' οἶνος
Ἰσμαρικός, πίνω δ' ἐν δορὶ κεκλιμένος.

---

1. Athen. 14, 627. C. Ἀρχίλοχος ἀγαθὸς ὢν ποιητὴς πρῶτον ἐκαυχήσατο τὸ δύνασθαι μετέχειν τῶν πολιτικῶν ἀγώνων, δεύτερον δ' ἐμνήσθη τῶν περὶ τὴν ποιητικὴν ὑπαρχόντων αὐτῷ, λέγων· Εἰμί δ' ἐγώ etc. Vgl. Aeschyl. Epigr. 1. — μὲν-καί, cf. Tyrt. 3, 11. — θεράπων Ἐνυαλίοιο, Il. 19, 47. — Den Naxier, welcher den Archilochos in der Schlacht getödtet, soll die Pythia aus dem delphischen Tempel fortgewiesen haben mit den Worten: Μουσάων θεράποντα κατέκτανες, ἔξιθι νηοῦ.

2. Athen. 1, 30. F. — „Der kecke Uebermuth des Soldaten, der all sein Recht und all seinen Besitz in der Kraft seiner Faust und auf der Spitze seines Schwertes trägt." Herzberg. Doch beruhen die Worte des

3.

Οὔ τοι πόλλ' ἐπὶ τόξα τανύσσεται οὐδὲ θαμειαί
σφενδόναι, εὖτ' ἂν δὴ μῶλον Ἄρης συνάγῃ
ἐν πεδίῳ· ξιφέων δὲ πολύστονον ἔσσεται ἔργον·
ταύτης γὰρ κεῖνοι δαίμονες εἰσὶ μάχης
δεσπόται Εὐβοίης δουρικλυτοί.

4.

Ἀλλ' ἄγε, σὺν κώθωνι θοῆς διὰ σέλματα νηός
φοίτα καὶ κοίλων πώματ' ἄφελκε κάδων,
ἄγρει δ' οἶνον ἐρυθρὸν ἀπὸ τρυγός· οὐδὲ γὰρ ἡμεῖς
νήφειν ἐν φυλακῇ τῇδε δυνησόμεθα.

5.

Ἀσπίδι μὲν Σαίων τις ἀγάλλεται, ἣν παρὰ θάμνῳ,
ἔντος ἀμώμητον, κάλλιπον οὐκ ἐθέλων·
αὐτὸς δ' ἐξέφυγον θανάτου τέλος· ἀσπὶς ἐκείνη
ἐρρέτω· ἐξαῦτις κτήσομαι οὐ κακίω.

Πρὸς Περικλέα.

6.

Κήδεα μὲν στονόεντα, Περίκλεες, οὔτε τις ἀστῶν
μεμφόμενος θαλίης τέρψεται οὐδὲ πόλις·

Arch. nicht auf aristokratischem Hochmuth, wie das ähnliche Skolion (No. 19.) des Hybrias. — οἶνος Ἰσμαρικός, s. Od. 9, 196 ff.

3. Plutarch. Thes. 6. — Die Verse beziehen sich auf die in Euböa wohnenden ionischen Abanten, welche vielleicht ihren Stammgenossen auf Thasos Hülfe gegen die thrakischen Saïer (Fr. 5.) leisteten. Οἱ Ἄβαντες — ὄντες πολεμικοὶ καὶ ἀγχέμαχοι καὶ μάλιστα δὴ πάντων εἰς χεῖρας ὠθεῖσθαι τοῖς ἐναντίοις μεμαθηκότες. Plut. l. l. S. II. 2, 536 ff.

4. Athen. 11, 483. D. — Der Dichter, mit seinem Schiffe auf der Wacht, vergisst auch in der Nähe der Kriegsgefahr den Lebensgenuss nicht. — ἀπὸ τρυγός, bis auf die Hefe, cf. Horat. Carm. 3, 15, 16. *poti faece tenus cadi*, ib. 1, 35, 27.

5. Plutarch. Lacon. inst. 34. — Arch. hat im Kampfe mit den thrakischen Saïern (Strab. 10, 457. 12, 549.) auf der Flucht seinen Schild weggeworfen. Aehnliches gestanden von sich Alkaios (Herodot. 5, 95. Strab. 13, 600.) und Horat. Carm. 2, 7, 10. Archilochos soll, da er über dieses Vergehen gegen die Kriegssitte in seinen Versen noch scherzte, von den strengen Spartanern, sobald er ihre Stadt betrat, wieder hinausgewiesen worden sein.

6. Stob. Floril. 124, 30. — Fr. 6 u. 7. gehören zu einem Trostgedichte an seinen Freund Pericles; beide hatten den Verlust theurer Angehörigen zu beklagen, die zugleich mit andern Mitbürgern in einem Schiffbruche umgekommen waren. Arch. hatte seinen Schwager verloren.

V. 1. κήδεα στον. μεμφόμενος, *graves aerumnas conquerens*.
V. 2. πόλις, die gesammte Bürgerschaft an öffentlichen Festen.

τοίους γὰρ κατὰ κῦμα πολυφλοίσβοιο θαλάσσης
ἔκλυσεν, οἰδαλέους δ' ἀμφ' ὀδύνῃς ἔχομεν
πνεύμονας· ἀλλὰ θεοὶ γὰρ ἀνηκέστοισι κακοῖσιν,
ὦ φίλ', ἐπὶ κρατερὴν τλημοσύνην ἔθεσαν
φάρμακον· ἄλλοτε δ' ἄλλος ἔχει τάδε· νῦν μὲν ἐς ἡμέας
ἐτράπεθ', αἱματόεν δ' ἕλκος ἀναστένομεν,
ἐξαῦτις δ' ἑτέρους ἐπαμείψεται· ἀλλὰ τάχιστα
τλῆτε γυναικεῖον πένθος ἀπωσάμενοι.

7.
Οὔτε τι γὰρ κλαίων ἰήσομαι, οὔτε κάκιον
θήσω τερπωλὰς καὶ θαλίας ἐφέπων.

I A M B O I.

8.
Κλαίω τὰ Θασίων, οὐ τὰ Μαγνήτων κακά.

9.
Ἥδε δ' ὥστ' ὄνου ῥάχις
ἕστηκεν ὕλης ἀγρίης ἐπιστεφής·
οὐ γάρ τι καλὸς χῶρος οὐδ' ἐφίμερος
οὐδ' ἐρατός, οἷος ἀμφὶ Σίριος ῥοάς.

V. 3. τοίους γάρ, solche, dass das Vorausgehende davon die Folge ist. Eine bei griech. Dichtern häufige Formel, Solon 2, 3. Il. 4, 390.
V. 6. τλημοσύνην, cf. Il. 24, 49. τλητὸν γὰρ Μοῖραι θυμὸν θέσαν ἀνθρώποισιν.
V. 7. τάδε, solches Leid, wie sie es jetzt betroffen. — Solon 10, 76. (ἄτην) ἄλλοτε ἄλλος ἔχει.
7. Plutarch. de aud. poet. c. 12.
8. Strab. 14, 647. Καλλῖνος μὲν οὖν ὡς εὐτυχούντων ἔτι τῶν Μαγνήτων μέμνηται καὶ κατορθούντων ἐν τῷ πρὸς Ἐφεσίους πολέμῳ, Ἀρχίλοχος δὲ ἤδη φαίνεται γνωρίζων τὴν γενομένην αὐτοῖς συμφοράν, Κλαίω etc. Siehe Einl. zu Kallinos. — Das Unglück Magnesias (τὰ Μαγνήτων κακά), als durch ihren Uebermuth herbeigeführt, wurde sprüchwörtlich.
9. Die beiden ersten Verse bei Plut. de exil. c. 12 καθάπερ Ἀρχ. τῆς Θάσου τὰ καρποφόρα καὶ οἰνόπεδα παρορῶν διὰ τὸ τραχὺ καὶ ἀνώμαλον διέβαλε τὴν νῆσον, εἰπών· Ἥδε etc. V. 3. u. 4. Athen. 12, 523. D. καὶ Ἀρχ. δ' ὁ ποιητὴς ὑπερτεθαύμακε τὴν χώραν τῶν Σιριτῶν διὰ τὴν εὐδαιμονίαν· περὶ γοῦν τῆς Θάσου λέγων ὡς ἥσσονός φησιν· Οὐ γάρ etc. — Die Kolophonier hatten sich zur Zeit des Lyderkönigs Gyges am Siris in Unteritalien in der Stadt Siris niedergelassen; Arch. rieth vielleicht seinen Landsleuten, auch dorthin auszuwandern. — Die Häufung der Adjectiva in V. 3. u. 4. verräth die Heftigkeit des Dichters.

10.

Οὔ μοι τὰ Γύγεω τοῦ πολυχρύσου μέλει,
οὐδ' εἷλέ πώ με ζῆλος, οὐδ' ἀγαίομαι
θεῶν ἔργα, μεγάλης δ' οὐκ ἐρέω τυραννίδος·
ἀπόπροθεν γάρ ἐστιν ὀφθαλμῶν ἐμῶν.

11.

Ἄναξ Ἄπολλον, καὶ σὺ τοὺς μὲν αἰτίους
σήμαινε καί σφεας ὄλλυ', ὥσπερ ὀλλύεις.

ΤΕΤΡΑΜΕΤΡΑ.

12.

Ὡς Πανελλήνων ὀϊζὺς ἐς Θάσον συνέδραμεν.

13.

Τοῖς θεοῖς τιθεῖν ἄπαντα· πολλάκις μὲν ἐκ κακῶν
ἄνδρας ὀρθοῦσιν μελαίνῃ κειμένους ἐπὶ χθονί,
πολλάκις δ' ἀνατρέπουσι καὶ μαλ' εὖ βεβηκότας
ὑπτίους κλίνουσ'· ἔπειτα πολλὰ γίγνεται κακά,
καὶ βίου χρήμῃ πλανᾶται καὶ νόου παρήορος.

14.

Οὐ φιλέω μέγαν στρατηγὸν οὐδὲ διαπεπλιγμένον,
οὐδὲ βοστρύχοισι γαῦρον οὐδ' ὑπεξυρημένον,

10. Arist. Rhet. 3, 17. — Archil. lässt diese Worte einen mit seinem Loose zufriedenen Zimmermann sprechen. Vgl. Anakreontea No. 4.
V. 1. Der Lyderkönig Gyges, der wegen seines Reichthums sprüchwörtlich ward wie Midas (Tyrt. 3, 6.), war ein Zeitgenosse des Arch. Herodot. 1, 12.
V. 2. ἀγαίομαι. cf. Horat. Epist. 1, 6, 1. *Nil admirari prope res est una, Numici, solaque quae possit facere et servare beatum. Hunc solem et stellas et decedentia certis tempora momentis sunt, qui formidine nulla imbuti spectent.*
V. 3. Das Wort τυραννίς kam zu des Arch. Zeiten zuerst auf.
11. Macrob. Sat. 1, 17. *Alii cognominatum Apollinem putant* ὡς ἀπολλύντα τὰ ζῷα; *exanimat enim et perimit animantes, cum pestem intemperie caloris inmittit; ut Euripides in Phaëth.* Ὦ χρυσοφεγγὲς ἠλί', ὡς μ' ἀπώλεσας, ὅθεν σ' Ἀπόλλων ἐμφανῶς κλήζει βροτός. *Item Archilochus* Ἄναξ etc. Diese Ableitung war bei den Alten viel verbreitet. — Für die Form des Ausspruchs bei Arch. vgl. Aeschyl. Agam. 982. Ζεῦ τέλειε, τὰς ἐμὰς εὐχὰς τέλει. — Für τοὺς μὲν αἰτίους vermuthet Bergk.: τοὺς μεταιτίους.
12. Strab. 8, 370.
13. Stob. Flor. 105, 24. — cf. Hom. Od. 16, 211. Horat. Carm. 1, 34, 12 ff. Aesch. Pers. 224. ταῦτα πάντα θήσομεν θεοῖσι.
14. Dio Chrysost. 2, 8. Rsk. — „Eine solche im Grunde sehr ernsthaft

ἀλλά μοι σμικρός τις εἴη καὶ περὶ κνήμας ἰδεῖν
ῥοικός, ἀσφαλέως βεβηκὼς ποσσί, καρδίης πλέος.

15.

Θυμέ, θύμ' ἀμηχάνοισι κήδεσιν κυκώμενε,
ἄνσχε', ἐμμενέως δ' ἀλέξευ προσβαλὼν ἐναντίον
στέρνον, ἐν δοκοῖσιν ἐχθρῶν πλησίον κατασταθείς
ἀσφαλέως· καὶ μήτε νικῶν ἀμφάδην ἀγάλλεο,
μηδὲ νικηθεὶς ἐν οἴκῳ καταπεσὼν ὀδύρεο·
ἀλλὰ χαρτοῖσίν τε χαῖρε καὶ κακοῖσιν ἀσχάλα
μὴ λίην· γίγνωσκε δ' οἷος ῥυσμὸς ἀνθρώπους ἔχει.

16.

Χρημάτων ἄελπτον οὐδέν ἐστιν οὐδ' ἀπώμοτον,
οὐδὲ θαυμάσιον, ἐπειδὴ Ζεὺς πατὴρ Ὀλυμπίων
ἐκ μεσημβρίης ἔθηκε νύκτ' ἀποκρύψας φάος
ἡλίου λάμποντος· ὠχρὸν δ' ἦλθ' ἐπ' ἀνθρώπους δέος.
ἐκ δὲ τούτου πιστὰ πάντα κἀπίελπτα γίγνεται   5
ἀνδράσιν· μηδεὶς ἔθ' ὑμῶν εἰσορῶν θαυμαζέτω,
μηδ' ὅταν δελφῖσι θῆρες ἀνταμείψωνται νομόν
ἐνάλιον καί σφιν θαλάσσης ἠχέεντα κύματα
φίλτερ' ἠπείρου γένηται, τοῖσιν ἥδιον δ' ὄρος.

---

gemeinte, aber doch in der Darstellung absichtlich ans Komische streifende Personalbeschreibung könnte in einer Elegie gewiss keine Stelle finden." O. Müller, Literaturgesch. -- Der hier beschriebene στρατηγὸς μέγας καὶ διαπεπλιγμένος erinnert an den hoch dahin stolzirenden Othryoneus Il. 13, 363 ff., der, eben erst in den Krieg gekommen, um sich Ruhm und eine Tochter des Priamos zu erwerben, ὑπέσχετο μέγα ἔργον, ἐκ Τροίης ἀέκοντας ἀπωσέμεν υἷας Ἀχαιῶν. - Ἰδομενεὺς δ' αὐτοῖο τιτύσκετο δουρὶ φαεινῷ καὶ βάλεν ὕψι βιβάντα τυχών u. s. w.

15. Stob. Flor. 20, 28. — cf. Theogn. 1029. N. 32. τόλμα, θυμέ — ἄτλητα πεπονθώς, mit dem dort aus Herodot citirten Verse. Danach habe ich V. 2. die verderbten Worte ἀνὰ δὲ εὖ δυσμενῶν corrigirt. ἀνάσχεο in solcher Bedeutung ist seit Homer häufig, Il. 1, 586. τέτλαθι, μῆτερ ἐμή, καὶ ἀνάσχεο, κηδομένη περ. Il. 5, 382.
V. 4. cf. Theogn. 657. N. 56. Horat. Carm. 2, 3, 1 ff.

16. Stob. Flor. 110, 10.
V. 1. cf. Soph. Ai. 648. κοὐκ ἔστ' ἄελπτον οὐδέν. Antig. 388. βροτοῖσιν οὐδέν ἐστ' ἀπώμοτον.
V. 4. Sonnen- und Mondfinsternisse galten den Alten als Vorzeichen grossen Unglücks.
V. 7. Aehnliche ἀδύνατα: Herodot. 5, 92, 1. Horat. Epod. 16, 28. Virgil. Buc. 1, 60 ff.

Ε Π Ω ι Δ Ο Ι.

17.

Αἶνός τις ἀνθρώπων ὅδε,
ὡς ἄρ' ἀλώπηξ καἰετὸς ξυνωνίην
ἔμιξαν.

18.

Προὔθηκε παισὶ δεῖπνον αἰηνὲς φέρων.

19.

Ὁρᾷς, ἵν' ἔστ' ἐκεῖνος ὑψηλὸς πάγος
τρηχύς τε καὶ παλίγκοτος,
ἐν τῷ κάθημαι σὴν ἐλαφρίζων μάχην.

20.

Ὦ Ζεῦ, πάτερ Ζεῦ, σὸν μὲν οὐρανοῦ κράτος,
σὺ δ' ἔργ' ἐπ' ἀνθρώπων ὁρᾷς
λεωργὰ καὶ θεμιστά, σοὶ δὲ θηρίων
ὕβρις τε καὶ δίκη μέλει.

21.

Πάτερ Λυκάμβα, ποῖον ἐφράσω τόδε;
τίς σὰς παρήειρε φρένας;
ᾗς τὸ πρὶν ἠρήρεισθα· νῦν δὲ δὴ πολύς
ἀστοῖσι φαίνεαι γέλως.

22.

Ὅρκον δ' ἐνοσφίσθης μέγαν
ἅλας τε καὶ τράπεζαν.

Fr. 17—22. gehören zu einer Fabel (αἶνος) vom Fuchs und dem Adler. Archilochos war wegen seiner Behandlung der Fabeln bei den Alten berühmt; er benutzte sie in seinen Gedichten, um unter dieser Hülle auf pikante Weise eine allgemeine Wahrheit darzustellen. Die Fabel des A. liegt der äsopischen Fabel No. 1. zu Grunde: 'Ἀετὸς καὶ ἀλώπηξ φιλεῖν ἀλλήλους συνθέμενοι πλησίον ἑαυτῶν οἰκεῖν διέγνωσαν, βεβαίωσιν φιλίας τὴν συνήθειαν ποιούμενοι. Καὶ δὴ ὁ μὲν ἀναβὰς ἐπί τι περιμήκες δένδρον ἐνεοττοποιήσατο· ἡ δὲ εἰσελθοῦσα εἰς τὸν ὑποκείμενον θάμνον ἔτεκεν. Ἐξελθούσης δέ ποτε αὐτῆς ἐπὶ νομήν, ὁ ἀετὸς ἀπορῶν τροφῆς καταπτὰς εἰς τὸν θάμνον καὶ τὰ γεννήματα ἀναρπάσας μετὰ τῶν αὐτοῦ νεοττῶν κατεθοινήσατο. Ἡ δὲ ἀλώπηξ ἐπανελθοῦσα ὡς ἔγνω τὸ πραχθέν, οὐ μᾶλλον ἐπὶ τῷ τῶν νεοττῶν θανάτῳ ἐλυπήθη, ὅσον ἐπὶ τῷ τῆς ἀμύνης ἀπόρῳ· χερσαία γὰρ οὖσα πτηνὸν διώκειν ἠδυνάτει. Διὸ πόρρωθεν στᾶσα, ὃ μόνον τοῖς ἀσθενέσι καὶ ἀδυνάτοις ὑπολείπεται, τῷ ἐχθρῷ κατηρᾶτο. Συνέβη δὲ τῷ ἀετῷ τῆς εἰς τὴν φιλίαν ἀσεβείας οὐκ εἰς μακρὰν δίκην ὑπελθεῖν· θυόντων γάρ τινων αἶγα ἐπ' ἀγροῦ καταπτὰς ἀπὸ τοῦ βωμοῦ σπλάγχνον ἐκ πυρὸς ἀνήνεγκεν· οὗ κομισθέντος εἰς τὴν καλιὰν σφοδρὸς ἐμπεσὼν ἄνεμος ἐκ λεπτοῦ καὶ παλαιοῦ κάρφους λαμπρὰν φλόγα ἀνῆψε· καὶ διὰ τοῦτο καταφλεχθέντες οἱ νεοττοί, — καὶ γὰρ ἦσαν ἔτι πτῆναι

23.

Ἐρέω τιν' ὑμῖν αἶνον, ὦ Κηρυκίδη·
 ἀχνυμένη σκυτάλη·
πίθηκος ἤει θηρίων ἀποκριθείς
 μοῦνος ἀν' ἐσχατιήν·
τῷ δ' ἄρ' ἀλώπηξ κερδαλέη συνήντετο
 πυκνὸν ἔχουσα νόον.

ἀτελεῖς, — ἐπὶ τὴν γῆν κατέπεσον. Καὶ ἡ ἀλώπηξ προσδραμοῦσα ἐν ὄψει τοῦ ἀετοῦ πάντας αὐτοὺς κατέφαγεν.
In den Anfang gehört Fr. 17. — Auf den Raub der jungen Füchse ging wohl Fr. 18. — In Fr. 19. spottet der Adler der ohnmächtigen Wuth des seiner Jungen beraubten Fuchses, indem er auf den unzugänglichen Felsen hinweist, auf dem sich sein Horst mit seinen Jungen befindet; denn statt auf einem Baume, wie bei Aesop, lässt Arch. den Adler der Natur getreu auf einem Felsen nisten. — ἐλαφρίζων, παρασκευαζόμενος ῥᾳδίως. Hesych. — Auf die Worte des Adlers antwortet der Fuchs mit Fr. 20. Vgl. damit Soph. El. 174. ἔτι μέγας οὐρανῷ Ζεύς, ὃς ἐφορᾷ πάντα καὶ κρατύνει.
Fr. 21. u. 22. setzt Schneidewin in den Epilog der Fabel. Fr. 21. ᾗς ἠρήρεισθα, cf. Hom. Od. 10, 553. φρεσὶν ᾗσιν ἀρηρώς. — Fr. 22. ist ebenfalls an Lykambes gerichtet, der dem Dichter Schwur und Gastfreundschaft gebrochen. ἅλες und τράπεζα sind Symbole der Gastfreundschaft; daher das Sprüchwort: ἅλας καὶ τράπεζαν μὴ παραβαίνειν.
Fr. 23. ist der Anfang einer Fabel, deren Inhalt nicht sicher zu bestimmen ist.

III. Tyrtaeos.

Die Blüthezeit des Tyrtaeos fällt in den zweiten messenischen Krieg, den wir nach Pausanias zwischen Ol. 23, 3. und 28, 1. (685—668 a. Chr.) setzen. Es wird von späten Schriftstellern erzählt, die Lakedämonier hätten, als sie, von Aristomenes, dem Anführer der Messenier, bedrängt, das delphische Orakel um Rath fragten, die Weisung erhalten, von den Athenern sich einen Rathgeber zu erbitten. Die Athener hätten ihnen den Tyrtaeos zugeschickt, einen lahmen Schulmeister (γραμμάτων διδάσκαλος). Paus. 4, 15, 3. Dieser habe durch seine Lieder den Muth der Spartaner aufs neue entflammt und so den Staat gerettet. Wenn die Bezeichnung γραμμάτων διδάσκαλος nicht eine blosse Erdichtung der späteren Athener ist, welche den Spartanern höhnend vorwarfen, ein von ihnen gesandter lahmer Schulmeister habe Lakedämon vom Verderben gerettet, so müssen wir darunter einen Mann verstehen, der die von ihm verfertigten Gedichte Anderen einübte. Die

Angabe, dass Tyrtaeos aus Attika stamme, und zwar aus dem Orte Aphidnae, der von Alters her mit Lakedämon in Verbindung stand, müssen wir als wahr festhalten. So erklärt es sich, wie auf dem rauhen Boden von Sparta die bei dem ionischen Stamme erwachsene Elegie gedeihen konnte. Tyrtaeos, dem ionischen Stamme angehörend, kam zu den dorischen Spartanern, und indem er mit der den Ioniern eigenthümlichen Milde und Beweglichkeit die dorische Kraft und Energie verband, schuf er eine kräftige, lebensfrische Elegie, welche in schöner Form dem Dorier den idealen Gehalt seines Lebens vor Augen stellte. Der Einfluss, den dieser ionische Sänger auf die Sitten der Spartaner geübt hat, muss sehr bedeutend gewesen sein. Seine Gesänge wurden von ihnen lange Zeit in Ehren gehalten; man gebrauchte sie als Bildungsmittel der Jugend. Wenn die Spartaner sich auf einem Feldzuge befanden, so wurden des Abends zum Schlusse des Mahls, nachdem der Päan zu Ehren der Götter gesungen war, die kriegerischen Elegien des Tyrtaeos vorgetragen, und wer in dem Vortrage nach dem Urtheil des Polemarchen, des Kriegsobersten, den Preis davon trug, dem wurde die Ehre einer grösseren Portion Fleisch zu Theil.

Als T. nach Sparta kam, war der Staat nicht bloss durch den Krieg mit den abgefallenen Messeniern, sondern auch noch durch inneren Zwiespalt gefährdet; denn diejenigen Bürger, welche in Messenien oder an der Grenze Messeniens Güter besassen und diese jetzt durch den Krieg verloren hatten, verlangten eine neue Ackervertheilung. Zur Beschwichtigung der hieraus entstandenen Streitigkeiten dichtete T. die Elegie Εὐνομία (gute Verfassung), von der wir noch eine ziemliche Anzahl von Bruchstücken haben, in welche jedoch schwer ein Zusammenhang zu bringen ist. Der Dichter entwarf darin ein Bild von der wohlgeordneten, durch die Fürsorge der Götter selbst eingesetzten Verfassung Spartas und forderte zum Kampfe gegen Messenien auf, damit die aus ihrem Besitze Vertriebenen wieder in ihre Rechte eingesetzt werden könnten und der alte geordnete Zustand und der frühere Wohlstand zurückkehrte. — Eine directe Aufforderung und Ermunterung zur Tapferkeit gegen Messenien enthalten die Ὑποθῆκαι (Ermunterungen, Ermahnungen), von denen wir noch die unten folgenden drei besitzen. „Niemals in der Welt ist den Jünglingen eines Volkes die Pflicht und die Ehre der Tapferkeit so schön und dringend zugleich, mit so naiven, rührenden Motiven ans Herz gelegt worden." O. Müller Litgsch. I. p. 196. Tyrtaeos trug sie wahrscheinlich, wie auch später noch die spartanische Sitte war, im Lager nach dem Mahle vor. In der Schlacht wurden diese Elegien nicht gesungen. Zu diesem Gebrauche dienten die Ἐμβατήρια (Marschlieder, Schlachtlieder); sie waren in Anapästen gedichtet und wurden vornehmlich beim Angriffe angestimmt. Hiervon ist noch übrig No. 4.

I. ΥΠΟΘΗΚΑΙ.

1.

Τεθνάμεναι γὰρ καλὸν ἐνὶ προμάχοισι πεσόντα
ἄνδρ' ἀγαθὸν περὶ ᾗ πατρίδι μαρνάμενον·
τὴν δ' αὐτοῦ προλιπόντα πόλιν καὶ πίονας ἀγρούς
πτωχεύειν πάντων ἔστ' ἀνιηρότατον,
πλαζόμενον σὺν μητρὶ φίλῃ καὶ πατρὶ γέροντι   5
παισί τε σὺν μικροῖς κουριδίῃ τ' ἀλόχῳ.
ἐχθρὸς μὲν γὰρ τοῖσι μετέσσεται, οὕς κεν ἵκηται
χρησμοσύνῃ τ' εἴκων καὶ στυγερῇ πενίῃ,

1. Lykurg. in Leocrat. 28. — Der Mittelpunkt des Ganzen ist V. 15—18. Die Motive für diese Aufforderung stehen zum Theil voran, zum Theil folgen sie nach; das erste ist V. 1. u. 2. der allgemeine Satz: *dulce et decorum est pro patria mori*. Diesem ist als zweites entgegengesetzt V. 3—10. Mit V. 11. wird das Vorhergehende (3—10) zusammengefasst und daran V. 13. die erste Aufforderung geknüpft, welche sich in V. 15. auf die νέοι concentrirt. Ein neues Motiv beginnt mit V. 21., eingeleitet durch das vorhergehende Distichon, bis zu V. 27. Das vierte Motiv, concentrirt in V. 29. u. 30., entspricht seinem Inhalte nach im Allgemeinen dem ersten Distichon und schliesst sich mit den Schlussworten καλὸς δ' ἐν προμάχοισι πεσών abrundend an den Anfang des Gedichtes an. — An den Mittelpunkt des Gedichtes (15—18) setzen sich also nach oben und nach unten, gleichmässig vertheilt, vier Motive an, so dass das erste dem vierten, das zweite dem dritten entspricht; das erste und vierte haben, kurz gefasst, eine allgemeinere, abstractere Haltung, während dem zweiten und dritten eine weitere Ausführung und sinnliche Veranschaulichung zu Theil wird.

Der hervorspringende Gedanke in dem Gedichte, das in einer schweren, gefahrvollen Zeit verfasst scheint, ist: „man darf im Kampfe für's Vaterland den Tod nicht scheuen." Mit ihm beginnt das Gedicht: τεθνάμεναι —, er kehrt wieder in der Mitte V. 14. θνήσκωμεν — und V. 18. μηδὲ φιλοψυχεῖτε — und schliesst V. 30. καλὸς — πεσών. das Gedicht ab. — Was folgt aus dem Gesagten für die Verse 31. u. 32., welche auch in dem folgenden Gedichte V. 21. und 22. stehen?

V. 1. cf. Hom. Il. 15, 454 ff. — γάρ, der begründende Satz mit γάρ steht öfter vor dem zu begründenden; cf. Tyrt. 2, 1. Hom. Il. 2, 119 ff. 7, 328. Aehnliche Constructionen im Lat. cf. Virg. Aen. 1, 65 ff. „Schön ist's ja zu sterben." ⊢ καλόν, Gegensatz ἀνιηρότατον V. 4.

V. 5. u. 6. Beachte die Epitheta.
V. 7. μέν — τε, so μέν — καί Tyrt. 3, 11.
V. 8. cf. Od. 14, 157. πενίῃ εἴκων.

2*

αἰσχύνει τε γένος, κατά τ' ἀγλαὸν εἶδος ἐλέγχει,
πᾶσα δ' ἀτιμίη καὶ κακότης ἕπεται.
εἰ δ' οὕτως ἀνδρός τοι ἀλωμένου οὐδεμί' ὥρη
γίγνεται, οὔτ' αἰδὼς οὔτ' ὄπις οὔτ' ἔλεος,
θυμῷ γῆς περὶ τῆσδε μαχώμεθα καὶ περὶ παίδων
θνήσκωμεν ψυχέων μηκέτι φειδόμενοι.
ὦ νέοι, ἀλλὰ μάχεσθε παρ' ἀλλήλοισι μένοντες,
μηδὲ φυγῆς αἰσχρᾶς ἄρχετε μηδὲ φόβου,
ἀλλὰ μέγαν ποιεῖσθε καὶ ἄλκιμον ἐν φρεσὶ θυμόν,
μηδὲ φιλοψυχεῖτ' ἀνδράσι μαρνάμενοι·
τοὺς δὲ παλαιοτέρους, ὧν οὐκέτι γούνατ' ἐλαφρά,
μὴ καταλείποντες φεύγετε, τοὺς γεραιούς.
αἰσχρὸν γὰρ δὴ τοῦτο μετὰ προμάχοισι πεσόντα
κεῖσθαι πρόσθε νέων ἄνδρα παλαιότερον,
ἤδη λευκὸν ἔχοντα κάρη πολιόν τε γένειον,
θυμὸν ἀποπνείοντ' ἄλκιμον ἐν κονίῃ,
αἱματόεντ' αἰδοῖα φίλης ἐν χερσὶν ἔχοντα
— αἰσχρὰ τάδ' ὀφθαλμοῖς καὶ νεμεσητὰ ἰδεῖν —
καὶ χρόα γυμνωθέντα. νέοισι δὲ πάντ' ἐπέοικεν,
ὄφρ' ἐρατῆς ἥβης ἀγλαὸν ἄνθος ἔχῃ·
ἀνδράσι μὲν θηητὸς ἰδεῖν, ἐρατὸς δὲ γυναιξίν,
ζωὸς ἐών, καλὸς δ' ἐν προμάχοισι πεσών.
[ἀλλά τις εὖ διαβὰς μενέτω ποσὶν ἀμφοτέροισιν
στηριχθεὶς ἐπὶ γῆς, χεῖλος ὀδοῦσι δακών.]

V. 9. εἶδος ἐλέγχει. cf. Theogn. 649. ἁ δειλὴ πενίη, τί ἐμοῖς ἐπικείμενη ὤμοις σῶμα καταισχύνεις; Pind. Ol. 8, 29. von einem olympischen Sieger: ἢν δ' ἐσορᾶν καλός, ἔργῳ τ' οὐ κατὰ εἶδος ἐλέγχων etc.
V. 10. fasst die vorhergehenden Einzelheiten zusammen.
V. 14. μηκέτι, also ist der Krieg schon längere Zeit und nicht immer mit der gehörigen Tapferkeit geführt.
V, 16. φόβος, wie bei Homer immer, die Flucht.
V. 20. τοὺς γεραιούς, besonders hervorgehoben, daher τοὺς παλαιοτέρους — τοὺς γεραιούς — παλαιότερον, und zwar am Anfang und Ende der Verse.
V. 21. cf. Hom. Il. 22, 71 ff.
V. 25. Il. 20, 418. 420. 13, 568 f.
V. 27. πάντα, jede Art der Tapferkeit.
V. 28. ἄνθος ἔχῃ, die Construction ist nicht aufzufassen nach Hom. Od. 3, 78. ἵνα μιν κλέος ἐσθλὸν ἔχῃσιν, sondern ἄνθος ist Object. cf. Simonid. Eleg. V. 7. Theogn. 1007. ὄφρα τις ἥβης ἀγλαὸν ἄνθος ἔχων καὶ φρεσὶν ἐσθλὰ νοῇ. Man ergänze τίς.
V. 30. Aehnlicher Gegensatz Il. 22, 436.

2.

Ἀλλ', Ἡρακλῆος γὰρ ἀνικήτου γένος ἐστέ,
θαρσεῖτ', οὔπω Ζεὺς αὐχένα λοξὸν ἔχει·
μηδ' ἀνδρῶν πληθὺν δειμαίνετε, μηδὲ φοβεῖσθε,
ἰθὺς δ' εἰς προμάχους ἀσπίδ' ἀνὴρ ἐχέτω,
ἐχθρὰν μὲν ψυχήν· θέμενος, θανάτου δὲ μελαίνας
κῆρας ὁμῶς αὐγῆς ἠελίοιο φίλας.
ἴστε γὰρ Ἄρηος πολυδακρύου ἔργ' ἀΐδηλα,
εὖ δ' ὀργὴν ἐδάητ' ἀργαλέου πολέμου,
καὶ παρὰ φευγόντων τε διωκόντων τε γέγευσθε,
ὦ νέοι, ἀμφοτέρων δ' εἰς κόρον ἠλάσατε.
οἳ μὲν γὰρ τολμῶσι παρ' ἀλλήλοισι μένοντες
ἔς τ' αὐτοσχεδίην καὶ προμάχους ἰέναι,
παυρότεροι θνῄσκουσι, σαοῦσι δὲ λαὸν ὀπίσσω·
τρεσσάντων δ' ἀνδρῶν πᾶσ' ἀπόλωλ' ἀρετή.
οὐδεὶς ἄν ποτε ταῦτα λέγων ἀνύσειεν ἕκαστα,
ὅσσ', ἢν αἰσχρὰ πάθῃ, γίγνεται ἀνδρὶ κακά.
ἀργαλέον γὰρ ὄπισθε μετάφρενόν ἐστι δαΐζειν

2. Stob. Floril. 50, 7. — Hauptsache ist auch hier wieder die Aufforderung zu muthigem Kampfe; dieselbe beginnt das Gedicht und kehrt mehrmals wieder: V. 21. 29. 35., wobei die Repetition des ἀλλά zu beachten. V. 1—34. sind an die spartanischen Hopliten, V. 35—38. an die Leichtbewaffneten gerichtet. V. 1—34. zerfallen in zwei Theile von ganz verschiedenem Charakter: während V. 1—20. angefüllt ist mit mehreren Motiven für die Aufforderung zum Kampfe, die dem Verstande geboten werden, sucht der zweite Theil, V. 21—34., unmittelbar durch lebendige Schilderung des Kampfes auf den kriegerischen Sinn der jungen Mannschaft zu wirken. Dem in diesen Versen geschilderten Nahekampf steht dann V. 35 ff. der Kampf der Leichtbewaffneten aus der Ferne entgegen.
V. 2. „Zeus hat noch nicht den Nacken seitwärts gebogen", d. h. hat noch nicht sein Antlitz abgewandt.
V. 3. φοβεῖσθε, siehe φόβος 1, 16.
V. 5. u. 6. ἐχθράν Gegensatz φίλας. ψυχήν — θανάτου. μελαίνας — αὐγῆς ἠελίοιο. — Das ὁρᾶν φῶς ἠελίοιο ist bei den Dichtern gewöhnliche Bezeichnung des Lebens, Il. 5, 120. Od. 10, 497. Theogn. 1143. No. 11.
V. 7. ἴστε γάρ etc. cf. Il. 7, 237 ff. 5, 549.
V. 8. ἐδάητ', experti estis. cf. Philipp. Epigr. 3, 5.
V. 10. εἰς κόρον τινὸς ἐλαύνειν, in einer Sache bis zur Uebersättigung kommen, es bis zur Uebersättigung treiben; ἐλαύνειν intransitiv.
V. 11. οἳ μὲν γάρ — ist beigeordnet dem V. 7. und dient zur Begründung von V. 3—6.
V. 13. Il. 5, 531. 15, 563.
V. 15. „Keiner möchte dies alles aufzählen können."
V. 17 ff. Das stärkste Motiv, die Schmach, steht zuletzt und ist in zwei Momente zerlegt. — Zu δαΐζειν ergänze das Subject τινά. — Nachdem die junge Mannschaft zu dem Entschluss zu kämpfen

ἀνδρὸς φεύγοντος δηΐῳ ἐν πολέμῳ.
αἰσχρὸς δ' ἐστὶ νέκυς κατακείμενος ἐν κονίῃσιν,
νῶτον ὄπισθ' αἰχμῇ δουρὸς ἐληλάμενος.
ἀλλά τις εὖ διαβὰς μενέτω ποσὶν ἀμφοτέροισιν
στηριχθεὶς ἐπὶ γῆς, χεῖλος ὀδοῦσι δακών,
μηρούς τε κνήμας τε κάτω καὶ στέρνα καὶ ὤμους
ἀσπίδος εὐρείης γαστρὶ καλυψάμενος·
δεξιτερῇ δ' ἐν χειρὶ τινασσέτω ὄβριμον ἔγχος.
κινείτω δὲ λόφον δεινὸν ὑπὲρ κεφαλῆς·
ἔρδων δ' ὄβριμα ἔργα διδασκέσθω πολεμίζειν,
μηδ' ἐκτὸς βελέων ἑστάτω ἀσπίδ' ἔχων.
ἀλλά τις ἐγγὺς ἰὼν αὐτοσχεδὸν ἔγχεϊ μακρῷ
ἢ ξίφει οὐτάζων δήϊον ἄνδρ' ἑλέτω·
καὶ πόδα πὰρ ποδὶ θεὶς καὶ ἐπ' ἀσπίδος ἀσπίδ' ἐρείσας,
ἐν δὲ λόφον τε λόφῳ καὶ κυνέην κυνέῃ
καὶ στέρνον στέρνῳ πεπλημένος ἀνδρὶ μαχέσθω,
ἢ ξίφεος κώπην ἢ δόρυ μακρὸν ἑλών.
ὑμεῖς δ', ὦ γυμνῆτες, ὑπ' ἀσπίδος ἄλλοθεν ἄλλος
πτώσσοντες μεγάλοις βάλλετε χερμαδίοις
δούρασί τε ξεστοῖσιν ἀκοντίζοντες ἐς αὐτούς,
τοῖσι πανόπλοισι πλησίον ἱστάμενοι.

gebracht ist, wird sie V. 21 gleichsam in die Hitze des Kampfes hineingeführt.

V. 21—26. malt uns der Dichter den Kämpfer gewappnet vor, wie er festaufgestemmt hinter seinem Schilde steht, die Lanze in der Hand, auf dem Haupte den Helmbusch; mit V. 27. geht es dann an's Werk — an den Nahekampf.

V. 21. cf. Hom. Il. 12, 457.
V. 22. Hom. Od. 1, 381. ὀδὰξ ἐν χείλεσι φύντες.
V. 25. δεξιτερῇ δέ. Das vorhergehende Distichon gibt den Dienst der linken Hand an. Aehnlich 4, 3 u. 4.
V. 26. cf. Il. 3, 337. 16, 138.
V. 31. Eine ähnliche Stelle Hom. Il. 13, 130. cf. 16, 215.
V. 32. ἐν, überdies. cf. Hom. Od. 7, 129. 5, 260.
V. 35. γυμνῆτες. Das schwerbewaffnete Fussvolk, ὁπλῖται, aus den Spartiaten und einem Theil der Periöken bestehend, hatte als Waffe einen langen Speer zum Stoss, ein kurzes Schwert und einen grossen ehernen Schild. Die Leichtbewaffneten dagegen, γυμνῆτες (φίλοι), welche grösstentheils aus den Heloten und zum Theil aus Periöken bestanden, hatten nur Schleudern und Lanzen zum Wurf; sie kämpften bald vor, bald hinter der Schlachtreihe der Hopliten.
V. 37. δούρασι ξεστοῖσιν. Diese bezeichnen zum Unterschied von der langen Lanze der Hopliten (V. 29. 34.) die kurzen Wurfspeere der Leichtbewaffneten ohne eherne Spitzen, ξυστά; in ξεστοῖσιν liegt die Andeutung des blossen Speerschaftes.

3.

Οὔτ' ἂν μνησαίμην οὔτ' ἐν λόγῳ ἄνδρα τιθείμην
οὔτε ποδῶν ἀρετῆς οὔτε παλαιμοσύνης,
οὐδ' εἰ Κυκλώπων μὲν ἔχοι μέγεθός τε βίην τε,
νικῴη δὲ θέων Θρηίκιον Βορέην,
οὐδ' εἰ Τιθωνοῖο φυὴν χαριέστερος εἴη,
πλουτοίη δὲ Μίδεω καὶ Κινύρεω μάλιον, = μᾶλλον

3. Stob. Floril. 51, 1 u. 5. — Die Elegie zerfällt in folgende Theile: 1) V. 1—14. 2) V. 15—22. 3) V. 23—34. 4) V. 35—44. Jeder derselben endigt mit einem abschliessenden inhaltsschweren Distichon, der erste V. 13. u. 14. mit dem Hauptgedanken. Die drei folgenden Theile enthalten die Begründung des Hauptgedankens, und zwar sagt V. 15—22, dass der ἀνὴρ ἀγαθὸς ἐν πολέμῳ vom grössten Nutzen für den Staat ist, die zwei folgenden dagegen nehmen auf den Krieger selbst Bezug, wesshalb Theil 3. mit αὐτός beginnt. Theil 3. zeigt, welche Ehre ihm und seinem Geschlechte zu Theil wird, wenn er fällt, und Theil 4., welche Ehre ihm wird, wenn er dem Tode entgeht. Das letzte Distichon fordert auf, nach der wahren ἀρετή zu streben.

V. 1—14. Der Dichter stellt im Anfang dem ἀνὴρ ἀγαθὸς ἐν πολέμῳ den Läufer und Ringer entgegen, dessen Kraft und Gewandtheit dem Vaterlande nichts nützen. Ein solcher ist dem Dichter nicht der Rede werth, selbst wenn er zu seiner ποδῶν ἀρετή und παλαιμοσύνη noch alle andern Vorzüge hätte — πλὴν θούριδος ἀλκῆς. Absichtlich werden diese Vorzüge gehäuft und der ἀνὴρ ἀγαθὸς ἐν πολέμῳ noch nicht genannt, um die Erwartung zu spannen. Nachdem V. 9. die vorhergehenden Verse zusammengefasst hat, macht V. 10. zuerst darauf aufmerksam, auf welchen Mann es der Dichter abgesehen habe, und bereitet V. 20. vor. Beachte V. 2. 13 u. 43. ποδῶν ἀρετή — ἥδ' ἀρετή — ταύτης ἀρετής.

V. 4. Βορέην. cf. Theogn. 716. Nr. 28. — Hom. Il. 23, 299 ff. ist das rauhe Thrakien der Wohnsitz der Winde überhaupt; besonders aber gab man dem Boreas als dem Nordwind das im Norden von Griechenland gelegene Thrakien zur Heimat.

V. 5. Τιθωνός, Sohn des troischen Königs Laomedon (Il. 20, 237.), wurde von Eos aus Liebe wegen seiner ausgezeichneten Schönheit geraubt. Sie erbat sich für ihn von Zeus unsterbliches Leben, vergass aber, auch um ewige Jugend zu bitten; als daher seine Glieder vertrockneten und seine Stimme dahinschwand, verschloss sie ihn in ein Gemach. Hom. Hymn. in Vener. 218 ff. Nach späterer Dichtung wird er eine Cicade.

V. 6. Midas und Kinyras gelten sprüchwörtlich als Beispiele des grössten Reichthums. Midas, Sohn des Gordios, König in Phrygien, hatte seinen Reichthum durch die Fülle des Goldes in seinem Lande. Darauf geht die Fabel bei Ovid. Met. 9, 90—145 cf. Plat. Rep. 3, 408, B. οὐδ' εἰ Μίδου πλουσιώτεροι εἶεν. — Kinyras war ein König in Kypros, Priester der Aphrodite und Liebling des Apollon, der ihn mit Reichthum segnete. — μάλιον, seltene Form für μᾶλλον.

οὐδ' εἰ Ταντᾰλίδεω Πέλοπος βασιλεύτερος εἴη,
γλῶσσαν δ' Ἀδρήστου μειλιχόγηρυν ἔχοι,
οὐδ' εἰ πᾶσαν ἔχοι δόξαν πλὴν θούριδος ἀλκῆς,
— οὐ γὰρ ἀνὴρ ἀγαθὸς γίγνεται ἐν πολέμῳ —
εἰ μὴ τετλαίη μὲν ὁρῶν φόνον αἱματόεντα
καὶ δηίων ὀρέγοιτ' ἐγγύθεν ἱστάμενος.
ἥδ' ἀρετή, τόδ' ἄεθλον ἐν ἀνθρώποισιν ἄριστον
κάλλιστόν τε φέρειν γίγνεται ἀνδρὶ νέῳ.
ξυνὸν δ' ἐσθλὸν τοῦτο πόληί τε παντί τε δήμῳ,
ὅστις ἀνὴρ διαβὰς ἐν προμάχοισι μένῃ
νωλεμέως, αἰσχρᾶς δὲ φυγῆς ἐπὶ πάγχυ λάθηται,
ψυχὴν καὶ θυμὸν τλήμονα παρθέμενος,
θαρσύνῃ δ' ἔπεσιν τὸν πλησίον ἄνδρα παρεστώς·
οὗτος ἀνὴρ ἀγαθὸς γίγνεται ἐν πολέμῳ·
αἶψα δὲ δυσμενέων ἀνδρῶν ἔτρεψε φάλαγγας
τρηχείας, σπουδῇ τ' ἔσχεθε κῦμα μάχης.

V. 7. **Pelops**, Sohn des Tantalos, des göttergeliebten Königs am Sipylos in Lydien, kam von Asien aus in den Peloponnes und gewann zu Pisa in Elis, indem er den König Oinomaos im Wettrennen besiegte, dessen Tochter Hippodameia und die Königsherrschaft in Pisa. Nach Pindar (Ol. 1, 89.) wurde er Vater von sechs völkerbeherrschenden Söhnen, welche ihre Macht über den Peloponnes verbreiteten. Er selbst wurde zu Olympia als Heros und Kampfeshort verehrt und galt als ein Herrscher voll erhabener Machtfülle, dem die Götter selbst seine Würde verliehen hatten. Zeus gab ihm das Königsscepter durch Hermes. Hom. Il. 2, 100 ff. — βασιλεύτερος, cf. Od. 15, 533.

V. 8. **Adrestos** oder **Adrastos**, König in Argos, war der Anführer und erste Held in den beiden mythischen Kriegen gegen Theben. Das Attribut der Wohlredenheit, welches bei ihm sprüchwörtlich geworden, hat er wahrscheinlich durch die alten Thebaiden erhalten, in welchen Gedichten er, wie Nestor in der Ilias (cf. Theogn. 714. No. 28.), als ein älterer Mann von grosser Erfahrung und Rednergabe den übrigen Helden entgegenstand. Plat. Phaedr. p. 269, A. τί δέ, τὸν μελίγηρυν Ἄδραστον οἰόμεθα ἢ καὶ Περικλέα etc.

V. 9. θούριδος ἀλκῆς, cf. Π. 4, 234. 11, 566.

V. 11. μὲν — καί, wie Hom. Il. 1, 267. κάρτιστοί μὲν ἔσαν καὶ καρτίστοις ἐμάχοντο, und häufig bei Pindar.

V. 16. διαβάς, cf. 2, 21.

V. 18. ψυχὴν παρθέμενος, cf. Od. 3, 74.

V. 19. θαρσύνῃ δ' ἔπεσιν. Dies ist die rechte Anwendung der Wohlredenheit im Gegensatz zu V. 8.

V. 21 u. 22. enthalten als Erfolg der vorhergehenden Verse die Begründung von V. 15.

αὐτὸς δ' ἐν προμάχοισι πεσὼν φίλον ὤλεσε θυμόν,
ἄστυ τε καὶ λαοὺς καὶ πατέρ' εὐκλεΐσας,
πολλὰ διὰ στέρνοιο καὶ ἀσπίδος ὀμφαλοέσσης
καὶ διὰ θώρηκος πρόσθεν ἐληλαμένος·
τὸν δ' ὀλοφύρονται μὲν ὁμῶς νέοι ἠδὲ γέροντες,
ἀργαλέῳ τε πόθῳ πᾶσα κέκηδε πόλις·
καὶ τύμβος καὶ παῖδες ἐν ἀνθρώποις ἀρίσημοι
καὶ παίδων παῖδες καὶ γένος ἐξοπίσω. 30
οὐδέ ποτε κλέος ἐσθλὸν ἀπόλλυται οὐδ' ὄνομ' αὐτοῦ,
ἀλλ' ὑπὸ γῆς περ ἐὼν γίγνεται ἀθάνατος,
ὅντιν' ἀριστεύοντα μένοντά τε μαρνάμενόν τε
γῆς πέρι καὶ παίδων θοῦρος Ἄρης ὀλέσῃ.
εἰ δὲ φύγῃ μὲν κῆρα τανηλεγέος θανάτοιο, 35
νικήσας δ' αἰχμῆς ἀγλαὸν εὖχος ἕλῃ,
πάντες μιν τιμῶσιν ὁμῶς νέοι ἠδὲ παλαιοί,
πολλὰ δὲ τερπνὰ παθὼν ἔρχεται εἰς Ἀΐδην,
γηράσκων δ' ἀστοῖσι μεταπρέπει, οὐδέ τις αὐτόν
βλάπτειν οὔτ' αἰδοῦς οὔτε δίκης ἐθέλει· 40
πάντες δ' ἐν θώκοισιν ὁμῶς νέοι οἵ τε κατ' αὐτόν
εἴκουσ' ἐκ χώρης οἵ τε παλαιότεροι.
ταύτης νῦν τις ἀνὴρ ἀρετῆς εἰς ἄκρον ἱκέσθαι
πειράσθω θυμῷ, μὴ μεθιεὶς πολέμου.

V. 23. αὐτός steht zunächst im Gegensatz zu dem, was er den Feinden angethan (V. 21. u. 22.), um einzuleiten, was er selbst erlitten; doch liegt auch noch eine weitere Beziehung in dem Worte, s. die Einleitung zu dieser Elegie. Man erwartet hier statt des Hauptsatzes αὐτὸς — ὤλεσε θυμόν, einen Conditionalsatz, wie V. 35. εἰ δὲ φύγῃ. Der logische Nachsatz beginnt mit V. 27. Am Schlusse dieses Abschnittes (23 — 34.) dient das letzte schöne Distichon (33 u. 34.) dazu, die Verdienste des Kämpfers noch einmal zusammenfassend vor Augen zu stellen und für das folgende εἰ δὲ φύγῃ ff. einen starken Gegensatz hervorzurufen.

V. 24. cf. Il. 6, 446.
V. 27 ff. cf. Kallin. 17 ff.
V. 30. cf. Hom. Il. 20, 308.
V. 38. Das Particip enthält, wie so oft im Griechischen, den Hauptbegriff: „Viel Angenehmes wird ihm zu Theil bis an den Tod, d. i. sein Leben lang". cf. Mimn. 2, 14. Theogn. 802. No. 48.
V. 39. οἱ κατ' αὐτόν, die *Altersgenossen.*
V. 41 u. 42. enthalten die Erklärung zu V. 40.

II. EMBATHPION.

4.

Ἄγετ', ὦ Σπάρτας εὐάνδρου
κοῦροι πατέρων πολιητᾶν,
λαιᾷ μὲν ἴτυν προβάλεσθε,
δόρυ δ' εὐτόλμως πάλλοντες
μὴ φείδεσθαι τᾶς ζωᾶς·
οὐ γὰρ πάτριον τᾷ Σπάρτᾳ.

4. Dio Chrysost. 1, 92. Rsk. — Aechtspartanisches Lied, daher in dorischem Dialect.
V. 1. u. 2. Doppelter Genitiv: Spartas Söhne von freien Vätern. — κοῦροι *ächte* Söhne, wie Od. 2, 274. εἰ δ' οὐ κείνου γ' ἐσσὶ γόνος καὶ Πηνελοπείης.

IV. Mimnermos.

Mimnermos von Kolophon blühete von Ol. 37 (c. 630 a. Chr.) bis zu dem Zeitalter der sieben Weisen, Ol. 45 (600 a. Chr.), zu einer Zeit, wo die meisten ionischen Städte, und unter diesen auch seine Vaterstadt Kolophon, durch die lydischen Könige ihre Freiheit eingebüsst hatten. Von Kallinos bis auf das Zeitalter des Mimnermos haben sich die Sitten der Ionier bedeutend geändert. Durch den Verlust ihrer Freiheit der Oeffentlichkeit des Staatslebens beraubt, ergaben sie sich immer mehr, und vornehmlich Kolophon, einem weichlichen, schwelgerischen Leben, wodurch die alte Kraft, die sich zur Zeit des Kallinos trotz der einreissenden Sittenverderbniss noch zum Theil erhalten hatte, vollends verloren ging. Hiernach ist auch die Poesie des Mimnermos zu erklären. Seinen Elegien, von denen wir noch mehrere grössere und kleinere Fragmente haben, liegt das staatliche Leben fern, dagegen hat sich der Dichter ganz in das Privatleben versenkt und die hier vorkommenden Beziehungen in seinen Versen auf eine tiefe, zarte und innige Weise in weicher Sentimentalität geschildert. Mimnermos hat zuerst und vornehmlich die Liebeselegie ausgebildet, denn die Liebe wird allgemein am besten besungen in Zeiten, wo kein politisches Leben herrscht. Selbst ein Flötenspieler, liebte er eine Flötenspielerin, Namens Nanno. Mit ihrem Namen belegte er eine geordnete Sammlung von Liebeselegien. Wir müssen uns M. zur Zeit, wo er seine Elegien sang, in einem Lebensalter denken, wo die

Jugendblüthe hinter ihm liegt und das Greisenalter schon heranzunahen droht. Er scheint deswegen in seiner Liebe nicht glücklich zu sein, die Geliebte hat ihr Herz Andern zugewandt. Darum ergeht er sich in tiefen Klagen über die Flüchtigkeit und Kürze des Menschenlebens, über den Verlust der Jugendblüthe und das Unglück eines kummervollen, hässlichen und verschmähten Alters. In solche verzweiflungsvolle Klagen konnte M. nur verfallen, weil er mit seinen Landesgenossen kein höheres Glück kannte und suchte, als den sinnlichen Lebensgenuss; dass er übrigens nicht ganz darin unterging, sondern auch noch Sinn für kriegerische Tapferkeit hatte, beweist der Umstand, dass er eine Elegie auf eine Schlacht der Smyrnäer gegen den Lyderkönig Gyges gedichtet hat. Λιγυαστάδης

1.

Τίς δὲ βίος, τί δὲ τερπνὸν ἄτερ χρυσέης Ἀφροδίτης;
τεθναίην, ὅτε μοι μηκέτι ταῦτα μέλοι,
κρυπταδίη φιλότης καὶ μείλιχα δῶρα Διώνης,
ἔσθ᾿ ἥβης ἄνθεα γίγνεται ἁρπαλέα
ἀνδράσιν ἠδὲ γυναιξίν· ἐπεὶ δ᾿ ὀδυνηρὸν ἐπέλθῃ   5
γῆρας, ὅ τ᾿ αἰσχρὸν ὁμῶς καὶ κακὸν ἄνδρα τιθεῖ,
αἰεί μιν φρένας ἀμφὶ κακαὶ τείρουσι μέριμναι,
οὐδ᾿ αὐγὰς προσορῶν τέρπεται ἠελίου,
ἀλλ᾿ ἐχθρὸς μὲν παισίν, ἀτίμαστος δὲ γυναιξίν·
οὕτως ἀργαλέον γῆρας ἔθηκε θεός.   10

1. Stob. Floril. 63, 16. — Der Hauptgedanke, der in V. 1. u. 2. liegt, zieht sich auch durch die folgenden Verse, so dass zugleich die Lebensalter angegeben werden, in denen der Mensch der Liebe sich erfreut und ihrer entbehrt; doch ist besonders hervorgehoben, dass es im Alter aus ist mit der Liebe. Solche Zeit möchte der Dichter nicht erleben; cf. 2, 9 u. 10., wo jedoch die Liebe ohne Berücksichtigung bleibt.
V. 1. cf. Horat. Epist. 1, 6. 65 u. 66. — χρυσέη ist gewöhnliches Beiwort der Aphrod. seit Hom. Il. 3, 64. 5, 427.
V. 3. μείλιχα δῶρα Διώνης, cf. Pindar Ol. 1, 75.
V. 4. ἁρπαλέα ἀνδράσιν ἠδὲ γυν. ist zugefügt wegen des folgenden Gegensatzes.
V. 6. κακόν, *nichtsnutzig*, ohne sittliche Nebenbeziehung.
V. 7. μέριμναι sind Sorgen der Liebe, s. V. 9.

2.

Ἡμεῖς δ', οἷά τε φύλλα φύει πολυανθέος ὥρῃ
ἔαρος, ὅτ' αἶψ' αὐγῇς αὔξεται ἠελίου,
τοῖς ἴκελοι πήχυιον ἐπὶ χρόνον ἄνθεσιν ἥβης
τερπόμεθα, πρὸς θεῶν εἰδότες οὔτε κακόν
οὔτ' ἀγαθόν· Κῆρες δὲ παρεστήκασι μέλαιναι,
ἡ μὲν ἔχουσα τέλος γήραος ἀργαλέου,
ἡ δ' ἑτέρη θανάτοιο· μίνυνθα δὲ γίγνεται ἥβης
καρπός, ὅσον τ' ἐπὶ γῆν κίδναται ἠέλιος.
αὐτὰρ ἐπὴν δὴ τοῦτο τέλος παραμείψεται ὥρης,
αὐτίκα τεθνάμεναι βέλτιον ἢ βίοτος.
πολλὰ γὰρ ἐν θυμῷ κακὰ γίγνεται· ἄλλοτε οἶκος
τρυχοῦται, πενίης δ' ἔργ' ὀδυνηρὰ πέλει.
ἄλλος δ' αὖ παίδων ἐπιδεύεται, ὧν τε μάλιστα
ἱμείρων κατὰ γῆς ἔρχεται εἰς Ἀΐδην.
ἄλλος νοῦσον ἔχει θυμοφθόρον· οὐδέ τις ἔστιν
ἀνθρώπων, ᾧ Ζεὺς μὴ κακὰ πολλὰ διδοῖ.

3.

Αὐτίκα μοι κατὰ μὲν χροιὴν ῥέει ἄσπετος ἱδρώς,
πτοιῶμαι δ' ἐσορῶν ἄνθος ὁμηλικίης
τερπνὸν ὁμῶς καὶ καλόν, ἐπεὶ πλέον ὤφελεν εἶναι·
ἀλλ' ὀλιγοχρόνιον γίγνεται ὥσπερ ὄναρ
ἥβη τιμήεσσα· τὸ δ' ἀργαλέον καὶ ἄμορφον
γῆρας ὑπὲρ κεφαλῆς αὐτίχ' ὑπερκρέμαται

2. Stob. Floril. 98, 13. — V. 1. Hom. Il. 6, 146 ff. 21, 462 ff. φύει hier intransitiv wie Il. 6, 149.

V. 4. εἰδότες οὔτε κακὸν οὔτ' ἀγαθόν. Die Jugend lebt in den Tag hinein und erfährt Schlimmes und Gutes ohne rechtes Bewusstsein und tieferes Innewerden; das ist ein Glück der Jugend: ἐν τῷ φρονεῖν γὰρ μηδὲν ἥδιστος βίος. Soph. Ai. 554.

V. 8. ὅσον — ἠέλιος, von der Zeit (des Tages) zu verstehen.

V. 11. ἄλλοτε. Der Dichter fährt V. 13. mit ἄλλος δέ fort, als wenn vorausgegangen wäre ἄλλῳ μὲν οἶκος τρυχοῦται.

V. 14. s. zu Tyrt. 3, 88.

3. Stob. Floril. 116, 34. und Theogn. 1017—1022. — ἄνθος ὁμηλικίης wird nachdrücklich durch ἥβη τιμήεσσα wiederholt, um den Gegensatz daran anzuknüpfen; ἀργαλέον καὶ ἄμορφον entspricht dem τερπνὸν ὁμῶς καὶ καλόν, dagegen ἐχθρὸν καὶ ἄτιμον dem τιμήεσσα.

ἐχθρὸν ὁμῶς καὶ ἄτιμον, ὅ τ' ἄγνωστον τιθεῖ ἄνδρα,
βλάπτει δ' ὀφθαλμοὺς καὶ νόον ἀμφιχυθέν.

4. ✝

Ἥλιος μέγαν ἐξέλαχεν πόνον ἤματα πάντα,
οὐδέ ποτ' ἄμπαυσις γίγνεται οὐδεμία
ἵπποισίν τε καὶ αὐτῷ, ἐπεὶ ῥοδοδάκτυλος Ἠώς
Ὠκεανὸν προλιποῦσ' οὐρανὸν εἰσαναβῇ·
τὸν μὲν γὰρ διὰ κῦμα φέρει πολυήρατος εὐνή   5
κοίλη, Ἡφαίστου χερσὶν ἐληλαμένη
χρυσοῦ τιμήεντος, ὑπόπτερος, ἄκρον ἐφ' ὕδωρ
εὕδοντ' ἁρπαλέως χώρου ἀφ' Ἑσπερίδων
γαῖαν ἐς Αἰθιόπων, ἵνα δὴ θοὸν ἅρμα καὶ ἵπποι
ἑστᾶσ', ὄφρ' Ἠὼς ἠριγένεια μόλῃ·   10
ἔνθ' ἐπέβη ἑτέρων ὀχέων Ὑπερίονος υἱός.

V. 8. ἀμφιχυθέν, cf. Od. 4, 716. τὴν δ' ἄχος ἀμφεχύθη, welchem
gleichbedeutend ist τὸν δ' ἄχεος νεφέλη κάλυψε μέλαινα, Il. 17, 591.
4. Athen. 11, 470, A. — Der weiche Ionier bedauert selbst den Helios wegen der vielen Mühen, die er um die Beleuchtung der Erde hat.
Die Verse sind merkwürdig durch die Vorstellung, wie Helios vom Westen
jedesmal wieder zum Osten zurückkehrt. Homer scheint sich die Frage
in Betreff einer solchen Rückkehr noch nicht aufgeworfen zu haben. Die
Vorstellung des Mimnermos findet sich auch bei mehreren anderen Dich-
tern, Stesichoros (Fr. 2.), Aeschylos, Antimachos, welche das goldene
Sonnenlager wegen seiner becherförmigen Gestalt δέπας nennen.
V. 1. πόνον, Virgil. Aen. 1, 742. heisst der Sonnenlauf *solis labores*.
V. 6. κοῖλος = κοῖλος, wie ὁμοῖιος = ὁμοῖος.
V. 7. ὑπόπτερος, die Flügel dienen statt der Segel, die auch biswei-
len πτερά heissen.
V. 8. χώρου ἀφ' Ἑσπερίδων. cf. Hesiod. Theog. 275. πέρην κλυτοῦ
Ὠκεανοῖο ἐσχατιῇ πρὸς νυκτός, ἵν' Ἑσπερίδες λιγύφωνοι.
V. 9. γαῖαν ἐς Αἰθ. Der eine Theil der zweifach getheilten Aethiopen
wohnte im Osten in der Gegend der aufgehenden Sonne. Od. 1, 23 ff.
V. 11. ἑτέρων. Wenn Helios im Osten ankommt, so stehen ihm schon
dort wieder andere Rosse und ein anderer Wagen bereit.

V. Solon.

Solon von Athen, Sohn des Exekestides, stammte aus der
alten Familie der Kodriden, durch seine Mutter war er verwandt mit den Pisistratiden. Seine hohe Bedeutung in der
Geschichte des athenischen Staates ist bekannt. Er hatte sich

frühzeitig auf häufigen Reisen, die er als Kaufmann unternahm, Menschenkenntniss und Lebenserfahrung von mancherlei Art und dadurch eine praktische Weisheit erworben, die ihn zu einer einflussreichen Wirksamkeit im Staate geschickt machte. Zuerst hören wir von seiner politischen Thätigkeit um 604 a. Chr.; er vermochte damals die Athener zur Wiedereroberung von Salamis, wobei er selbst die Führung übernahm. Im Anfange des folgenden Jahrhunderts erwarb er sich grosse Verdienste um seine Vaterstadt dadurch, dass er die mächtige und stolze Adelsfamilie der Alkmäoniden, welche bei dem sogenannten kylonischen Aufstande (Ol. 42, 1. 612 a. Chr.) sich mit schwerer Schuld befleckt hatte, veranlasste, sich einem Gerichte zu unterwerfen, und den Rath gab, zur Sühnung der schuldbelasteten Stadt den Weihepriester Epimenides von Kreta zu berufen. Dadurch beschwichtigte er die innere Zwietracht und weckte die durch Schuldbewusstsein niedergedrückten Bürger zu neuer Thatkraft. Im J. 594 Ol. 46, 3. übertrugen die Athener dem hochverdienten Manne, der das Vertrauen aller Parteien genoss, die Würde eines Archon und die Abfassung einer neuen Gesetzgebung. Nach Vollendung derselben ging er auf zehn Jahre ins Ausland, er besuchte Aegypten, Kypros, Kleinasien (Kroesos). Nach Athen zurückgekehrt, suchte er die Plane seines schlauen Verwandten Pisistratos, mit dem er früher in freundschaftlichem Verhältniss gestanden, zu vereiteln und den Staat vor der Tyrannis zu schützen; aber vergebens, die Athener liessen sich nicht warnen. Pisistratos gelangte zur Herrschaft, liess aber die Gesetze des Solon bestehen; er behandelte den erfahrenen Greis, der sein Leben bis auf achtzig Jahre gebracht haben soll, stets mit Achtung und benutzte seinen Rath.

Der edle, humane Geist, der sich in der Gesetzgebung des Solon ausspricht, zeigt sich in allen Beziehungen seines Lebens. Er ist ein ehrwürdiger, ächtathenischer Charakter von edler Bildung und reiner, milder Gesinnung, dessen ganzes Streben auf das Wohl des Vaterlandes gerichtet ist. Diese uneigennützige Vaterlandsliebe, das milde Wohlwollen, die Lauterkeit eines reichen, gebildeten Geistes tritt auch in seinen Elegien hervor. Der Inhalt und Zweck derselben ist verschiedener Art, zum Theil stehen sie in engerer Beziehung zu seiner politischen Wirksamkeit, zum Theil enthalten sie allgemeinere Lebensbetrachtungen. Obgleich wir von den Elegien der ersteren Art nur Bruchstücke besitzen, so sind diese doch von besonderem Interesse, weil wir nach denselben noch das ganze politische Wirken des Mannes in seinen Hauptepochen verfolgen können.

Die Elegie Salamis fordert in einer Zeit, wo durch inneren Zwiespalt der Staat zu einer schmählichen Schwäche herabgesunken ist, die Athener zu neuem Kampfe nach aussen auf, zur Wiedereroberung von Salamis. In Nro. 2., welches vor der Gesetzgebung gedichtet ist, warnt er seine Mitbürger vor Zwietracht und Gesetzlosigkeit, welche den Staat zu Grunde richten, in andern erklärt er sich über die Bestrebungen bei seiner Gesetzgebung, oder er spricht seine Besorgnisse aus über die Unbesonnenheit der Athener, welche sie in das Unglück der Knechtschaft stürzen wird, oder er hält ihnen diese Unbesonnenheit vor, nachdem sie schon unter die Herrschaft des Pisistratos gekommen sind u. s. w. Manche dieser Elegien können mit der Eunomia des Tyrtaeos, sowie die Elegie Salamis mit dessen Ὑποθῆκαι und der Elegie des Kallinos verglichen werden; doch hat Solon, wenn auch nicht einen grössern Patriotismus, so doch jedenfalls schon durch den Fortschritt der Zeit eine höhere, reichere Bildung voraus, wodurch ihm ein grösserer Reichthum von Motiven zu Gebote steht. Hält man Solon mit Mimnermos zusammen, so kann die Zartheit und Milde des Gemüths einen Vergleichungspunkt abgeben; aber dadurch ist S. durchaus von M. verschieden, dass ihm bei aller Milde der Gesinnung die geistige Energie nicht fehlt, dass er durch seine Bethätigung im Staate einen höheren, sittlichen Haltpunkt hat, der dem M. abgeht. S. erkennt in allem Wechsel des Lebens einen tieferen Gehalt, eine durch die gerechten Götter geschaffene Ordnung. Siehe seine Ὑποθῆκαι εἰς αὐτόν. Nro. 10. Daher hat er eine viel heiterere Lebensanschauung, als Mimnermos und geht muthig dem Alter entgegen, während dieser nichts mehr fürchtet, als das Alter. Vgl. Nro. 13.

Ausser den Elegien hat Solon noch Gedichte in iambischem und trochäischem Versmasse verfasst. Diese Art von Versen eignet sich für eine mehr bewegte und gereizte Stimmung; doch dienen sie dem humanen Dichter nicht wie dem Archilochos zum Angriff, sondern zur Abwehr; er rechtfertigt in ihnen, allerdings oft mit einer gewissen Bitterkeit, seine politische Thätigkeit gegen Angriffe seiner Mitbürger.

I. ΣΑΛΑΜΙΣ.
1.

Αὐτὸς κῆρυξ ἦλθον ἀφ' ἱμερτῆς Σαλαμῖνος,
κόσμον ἐπέων ᾠδὴν ἀντ' ἀγορῆς θέμενος.

1. V. 1. u. 2. Plutarch. Solon. 8. V. 3—8. Diog. Laert. 1, 46. — Die Elegie, welche aus 100 Versen bestanden haben soll, ist um Ol. 44. (604)

εἴην δὴ τότ᾽ ἐγὼ Φολεγάνδριος ἢ Σικινίτης
ἀντί γ᾽ Ἀθηναίου, πατρίδ᾽ ἀμειψάμενος.
5 αἶψα γὰρ ἂν φάτις ἥδε μετ᾽ ἀνθρώποισι γένοιτο·
Ἀττικὸς οὗτος ἀνήρ, τῶν Σαλαμιναφετῶν.
. . . .
ἴομεν εἰς Σαλαμῖνα μαχησόμενοι περὶ νήσου
ἱμερτῆς χαλεπόν τ᾽ αἶσχος ἀπωσόμενοι.

II. ΤΑ ΠΕΡΙ ΤΗΣ ΑΘΗΝΑΙΩΝ ΠΟΛΙΤΕΙΑΣ.

2.

Ἡμετέρη δὲ πόλις κατὰ μὲν Διὸς οὔποτ᾽ ὀλεῖται
αἶσαν καὶ μακάρων θεῶν φρένας ἀθανάτων·

im Feuer der Jugend gedichtet. Die Veranlassung dazu war nach Plutarch folgende. Nachdem die Athener vergeblich einen langen und schweren Krieg mit Megara um Salamis geführt hatten, gaben sie endlich im Gefühle ihrer Schwäche das Gesetz, dass bei Todesstrafe keiner mehr schriftlich oder mündlich den Vorschlag machen sollte, die Insel zu erobern. Solon beschloss seine Vaterstadt von dieser Schmach zu befreien. Den Reisehut auf dem Kopfe, kam er plötzlich, nachdem er das Gerücht hatte verbreiten lassen, er sei wahnsinnig geworden und müsse zu Hause gehalten werden, auf den Markt, sprang auf den Stein, auf dem die Herolde zu stehen pflegten, und trug vor dem zusammengelaufenen Volke die Elegie vor, deren Anfang die obigen beiden ersten Verse sind. Er fingirt darin, als Herold nach Salamis geschickt, jetzt zurückgekehrt zu sein, berichtet über den Werth der verlorenen Insel, über den Hohn der dort herrschenden Megarenser, die Vorwürfe der den Athenern heimlich befreundeten Salaminier u. s. w., spricht von dem Ruhm der Vorzeit im Vergleich zu der jetzigen Schmach und erregt so in Unmuth und in Spott den Stolz und die Vaterlandsliebe der Athener. Die Elegie machte einen tiefen Eindruck, besonders, nach dem Zeugniss des Diog. Laert., die Verse 3 – 8. Als der Dichter nach einem solchen Wechsel der Gefühle endlich in den Schlussversen: ἴομεν εἰς Σαλαμῖνα, zur muthigen That aufforderte, „da ward der jubelnde Beifall der Bürger und die Eroberung der Insel der wahre Schluss der Elegie Salamis." Hertzberg.

V. 2. Statt einer Rede (ἀγορά) hat er ein Gedicht verfasst. — κόσμον ἐπέων ist Apposition zu ᾠδήν, ein aus Versen schön und zierlich zusammengesetztes Gedicht. — τίθημι seit Homer (Il. 19, 407.) = ποιεῖν, θέσις = ποίησις. Pind. Ol. 3, 8. ἐπέων θέσις.

V. 3. τότε, nämlich wenn wir die Insel aufgäben. Pholegandros und Sikinos waren zwei der unbedeutendsten Inseln im Archipelagos.

V. 6. Σαλαμιναφετῶν von ἀφίημι, fahren lassen, im Stiche lassen. Der Spott bildet gerne neue Wörter.

V. 8. Aus ἱμερτῆς und αἶσχος ersieht man, was vorausgegangen sein muss.

2. Demosth. de Fals. Leg. 421. Rsk. — Die Elegie fällt in die Zeit zwischen der drakontischen und solonischen Gesetzgebung. Der Dichter schildert die Zerrüttung der Staatsverhältnisse, welche auf der einen

τοίη γὰρ μεγάθυμος ἐπίσκοπος ὀμβριμοπάτρη
Παλλὰς Ἀθηναίη χεῖρας ὕπερθεν ἔχει·
αὐτοὶ δὲ φθείρειν μεγάλην πόλιν ἀφραδίῃσιν
ἀστοὶ βούλονται χρήμασι πειθόμενοι,
δήμου θ' ἡγεμόνων ἄδικος νόος, οἷσιν ἑτοῖμον
ὕβριος ἐκ μεγάλης ἄλγεα πολλὰ παθεῖν·
οὐ γὰρ ἐπίστανται κατέχειν κόρον οὐδὲ παρούσας
εὐφροσύνας κοσμεῖν δαιτὸς ἐν ἡσυχίῃ.
. . . .
οὐδ' ἱερῶν κτεάνων οὔτε τι δημοσίων
φειδόμενοι κλέπτουσιν ἐφ' ἁρπαγῇ ἄλλοθεν ἄλλος,
οὐδὲ φυλάσσονται σεμνὰ θέμεθλα Δίκης,
ἣ σιγῶσα σύνοιδε τὰ γιγνόμενα πρό τ' ἐόντα·
τῷ δὲ χρόνῳ πάντως ἦλθ' ἀποτισομένη.
τοῦτ' ἤδη πάσῃ πόλει ἔρχεται ἕλκος ἄφυκτον,
εἰς δὲ κακὴν ταχέως ἤλυθε δουλοσύνην,
ἣ στάσιν ἔμφυλον πόλεμόν θ' εὕδοντ' ἐπεγείρει,

Seite durch die Habsucht und Bedrückung des Adels, auf der andern durch den Uebermuth und die Raubsucht der Volksführer hervorgerufen wurde, und räth zur εὐνομία. — „Das Gedicht wurde wohl in öffentlicher Versammlung vorgetragen und hat vielleicht bewirkt, dass man dem Manne, der sich durch Rang und Besitz als im Interesse der Aristokaten betheiligt, durch Redlichkeit und Popularität dem niederen Volke unverdächtig zeigte, das Archontat und eine neue Gesetzgebung übertrug." Weber.
Das Ganze zerfällt in drei Theile: 1) V. 1—15. 2) 16—29. 3) 30—39. In dem ersten Theile wird neben der Habsucht des Adels vorzugsweise das verderbliche Treiben der Demagogen geschildert, das ihnen übrigens selbst zum Verderben ausschlagen wird. Der zweite Theil enthält die schlimmen Folgen des Verhaltens beider Parteien für die ganze Stadt, und zwar zunächst die von dem Treiben der Demagogen bis V. 21., während V. 22—25. mehr als ein Ausfluss der Habsucht und Härte des Adels erscheinen; V. 26—29. dienen zur Zusammenfassung des Vorausgehenden. Der dritte Theil zeigt die guten Folgen der Gesetzlichkeit.
V. 3. τοίη γάρ, s. Archil. 6, 3.
V. 4. χεῖρας ὑπ. ἔχει, cf. Il. 4, 249. 5, 433.
V. 6. ἀστοί bezeichnen zwar zunächst im Gegensatze zu den eben genannten Göttern (wie sonst im Gegensatz zu ξένοι, Soph. Öd. R. 718. El. 975.) allgemein die Bewohner der Stadt, im Gegensatz aber zu dem δῆμος V. 7. sind sie die herrschende Classe, der Bürger, der Adel.
V. 7—10. Die Demagogen, wie später Pisistratos, gebrauchten das Volk unter dem Versprechen, sie von dem Drucke des Adels zu befreien, zu selbstsüchtigen Zwecken und benutzten zur Aufwiegelung desselben besonders die in Athen üblichen Stammschmäuse. δαιτός gehört zu εὐφροσύνας. Nach V. 10. kann nicht viel ausgefallen sein; in der Lücke stand noch der Vers:
πλουτοῦσιν δ' ἀδίκοις ἔργμασι πειθόμενοι.

ὃς πολλῶν ἐρατὴν ὤλεσεν ἡλικίην·
20 ἐκ γὰρ δυσμενέων ταχέως πολυήρατον ἄστυ
τρύχεται ἐν συνόδοις τοῖς ἀδικοῦσι φίλαις.
ταῦτα μὲν ἐν δήμῳ στρέφεται κακά· τῶν δὲ πενιχρῶν
ἱκνοῦνται πολλοὶ γαῖαν ἐς ἀλλοδαπὴν
πραθέντες δεσμοῖσί τ' ἀεικελίοισι δεθέντες,
25 καὶ κακὰ δουλοσύνης στυγνὰ φέρουσι βίᾳ.
οὕτω δημόσιον κακὸν ἔρχεται οἴκαδ' ἑκάστῳ,
αὔλειοι δ' ἔτ' ἔχειν οὐκ ἐθέλουσι θύραι,
ὑψηλὸν δ' ὑπὲρ ἕρκος ὑπέρθορεν, εὗρε δὲ πάντως,
εἰ καί τις φεύγων ἐν μυχῷ ᾖ θαλάμων.
30 ταῦτα διδάξαι θυμὸς Ἀθηναίους με κελεύει,
ὡς κακὰ πλεῖστα πόλει δυσνομία παρέχει·
εὐνομία δ' εὔκοσμα καὶ ἄρτια πάντ' ἀποφαίνει,
καί θ' ἅμα τοῖς ἀδίκοις ἀμφιτίθησι πέδας·
τραχέα λειαίνει, παύει κόρον, ὕβριν ἀμαυροῖ,
35 αὐαίνει δ' ἄτης ἄνθεα φυόμενα,
εὐθύνει δὲ δίκας σκολιὰς ὑπερήφανά τ' ἔργα
πραΰνει, παύει δ' ἔργα διχοστασίης,
παύει δ' ἀργαλέης ἔριδος χόλον, ἔστι δ' ὑπ' αὐτῆς
πάντα κατ' ἀνθρώπους ἄρτια καὶ πινυτά.

3.

Δήμῳ μὲν γὰρ ἔδωκα τόσον κράτος, ὅσσον ἐπαρκεῖ,
τιμῆς οὔτ' ἀφελὼν οὔτ' ἐπορεξάμενος·

V. 20. Die δυσμενεῖς sind die Demagogen, welche die V. 10. erwähnten Zusammenkünfte missbrauchten.
V. 22. δῆμος muss hier das ganze Volk bezeichnen; vgl. δημόσιον κακόν V. 26. — Das niedere Volk war den Reichen verschuldet; entweder bestellten sie ihnen gegen ein Sechstheil des Ertrags die Ländereien (ἑκτημόριοι, θῆτες), oder sie konnten, da sie sich mit ihrem Körper verpfändet hatten, als Gefangene weggeführt, als Sclaven gebraucht und in die Fremde verkauft werden. Plutarch. Solon. c. 13. — Vgl. 16. 6 ff.
V. 25. ist neuerdings aus einer Handschrift des Escurial hier eingefügt worden.
V. 31. Vgl. Soph. Antig. 672 ff. über die Folgen der ἀναρχία im Gegensatz zur πειθαρχία. Vgl. auch Xenophon An. 3, 1, 38.
V. 32. εὔκοσμα καὶ ἄρτια, Ordnung und Eintracht.
V. 35. ἄνθεα ἄτης, die Blüthe als häufiges Bild für alles zum Vorschein Kommende, — Keime.

3. Plutarch. Sol. 18. — Solon spricht in diesem Fragment von seiner Gesetzgebung. δῆμος bezeichnet das niedere Volk.
V. 2. ἐπορεξάμενος, etwas Uebriges bietend.

οἳ δ' εἶχον δύναμιν καὶ χρήμασιν ἦσαν ἀγητοί,
καὶ τοῖς ἐφρασάμην μηδὲν ἀεικὲς ἔχειν.
ἔστην δ' ἀμφιβαλὼν κρατερὸν σάκος ἀμφοτέροισιν,
νικᾶν δ' οὐκ εἴασ' οὐδετέρους ἀδίκως.

4.

Ἐκ νεφέλης πέλεται χιόνος μένος ἠδὲ χαλάζης,
βροντὴ δ' ἐκ λαμπρᾶς γίγνεται ἀστεροπῆς·
ἀνδρῶν δ' ἐκ μεγάλων πόλις ὄλλυται, εἰς δὲ μονάρχου
δῆμος ἀϊδρίῃ δουλοσύνην ἔπεσεν.
λείως δ' ἐξάραντ' οὐ ῥᾴδιόν ἐστι κατασχεῖν
ὕστερον, ἀλλ' ἤδη χρὴ τάδε πάντα νοεῖν.

5.

Εἰ δὲ πεπόνθατε λυγρὰ δι' ὑμετέρην κακότητα,
μή τι θεοῖς τούτων μοῖραν ἐπαμφέρετε.
αὐτοὶ γὰρ τούτους ηὐξήσατε ῥύματα δόντες
καὶ διὰ ταῦτα κακὴν ἔσχετε δουλοσύνην.
ὑμέων δ' εἷς μὲν ἕκαστος ἀλώπεκος ἴχνεσι βαίνει,
σύμπασιν δ' ὑμῖν χαῦνος ἔνεστι νόος.
εἰς γὰρ γλῶσσαν ὁρᾶτε καὶ εἰς ἔπε' αἱμύλου ἀνδρός,
εἰς ἔργον δ' οὐδὲν γιγνόμενον βλέπετε.

V. 4. „καὶ τούτων προὐνόησα, ἵνα μηδὲν ἀπρεπὲς ἢ ἄδικον ἔχωσι." Corais.
4. Diod. Sic. Excerptt. Vatic. p. 23. Dindorf. Λέγεται Σόλων καὶ προειπεῖν τοῖς Ἀθηναίοις τὴν ἐσομένην τυραννίδα δι' ἐλεγείων· Ἐκ κτλ.
V. 5. λείως ἐξάραντα, *si quem plane extuleris*; zu κατασχεῖν ergänze das Object τὸν ἐξαρθέντα. — λείως = λέως = τελέως. Diodor. Σόλων παρελθὼν εἰς ἐκκλησίαν παρεκάλει τοὺς Ἀθηναίους καταλύειν τὸν τύραννον, πρὶν τελέως ἰσχυρὸν γενέσθαι.
V. 6. cf. II. 5, 490.
5. Diog. Laërt. 1, 52. Ὅτε τὸν Πεισίστρατον ἔμαθεν ἤδη τυραννεῖν, τάδε ἔγραψε πρὸς τοὺς Ἀθηναίους· Εἰ δέ κτλ. — Die Verse werden auch von Diodor Excerptt. V. III. p. 24. und von Plutarch Vita Sol. c. 30. angeführt.
V. 3. ῥύματα, Schutzmannschaften. Solon meint die dem Pisistratos von den Athenern gegebenen κορυνηφόροι. Herodot. 1, 59. Plut. Sol. 30. — τούτους sc. τοὺς περὶ Πεισίστρατον.
V. 5. „Jeder Einzelne von euch ist schlau wie ein Fuchs." — Vergl. Schillers Xenion:
Jeder, nimmt man ihn einzeln für sich, scheint klug und vernünftig,
Nimmt man *in corpore* sie, gleich wird ein Dummkopf daraus.

6.

Ἐξ ἀνέμων δὲ θάλασσα ταράσσεται· ἢν δέ τις αὐτὴν
μὴ κινῇ, πάντων ἐστὶ δικαιοτάτη.

7.

Δῆμος δ' ὧδ' ἂν ἄριστα σὺν ἡγεμόνεσσιν ἕποιτο,
μήτε λίην ἀνεθεὶς μήτε πιεζόμενος.

8.

Ἔργμασιν ἐν μεγάλοις πᾶσιν ἁδεῖν χαλεπόν.

9.

Τίκτει γὰρ κόρος ὕβριν, ὅταν πολὺς ὄλβος ἕπηται.

III. ΥΠΟΘΗΚΑΙ ΕΙΣ ΑΥΤΟΝ.

10.

Μνημοσύνης καὶ Ζηνὸς Ὀλυμπίου ἀγλαὰ τέκνα,

6. Plut. Vit. Sol. c. 3. — Liv. 28, 27. *Multitudo omnis, sicut natura maris, per se immobilis est: et venti et aurae cient; ita aut tranquillum aut procellae in vobis sunt.* -

7. Plut. Comp. Sol. et Popl. c. 2.

8. Plut. Vit. Sol. c. 25. — cf. Theogn. No. 48.

9. Clem. Alex. Str. 6, 740. — Theogn. Τίκτει τοι κόρος ὕβριν, ὅταν κακῷ ὄλβος ἕπηται.

10. Stob. Floril. 9, 25. — Die Menschen können nur durch die Götter zu wahrem, dauerndem ὄλβος, der vorzugsweise im Besitze des Reichthums besteht, gelangen, und zwar dadurch, dass sie gerecht leben und sich der ὕβρις enthalten. — Dieser Grundgedanke zieht sich durch das ganze Gedicht hin, welches in drei Hauptmassen zerfällt: 1) 1 — 32. 2) 33 — 64. 3) 65 — 76.

1) Ich wünsche mir Lebensglück von den Göttern zu erhalten, d. h. durch gerechtes Leben; denn das Glück, das von den Göttern kommt, ist fest und beständig, aber unrecht Gut gedeihet nicht, sondern bald gesellt sich zu dem durch ὕβρις erworbenen Reichthum die ἄτη und bringt die Vergeltung (1 — 16.). Diese Vergeltung durch die ἄτη kommt von Zeus; die Strafe kommt entweder sogleich oder später über den Schuldigen oder über seine Nachkommen (17 — 32.).

2) Das beherzigen die Sterblichen nicht, sondern ohne an die Götter zu denken, streben sie in eitler Hoffnung im Vertrauen auf die eigene Kraft und Kunst nach Reichthum. Wie der Kranke stets nach Gesundheit strebt, so hofft und erstrebt der Unbegüterte grossen Besitz (der Kaufmann, der Tagelöhner, der Handwerker und Künstler, der Sänger, Weissager und Arzt). Aber der Menschen Bestrebungen sind eitel, alles hängt ab von der Moira und den Göttern.

3) Bei allen diesen Unternehmungen der Menschen ist Gefahr, denn der Ausgang ist ungewiss, besonders aber bei dem durch die Gewinnsucht der Menschen erzeugten Streben nach Reichthum, das keine Grenzen

Μοῦσαι Πιερίδες, κλῦτέ μοι εὐχομένῳ.
ὄλβον μοι πρὸς θεῶν μακάρων δότε καὶ πρὸς ἁπάντων
ἀνθρώπων αἰεὶ δόξαν ἔχειν ἀγαθήν·
εἶναι δὲ γλυκὺν ὧδε φίλοις, ἐχθροῖσι δὲ πικρόν, — 5
τοῖσι μὲν αἰδοῖον, τοῖσι δὲ δεινὸν ἰδεῖν.
χρήματα δ' ἱμείρω μὲν ἔχειν, ἀδίκως δὲ πεπᾶσθαι
οὐκ ἐθέλω· πάντως ὕστερον ἦλθε δίκη.
πλοῦτον δ', ὃν μὲν δῶσι θεοί, παραγίγνεται ἀνδρί
ἔμπεδος ἐκ νεάτου πυθμένος εἰς κορυφήν· 10
ὃν δ' ἄνδρες μετίωσιν ὑφ' ὕβριος, οὐ κατὰ κόσμον
ἔρχεται, ἀλλ' ἀδίκοις ἔργμασι πειθόμενος
οὐκ ἐθέλων ἕπεται, ταχέως δ' ἀναμίσγεται ἄτη·

kennt und leicht zur ὕβρις führt, welche dann nothwendig die ἄτη hervorruft. So geht dieser dritte Theil wieder zu dem Gedanken des ersten Theiles zurück.

V. 1. Der Dichter geht im Anfange von sich selbst aus, kommt aber im weiteren Verlauf zu allgemeinen Betrachtungen, wobei er seine eigene Person vergisst. Daher hat auch nur der Anfang die Form eines Gebetes. — In Bezug auf die Abstammung der Musen folgt S. dem Hesiod Theog. 52.

Μοῦσαι Ὀλυμπιάδες, κοῦραι Διὸς αἰγιόχοιο,
τὰς ἐν Πιερίῃ Κρονίδῃ τέκε πατρὶ μιγεῖσα
Μνημοσύνη. —

V. 3. καὶ πρὸς ἁπάντων — δόξαν ἔχειν ἀγαθήν, guten Ruf von Seiten der Menschen, nämlich durch Gerechtigkeit und Tugend. Er wünscht sich also Tugend und Gerechtigkeit und dadurch Glück von den Göttern (χρήματα δ' ἱμείρω μὲν ἔχειν, ἀδίκως δὲ πεπᾶσθαι οὐκ ἐθέλω).

V. 5. εἶναι δὲ γλυκὺν ὧδε φίλοις. Dieser Infinit. hängt zwar von δότε ab und wird durch δὲ mit dem vorhergehenden ἔχειν verbunden und auf gleiche Stufe gestellt; aber durch ὧδε wird der Satz zu einer Folge des vorhergehenden gemacht und diesem logisch untergeordnet. Der Hauptinhalt des Gebetes bleibt also V. 3. u. 4.

V. 9. πλοῦτον δ', ὅν. Attraction, cf. Theognis 382. No. 22. Soph. O. R. 449. Virg. Aen. 1, 573. *urbem, quam statuo, vestra est.* Für den Sinn cf. Theog. 197. No. 10. Hesiod. Opp. 320. Χρήματα δ' οὐχ ἁρπακτά, θεόσδοτα πολλὸν ἀμείνω. Pind. Nem. 8, 28. Σὺν θεῷ γάρ τοι φυτευθεὶς ὄλβος ἀνθρώποισιν παρμονώτερος.

V. 11. μετίωσιν, Conjectur von Ahrens. Die Codd. haben τιμῶσιν. Die Worte stehen dem vorangehenden Distichon entgegen. Man muss daher verbinden: ὃν δ' ἄνδρες μετ. ὑφ' ὕβριος, welches den Worten: ὃν μὲν δῶσι θεοί entgegensteht. Die folgenden Worte: οὐ κατὰ κόσμον — ἄτη laufen parallel mit παραγίγνεται — κορυφήν: „Reichthum, welchen die Menschen mit Uebermuth erjagen, kommt nicht auf die rechte Art, und darum folgt er auch nicht willig, sondern bald kommt die durch die ungerechten Werke herbeigerufene ἄτη hinzu und vernichtet das Erworbene wieder."

V. 13. ἀναμίσγεται sc. πλούτῳ.

ἀρχὴ δ' ἐξ ὀλίγου γίγνεται ὥστε πυρός,
15 φλαύρη μὲν τὸ πρῶτον, ἀνιηρὴ δὲ τελευτᾷ·
οὐ γὰρ δὴν θνητοῖς ὕβριος ἔργα πέλει.
ἀλλὰ Ζεὺς πάντων ἐφορᾷ τέλος, ἐξαπίνης δέ,
ὥστ' ἄνεμος νεφέλας αἶψα διεσκέδασεν
ἠρινός, ὃς πόντου πολυκύμονος ἀτρυγέτοιο
20 πυθμένα κινήσας, γῆν κατὰ πυροφόρον
δῃώσας καλὰ ἔργα, θεῶν δῆος αἰπὺν ἱκάνει
οὐρανόν, αἰθρίην δ' αὖθις ἔθηκεν ἰδεῖν·
λάμπει δ' ἠελίοιο μένος κατὰ πίονα γαῖαν
καλόν, ἀτὰρ νεφέων οὐδὲν ἔτ' ἐστὶν ἰδεῖν·
25 τοιαύτη Ζηνὸς πέλεται τίσις, οὐδ' ἐφ' ἑκάστῳ,
ὥσπερ θνητὸς ἀνήρ, γίγνεται ὀξύχολος·
αἰεὶ δ' οὔ ἑ λέληθε διαμπερές, ὅστις ἀλιτρόν
θυμὸν ἔχει, πάντως δ' ἐς τέλος ἐξεφάνη.
ἀλλ' ὁ μὲν αὐτίχ' ἔτισεν, ὁ δ' ὕστερον· εἰ δὲ φύγωσιν
30 αὐτοί, μηδὲ θεῶν μοῖρ' ἐπιοῦσα κίχῃ,
ἤλυθε πάντως αὖθις· ἀναίτιοι ἔργα τίνουσιν
ἢ παῖδες τούτων ἢ γένος ἐξοπίσω.]
Θνητοὶ δ' ὧδε νοεῦμεν ὁμῶς ἀγαθός τε κακός τε·
δεινὴν εἰς αὐτοῦ δόξαν ἕκαστος ἔχει,
35 πρίν τι παθεῖν· τότε δ' αὐτίχ' ὀδύρεται· ἄχρι δὲ τούτου
χάσκοντες κούφαις ἐλπίσι τερπόμεθα.
χὤστις μὲν νούσοισιν ὑπ' ἀργαλέῃσι πιεσθῇ,
ὡς ὑγιὴς ἔσται, τοῦτο κατεφράσατο·
[ἄλλος δειλὸς ἐὼν ἀγαθὸς δοκεῖ ἔμμεναι ἀνήρ
40 καὶ καλός, μορφὴν οὐ χαρίεσσαν ἔχων.]

V. 17. Ζεὺς ἐπόψιος. „Das Ziel wahrt Zeus von Jeglichem." Weber. cf. Od. 13, 213. Sophocl. El. 174. — Für ἐξαπίνης δέ folgt kein Verbum; statt dessen folgt ein neuer Hauptsatz V. 25. — Der Sturm wirkt zwar zerstörend auf der Erde, aber er verscheucht auch die Wolken und führt die Heitre des Himmels zurück (besonderes Gewicht hat V. 23. u. 24.): so stellt auch in der sittlichen Welt die Strafe des Zeus reinigend und versöhnend das durch die Sünde gestörte Gleichgewicht wieder her.

V. 29. cf. Hom. Il. 4, 160 ff. Theogn. 201 ff. No. 10. Soph. O. C. 1536.

V. 34. „Jeder einzelne hat eine gewaltige Meinung von sich."

V. 37 u. 38. und 41 u. 42. sind die Ausführung des vorhergehenden allgemeinen Satzes, der κούφαι ἐλπίδες (μέν — δέ, wie — so). V. 39. u. 40. dagegen passen nicht in den Zusammenhang; sie sind als beigeschriebene Parallele aus einem andern Gedichte zu betrachten.

εἰ δέ τις ἀχρήμων, πενίης δέ μιν ἔργα βιᾶται,
κτήσασθαι πάντως χρήματα πολλὰ δοκεῖ.
σπεύδει δ' ἄλλοθεν ἄλλος· ὁ μὲν κατὰ πόντον ἀλᾶται
ἐν νηυσὶν χρῄζων οἴκαδε κέρδος ἄγειν
ἰχθυόεντ', ἀνέμοισι φορεύμενος ἀργαλέοισιν,   45
φειδωλὴν ψυχῆς οὐδεμίαν θέμενος.
ἄλλος γῆν τέμνων πολυδένδρεον εἰς ἐνιαυτόν
λατρεύει, τοῖσιν καμπύλ' ἄροτρα μέλει.
ἄλλος Ἀθηναίης τε καὶ Ἡφαίστου πολυτέχνεω
ἔργα δαεὶς χειροῖν ξυλλέγεται βίοτον·   50
ἄλλος Ὀλυμπιάδων Μουσέων πάρα δῶρα διδαχθείς,
ἱμερτῆς σοφίης μέτρον ἐπιστάμενος.
ἄλλον μάντιν ἔθηκεν ἄναξ ἑκάεργος Ἀπόλλων,
ἔγνω δ' ἀνδρὶ κακὸν τηλόθεν ἐρχόμενον,
ᾧ συνομαρτήσωσι θεοί· τὰ δὲ μόρσιμα πάντως   55
οὔτε τις οἰωνὸς ῥύσεται οὔθ' ἱερά.
ἄλλοι Παιῶνος πολυφαρμάκου ἔργον ἔχοντες
ἰητροί· καὶ τοῖς οὐδὲν ἔπεστι τέλος.
πολλάκι δ' ἐξ ὀλίγης ὀδύνης μέγα γίγνεται ἄλγος,
κοὐκ ἄν τις λύσαιτ' ἤπια φάρμακα δούς,   60
τὸν δὲ κακαῖς νούσοισι κυκώμενον ἀργαλέαις τε
ἁψάμενος χειροῖν αἶψα τίθησ' ὑγιῆ.
Μοῖρα δέ τοι θνητοῖσι κακὸν φέρει ἠδὲ καὶ ἐσθλόν,
δῶρα δ' ἄφυκτα θεῶν γίγνεται ἀθανάτων.

V. 42. δοκεῖ κτήσασθαι. Inf. aor. statt Inf. futur. cf. Hom. Od. 2, 280. ἐλπωρὴ τελευτῆσαι τάδε ἔργα. — An die Worte κτήσασθαι χρ. πολλὰ schliesst sich ausführend an: σπεύδει etc.

V. 47 u. 48. Gartencultur und Ackerbau. εἰς ἐνιαυτόν, das ganze Jahr lang.

V. 49. Athene und Hephaistos sind die Vorsteher der Handwerke und Künste (Hom. Od. 6. 233.), und wurden als solche gerade in Athen besonders verehrt. Der Handwerker und Künstler erhielt von ihnen seine Kunst, wie der Dichter die seine von den Musen, der Wahrsager von Apollon, dem Propheten des Zeus, der Arzt von Paion (Hom. Il. 5, 401. 899.).

V. 52. ἱμερτῆς σοφίης μέτρον. σοφίη bezeichnet hier die Poesie. Die Dichter sind Lehrer der Weisheit, welche wegen des poetischen Gewandes ἱμερτή heisst; insofern sie das Rechte und Schickliche beobachten, kennen sie μέτρον ἱμ. σοφίης.

V. 56. ἱερά, man weissagte aus den Opferthieren.

V. 58. „doch führen auch die nimmer zum sicheren Ziel." Hertzberg.

V. 63 u. 64. Bei der vorhergehenden Aufzählung der verschiedenen Erwerbsarten liegt der in diesem Distichon ausgesprochene, die

65 πᾶσι δέ τοι κίνδυνος ἐπ' ἔργμασιν, οὐδέ τις οἶδεν
ᾗ μέλλει σχήσειν, χρήματος ἀρχομένου,
ἀλλ' ὁ μὲν εὖ ἔρδειν πειρώμενος οὐ προνοήσας
ἐς μεγάλην ἄτην καὶ χαλεπὴν ἔπεσεν,
τῷ δὲ κακῶς ἔρδοντι θεὸς περὶ πάντα δίδωσιν = πάντως
70 συντυχίην ἀγαθήν, ἔκλυσιν ἀφροσύνης·
πλούτου δ' οὐδὲν τέρμα πεφασμένον ἀνδράσι κεῖται·
οἳ γὰρ νῦν ἡμέων πλεῖστον ἔχουσι βίον,
διπλασίως σπεύδουσι· τίς ἂν κορέσει' ἕνα πάντως;
κέρδεά τοι θνητοῖς ὤπασαν ἀθάνατοι,
75 ἄτη δ' ἐξ αὐτῶν ἀναφαίνεται, ἣν ὁπόταν Ζεύς
πέμψῃ τισομένην, ἄλλοτε ἄλλος ἔχει.

11.

Παῖς μὲν ἄνηβος ἐὼν ἔτι νήπιος ἕρκος ὀδόντων
φύσας ἐκβάλλει πρῶτον ἐν ἕπτ' ἔτεσιν.
τοὺς δ' ἑτέρους ὅτε δὴ τελέσῃ θεὸς ἕπτ' ἐνιαυτούς,
ἥβης ἐκφαίνει σήματα γεινομένης.
5 τῇ τριτάτῃ δὲ γένειον ἀεξομένων ἔτι γυίων

Aufzählung schliessende und zum Hauptgedanken zurückführende Gedanke im Hintergrund; er taucht schon hervor in V. 55. u. 56. und den folgenden, von dem Arzte handelnden Versen. Mit Absicht hat der Dichter gerade den Wahrsager und den Arzt an das Ende gestellt, um einen Uebergang zu gewinnen zu V. 63. u. 64. — Moira ist hier nicht von den Göttern verschieden zu denken.

V. 65 ff. „der Mensch denkt, Gott lenkt." cf. Theogn. No. 49.
V. 66. ᾗ μέλλει σχήσειν, wohin er steuern wird, zu welchem Ziele er gelangen wird. Il. 16, 378. Πάτροκλος δ' ᾗ πλεῖστον ὀρινόμενον ἴδε λαόν, τῇ ῥ' ἔχε, dahin lenkte er.
V. 70. ἀφροσύνη = ἀπορία.
V. 71. πλούτου mit Nachdruck vorangestellt. Am schlimmsten ist das Streben nach Reichthum, weil hier die ὕβρις keine Grenzen kennt.
V. 74. ff. Der Gewinn kommt den Menschen von den Göttern, aber die ἄτη ziehen sie sich selbst zu (ἐξ αὐτῶν). Vgl. Od. 1, 31. ff.

11. Philo Judaeus 1, 25. und Clem. Alex. Strom. 6. p. 814. — Solon theilt hier das menschliche Leben nach siebenjährigen Zeiträumen ein und gibt jedem seine physische und geistige Bestimmung. An eine geheimnissvolle Einwirkung der Siebenzahl auf die Geschicke der Menschen ist bei S. nicht zu denken; dieser Aberglaube ging erst von den Chaldaeern aus.

V. 1. ἕρκος ὀδόντων bezeichnet nach der Erklärung von Nitzsch zu Od. 1, 64. auch bei Homer die Reihe der Zähne nach ihrer Aehnlichkeit mit einer Pfahlreihe, nicht aber die Lippen als Bedeckung der Zähne.
V. 5. τῇ τριτάτῃ sc. ἑβδομάδι, das aus dem vorhergehenden ἑπτὰ ἐνιαυτούς zu nehmen ist.

λαχνοῦται, χροιῆς ἄνθος ἀμειβομένης.
τῇ δὲ τετάρτῃ πᾶς τις ἐν ἑβδομάδι μέγ' ἄριστος
ἰσχύν, ἥν τ' ἄνδρες σήματ' ἔχουσ' ἀρετῆς.
πέμπτῃ δ' ὥριον, ἄνδρα γάμου μεμνημένον εἶναι
καὶ παίδων ζητεῖν εἰσοπίσω γενεήν. 10
τῇ δ' ἕκτῃ περὶ πάντα καταρτύεται νόος ἀνδρός,
οὐδ' ἔρδειν ἔθ' ὁμῶς ἔργ' ἀπάλαμνα θέλει.
ἑπτὰ δὲ νοῦν καὶ γλῶσσαν ἐν ἑβδομάσιν μέγ' ἄριστος
ὀκτώ τ'· ἀμφοτέρων τέσσαρα καὶ δέκ' ἔτη.
τῇ δ' ἐνάτῃ ἔτι μὲν δύναται, μαλακώτερα δ' αὐτοῦ 15
πρὸς μεγάλην ἀρετὴν γλῶσσά τε καὶ σοφίη.
τῇ δεκάτῃ δ' ὅτε δὴ τελέσῃ θεὸς ἕπτ' ἐνιαυτούς,
οὐκ ἂν ἄωρος ἐὼν μοῖραν ἔχοι θανάτου.

12.

Πολλοὶ γὰρ πλουτεῦσι κακοί, ἀγαθοὶ δὲ πένονται·
ἀλλ' ἡμεῖς αὐτοῖς οὐ διαμειψόμεθα
τῆς ἀρετῆς τὸν πλοῦτον, ἐπεὶ τὸ μὲν ἔμπεδον αἰεί,
χρήματα δ' ἀνθρώπων ἄλλοτε ἄλλος ἔχει.

V. 6. χροιῆς ἄνθος ἀμειβομένης. indem die Haut ihre Blüthe (die zarte jugendliche Weisse) vertauscht gegen eine dunklere Farbe.
V. 8. ἰσχύν — σήματα, Plural nach Singular wie Hesiod. Scut. 313. τρίπος — κλυτὰ ἔργα. Eurip. Hippol. 11. 'Ἱππόλυτος, ἁγνοῦ Πιτθέως παιδεύματα.
V. 9. ὥριον sc. ἐστί — cf. Hesiod. Opp. 695—698.
'Ὡραῖος δὲ γυναῖκα τεὸν ποτὶ οἶκον ἄγεσθαι,
μήτε τριηκόντων ἐτέων μάλα πόλλ' ἀπολείπων
μήτ' ἐπιθεὶς μάλα πολλά· γάμος δέ τοι ὥριος οὗτος,
ἡ δὲ γυνὴ τέτορ' ἡβώοι, πέμπτῳ δὲ γαμοῖτο.
V. 11 u. 12. Jetzt steht der Mensch im vollen Mannesalter, wo er nicht mehr nach unausführbaren, thörichten Dingen (ἀπάλαμνα, cf. Theogn. 481. No. 83.) strebt, sondern das Erreichbare mit den sichersten Mitteln will. cf. Horat. A. P. 166 ff.
conversis studiis aetas animusque virilis
quaerit opes et amicitias, inservit honori,
commisisse cavet, quod mox mutare laboret.
V. 17. Herodot. 1, 32. sagt Solon zu Kroesos: ἐς ἑβδομήκοντα ἔτεα οὖρον τῆς ζόης ἀνθρώπῳ προτίθημι.
V. 18. „dann ist's Zeit zu sterben."
12. Plutarch Solon 3. — Die Verse finden sich auch bei Theognis 315 ff.
V. 3. τὸ μέν, sc. ἀρετή; cf. Hom. Od. 9, 358 und 359. καὶ γὰρ Κυκλώπεσσι φέρει ζείδωρος ἄρουρα οἶνον ἐριστάφυλον, ἀλλὰ τόδ' ἀμβροσίης καὶ νέκταρός ἐστιν ἀπορρώξ.

Πρὸς Μίμνερμον.
13.
'Αλλ' εἴ μοι κἂν νῦν ἔτι πείσεαι, ἔξελε τοῦτο,
μηδὲ μέγαιρ', ὅτι σεῦ λῷον ἐπεφρασάμην,
καὶ μεταποίησον, Λιγυαστάδη, ὧδε δ' ἄειδε·
'Ογδωκονταέτη μοῖρα κίχοι θανάτου.
14.
Μηδέ μοι ἄκλαυστος θάνατος μόλοι, ἀλλὰ φίλοισιν
ποιήσαιμι θανὼν ἄλγεα καὶ στοναχάς.
15.
Γηράσκω δ' αἰεὶ πολλὰ διδασκόμενος.

IV. IAMBOI.
ΤΡΙΜΕΤΡΑ.
16.
Συμμαρτυροίη ταῦτ' ἂν ἐν δίκῃ χρόνου

13. Diogen. Laert. 1, 60. Φασὶ δ' αὐτὸν καὶ Μιμνέρμου γράψαντος·
Αἲ γὰρ ἄτερ νούσων τε καὶ ἀργαλέων μελεδώνων
ἑξηκονταέτη μοῖρα κίχοι θανάτου,
ἐπιτιμῶντα αὐτῷ εἰπεῖν· 'Αλλ' εἴ μοι etc. Man vergl. dieses Distichon des Mimnermos mit den oben mitgetheilten Fragmenten desselben und die Einleitung zu Solon. — Ueber V. 1. sagt Hermann zu Viger p. 924. „Es ist ein grosser Unterschied zwischen καὶ νῦν und κἂν νῦν. Das Erste würde bezeichnen, dass Mimn. dem Solon schon öfter gefolgt sei und dass er, wenn er auch jetzt ihn hören wolle, seinen Vers ändern müsste; κἂν νῦν dagegen bezeichnet das Entgegengesetzte, nämlich dass jener seine Meinung nicht ändern wolle, dass aber S. wünsche, er möge dies doch jetzt wenigstens thun."
V. 3. Λιγυαστάδης, Beiname des Mimnermos. Suidas v. Μίμνερμος. Ἐκαλεῖτο δὲ καὶ Λιγυαστάδης διὰ τὸ ἐμμελὲς καὶ ἡδὺ (λιγύ?). Der Name ist gebildet mit Rücksicht auf den Namen des Vaters von Mimnermos, welcher nach Suidas Ligyrtiades hiess. cf. Φήμιος Τερπιάδης, Od. 22, 330.
14. Plut. Comp. Sol. et Popl. c. 1. — Auch diese Verse waren gegen Mimnermos gerichtet. Vgl. die Uebersetzung Cic. Tusc. 1, 49, 117.
*Mors mea ne careat lacrumis: linquamus amicis
Maerorem, ut celebrent funera cum gemitu.*
15. Plut. in Amatoribus p. 133. C. — Der Vers wurde sprüchwörtlich.
16. Aristid. 2, 536. — Solon rechtfertigt sich in diesem wie in dem folgenden Bruchstücke in Betreff seiner Gesetzgebung.
V. 1. ἐν δίκῃ χρόνου, bei der Untersuchung, vor dem Richterstuhl der Zeit? Wahrscheinlich ist die Stelle fehlerhaft. Bergk vermuthet: ἐν Δίκης θράνῳ. Claviger: ἐν δίκῃ Κρόνου μήτηρ, μεγίστη δ. Ὀλ. Hartung: ἐν δίκῃ χρόνῳ. Vielleicht: ἐν δίκης ῥοπῇ.

μήτηρ μεγίστη δαιμόνων Ὀλυμπίων
ἄριστα Γῆ μέλαινα, τῆς ἐγώ ποτε
ὅρους ἀνεῖλον πολλαχῇ πεπηγότας,
πρόσθεν δὲ δουλεύουσα, νῦν ἐλευθέρα.
πολλοὺς δ' Ἀθήνας πατρίδ' εἰς θεόκτιτον
ἀνήγαγον πραθέντας, ἄλλον ἐκδίκως,
ἄλλον δικαίως, τοὺς δ' ἀναγκαίης ὕπο
χρησμὸν λέγοντας, γλῶσσαν οὐκέτ' Ἀττικήν
ἱέντας, ὡς ἂν πολλαχῇ πλανωμένους·
τοὺς δ' ἐνθάδ' αὐτοῦ δουλίην ἀεικέα
ἔχοντας ἤδη, δεσπότας τρομευμένους,
ἐλευθέρους ἔθηκα· ταῦτα μὲν κράτει,
ὁμοῦ βίην τε καὶ δίκην συναρμόσας,
ἔρεξα καὶ διῆλθον, ὡς ὑπεσχόμην.
θεσμοὺς δ' ὁμοίους τῷ κακῷ τε κἀγαθῷ
εὐθεῖαν εἰς ἕκαστον ἁρμόσας δίκην
ἔγραψα· κέντρον δ' ἄλλος ὡς ἐγὼ λαβών
κακοφραδής τε καὶ φιλοκτήμων ἀνήρ
οὔτ' ἂν κατέσχε δῆμον οὔτ' ἐπαύσατο,
πρὶν ἂν ταράξας πῖαρ ἐξέλῃ γάλα.

17.
Εἰ γὰρ ἤθελον,
ἃ τοῖς ἐναντίοισιν ἥνδανεν τότε,

V. 3. Γῆ ist Mutter des Kronos, des Vaters der olympischen Götter. — Die Göttin Ge — schwarz? cf. Soph. Antig. 338.
V. 4. ὅρους, die Grenzpfähle als Zeichen, dass das Stück Landes verpfändet war. Solon spricht von der Seisachtheia. Aus ποτέ erkennt man, dass das Gedicht lange nach der solon. Gesetzgebung verfertigt ist.
V. 6. cf. 2, 22 ff. — Die, welche S. nach Athen zurückführte, zerfallen in zwei Classen, die in die Knechtschaft Verkauften und die, welche durch die Noth aus Athen vertrieben sich in der Fremde elend herumtrieben. Bei πραθέντας könnte ein τοὺς μὲν stehen. V. 11. steht dem V. 6. entgegen.
V. 9. χρησμὸν λέγοντας wird weiter durch γλῶσσαν οὐκέτ' Ἀττ. ἱέντας erklärt. χρησμός bezeichnet eine unverständliche Sprache.
V. 13. ff. „Das habe ich mit Kraft durchgeführt, indem ich Strenge mit Milde paarte."
V. 20. κατέσχε δῆμον, sc. κέντρῳ. δῆμος ist das niedere Volk. ταράξας sc. δῆμον steht dem κατέσχε δῆμον entgegen. Man sagt auch ταράσσειν ἵππους. — Ein Andrer in der Stellung des Solon hätte sich durch Aufregung des Volkes zum Tyrannen gemacht.

17. Aristid. 2, 537.

αὖθις δ' ἃ τοῖσιν ἀτέροις, δρᾶσαι δίχα,
πολλῶν ἂν ἀνδρῶν ἥδ' ἐχηρώθη πόλις.
τῶν οὕνεκ' ἀλκὴν πάντοθεν κυκλεύμενος
ὡς ἐν κυσὶν πολλαῖσιν ἐστράφην λύκος.

ΤΕΤΡΑΜΕΤΡΑ.
Πρὸς Φῶκον.

18.

Εἰ δὲ γῆς ἐφεισάμην
πατρίδος, τυραννίδος δὲ καὶ βίης ἀμειλίχου
οὐ καθηψάμην, μιάνας καὶ καταισχύνας κλέος,
οὐδὲν αἰδεῦμαι· πλέον γὰρ ὧδε νικήσειν δοκέω
πάντας ἀνθρώπους.

19.

Οὐκ ἔφυ Σόλων βαθύφρων οὐδὲ βουλήεις ἀνήρ·
ἐσθλὰ γὰρ θεοῦ διδόντος αὐτὸς οὐκ ἐδέξατο·
περιβαλὼν δ' ἄγραν, ἀγασθεὶς οὐκ ἐπέσπασεν μέγα
δίκτυον, θυμοῦ θ' ἁμαρτῇ καὶ φρενῶν ἀποσφαλείς·
ἤθελον γάρ κεν κρατήσας, πλοῦτον ἄφθονον λαβὼν
καὶ τυραννεύσας Ἀθηνῶν μοῦνον ἡμέραν μίαν
ἀσκὸς ὕστερον δεδάρθαι κἀπιτετρῖφθαι γένος.

20.

Χαῦνα μὲν τότ' ἐφράσαντο, νῦν δέ μοι χολούμενοι
λοξὸν ὀφθαλμοῖς ὁρῶσιν πάντες ὥστε δήϊον.

---

18. Plut. vit. Sol. c. 14. ἀλλὰ πρὸς μὲν τοὺς φίλους εἶπεν, ὡς λέγεται, καλὸν μὲν εἶναι τὴν τυραννίδα χωρίον, οὐκ ἔχειν δὲ ἀπόβασιν, πρὸς δὲ Φῶκον ἐν τοῖς ποιήμασι γράφων· Εἰ δὲ γῆς κτλ. Ὅθεν εὔδηλον, ὅτι καὶ πρὸ τῆς νομοθεσίας μεγάλην δόξαν εἶχεν.

19. Plut. ibid. Ἃ δὲ φυγόντος αὐτοῦ τὴν τυραννίδα πολλοὶ καταγελῶντες ἔλεγον, γέγραφεν οὕτως· Οὐκ ἔφυ κτλ. Ταῦτα τοὺς πολλοὺς καὶ φαύλους περὶ αὐτοῦ πεποίηκε λέγοντας. Das Bruchstück gehört mit No. 20. zu demselben Gedichte wie No. 18.

V. 2. αὐτός, er seinerseits.
V. 3. ἀγασθείς, vor solchem Beginnen zurückschreckend.
V. 5. ff. „Wenn ich nur einen Tag Tyrann sein könnte (sagte jener Schlag gemeiner Demagogen), so wollte ich hernach mich gerne schinden lassen und mein Stamm möchte zu Grunde gehen."

20. Plut. ibid. c. 16.

VI. Xenophanes.

Xenophanes ist zu Kolophon geboren, nach Einigen c. Ol. 40 (620 a. Chr.), nach Anderen c. Ol. 53 (568 a. Chr.). In seinem 25. Lebensjahre verliess er seine Vaterstadt und hielt sich seitdem in verschiedenen griechischen Städten, besonders in Sicilien und Unteritalien auf. In dem, Ol. 61. (536 a. Chr.) von den aus Ionien geflüchteten Phokäern gegründeten Elea (Velia) in Unteritalien stiftete er die eleatische Philosophenschule. Er erreichte ein sehr hohes Alter, nach Angabe der Alten 100 Jahre; in einem noch erhaltenen Fragmente sagt er selbst, dass er 92 Jahre alt sei.

X. war ein kräftiger, selbständiger Geist von tiefer philosophischer Bildung, der sich über die Lebensanschauungen seiner Zeit weit erhoben hatte. Mit edlem Ernste und nur von der Liebe zur Wahrheit geleitet, forschte er nach dem Grunde aller Dinge, nach den Principien der Natur und der Gottheit. Die Ergebnisse seiner philosophischen Forschung und die dadurch begründeten Lebensansichten suchte er nun durch die Poesie populär zu machen. Ausser den Elegien dichtete er Epen und Parodien (Sillen). Unter seinen Epen werden genannt ein Gedicht über die Gründung von Kolophon und Elea, dann ein didaktisches Epos περὶ φύσεως, in dem er sein philosophisches System entwickelte. Er trat in diesem den religiösen Vorstellungen der Griechen schroff entgegen, verwarf den Polytheismus und die Erzählungen der Mythologie als des Göttlichen unwürdig; besonders eiferte er gegen die alten Dichter, Homer und Hesiod, die Begründer der ganzen hellenischen Nationalbildung. Dasselbe geschah in den sogenannten, in Hexametern abgefassten Parodien, die mit den Sillen wahrscheinlich eins und dasselbe sind.

Auch in seinen Elegien tritt X., von einem höheren Standpunkte ausgehend, den herrschenden Lebensansichten der Griechen entgegen; er will nichts wissen von den gewöhnlichen Ergötzungen beim Mahle, von dem Luxus und der Schwelgerei, wodurch seine Landsleute ganz in die Sinnlichkeit herabgezogen werden, und dringt auf das ernste Studium der Philosophie: ein Philosoph, sagt er, ist dem Staate mehr nütze, als die unter den Griechen so hoch gefeierten Olympiasieger. Es ist natürlich, dass X. durch seine Bestrebungen in manchen Widerstreit mit seinen Zeitgenossen kam und nicht frei von Verfolgungen blieb. Wahrscheinlich hatte er gezwungen seine Vaterstadt verlassen. Obgleich die philosophische Richtung, welche darauf hinausgeht die uns umgebende Lebensfülle zu zersetzen und auf ihre einfachen Gründe zurückzuführen, bei X. vorherrschte, so verlor er doch nicht die dem Hellenen eigenthümliche Geistesfrische, welche der Dichter nicht entbehren kann. Welchen poetischen Werth seine Epen hatten, können wir aus den geringen Resten nicht mehr erkennen, wahrscheinlich geht auf sie das Urtheil des Cicero (Acad. 4, 23.), dass er ein mittelmässiger Dichter sei. Auf seine Elegien passt dieses Urtheil nicht, sie können ohne Bedenken neben die der besten Elegiker gestellt werden. Es tritt uns in denselben ein ernster, sittlicher Charakter entgegen in edler, einfacher Sprache.

1.

Νῦν γὰρ δὴ ζάπεδον καθαρὸν καὶ χεῖρες ἁπάντων
καὶ κύλικες· πλεκτοὺς δ' ἀμφιτιθεῖ στεφάνους,
ἄλλος δ' εὐῶδες μύρον ἐν φιάλῃ παρατείνει·
κρητὴρ δ' ἕστηκεν μεστὸς ἐϋφροσύνης.
ἄλλος δ' οἶνος ἑτοῖμος, ὃς οὔποτε φησὶ προδώσειν,
μείλιχος ἐν κεράμοις, ἄνθεος ὀσδόμενος.
ἐν δὲ μέσοις ἁγνὴν ὀδμὴν λιβανωτὸς ἵησιν,
ψυχρὸν δ' ἔστιν ὕδωρ καὶ γλυκὺ καὶ καθαρόν.

1. Athen. 12, 426. C. — Der Dichter schildert den schwelgerischen Gelagen seiner Landsleute gegenüber ein einfaches, würdiges Trinkgelage, wie er es sich wünscht (συμπόσιον πλῆρες ὂν πάσης θυμηδίας. Athen.). Die Mahlzeit ist beendigt, die Gäste nehmen Kränze und schicken sich an das Gelage zu eröffnen durch Libation, Gebet und Päan. Das Gedicht zerfällt in zwei Theile: 1—12. u. 13—24. Bei dem ersten Theile glaubt man, es solle ein recht munteres Gelage nach der bei den Griechen üblichen Art beginnen; desto mehr überrascht der zweite Theil.

V. 1. Wenn das δεῖπνον beendigt ist, so werden die Tische weggehoben und der durch allerlei Abfall vom Tische beschmutzte Boden gesäubert, Wasser zum Händewaschen, Salben und Kränze gereicht. — γάρ, s. Tyrt. 1, 1.

V. 2. ἀμφιτιθεῖ στεφ. als Subject ist zu denken ἄλλος μέν, dem folgenden ἄλλος δέ entgegenstehend. Es sind Diener beim Mahle zu verstehen. Die Kränze bestanden gewöhnlich aus Myrten und Rosen.

V. 5. ἄλλος οἶνος, ausser dem in dem Mischkruge. — ὃς — προδώσειν, Wein, der nie ausgehen (deficere) will; so gebraucht Herodot 7, 187. προδίδωμι von Flüssen, deren Wasser dem ungeheueren Heere des Xerxes nicht ausreichte.

V. 6. οἶνος ἄνθεος ὀσδόμενος (= ὀζόμενος; das Medium ionisch statt des Activs), blumenduftender Wein, ἀνθοσμίας. Die Blume, ein eigenthümlicher Duft des Weines, war eine natürliche Eigenschaft gewisser Sorten, konnte übrigens auch auf künstliche Weise hervorgebracht werden, indem man dem Moste ein Fünfzigtheil Meerwasser zufügte oder einen Honigteig in die Gähre warf.

V. 7. ἁγνή, weil der Weihrauch bei den Opfern gebraucht wird. — ἐν μέσοις, auf d. Altar, V. 11.

V. 8. ψυχρὸν ὕδωρ, um es mit dem Wein zu mischen. Man mischte

πάρκεινται δ' ἄρτοι ξανθοί γεραρή τε τράπεζα
τυροῦ καὶ μέλιτος πίονος ἀχθομένη· 10
βωμὸς δ' ἄνθεσιν ἀν τὸ μέσον πάντη πεπύκασται,
μολπὴ δ' ἀμφὶς ἔχει δώματα καὶ θαλίη.
χρὴ δὲ πρῶτον μὲν θεὸν ὑμνεῖν εὔφρονας ἄνδρας
εὐφήμοις μύθοις καὶ καθαροῖσι λόγοις.
σπείσαντας δὲ καὶ εὐξαμένους, τὰ δίκαια δύνασθαι 15
πρήσσειν — ταῦτα γὰρ ὦν ἐστι προαιρετέον,
οὐχ ὕβρις — πίνειν, ὁπόσον κεν ἔχων ἀφίκοιο
οἴκαδ' ἄνευ προπόλου, μὴ πάνυ γηραλέος·
ἀνδρῶν δ' αἰνεῖν τοῦτον, ὃς ἐσθλὰ πιὼν ἀναφαίνει,
ὡς οἱ μνημοσύνη καὶ νόος ἀμφ' ἀρετῆς, 20
οὔτι μάχας διέπει Τιτήνων οὐδὲ Γιγάντων,
οὐδὲ τὰ Κενταύρων, πλάσματα τῶν προτέρων,
ἢ στάσιας σφεδανάς· τοῖς οὐδὲν χρηστὸν ἔνεστιν·
θεῶν δὲ προμηθείην αἰὲν ἔχειν ἀγαθόν.

den Wein entweder mit warmem oder mit kaltem Wasser; im letzten Falle verlangte man dieses recht frisch; auch nahm man wohl zur Abkühlung des Weines Schnee.

V. 9 u. 10. Ein einfacher Nachtisch, doch in reicher Fülle. Dieser bleibt während des ganzen Symposiums aufgetragen und dient dazu, zum Trinken zu reizen. Bei üppigen Gelagen waren diese τραγήματα sehr mannigfaltig und ausgesucht.

V. 11. Bei den Gelagen wurde in der Mitte des Saales ein mit Blumen geschmückter Altar aufgestellt, in dessen Flamme man bestimmten Göttern die Spende ausgoss. Die Spende für den ἀγαθὸς δαίμων in ungemischtem Wein beschloss das δεῖπνον, darauf stimmte man den Päan an und libirte mit gemischtem Wein zum Anfange des κῶμος zuerst den olympischen Göttern, dann den Heroen und zum Dritten dem Ζεὺς Σωτήρ. — μολπή, der Päan, worauf sich auch V. 13. u. 14. beziehen.

V. 13. δέ, denn. — εὔφρονας, beachte den Doppelsinn: fröhlich und verständig.

V. 14. εὐφήμοις, Gegensatz: wild und lärmend.

V. 15. τὰ δίκαια δύνασθαι πρήσσειν ist Object von εὐξαμένους.

V. 16. ταῦτα, sc. τὰ δίκαια, Gegensatz ὕβρις.

V. 17. πίνειν, sc. χρή. Nach dem Päan und den Spenden folgt das Trinken, wobei man sich durch Gespräche und Gesänge unterhält. „Der Dichter fordert die Gäste auf, bei masshaltendem Trinken treffliche Thaten und das Lob der Tugend (in elegischen Liedern nämlich) zu verkünden, nicht aber die Erfindungen der älteren Dichter (des Homer, des Hesiod und der Kykliker) von Titanen-, Giganten- und Kentaurenkämpfen abzusingen." Müller.

V. 18. μὴ πάνυ γηραλέος, nicht ganz wie ein wankender Greis.

V. 19. Von ἀναφαίνει ist abhängig ἐσθλά u. ὡς. — cf. Theogn. No. 74.

V. 23. τοῖς, Neutrum, bezieht sich auf μάχαι und στάσιες, πλάσματα τῶν προτέρων, der alten Dichter.

V. 24. ἀγαθόν, Gegensatz: τοῖς οὐδὲν χρηστὸν ἔνεστιν.

ἅλμα, ποδωκίην, δίσκον, ἄκοντα πάλην

2.

Ἀλλ' εἰ μὲν ταχυτῆτι ποδῶν νίκην τις ἄροιτο
ἢ πενταθλεύων, ἔνθα Διὸς τέμενος
πὰρ Πίσαο ῥοῇς ἐν Ὀλυμπίῃ, εἴτε παλαίων,
ἢ καὶ πυκτοσύνην ἀλγινόεσσαν ἔχων,
5   εἴτε τὸ δεινὸν ἄεθλον, ὃ παγκράτιον καλέουσιν,
ἀστοῖσίν κ' εἴη κυδρότερος προσορᾶν,
καί κε προεδρίην φανερὴν ἐν ἀγῶσιν ἄροιτο,
καί κεν σῖτ' εἴη δημοσίων κτεάνων

2. Athen. 10, 413. F. — Die Verse sind mit Hinblick auf Tyrtaeos 3. gedichtet. Der Hauptgedanke liegt in V. 11—14. ῥώμης γάρ etc., es ist der der vorhergehenden speciellen Ausführung zu Grunde liegende allgemeine Gedanke. Seine Begründung ist enthalten in V. 15—22.
V. 1—11. Vordersatz: V. 1—5. Nachsatz: V. 6—9. Darauf wird in V. 10., der zur Zusammenfassung des Vorhergehenden dient, der Vordersatz wieder aufgegriffen und daran angeschlossen der Nachsatz: ταῦτά χ' ἅπαντα λάχοι, οὐκ ἐὼν ἄξιος, ὥσπερ ἐγώ. Das meiste Gewicht liegt in den Worten: οὐκ ἐὼν ἄξιος, ὥσπερ ἐγώ, daher müsste dieser Gedanke als ein voller Hauptsatz dastehen; die abweichende Construction ist aber deswegen gerade gewählt, dass die Worte stark hervortreten. Nach gewöhnlicher Anordnung würden die Sätze so gegliedert sein: „Wenn Einer — siegte, so würde er bei seinen Mitbürgern hohe Ehren erlangen; aber er wäre dieser Ehre doch nicht so würdig, wie ich, der Philosoph;" oder: „Wenn Einer — siegte und dadurch hohe Ehren gewänne, so würde er dieser Ehren doch nicht so würdig sein, wie ich."

Die Ebene von Olympia, das nie eine Stadt gewesen, war ein von dem Alpheios durchströmter heiliger Bezirk, in dem sich ausser vielen anderen heiligen Gebäuden der grosse Tempel des Zeus befand. Neben diesem war der Hain des Zeus, Altis, der das Stadion, den Hippodromos, das Theater, das Rathhaus der Kampfrichter u. s. w. umschloss. Unter dem τέμενος Διός kann sowohl der grössere Bezirk als auch die Altis verstanden werden. Pisa war eine Quelle bei Olympia; der daraus entspringende Bach, der sich in den Alpheios ergossen haben muss, hiess Πίσης. Vielleicht aber denkt sich der Dichter unter diesem Namen auch den Alpheios selbst.

V. 1. ταχυτὴς ποδῶν. Der Wettlauf wird vorangestellt, weil er die älteste und darum geehrteste Uebung war, so dass auch bei der Zeitrechnung der Griechen die Olympiaden nach den Siegern im Wettlauf bezeichnet wurden. Aus demselben Grunde wird V. 15—18. ταχυτὴς ποδῶν zuletzt aufgeführt. Herakles soll den Wettlauf in Olympia eingesetzt haben; daneben galten als die ältesten Uebungen Ringen, Faustkampf, Wettrennen mit vierspännigen Wagen, Werfen mit dem Diskos und mit Wurfspiessen. Später wurde das Pentathlon (Sprung, Lauf, Ringen, Faustkampf, Diskos) und das Pankration, der Gesammtkampf (Ringen und Faustkampf zugleich), der Doppellauf (zum Ziel und zurück) und noch mehrere andere Kampfarten eingeführt. — Dem εἰ μέν müsste regelrecht ein εἰ δέ entsprechen. Wollte man in dieser Weise die grammatische Responsion herstellen, so wäre der Inhalt des Gegensatzes in V. 13. u. 14. zu suchen, etwa: εἰ δέ τις σοφίᾳ προέχοι.

V. 4. ἔχων, mittelst.

ἐκ πόλιος καὶ δῶρον, ὅ οἱ κειμήλιον εἴη·
εἴτε καὶ ἱππόισιν, ταῦτα χ' ἅπαντα λάχοι,
οὐκ ἐὼν ἄξιος, ὥσπερ ἐγώ· ῥώμης γὰρ ἀμείνων
ἀνδρῶν ἠδ' ἵππων ἡμετέρη σοφίη.
ἀλλ' εἰκῆ μάλα τοῦτο νομίζεται, οὐδὲ δίκαιον
προκρίνειν ῥώμην τῆς ἀγαθῆς σοφίης.
οὔτε γὰρ εἰ πύκτης ἀγαθὸς λαοῖσι μετείη, 15
οὔτ' εἰ πενταθλεῖν, οὔτε παλαισμοσύνην,
οὐδὲ μὲν εἰ ταχυτῆτι ποδῶν, τό πέρ ἐστι πρότιμον
ῥώμης, ὅσσ' ἀνδρῶν ἔργ' ἐν ἀγῶνι πέλει,
τοὔνεκεν ἂν δὴ μᾶλλον ἐν εὐνομίῃ πόλις εἴη·
σμικρὸν δ' ἄν τι πόλει χάρμα γένοιτ' ἐπὶ τῷ, 20
εἴ τις ἀεθλεύων νικῷ Πίσαο παρ' ὄχθας·
οὐ γὰρ παίνει ταῦτα μυχοὺς πόλιος.

V. 9. δῶρον, z. B. Dreifuss, Krone u. s. w. — κειμήλιον. Hom. Od. 4, 600.
V. 10. ἵπποισι. Der Wettkampf mit Pferden wird mit Nachdruck zuletzt und vom Uebrigen abgesondert angeführt, weil ein solcher mit Pferden errungener Sieg am wenigsten ein Verdienst für den Mann enthält; daher kehrt V. 12 ἵππων nochmals mit Nachdruck wieder und wird V. 15—18. der Sieg mit Rossen nicht mehr erwähnt. ταῦτα ἅπαντα, προσδρίην u. s. w.
V. 13. τοῦτο bezieht sich auf das im V. 1—10 Enthaltene.
V. 15 ff. Man bemerke die Freiheit in der Construction: πύκτης ἀγαθός, ἀγαθὸς πενταθλεῖν — παλαισμοσύνην — ταχυτῆτι. Aehnlicher Wechsel V. 1 ff. εἰ ταχυτῆτι — ἢ πενταθλεύων — εἴτε παλαίων — ἢ πυκτοσύνην ἔχων.
V. 17. μέν (abgekürztes μήν) steht bisweilen steigernd bei dem letzten mehrerer negativen Sätze oder Satzglieder. cf. Theogn. 1142. No. 11.
V. 21. fasst noch einmal die früheren Conditionalsätze zusammen und weist auf den Anfang zurück.
V. 22. μυχοί, die innersten Winkel des Hauses, daher die Kammern, wo man die Schätze verwahrt.

VII. Theognis.

Die Lebenszeit des Theognis aus dem attischen Megara kann nur ganz allgemein bestimmt werden. Nach den Angaben der Alten wurde er um Ol. 60 (540 a. Chr.) bekannt, und vielleicht erreichte er noch den Anfang der Perserkriege; doch ist es wahrscheinlich, dass V. 775. u. 764. No. 71. u. 73., aus denen man dies schliessen will, sich auf den Schrecken beziehen, den die Waffen der Perser von Ionien aus unter den Griechen Europas verbreiteten. Seine Schicksale, wie seine Poesie hängen eng mit den damaligen Zuständen des megarensischen Staates zusammen. Dieser hatte seit der Heraklidenwanderung eine dorische Verfassung und wurde, nachdem er sich von Korinth losgerissen, auf dorische Weise von einem reichen Adel beherrscht. Die Unzufriedenheit des hart bedrückten Volkes benutzte Theagenes, der in die Zeit des kylonischen Aufstandes zu Athen (Ol. 42. 612 a. Chr.) fällt, und bemächtigte sich durch dasselbe der Tyrannis. Wie lange er geherrscht, ist unbekannt. Nach ihm gelangte auf kurze Zeit der Adel zur Herrschaft; aber das Volk, das schon durch Theagenes zum Bewusstsein seiner Macht gekommen war, erhob sich aufs neue und stürzte die Adelspartei.

Diese demokratische Umwälzung, welche zwischen Ol. 60 u. 70 (540—500 a. Chr.) fällt, war für Theognis sehr verhängnissvoll. Er gehörte selbst zu dem reichen herrschenden Adel und verlor durch die Demokratie nicht bloss allen bisherigen politischen Einfluss, sondern auch sein ganzes Vermögen. Die von dem Volke ausgeübte Herrschaft war sehr drückend durch ihre Rohheit und Gesetzlosigkeit. Plutarch (Quaest. Gr. 18.) sagt von dieser Zeit Folgendes: „Nachdem die Megarenser den Theagenes verjagt hatten, bewiesen sie kurze Zeit Mässigung im Staatsleben; darauf aber, als ihnen, um Platos Ausdruck zu gebrauchen (Republ. 8. p. 562. C.), die Demagogen den Wein der Freiheit ungemischt und in reichem Masse kredenzten, kamen sie ganz ausser sich. Man verfuhr mit Uebermuth gegen die Reichen; die Armen gingen unter anderm in ihre Häuser und verlangten köstlich bewirthet zu werden, und wenn ihnen dies nicht wurde, so zerstörten sie alles. Endlich machten sie ein Gesetz, dass ihnen ihre Gläubiger die Zinsen, die sie ihnen gezahlt hatten, wieder zurückgeben mussten." Dabei blieb das Volk nicht stehen; man beschloss auch eine neue Ackervertheilung und beraubte die Vornehmen ihrer reichen Besitzungen. Auch Theognis verlor sein Gut. Dies geschah wahrscheinlich, während er selbst in der Verbannung war; denn dass er, wie wohl viele seiner Partei, auf eine Zeitlang aus dem Vaterlande vertrieben war, geht aus mehreren Stellen seiner Gedichte hervor. Später aber muss er wieder zurückgekehrt sein. Ueber diese Verhältnisse nun spricht sich Th. aufs mannigfachste aus; er spricht von der Ungerechtigkeit und Schlechtigkeit seiner Gegner, die den Staat ins Verderben gebracht, die ihm sein Gut entrissen haben, warnt vor ihrem Umgange, klagt über seine

Armuth, über das Elend eines Flüchtigen, über Verrath der eigenen Freunde u. s. w.

In wie weit sich Th. bei jenem Kampfe der Aristokratie und Demokratie betheiligt habe, darüber finden sich in den Resten seiner Gedichte keine sicheren Angaben; aber fast in jedem Verse erkennen wir den schroffen Sinn des Aristokraten, seinen Hass gegen das niedere Volk. Hierbei ist besonders zu merken, dass er die Partei des Volkes, die gemeinen Leute stets mit dem Namen κακοί, δειλοί belegt, während er die Aristokraten ἀγαθοί, ἐσθλοί nennt. Καλός und ἀγαθός haben also hier mehr eine politische, als eine moralische Bedeutung; doch liegt dieser Bezeichnung politischer Parteien bei dem schroffen Aristokraten die Ueberzeugung zu Grunde, dass wirklich nur solche Geschlechter, die seit alter Zeit sich als tüchtig bewährt und die unter der Bürgerschaft allein im Besitze der althergebrachten Sitte und Bildung waren, neben dem Adel der Geburt auch den Adel der Gesinnung hätten.

Unter dem Namen des Th. ist uns eine Sammlung von Distichen erhalten, die im Ganzen aus 1389 Versen besteht. Doch sind nicht alle von Theognis, es finden sich darunter Verse von Solon, Tyrtaeos, Mimnermos u. A.; auch scheinen die letzten Verse von 1231 an, erotischen Inhalts ohne besonderen Werth, nicht von Th., sondern aus einer späteren Zeit zu stammen. Sie sind erst in neuerer Zeit von Im. Bekker in einem Pariser Codex angehängt gefunden worden. Das Ganze aber ist eine Sammlung von Bruchstücken ohne inneren Zusammenhang, nur hier und da lassen sich kleinere, vollständige Elegien aus dem Trümmerhaufen herausscheiden. Th. hat, wie die übrigen Elegiker vor ihm, einzelne Elegien gedichtet, welche zu dem individuellen Leben seiner Zeit in engem Bezug standen; aber er wurde schon frühe im Alterthume als gnomischer Dichter angesehen, als Lehrer der Weisheit und Tugend; man stellte die allgemeinen Sentenzen, die man in seinen Elegien in grosser Masse vorfand, zusammen und gebrauchte sie in den Schulen. Solche Sammlungen der Alten waren gewiss nach festen Gesichtspunkten zu einem Ganzen geordnet; in unserer Sammlung aber ist eine solche Ordnung nicht aufzufinden. Daher ist über die Entstehung derselben diejenige Ansicht wohl die richtige, dass im späten Alterthume Jemand diese Bruchstücke des Th., wie er sie bei anderen Schriftstellern citirt fand, ausschrieb und zusammenstellte. Da man bis dahin von Th. besonders die allgemeinen Sentenzen erhalten hatte und die Schriftsteller vornehmlich solche anzuführen pflegten, so ist bei weitem der grössere Theil unserer Sammlung rein gnomischer Art; es finden sich nur selten noch hier und da individuelle Züge, welche auf besondere Verhältnisse seines äusseren Lebens gehen.

Die meisten Gedichte hatte Th. an einen megarensischen Jüngling von edler Herkunft, Namens Kyrnos, den Sohn des Polypaïs, gerichtet, weshalb der Namen Κύρνος und Πολυπαΐδης so häufig in seinen Versen vorkommt. Wahrscheinlich hat er selbst diese kleineren Gedichte zu einem grösseren Ganzen zusammengestellt. Th. hatte sich diesen Jüngling nach dorischer Sitte als Geliebten erwählt und suchte erziehend auf ihn einzuwirken. In dieser Zeit der politischen Umwälzung, welche den aristokratischen Sitten und Einrichtungen der alten dorischen Zeit den Untergang drohte, suchte er in dem Geliebten den Sinn und Charakter der Vorfahren zu erhalten; er lehrt ihn besonders die alte ἀρετή (ebenfalls in politischer Bedeutung wie ἀγαθός), predigt ihm Hass und Verachtung gegen die gemeinen Leute, warnt vor ihrem Umgange, mahnt ihn sich an die Edlen zu halten und gibt ihm über die verschiedensten Verhältnisse in einseitig aristokratischem Sinne Vorschriften, wie ein Vater dem Sohne. — Ausser diesen parānetischen Elegien an Kyrnos finden sich in unserer Sammlung noch Bruchstücke aus Elegien anderer Art, besonders aus Trinkliedern, sympotischen Elegien. Sie sind an verschiedene Personen gerichtet, ausser Kyrnos an Simonides, Klearistos, Onomakritos u. A., welche nach dorischer Art eine geschlossene Tischgesellschaft und zugleich einen aristokratischen Klubb gebildet zu haben scheinen. — In dem Folgenden ist nur eine kleine Auswahl aus den Versen des Th. gegeben.

---

1. (667—682.)

Εἰ μὲν χρήματ' ἔχοιμι, Σιμωνίδη, οἷά πάροιθεν,
οὐκ ἂν ἀναινοίμην τοῖς ἀγαθοῖσι συνών.

No. 1. Die Entstehung dieser Elegie fällt in die Zeit der Revolution selbst; der Dichter wagt nicht frei und offen zu sprechen. In den Liedern an Kyrnos spricht er sich ohne Rückhalt aus; sie sind nach jener Umwälzung gedichtet. Der grösste Theil der Elegie dreht sich um die Allegorie, in der der Staat als Schiff dargestellt wird (cf. Alkaios 2. Horat. Carm. 1, 14.).

V. 668. συνών ist abhängig von ἀναινοίμην. Eurip. Iph. Aul. 1503. θανοῦσα δ' οὐκ ἀναίνομαι.

νῦν δέ με γιγνώσκοντα παρέρχεται, εἰμὶ δ' ἄφωνος
χρημοσύνῃ, πολλῶν γνοὺς περ ἄμεινον ἔτι, 670
οὕνεκα νῦν φερόμεσθα καθ' ἱστία λευκὰ βαλόντες
Μηλίου ἐκ πόντου νύκτα διὰ δνοφερήν·
ἀντλεῖν δ' οὐκ ἐθέλουσιν· ὑπερβάλλει δὲ θάλασσα
ἀμφοτέρων τοίχων. ἦ μάλα τις χαλεπῶς
σώζεται, οἷ' ἔρδουσι. κυβερνήτην μὲν ἔπαυσαν 675
ἐσθλόν, ὅ τις φυλακὴν εἶχεν ἐπισταμένως·
χρήματα δ' ἁρπάζουσι βίῃ, κόσμος δ' ἀπόλωλεν,
δασμὸς δ' οὐκέτ' ἴσος γίγνεται ἐς τὸ μέσον,
φορτηγοὶ δ' ἄρχουσι, κακοὶ δ' ἀγαθῶν καθύπερθεν·
δειμαίνω, μή πως ναῦν κατὰ κῦμα πίῃ. 680
ταῦτά μοι ᾐνίχθω κεκρυμμένα τοῖς ἀγαθοῖσιν·
γιγνώσκοι δ' ἄν τις καὶ κακός, ἢν σοφὸς ᾖ.

2. (53—56.)

Κύρνε, πόλις μὲν ἔθ' ἥδε πόλις, λαοὶ δὲ δὴ ἄλλοι,
οἳ πρόσθ' οὔτε δίκας ᾔδεσαν οὔτε νόμους,
ἀλλ' ἀμφὶ πλευρῇσι δορὰς αἰγῶν κατέτριβον, 55
ἔξω δ' ὥστ' ἔλαφοι τῆσδ' ἐνέμοντο πόλεος.

3. (1109—1114.)

Κύρν', οἱ πρόσθ' ἀγαθοὶ νῦν αὖ κακοί, οἱ δὲ κακοὶ πρὶν
νῦν ἀγαθοί. τίς κεν ταῦτ' ἀνέχοιτ' ἐσορῶν,

V. 669. cf. 419. Πολλά με καὶ συνιέντα παρέρχεται· ἀλλ' ὑπ' ἀνάγκης σιγῶ, γιγνώσκων ὑμετέρην δύναμιν.
V. 672. Der malische oder lamische Busen in Thessalien, Euböa gegenüber, war selbst sicher, aber in seiner Nähe befanden sich viele gefährliche Landspitzen.
V. 675. οἷ' ἔρδουσι, nach dem, was sie thun; cf. Hom. Od. 4, 611. αἵματός εἰς ἀγαθοῖο — οἳ' ἀγορεύεις. — κυβερνήτης, die Optimaten.
V. 678. δασμός, die Vertheilung des Besitzes. — ἐς τὸ μέσον. cf. Hom. Il. 23, 574. ἐς μέσον ἀμφοτέροισι δικάσσατε, beiden Theilen gerecht, unparteiisch.
No. 2. Das unterdrückte Landvolk zu Megara, welches jetzt herrschte, war in ähnlichen Verhältnissen gewesen, wie in dem spartanischen Staate die Heloten. Sie hatten auch ähnliche Kleidung; die Heloten trugen eine Hundsfellmütze (κυνῇ) und hängten einen Schafpelz (διφθέρα) um.
V. 55. δορὰς κατέτριβον, sarkastisch, als hätten sie weiter nichts gekonnt.
V. 56. ὥστ' ἔλαφοι, cf. Il. 13, 102 ff. Eine ähnliche Vorstellung bei den Römern, welche die *fugitivi cervi* nannten.
No. 3. μνηστεύει ἐκ κακοῦ, aus dem Hause eines Schlechten. cf. No. 8.

τοὺς ἀγαθοὺς μὲν ἀτιμοτέρους, κακίους δὲ λαχόντας
τιμῆς· μνηστεύει δ' ἐκ κακοῦ ἐσθλὸς ἀνήρ.
ἀλλήλους δ' ἀπατῶντες ἐπ' ἀλλήλοισι γελῶσιν,
οὔτ' ἀγαθῶν γνώμην εἰδότες οὔτε κακῶν.

4. (43—52.)

Οὐδεμίαν πω, Κύρν', ἀγαθοὶ πόλιν ὤλεσαν ἄνδρες·
ἀλλ' ὅταν ὑβρίζειν τοῖσι κακοῖσιν ἅδῃ,
δῆμόν τε φθείρωσι, δίκας τ' ἀδίκοισι διδῶσιν
οἰκείων κερδέων εἵνεκα καὶ κράτεος,
ἔλπεο μὴ δηρὸν κείνην πόλιν ἀτρεμιεῖσθαι,
μηδ' εἰ νῦν κεῖται πολλῇ ἐν ἡσυχίῃ,
εὖτ' ἂν τοῖσι κακοῖσι φίλ' ἀνδράσι ταῦτα γένηται,
κέρδεα δημοσίῳ σὺν κακῷ ἐρχόμενα.
ἐκ τῶν γὰρ στάσιές τε καὶ ἔμφυλοι φόνοι ἀνδρῶν·
μούναρχος δὲ πόλει μή ποτε τῇδε ἅδοι.

5. (269—292.)

Νῦν δὲ τὰ τῶν ἀγαθῶν κακὰ γίγνεται ἐσθλὰ κακοῖσιν
ἀνδρῶν· ἡγέονται δ' ἐκτραπέλοισι νόμοις.
αἰδὼς μὲν γὰρ ὄλωλεν, ἀναιδείη δὲ καὶ ὕβρις
νικήσασα δίκην γῆν κατὰ πᾶσαν ἔχει.

6. (319—322.)

Κύρν', ἀγαθὸς μὲν ἀνὴρ γνώμην ἔχει ἔμπεδον αἰεί,
τολμᾷ δ' ἔν τε κακοῖς κείμενος ἔν τ' ἀγαθοῖς·
εἰ δὲ θεὸς κακῷ ἀνδρὶ βίον καὶ πλοῦτον ὀπάσσῃ,
ἀφραίνων κακίην οὐ δύναται κατέχειν.

7. (535—538.)

Οὔ ποτε δουλείη κεφαλὴ ἰθεῖα πέφυκεν,
ἀλλ' αἰεὶ σκολιή, καὐχένα λοξὸν ἔχει.

No. 4. V. 45. δίκας ἀδίκοισι διδῶσιν. Hesiod. Opp. 271. ἐπεὶ κακὸν ἄνδρα δίκαιον ἔμμεναι, εἰ μείζω γε δίκην ἀδικώτερος ἕξει.

V. 47. ἀτρεμίζειν ist ursprünglich transitiv.

V. 49 u. 50. wiederholen den früheren Gedanken, um das folgende Distichon daran anzuschliessen.

V. 52. cf. Solon 4.

N. 7. cf. Hom. Od. 17, 322. Horat. Carm. 4, 4, 29 ff. — αὐχένα λοξὸν ἔχει, in andrer Bedeutung Tyrt. 2, 2.

ούτε γὰρ ἐκ σκίλλης ῥόδα φύεται οὐδ' ὑάκινθος,
ούτε ποτ' ἐκ δούλης τέκνον ἐλευθέριον.

8. (189 – 192.)

Χρήματα μὲν τιμῶσι, καὶ ἐκ κακοῦ ἐσθλὸς ἔγημεν
καὶ κακὸς ἐξ ἀγαθοῦ· πλοῦτος ἔμιξε γένος.
οὕτω μὴ θαύμαζε γένος, Πολυπαΐδη, ἀστῶν
μαυροῦσθαι· σὺν γὰρ μίσγεται ἐσθλὰ κακοῖς.

9. (193 – 196.)

Αὐτός τοι ταύτην, εἰδὼς κακόπατριν ἐοῦσαν,
εἰς οἴκους ἄγεται, χρήμασι πειθόμενος,
εὔδοξος κακόδοξον, ἐπεὶ κρατερή μιν ἀνάγκη
ἐντύει, ἥτ' ἀνδρὸς τλήμονα θῆκε νόον.

10. (197 – 208.)

Χρῆμα δ', ὃ μὲν Διόθεν καὶ σὺν δίκῃ ἀνδρὶ γένηται
καὶ καθαρῶς, αἰεὶ παρμόνιμον τελέθει.
εἰ δ' ἀδίκως παρὰ καιρὸν ἀνὴρ φιλοκερδέϊ θυμῷ
κτήσεται, εἴθ' ὅρκῳ πὰρ τὸ δίκαιον ἑλών,   200
αὐτίκα μέν τι φέρειν κέρδος δοκεῖ, ἐς δὲ τελευτήν
αὖθις ἔγεντο κακόν, θεῶν δ' ὑπερέσχε νόος.
ἀλλὰ τάδ' ἀνθρώπων ἀπατᾷ νόον· οὐ γὰρ ἐπ' αὐτοῦ
τίνονται μάκαρες πρήγματος ἀμπλακίας,
ἀλλ' ὁ μὲν αὐτὸς ἔτισε κακὸν χρέος, ὃς δὲ φίλοισιν   205
ἄτην ἐξοπίσω παισὶν ὑπερκρέμασεν,
αὐτὸν δ' οὐ κατέμαρψε δίκη· θάνατος γὰρ ἀναιδὴς
πρόσθεν ἐπὶ βλεφάροις ἕζετο κῆρα φέρων.

11. (1135 – 1150.)

Ἐλπὶς ἐν ἀνθρώποις μούνη θεὸς ἐσθλὴ ἔτ' ἐστίν,
ἄλλοι δ' Οὔλυμπόνδ' ἐκπρολιπόντες ἔβαν.

No. 9. Statt Αὐτός τοι ταύτην standen bei Theognis wahrscheinlich zwei Nomina propria. Hartung vermuthet: Αὐτοκλῆς Αὔγην.

No. 10. cf. Solon 10, 9 ff.

V. 199. παρὰ καιρόν, gegen Recht und Gebühr.

V. 202. θεῶν δ' ὑπερέσχε νόος = Solon 10, 17. ἀλλὰ Ζεὺς πάντων ἐφορᾷ τέλος.

V. 203. τάδε das folgende: οὐ γὰρ ἐπ' αὐτοῦ ff. — Verbinde ἐπ' αὐτοῦ πρήγματος, sogleich bei oder während der That.

No. 11. Dem im Staate Unterdrückten bleibt die Hoffnung, dass er wieder in sein Recht werde eingesetzt werden, besonders da seine Unterdrücker ohne Scheu vor den Göttern sich alle Frevel erlauben.

ᾤχετο μὲν Πίστις, μεγάλη θεός, ᾤχετο δ' ἀνδρῶν
Σωφροσύνη· Χάριτές τ', ὦ φίλε, γῆν ἔλιπον.
ὅρκοι δ' οὐκέτι πιστοὶ ἐν ἀνθρώποισι δίκαιοι,
1140   οὐδὲ θεοὺς οὐδεὶς ἄζεται ἀθανάτους.
εὐσεβέων δ' ἀνδρῶν γένος ἔφθιτο, οὐδὲ θέμιστας
οὐκέτι γιγνώσκουσ' οὐδὲ μὲν εὐσεβίας.
ἀλλ' ὄφρα τις ζώει καὶ ὁρᾷ φάος ἠελίοιο,
εὐσεβέων περὶ θεοὺς Ἐλπίδα προσμενέτω,
1145   εὐχέσθω δὲ θεοῖσι κατ' ἀγλαὰ μηρία καίων,
Ἐλπίδι τε πρώτῃ καὶ πυμάτῃ θυέτω.
φραζέσθω δ' ἀδίκων ἀνδρῶν σκολιὸν λόγον αἰεί,
οἳ θεῶν ἀθανάτων οὐδὲν ὀπιζόμενοι
αἰὲν ἐπ' ἀλλοτρίοις κτεάνοις ἐπέχουσι νόημα,
1150   αἰσχρὰ κακοῖς ἔργοις σύμβολα θηκάμενοι.

12. (31—35.)

Ταῦτα μὲν οὕτως ἴσθι. κακοῖσι δὲ μὴ προσομίλει
ἀνδράσιν, ἀλλ' αἰεὶ τῶν ἀγαθῶν ἔχεο·
καὶ μετὰ τοῖσιν πῖνε καὶ ἔσθιε, καὶ μετὰ τοῖσιν
ἵζε, καὶ ἄνδανε τοῖς, ὧν μεγάλη δύναμις.
35   ἐσθλῶν μὲν γὰρ ἄπ' ἐσθλὰ μαθήσεαι· ἢν δὲ κακοῖσιν
συμμίσγῃς, ἀπολεῖς καὶ τὸν ἐόντα νόον.

V. 1137. cf. Hes. Opp. 197.
  καὶ τότε δὴ πρὸς Ὄλυμπον ἀπὸ χθονὸς εὐρυοδείης
  λευκοῖσιν φαρέεσσι καλυψαμένω χρόα καλόν
  ἀθανάτων μετὰ φῦλον ἴτον προλιπόντ' ἀνθρώπους
  Αἰδὼς καὶ Νέμεσις.

V. 1138. Σωφροσύνη, Gegensatz von ὕβρις (V. 379. No. 22.), die besonnene Mässigung in allen Dingen, in Bezug auf göttliches und menschliches Recht. — Die Chariten bezeichnen die Einigung der Menschen in Gesetzlichkeit, woraus der Reiz und die Anmuth des geselligen Lebens entspringt. V. 678. No. 1 κόσμος ἀπόλωλε.

V. 1139. δίκαιοι, Prädicat.

V. 1142. οὐδὲ μέν, siehe Xenophon. 2, 17.

V. 1144. Ἐλπίδα, die auch die Erfüllung des Gehofften bringen wird.

V. 1147. Aus der Schlechtigkeit der Ungerechten kann man schliessen, dass sie von den Göttern einst bestraft und ihrer Herrschaft beraubt werden. — σκολιὸν λόγον, verkehrten Sinn.

V. 1150. αἰσχρὰ σύμβολα θηκ., indem sie böse Vorzeichen gegeben haben, die ihr endliches Verderben verkünden.

No. 12. V. 34. δύναμις bezeichnet hier nicht politische Macht, sondern geistigen Werth und Gehalt.

ταῦτα μαθὼν ἀγαθοῖσιν ὁμίλεε, καί ποτε φήσεις
εὖ συμβουλεύειν τοῖσι φίλοισιν ἐμέ.

13. (61 — 68.)

Μηδένα τῶνδε φίλον ποιεῦ, Πολυπαΐδη, ἀστῶν
ἐκ θυμοῦ, χρείης εἵνεκα μηδεμιῆς·
ἀλλὰ δόκει μὲν πᾶσιν ἀπὸ γλώσσης φίλος εἶναι,
χρῆμα δὲ συμμίξῃς μηδενὶ μηδ' ὁτιοῦν
σπουδαῖον. γνώσῃ γὰρ ὀϊζυρῶν φρένας ἀνδρῶν,
ὥς σφιν ἐπ' ἔργοισιν πίστις ἔπ' οὐδεμία,
ἀλλὰ δόλους τ' ἀπάτας τε πολυπλοκίας τ' ἐφίλησαν
οὕτως, ὡς ἄνδρες μηκέτι σωζόμενοι.

14. (69 — 72.)

Μήποτε, Κύρνε, κακῷ πίσυνος βούλευε σὺν ἀνδρί,
εὖτ' ἂν σπουδαῖον πρῆγμ' ἐθέλῃς τελέσαι,
ἀλλὰ μετ' ἐσθλὸν ἰὼν βούλευ καὶ πολλὰ μογῆσαι
καὶ μακρὴν ποσσίν, Κύρν', ὁδὸν ἐκτελέσαι.

15. (563 — 566.)

Κεκλῆσθαι δ' ἐς δαῖτα, παρέζεσθαι δὲ παρ' ἐσθλόν
ἄνδρα χρεών, σοφίην πᾶσαν ἐπιστάμενον.
τοῦ συνιεῖν, ὁπόταν τι λέγῃ σοφόν, ὄφρα διδαχθῇς
καὶ τοῦτ' εἰς οἶκον κέρδος ἔχων ἀπίῃς.

16. (101 — 104.)

Μηδείς σ' ἀνθρώπων πείσῃ κακὸν ἄνδρα φιλῆσαι,
Κύρνε· τί δ' ἔστ' ὄφελος δειλὸς ἀνὴρ φίλος ὤν;
οὔτ' ἄν σ' ἐκ χαλεποῖο πόνου ῥύσαιτο καὶ ἄτης,
οὔτε κεν, ἐσθλὸν ἔχων, τοῦ μεταδοῦν ἐθέλοι.

17. (113 u. 114.)

Μήποτε τὸν κακὸν ἄνδρα φίλον ποιεῖσθαι ἑταῖρον,
ἀλλ' αἰεὶ φεύγειν ὥστε κακὸν λιμένα.

No. 13. Diesen Versen gehen in der Sammlung zwei Disticha vorauf, die mit No. 3. zum Theil wörtlich übereinstimmen; an sie schlossen sich wahrscheinlich obige Verse an.

V. 62. ἐκ θυμοῦ, von Herzen. Hom. Il. 9, 342. ὡς καὶ ἐγὼ τὴν ἐκ θυμοῦ φίλεον. Gegensatz: ἀπὸ γλώσσης.

Nr. 16. μεταδοῦν, nicht μεταδοῦν', denn αι wird nur elidirt in den pass. Endungen μαι, σαι, ται, σθαι, nicht aber bei dem Infinitiv auf ναι und nicht im Nomin. plur. der 1. Declin. δοῦν ist ein verkürzter Infinitiv statt δοῦναι, wie φῦν = φῦναι.

18. (105—112.)

105 Δειλούς εὖ ἔρδοντι ματαιοτάτη χάρις ἐστίν·
ἶσον καὶ σπείρειν πόντον ἁλὸς πολιῆς.
οὔτε γὰρ ἂν πόντον σπείρων βαθὺ λήϊον ἀμῷς,
οὔτε κακοὺς εὖ δρῶν εὖ πάλιν ἀντιλάβοις.
ἄπληστον γὰρ ἔχουσι κακοὶ νόον. ἢν δ' ἓν ἁμάρτῃς,
110 τῶν πρόσθεν πάντων ἐκκέχυται φιλότης.
οἱ δ' ἀγαθοὶ τὸ μέγιστον ἐλαφρίζουσι παθόντες,
μνῆμα δ' ἔχουσ' ἀγαθῶν καὶ χάριν ἐξοπίσω.

19. (119—128.)

Χρυσοῦ κιβδήλοιο καὶ ἀργύρου ἄνσχετος ἄτη,
120 Κύρνε, καὶ ἐξευρεῖν ῥᾴδιον ἀνδρὶ σοφῷ.
εἰ δὲ φίλου νόος ἀνδρὸς ἐνὶ στήθεσσι λελήθῃ
ψυδρὸς ἐών, δόλιον δ' ἐν φρεσὶν ἦτορ ἔχῃ,
τοῦτο θεὸς κιβδηλότατον ποίησε βροτοῖσιν,
καὶ γνῶναι πάντων τοῦτ' ἀνιηρότατον.
125 οὐ γὰρ ἂν εἰδείης ἀνδρὸς νόον οὔτε γυναικός,
πρὶν πειρηθείης ὥσπερ ὑποζυγίου·
οὐδέ κεν εἰκάσσαις ὥσπερ ποτ' ἐς ὥνιον ἐλθών·
πολλάκι γὰρ γνώμην ἐξαπατῶσ' ἰδέαι.

20. (87—92.)

Μή μ' ἔπεσιν μὲν στέργε, νόον δ' ἔχε καὶ φρένας ἄλλας,
εἴ με φιλεῖς καί σοι πιστὸς ἔνεστι νόος·
ἀλλὰ φίλει καθαρὸν θέμενος νόον, ἤ μ' ἀποειπὼν
ἔχθαιρ', ἀμφαδίην νεῖκος ἀειράμενος.
ὃς δὲ μιῇ γλώσσῃ δίχ' ἔχει νόον, οὗτος ἑταῖρος
δειλός, Κύρν', ἐχθρὸς βέλτερος ἢ φίλος ὤν.

No. 18. V. 105. cf. Scol. 14.
V. 106. πόντον σπείρειν sprüchwörtlich. πόντος ἀτρύγετος bei Homer. ἶσον καὶ, *aeque ac.*
V. 108. Gewöhnlich sagt man εὖ δρᾶν, εὖ πάσχειν; εὖ ἀντιλαβεῖν ist also soviel als εὖ ἀντιπαθεῖν.
V. 111. ἐλαφρίζουσι = ἐν ἐλαφρῷ ποιοῦνται. *parvi ducunt, haud gravate ferunt;* sie verzeihen und vergessen.
V. 112. μνῆμα hier gleich μνήμη.
No. 19. V. 127. εἰκάσσαις, durch Vergleich erkennen. — „Wie wenn du kämst, um eine zum Kauf ausgestellte Sache in Augenschein zu nehmen." cf. Scol. 6.
No. 20. V. 87. Den Satz mit δὲ ordne in der Uebersetzung unter.
V. 89. καθ. θέμενος νόον, cf. Scol. 13.

21. (79—82.)

Παυρούς εύρήσεις, Πολυπαΐδη, ἄνδρας ἑταίρους
πιστούς ἐν χαλεποῖς πρήγμασι γιγνομένους,
οἵτινες ἂν τολμῷεν, ὁμόφρονα θυμὸν ἔχοντες,
ἴσον τῶν ἀγαθῶν τῶν τε κακῶν μετέχειν.

22. (373—382.)

Ζεῦ φίλε, θαυμάζω σε· σὺ γὰρ πάντεσσιν ἀνάσσεις,
τιμὴν αὐτὸς ἔχων καὶ μεγάλην δύναμιν·
ἀνθρώπων δ' εὖ οἶσθα νόον καὶ θυμὸν ἑκάστου· 375
σὸν δὲ κράτος πάντων ἔσθ' ὕπατον, βασιλεῦ.
πῶς δή σευ, Κρονίδη, τολμᾷ νόος ἄνδρας ἀλιτρούς
ἐν ταὐτῇ μοίρῃ τόν τε δίκαιον ἔχειν,
ἤν τ' ἐπὶ σωφροσύνην τρεφθῇ νόος, ἤν τε πρὸς ὕβριν
ἀνθρώπων ἀδίκοις ἔργμασι πειθομένων; 380
οὐδέ τι κεκριμένον πρὸς δαίμονός ἐστι βροτοῖσιν,
οὐδ' ὁδόν, ἥν τις ἰὼν ἀθανάτοισιν ἅδοι;

23. (743—752.)

Καὶ τοῦτ', ἀθανάτων βασιλεῦ, πῶς ἐστὶ δίκαιον,
ἔργων ὅστις ἀνὴρ ἐκτὸς ἐὼν ἀδίκων,
μή τιν' ὑπερβασίην κατέχων μηδ' ὅρκον ἀλιτρόν, 745
ἀλλὰ δίκαιος ἐὼν μὴ τὰ δίκαια πάθῃ;
τίς δή κεν βροτὸς ἄλλος, ὁρῶν πρὸς τοῦτον, ἔπειτα
ἅζοιτ' ἀθανάτους, καὶ τίνα θυμὸν ἔχων,
ὁππότ' ἀνὴρ ἄδικος καὶ ἀτάσθαλος, οὔτε τευ ἀνδρῶν
οὔτε τευ ἀθανάτων μῆνιν ἀλευόμενος, 750
ὑβρίζῃ πλούτῳ κεκορημένος, οἱ δὲ δίκαιοι
τρύχωνται χαλεπῇ τειρόμενοι πενίῃ;

24. (683—686.)

Πολλοὶ πλοῦτον ἔχουσιν ἀΐδριες· οἱ δὲ τὰ καλά
ζητοῦσιν χαλεπῇ τειρόμενοι πενίῃ.

No. 22. V. 381 κεκριμένον, bestimmt. cf. Pind. Ol. 2, 30.
V. 382. ὁδόν cf. Solon 10, 9.

N. 23. cf. Hom. Od. 24, 351 ff. Il. 13, 631 ff.
V. 744. πῶς ἐστι δίκαιον, ὅστις = εἴ τις. cf. Sophocl. Kreusa unten zu No. 58. ἥδιστον, ὅτῳ.
V. 748. καὶ τίνα θυμόν ἔχων, man erwartet statt des Particips ein Verbum finitum, beigeordnet dem Verbum ἅζοιτο.

No. 24. πολλοί = πλῆθος. Es stehen sich entgegen: ἀΐδριες und οἱ δὲ

ἔρδειν δ' ἀμφοτέροισιν ἀμηχανίῃ παράκειται·
εἴργει γὰρ τοὺς μὲν χρήματα, τοὺς δὲ νόος.

25. (383—388.)

Ἔμπης δ' ὄλβον ἔχουσιν ἀπήμονα. τοὶ δ' ἀπὸ δειλῶν
ἔργων ἴσχονται θυμόν, ὅμως πενίην
385 μητέρ' ἀμηχανίης ἔλαβον, τὰ δίκαια φιλεῦντες,
ἥτ' ἀνδρῶν παράγει θυμὸν ἐς ἀμπλακίην,
βλάπτουσ' ἐν στήθεσσι φρένας κρατερῆς ὑπ' ἀνάγκης·
τολμᾷ δ' οὐκ ἐθέλων αἴσχεα πολλὰ φέρειν.

26. (1197—1202.)

Ὄρνιθος φωνήν, Πολυπαΐδη, ὀξὺ βοώσης
ἤκουσ', ἥτε βροτοῖς ἄγγελος ἦλθ' ἀρότου
ὡραίου· καί μοι κραδίην ἐπάταξε μέλαιναν,
1200 ὅττι μοι εὐανθεῖς ἄλλοι ἔχουσιν ἀγρούς,
οὐδέ μοι ἡμίονοι κύφων' ἕλκουσιν ἀρότρου,
τῆς αἰειμνήστης εἵνεκα ναυτιλίης.

27. (351—354.)

Ἆ δειλὴ πενίη, τί μένεις προλιποῦσα παρ' ἄλλον
ἄνδρ' ἰέναι; μὴ λῆν οὐκ ἐθέλοντα φίλει·
ἀλλ' ἴθι καὶ δόμον ἄλλον ἐποίχεο, μηδὲ μεθ' ἡμέων
αἰεὶ δυστήνου τοῦδε βίου μέτεχε.

τὰ καλὰ ζητοῦσιν, dann πλοῦτον ἔχουσιν und χαλεπῇ τειρόμενοι πενίῃ. ἔρδειν sc. χρηστόν τι ποιεῖν. — Χρήματα — νόος, ἡ τῶν χρημάτων — νόου ἀπουσία, res pro defectu rei. cf. Od. 11, 202.

No. 25. V. 384. Herodot 8, 111. werden Πενίη und Ἀμηχανίη als Göttinnen nebeneinandergestellt, Alkaeos nennt beide Schwestern.

V. 385. τὰ δίκαια φιλεῦντες wiederholt verstärkend den Gedanken: τοί — ἴσχονται.

V. 386. ἥτε geht auf ἀμηχανίης. Armuth erzeugt Rathlosigkeit, diese das Vergehen.

V. 388. τολμᾷ. Subject: der, welchem die Rathlosigkeit den Sinn verwirrt hat.

No. 26. ὄρνις, der Kranich. Hesiod. Opp. 448.
Φράζεσθαι δ', εὖτ' ἂν γεράνου φωνὴν ἐπακούσῃς
ὑψόθεν ἐκ νεφέων ἐνιαύσια κεκληγυίης·
ἥτ' ἀρότοιό τε σῆμα φέρει, καὶ χείματος ὥρην
δεικνύει ὀμβρηροῦ· κραδίην δ' ἔδακ' ἀνδρὸς ἀβούτεω.

V. 1202. In ναυτιλίῃ scheint Bezug genommen zu sein auf das Bild von der Revolution in No. 1.

No. 27. λῆν = λίαν.

28. (699—718.)

Πλήθει δ' ἀνθρώπων ἀρετὴ μία γίγνεται ἥδε,
πλουτεῖν· τῶν δ' ἄλλων οὐδὲν ἄρ' ἦν ὄφελος,   700
οὐδ' εἰ σωφροσύνην μὲν ἔχοις Ῥαδαμάνθυος αὐτοῦ,
πλείονα δ' εἰδείης Σισύφου Αἰολίδεω,
ὅστε καὶ ἐξ' Ἀΐδεω πολυϊδρίῃσιν ἀνῆλθεν,
πείσας Περσεφόνην αἱμυλίοισι λόγοις,
ἥτε βροτοῖς παρέχει λήθην, βλάπτουσα νόοιο —   705
ἄλλος δ' οὔπω τις τοῦτο γ' ἐπεφράσατο,
ὅντινα δὴ θανάτοιο μέλαν νέφος ἀμφικαλύψῃ,
ἔλθῃ δ' ἐς σκιερὸν χῶρον ἀποφθιμένων,
κυανέας τε πύλας παραμείψεται, αἵτε θανόντων
ψυχὰς εἴργουσιν καίπερ ἀναινομένας·   710
ἀλλ' ἄρα καὶ κεῖθεν πάλιν ἤλυθε Σίσυφος ἥρως
ἐς φάος ἠελίου σφῇσι πολυφροσύνης· —

No. 28. Für die Form des Ganzen cf. Tyrt. 3. u. Xenophan. 2.

V. 700. ἄρ' ἦν = ἐστίν, cf. No. 29. V. 789. Ein Imperfectum statt des Präsens zum Ausdruck eines allgemeinen Satzes mit Bezug auf frühere Auffassung; das gewöhnlich beigegebene ἄρα bezeichnet, dass man die Wahrheit des Satzes früher nicht erkannte, jetzt aber erkenne, — das Erkennen eines Irrthums und das Gelangen zu besserer Einsicht. Siehe Hom. Od. 16, 420. „Die andern Tugenden haben (nach jetzigem klaren Erkennen) keinen Nutzen und Werth."

V. 701. σωφροσύνη, die Besonnenheit, das ruhige Erwägen des Richters geht über in den Begriff der Gerechtigkeit, der Haupttugend des Rhad. Pind. Ol. 2, 75. Siehe zu V. 1138. No. 11.

V. 702. Haupteigenschaft des Sisyphos ist List und Verschlagenheit (Hom. Il. 6, 153.), πολυϊδρία. Dieselbe Bedeutung hat πολύϊδρις Hom. Od. 15, 459. Er hatte seinem Weibe befohlen, nach seinem Tode ihn nicht zu bestatten. Als er gestorben war, klagte er in der Unterwelt über diese Vernachlässigung und überredete den Pluton (nach Theognis die Persephone), dass er ihn zurückkehren liess, um seine Gattin zu bestrafen. Nun wollte er aber nicht wieder in den Hades zurückkehren und musste durch Hermes mit Gewalt hinabgeholt werden. Dieser Betrug, von dem Homer nichts meldet, wird von Späteren als Grund der Homer. Od. 11, 593 ff. beschriebenen Strafe angeführt.

V. 705. βλάπτουσα νόοιο. Bei Homer raubt nicht Persephone den Seelen der Verstorbenen die Besinnung, sondern die Besinnungslosigkeit ist nach homerischer Anschauung die natürliche Folge der Trennung der Seele vom Körper. Da aber Persephone die Besinnung und Denkkraft den Schatten geben kann (Od. 10, 494.), so liess sich davon leicht die Vorstellung ableiten, dass sie es ist, welche auch die Besinnung nimmt.

V. 709. παραμείψεται, Conjunctiv.

οὐδ' εἰ ψεύδεα μὲν ποιοῖς ἐτύμοισιν ὁμοῖα,
— γλῶσσαν ἔχων ἀγαθὴν Νέστορος ἀντιθέου.
ὠκύτερος δ' εἴησθα πόδας ταχεῶν Ἁρπυιῶν
καὶ παίδων Βορέω, τῶν ἄφαρ εἰσὶ πόδες.
ἀλλὰ χρὴ πάντας γνώμην ταύτῃ καταθέσθαι,
ὡς πλοῦτος πλείστην πᾶσιν ἔχει δύναμιν.

29. (783 — 789.)

Ἦλθον μὲν γὰρ ἔγωγε καὶ εἰς Σικελήν ποτε γαῖαν,
ἦλθον δ' Εὐβοίης ἀμπελόεν πεδίον
Σπάρτην τ' Εὐρώτα δονακοτρόφου ἀγλαὸν ἄστυ·
καί μ' ἐφίλευν προφρόνως πάντες ἐπερχόμενον.
ἀλλ' οὔτις μοι τέρψις ἐπὶ φρένας ἦλθεν ἐκείνων.
οὕτως οὐδὲν ἄρ' ἦν φίλτερον ἄλλο πάτρης.

30. (209 u. 210.)

Οὐκ ἔστιν φεύγοντι φίλος καὶ πιστὸς ἑταῖρος·
τῆς δὲ φυγῆς ἐστὶν τοῦτ' ἀνιηρότατον.

31. (1023 u. 1024.)

Οὔποτε τοῖς ἐχθροῖσιν ὑπὸ ζυγὸν αὐχένα θήσω
δύσλοφον, οὐδ' εἴ μοι Τμῶλος ἔπεστι κάρῃ.

32. (1029 — 1036.)

Τόλμα, θυμέ, κακοῖσιν ὅμως ἄτλητα πεπονθώς·
δειλῶν τοι κραδίη γίγνεται ὀξυτέρη.

V. 713. ψεύδεα, Täuschungen, Erdichtungen, ohne besonders schlimmen Nebenbegriff; Hesiod. Theog. 27. sagen die Musen von sich: ἴδμεν ψεύδεα πολλὰ λέγειν ἐτύμοισιν ὁμοῖα. cf. Hom. Od. 19, 203.
V. 714. cf. Hom. Il. 1, 247 ff.
V. 715. Hesiod. Theog. 268. „die schönlockigen Harpyien, Aëllo und Okypete", αἵ ῥ' ἀνέμων πνοιῇσι καὶ οἰωνοῖς ἅμ' ἕπονται ὠκείῃς πτερύγεσσι· μεταχρόνιαι γὰρ ἴαλλον.
V. 716. Die Söhne des Boreas, Zetes und Kalais, holten sogar die schnellen Harpyien ein. Apollod. 1, 9, 21. — ἄφαρ adjectivisch gebraucht: Il. 13, 814. konnte dazu führen. Der Comparativ findet sich Il. 23, 311. Bergk vermuthet ἀφαρεῦσι, von einem zweifelhaften Verbum ἀφαρεῖν = ταχέως ποιεῖν τι καὶ λέγειν. Hartung: ἁμαρυσσοπόδων.
V. 717. ταύτῃ καταθέσθαι, cf. ταύτῃ κεῖται νόος, Simonid. Eleg. V. 11.
No. 29. V. 784. Εὐβοίης ἀμπελόεν πεδίον, cf. Soph. Ant. 1132. χλωρὰ ἀκτὰ πολυστάφυλος Εὐβοίας. Il. 2, 536 u. 537.
V. 786. Od. 1, 123. παρ' ἄμμι φιλῆσαι.
No. 32. V. 1029. Vgl. Herodot. 5, 56. den Vers aus dem Traumgesichte des Hippias: Τλῆθι λέων ἄτλητα παθὼν τετληότι θυμῷ.
V. 1030. Die Gemeinen sind leidenschaftlich (leidenschaftlicher als die Edlen), ihnen braust leicht im Unglück das Gemüth auf; der Edle aber darf sich nicht leidenschaftlich dem Zorn und Schmerz hingeben.

μηδέ σύ γ' ἀπρήκτοισιν ἐπ' ἔργμασιν ἄλγος ἀέξων
ὄχθει, μηδ' ἄχθου, μηδὲ φίλους ἀνία,
μηδ' ἐχθροὺς εὔφραινε. θεῶν δ' εἱμαρμένα δῶρα
οὐκ ἂν ῥηϊδίως θνητὸς ἀνὴρ προφύγοι,
οὔτ' ἂν πορφυρέης καταδὺς ἐς πυθμένα λίμνης,   1036
οὔθ' ὅταν αὐτὸν ἔχῃ Τάρταρος ἠερόεις.

33. (341—350.)

Ἀλλά, Ζεῦ, τέλεσόν μοι, Ὀλύμπιε, καίριον εὐχήν,
δὸς δέ μοι ἀντὶ κακῶν καί τι παθεῖν ἀγαθόν.
τεθναίην δ', εἰ μή τι κακῶν ἄμπαυμα μεριμνέων
εὑροίμην, δοίην δ' ἀντ' ἀνιῶν ἀνίας.
αἶσα γὰρ οὕτως ἐστί. τίσις δ' οὐ φαίνεται ἡμῖν   345
ἀνδρῶν, οἳ τἀμὰ χρήματ' ἔχουσι βίῃ
συλήσαντες. ἐγὼ δὲ κύων ἐπέρησα χαράδρην,
χειμάρρῳ ποταμῷ πάντ' ἀποσεισάμενος.
τῶν εἴη μέλαν αἷμα πιεῖν. ἐπί τ' ἐσθλὸς ὄροιτο
δαίμων, ὃς κατ' ἐμὸν νοῦν τελέσειε τάδε.   350

34. (361 u. 362.)

Ἀνδρός τοι κραδίη μινύθει μέγα πῆμα παθόντος,
Κύρν'· ἀποτινυμένου δ' αὔξεται ἐξοπίσω.

35. (363 u. 364.)

Εὖ κώτιλλε τὸν ἐχθρόν· ὅταν δ' ὑποχείριος ἔλθῃ,
τῖσαί νιν, πρόφασιν μηδεμίαν θέμενος.

36. (27 u. 29.)

Σοὶ δ' ἐγὼ εὖ φρονέων ὑποθήσομαι, οἷά περ αὐτός,
Κύρν', ἀπὸ τῶν ἀγαθῶν παῖς ἔτ' ἐὼν ἔμαθον.

37. (1049 u. 1050.)

Σοὶ δέ τοι, οἷά τε παιδὶ πατήρ, ὑποθήσομαι αὐτός
ἐσθλά· σὺ δ' ἐν θυμῷ καὶ φρεσὶ ταῦτα βάλευ.

No. 33. V. 344. δοίην ἀνίας, wie δίκην δοῦναι.
V. 347. ἐγὼ δὲ κύων etc. „nackt, wie ein Hund aus dem durchschwommenen Fluss steigt, gehe ich aus dieser Umwälzung hervor; ich habe nichts gerettet, als mein Leben."
V. 349. τῶν sc. συλησάντων. cf. Hom. Il. 22, 346. 4, 35. 24, 212.

No. 34. cf. Hom. Od. 19, 360.

No. 37. Hom. Od. 1, 308. 18, 129. Π. 4, 39. Hes. Opp. 27.
Ὦ Πέρση, σὺ δὲ ταῦτα τεῷ ἐνικάτθεο θυμῷ.

38. (447—452.)

Εἴ μ' ἐθέλεις πλύνειν, κεφαλῆς ἀμίαντον ἀπ' ἄκρης
αἰεὶ λευκὸν ὕδωρ ῥεύσεται ἡμετέρης·
εὑρήσεις δέ με πᾶσιν ἐπ' ἔργμασιν ὥσπερ ἄπεφθον
450 χρυσόν, ἐρυθρὸν ἰδεῖν τριβόμενον βασάνῳ,
τοῦ χροιῆς καθύπερθε μέλας οὐχ ἅπτεται ἰός
οὐδ' εὐρώς, αἰεὶ δ' ἄνθος ἔχει καθαρόν.

39. (415—418.)

Οὐδέν' ὁμοῖον ἐμοὶ δύναμαι διζήμενος εὑρεῖν
πιστὸν ἑταῖρον, ὅτῳ μή τις ἔνεστι δόλος·
ἐς βάσανον δ' ἐλθὼν παρατρίβομαι ὥστε μολίβδῳ
χρυσός, ὑπερτερίης δ' ἄμμιν ἔνεστι λόγος.

40. (641. u. 642.)

Οὔ τοί κ' εἰδείης οὔτ' εὔνουν οὔτε τὸν ἐχθρόν,
εἰ μὴ σπουδαίου πρήγματος ἀντιτύχοις.

41. (643 u. 644.)

Πολλοὶ πὰρ κρητῆρι φίλοι γίγνονται ἑταῖροι,
ἐν δὲ σπουδαίῳ πρήγματι παυρότεροι.

42. (323—328.)

Μή ποτ' ἐπὶ σμικρᾷ προφάσει φίλον ἄνδρ' ἀπολέσσαι,
πειθόμενος χαλεπῇ, Κύρνε, διαβολίῃ.
325 εἴ τις ἁμαρτωλοῖσι φίλων ἐπὶ παντὶ χολῷτο,
οὔποτ' ἂν ἀλλήλοις ἄρθμιοι οὐδὲ φίλοι
εἶεν. ἁμαρτωλαὶ γὰρ ἐπ' ἀνθρώποισιν ἕπονται
θνητοῖς, Κύρνε· θεοὶ δ' οὐκ ἐθέλουσι φέρειν.

43. (1079 u. 1080.)

Οὐδένα τῶν ἐχθρῶν μωμήσομαι ἐσθλὸν ἐόντα,
οὐδὲ μὲν αἰνήσω δειλὸν ἐόντα φίλον.

No. 38. „Ich bin ein lauterer Freund."

V. 449. χρυσὸς ἄπεφθος, durch Kochen geläutertes, reines Gold. Simonid. fr. 64. Bergk. χρυσὸς ἐφθός, ἀκήρατος, οὐδὲ μόλιβδον ἔχων.

No. 39. V. 417. μόλιβδος, das dem Golde zur Verfälschung beigemischte Blei, also verfälschtes Gold, χρυσὸς κίβδηλος.

V. 418. λόγος ὑπερτερίης, periphrastisch statt ἡ ὑπερτερίη ἡμῖν ἔνεστι.

Nr. 42. V. 323. ἀπολέσσαι, verlieren.

V. 328. θεοὶ δ' οὐκ ἐθέλουσι φέρειν, sc. ἁμαρτωλάς, die Menschen fehlen, die Götter aber wollen die Fehler nicht an sich dulden.

44. (355—358.)

Τόλμα, Κύρνε, κακοῖσιν, ἐπεὶ κἀσθλοῖσιν ἔχαιρες.
εὐτέ σε καὶ τούτων μοῖρ' ἐπέβαλλεν ἔχειν.
ὡς δέ περ ἐξ ἀγαθῶν ἔλαβες κακόν, ὣς δὲ καὶ αὖτις
ἐκδῦναι πειρῶ θεοῖσιν ἐπευχόμενος.

45. (555 u. 556.)

Τολμᾶν χρὴ χαλεποῖσιν ἐν ἄλγεσι κείμενον ἄνδρα.
πρός τε θεῶν αἰτεῖν ἔκλυσιν ἀθανάτων.

46. (329 u. 330.)

Καὶ βραδὺς ὢν εὔβουλος ἕλεν ταχὺν ἄνδρα διώκων,
Κύρνε, σὺν ἰθείῃ θεῶν δίκῃ ἀθανάτων.

47. (797 u. 708.)

Τοὺς ἀγαθοὺς ἄλλος μάλα μέμφεται, ἄλλος ἐπαινεῖ·
τῶν δὲ κακῶν μνήμη γίγνεται οὐδεμία.

48. (901—904.)

Οὐδεὶς ἀνθρώπων οὔτ' ἔσσεται οὔτε πέφυκεν.
ὅστις πᾶσιν ἀδὼν δύσεται εἰς Ἀΐδεω.
οὐδὲ γὰρ ὃς θνητοῖσι καὶ ἀθανάτοισιν ἀνάσσει,
Ζεὺς Κρονίδης, θνητοῖς πᾶσιν ἀδεῖν δύναται.

49. (133—142.)

Οὐδείς, Κύρν', ἄτης καὶ κέρδεος αἴτιος αὐτός.
ἀλλὰ θεοὶ τούτων δώτορες ἀμφοτέρων.
οὐδέ τις ἀνθρώπων ἐργάζεται, ἐν φρεσὶν εἰδώς, 135
ἐς τέλος εἴτ' ἀγαθὸν γίγνεται εἴτε κακόν·
πολλάκι γὰρ δοκέων θήσειν κακόν, ἐσθλὸν ἔθηκεν,
καί τε δοκῶν θήσειν ἐσθλόν, ἔθηκε κακόν.
οὐδέ τῳ ἀνθρώπων παραγίγνεται, ὅσσ' ἐθέλῃσιν·
ἴσχει γὰρ χαλεπῆς πείρατ' ἀμηχανίης. 140
ἄνθρωποι δὲ μάταια νομίζομεν, εἰδότες οὐδέν·
θεοὶ δὲ κατὰ σφέτερον πάντα τελοῦσι νόον.

No. 46. cf. Od. 8, 329.
No. 48. cf. Theogn. 25. οὐδὲ γὰρ ὁ Ζεὺς οὔθ' ὕων πάντεσσ' ἁνδάνει οὔτ' ἀνέχων. Solon No. 8. — δύσεται εἰς Ἀΐδεω, s. zu Tyrt. 3, 38.
No. 49. V. 135. cf. Solon 10, 65 ff. Hom. Il. 18, 228.
V. 140. πείρατα, Schranken.

50. (155—156.)

Μή ποτέ μοι πενίην θυμοφθόρον ἀνδρὶ χολωθείς
μηδ' ἀχρημοσύνην οὐλομένην πρόφερε·
Ζεὺς γάρ τοι τὸ τάλαντον ἐπιρρέπει ἄλλοτε ἄλλως,
ἄλλοτε μὲν πλουτεῖν, ἄλλοτε μηδὲν ἔχειν.

51. (159 u. 160.)

Μή ποτε, Κύρν', ἀγοράσθαι ἔπος μέγα· οἶδε γὰρ οὐδείς
ἀνθρώπων, ὅ τι νὺξ χἠμέρη ἀνδρὶ τελεῖ.

52. (165 u. 166.)

Οὐδεὶς ἀνθρώπων οὔτ' ὄλβιος οὔτε πενιχρός,
οὔτε κακὸς νόσφιν δαίμονος οὔτ' ἀγαθός.

53. (167 u. 168.)

Ἀλλ' ἄλλῳ κακόν ἐστι, τὸ δ' ἀτρεκὲς ὄλβιος οὐδείς
ἀνθρώπων, ὁπόσους ἠέλιος καθορᾷ.

54. (171 u. 172.)

Θεοῖς εὔχου, θεοῖς ἐστὶν ἔπι κράτος· οὔτοι ἄτερ θεῶν
γίγνεται ἀνθρώποις οὔτ' ἀγάθ' οὔτε κακά.

55. (1179 u. 1180.)

Κύρνε, θεοὺς αἰδοῦ καὶ δείδιθι· τοῦτο γὰρ ἄνδρα
εἴργει μήθ' ἔρδειν μήτε λέγειν ἀσεβῆ.

56. (657 u. 658.)

Μηδὲν ἄγαν χαλεποῖσιν ἀσῶ φρένα μηδ' ἀγαθοῖσιν
χαῖρ', ἐπεὶ ἔστ' ἀνδρὸς πάντα φέρειν ἀγαθοῦ.

57. (145—148.)

Βούλεο δ' εὐσεβέων ὀλίγοις σὺν χρήμασιν οἰκεῖν,
ἢ πλουτεῖν ἀδίκως χρήματα πασάμενος.
ἐν δὲ δικαιοσύνῃ συλλήβδην πᾶσ' ἀρετή 'στιν,
πᾶς δέ τ' ἀνὴρ ἀγαθός, Κύρνε, δίκαιος ἐών.

No. 50. cf. Hes. Opp. 717.
    Μηδέ ποτ' οὐλομένην πενίην θυμοφθόρον ἀνδρί
    τετλάθ' ὀνειδίζειν, μακάρων δόσιν αἰὲν ἐόντων.
V. 156. πρόφερε, cf. Hom. Il. 3, 64.
V. 157. cf. Hom. Il. 8, 69.
No. 51. cf. Hom. Od. 22, 287. 16, 243.
No. 54. cf. Hom. Il. 20, 242.

58. (255 u. 256.)

Κάλλιστον τὸ δικαιότατον, λῷστον δ' ὑγιαίνειν·
πρῆγμα δὲ τερπνότατον, τοῦ τις ἐρᾷ, τὸ τυχεῖν.

59. (331 u. 332.)

Ἥσυχος, ὥσπερ ἐγώ, μέσσην ὁδὸν ἔρχεο ποσσίν,
μηδετέροισι διδούς, Κύρνε, τὰ τῶν ἑτέρων.

60. (335 u. 336.)

Μηδὲν ἄγαν σπεύδειν· πάντων μέσ' ἄριστα. καὶ οὕτως
ἕξεις, Κύρν', ἀρετήν, ἥντε λαβεῖν χαλεπόν.

61. (465 u. 466.)

Ἀμφ' ἀρετῇ τρίβου, καί σοι τὰ δίκαια φίλ' ἔστω,
μηδέ σε νικάτω κέρδος, ὅτ' αἰσχρὸν ἔῃ.

62. (409 u. 410.)

Οὐδένα θησαυρὸν παισὶν καταθήσῃ ἀμείνω
αἰδοῦς, ἥτ' ἀγαθοῖς ἀνδράσι, Κύρν', ἕπεται.

63. (573 u. 574.)

Εὖ ἔρδων εὖ πάσχε· τί κ' ἄγγελον ἄλλον ἰάλλοις;
τῆς εὐεργεσίης ῥηϊδίη ἀγγελίη.

64. (1171—1176.)

Γνώμην, Κύρνε, θεοὶ θνητοῖσι διδοῦσιν ἄριστον
ἀνθρώποις· γνώμῃ πείρατα παντὸς ἔχει.
ὦ μάκαρ, ὅστις δή μιν ἔχει φρεσίν, ἣ πολὺ κρείσσων
ὕβριος οὐλομένης λευγαλέου τε κόρου.
ἔστι κακὸν δὲ βροτοῖσι κόρος, τοῦγ' οὔτι κάκιον·   1175
πᾶσα γὰρ ἐκ τούτου, Κύρνε, πέλει κακότης.

65. (631 u. 632.)

Ὧι τινι μὴ θυμοῦ κρέσσων νόος, αἰὲν ἐν ἄταις,
Κύρνε, καὶ ἐν μεγάλῃς κεῖται ἀμηχανίῃς.

No. 58. Sophocl. Kreusa.
    Κάλλιστόν ἐστι τοὐνδικον πεφυκέναι,
    λῷστον δὲ τὸ ζῆν ἄνοσον, ἥδιστον δ', ὅτῳ
    πάρεστι λῆψις, ὧν ἐρᾷ, καθ' ἡμέραν. cf. Scol. 7.

No. 64. V. 1174. Da ὕβρις und κόρος ganz ähnliche Begriffe sind, so wird im Folgenden, statt an beide, nur an das letztere Wort angeknüpft.

66. (623 u. 634.)

Βουλεύου δὶς καὶ τρίς, ὅ τοί κ' ἐπὶ τὸν νόον ἔλθῃ·
ἀτηρὸς γάρ τοι λάβρος ἀνὴρ τελέθει.

67. (895 u. 896.)

Γνώμης δ' οὐδὲν ἄμεινον ἀνὴρ ἔχει αὐτὸς ἐν αὑτῷ,
οὐδ' ἀγνωμοσύνης, Κύρν', ὀδυνηρότερον.

68. (421—424.)

Πολλοῖς ἀνθρώπων γλώσσῃ θύραι οὐκ ἐπίκεινται
ἁρμόδιαι, καί σφιν πόλλ' ἀμέλητα μέλει.
πολλάκι γὰρ τὸ κακὸν κατακείμενον ἔνδον ἄμεινον,
ἐσθλὸν δ' ἐξελθὸν λώϊον ἢ τὸ κακόν.

69. (237—252.)

Σοὶ μὲν ἐγὼ πτέρ' ἔδωκα, σὺν οἷς ἐπ' ἀπείρονα πόντον
πωτήσῃ καὶ γῆν πᾶσαν ἀειράμενος
ῥηϊδίως, θοίνης δὲ καὶ εἰλαπίνῃσι παρέσσῃ
240   ἐν πάσαις, πολλῶν κείμενος ἐν στόμασιν.
καί σε σὺν αὐλίσκοισι λιγυφθόγγοις νέοι ἄνδρες
εὐκόσμως ἐρατοὶ καλά τε καὶ λιγέα
ᾄσονται. καὶ ὅταν δνοφερῆς ὑπὸ κεύθεσι γαίης
βῇς πολυκωκύτους εἰς Ἀΐδαο δόμους,

No. 66. cf. Lukian. Epigr. 5. Soph. O. R. 617. φρονεῖν οἱ ταχεῖς οὐκ ἀσφαλεῖς.

No. 67. cf. Soph., Antig. 1050. κράτιστον κτημάτων εὐβουλία. 1242. ἀβουλία μέγιστον κακόν. Electr. 1015. προνοίας οὐδὲν ἀνθρώποις ἔφυ κέρδος· λαβεῖν ἄμεινον οὐδὲ νοῦ σοφοῦ.

No. 68. γλώσσῃ θύραι ἐπίκεινται, ein häufiges Bild. Sophocl. Philoct. 188. ἀθυρόστομος ἀχώ, die geschwätzige Echo. Aristoph. Ran. 838. ἀπύλωτον στόμα.

V. 422. πόλλ' ἀμέλητα μέλει, „sie kümmern sich um das, um was sie sich nicht kümmern sollten, sie schwatzen, was sie nicht sollten."

No. 69. Diese Elegie stand wahrscheinlich am Ende der Sammlung von Liedern an Kyrnos. „Sie werden seinen Namen verewigen in ganz Griechenland; er wird bei allen Mahlen unter Flötengetön im Munde der jungen Männer sein." Die Elegien wurden nämlich gewöhnlich bei den Symposien, die besonders von Jünglingen begangen wurden, von Einzelnen gesungen. Zur Begleitung diente die Flöte, nicht die Lyra und Kithara oder Phorminx; die letzteren waren mehr bei der das Gelage eröffnenden Libation an ihrer Stelle. Aehnliches Selbstgefühl, wie hier Theognis, zeigt Horat. Od. 3, 30. Ovid. Met. 15, 871 ff.

V. 242. εὐκόσμως und ἐρατοί gehören zusammen: in ihrer Sittsamkeit liebenswürdig.

οὐδέ 'τότ' οὐδὲ θανὼν ἀπολεῖς κλέος, ἀλλὰ μελήσεις 245
ἄφθιτον ἀνθρώποις αἰὲν ἔχων ὄνομα,
Κύρνε, καθ' Ἑλλάδα γῆν στρωφώμενος ἠδ' ἀνὰ νήσους,
ἰχθυόεντα περῶν πόντον ἔπ' ἀτρύγετον,
οὐχ ἵππων νώτοισιν ἐφήμενος· ἀλλά σε πέμψει
ἀγλαὰ Μουσάων δῶρα ἰοστεφάνων· 250
πᾶσι γάρ, οἷσι μέμηλε, καὶ ἐσσομένοισιν ἀοιδή
ἔσσῃ ὁμῶς, ὄφρ' ἂν ᾖ γῆ τε καὶ ἠέλιος.

70. (1—4.)

Ὦ ἄνα, Λητοῦς υἱέ, Διὸς τέκος, οὔποτε σεῖο
λήσομαι ἀρχόμενος οὐδ' ἀποπαυόμενος,
ἀλλ' αἰεὶ πρῶτον σὲ καὶ ὕστατον ἔν τε μέσοισιν
ἀείσω· σὺ δέ μοι κλῦθι καὶ ἐσθλά δίδου.

71. (773—782.)

Φοῖβε ἄναξ, αὐτὸς μὲν ἐπύργωσας πόλιν ἄκρην,
Ἀλκαθόῳ Πέλοπος παιδὶ χαριζόμενος·
αὐτὸς δὲ στρατὸν ὑβριστὴν Μήδων ἀπέρυκε 775
τῆσδε πόλευς, ἵνα σοι λαοὶ ἐν εὐφροσύνῃ

V. 249. πέμπειν, geleiten, führen, eine oft bei Homer vorkommende Bedeutung. Od. 5, 17. 25.

No. 70. Diese und die folgenden Disticha sind Brüchstücke aus sympotischen Elegien. Die vier ersten Bruchstücke gehörten solchen Liedern an, die bei der Libation gesungen wurden. — Der Sammler der theognideischen Verse stellte dieses Fragment an den Anfang der ganzen Sammlung, weil gewöhnlich Gedichte mit dem Anruf irgend einer Gottheit beginnen. — Apollon wird von Th. besonders angerufen, weil er der Landesgott von Megara war, der die Burg gebaut haben sollte. Siehe No. 71.
V. 2. ἀρχόμενος. In der Mitte des Pentameters liess man bisweilen eine *syllaba anceps* eintreten, indem man diese Stelle als Schluss einer metrischen Reihe ansah.
V. 3. cf. Hom. H. in Apoll. 21. 3.
σὲ δ' ἀοιδὸς ἔχων φόρμιγγα λίγειαν
ἡδυεπὴς πρῶτόν τε καὶ ὕστατον αἰὲν ἀείδει.

No. 71. πόλις ἄκρη, Hom. Il. 6, 88. 257. = ἀκρόπολις. Megara hatte zwei Burgen, eine karische mit dem Megaron der Demeter, nach oben, und eine jüngere, gegen das Meer, mit Tempeln des Apollon. Diese soll Alkathoos (siehe Anm. zu Pind. Ol. 1.89.) gebaut haben, während Apollon die Kithar dazu spielte; wo er sie aufgestellt, zeigte man einen klingenden Stein.
V. 775. Αὐτὸς μὲν — αὐτὸς δέ. „Wie du selbst die Burg gegründet, so komme auch jetzt wieder leibhaftig der Stadt zur Hülfe." Μήδων, s. Einleitung.
V. 776—779. Die Feste des Apollon fallen grossentheils in das Frühjahr,

ἦρος ἐπερχομένου κλειτὰς πέμπωσ' ἑκατόμβας
τερπόμενοι κιθάρῃ καὶ θαλίης ἐρατῆς
παιάνων τε χοροῖς ἰαχῇσί τε σὸν περὶ βωμόν.
750 ἦ γὰρ ἔγωγε δέδοικ' ἀφραδίην ἐσορῶν
καὶ στάσιν Ἑλλήνων λαοφθόρον· ἀλλὰ σύ, Φοῖβε,
ἵλαος ἡμετέρην τήνδε φύλασσε πόλιν.

72. (11—14.)

Ἄρτεμι θηροφόνη, θύγατερ Διός, ἣν Ἀγαμέμνων
εἴσαθ', ὅτ' ἐς Τροίην ἔπλεε νηυσὶ θοαῖς,
εὐχομένῳ μοι κλῦθι, κακὰς δ' ἀπὸ κῆρας ἄλαλκε.
σοὶ μὲν τοῦτο, θεά, μικρόν, ἐμοὶ δὲ μέγα.

73. (757—768.)

Ζεὺς μὲν τῆσδε πόληος ὑπειρέχοι, αἰθέρι ναίων,
αἰεὶ δεξιτέρην χεῖρ' ἐπ' ἀπημοσύνῃ,
ἄλλοι τ' ἀθάνατοι μάκαρες θεοί· αὐτὰρ Ἀπόλλων
760 ὀρθώσαι γλῶσσαν καὶ νόον ἡμέτερον.
φόρμιγξ δ' αὖ φθέγγοιθ' ἱερὸν μέλος ἠδὲ καὶ αὐλός·
ἡμεῖς δὲ σπονδὰς θεοῖσιν ἀρεσσάμενοι
πίνωμεν, χαρίεντα μετ' ἀλλήλοισι λέγοντες,
μηδὲν τὸν Μήδων δειδιότες πόλεμον.
765 ὧδ' εἴη κεν ἄμεινον· ὁμόφρονα θυμὸν ἔχοντας
νόσφι μεριμνάων εὐφροσύνως διάγειν.

denn Apollon und seine Schwester Artemis vertraten im Gegensatz zu den verderblichen Mächten der Winterzeit das verjüngte Leben der Natur.

V. 780 u. 781. Der Dichter warnt vor den inneren Zwisten der Parteien bei Annäherung der äusseren Gefahr durch die Perser.

No. 72. V. 11. θηροφόνη. Die Regel, dass zusammengesezte Adjectiva zweier Endungen sind, gilt vornehmlich von dem attischen Dialekt, wiewohl sich auch hier Ausnahmen finden. In Epithetis von Göttinnen haben sich besonders viele alte Feminin-endungen erhalten, Δημήτηρ πολυφόρβη, Ἥρη ἠνιόχη, ἐγχεσιμάχη u. a.

V. 12. Agamemnon gründete, wie zu Aulis u. a. O., der Artemis als einer νησσόος (Schiffsretterin) oder λιμνῆτις (Hafenbeschirmerin) zu Megara einen Tempel. Paus. 1, 48, 1.

No. 73. V. 757. cf. Solon 2, 4.

V. 761. ἱερὸν μέλος, Päan.
V. 762. σπονδὰς θεοῖσιν ἀρεσσ., gewöhnlich ἀρέσκεσθαί τινά τινι.
V. 763. χαρίεντα — λέγοντες = παίζοντες. Ion Chius: πίνωμεν, παίζωμεν, ἴτω διὰ νυκτὸς ἀοιδή. — Μήδων, s. No. 71.

74. (789—792.)

Μή ποτέ μοι μελέδημα νεώτερον ἄλλο φανείη
ἀντ' ἀρετῆς σοφίης τ', ἀλλὰ τόδ' αἰὲν ἔχων
τερποίμην φόρμιγγι καὶ ὀρχηθμῷ καὶ ἀοιδῇ,
καὶ μετὰ τῶν ἀγαθῶν ἐσθλὸν ἔχοιμι νόον.

75. (493—496.)

Ὑμεῖς δ' εὖ μυθεῖσθε παρὰ κρητῆρι μένοντες,
ἀλλήλων ἔριδος δῆριν ἐρυκόμενοι,
ἐς τὸ μέσον φωνεῦντες, ὁμῶς ἑνὶ καὶ συνάπασιν·
χοὔτως συμπόσιον γίγνεται· οὐκ ἄχαρι.

76. (15—19.)

Μοῦσαι καὶ Χάριτες, κοῦραι Διός, αἵ ποτε Κάδμου
ἐς γάμον ἐλθοῦσαι καλὸν ἀείσατ' ἔπος·
ὅττι καλόν, φίλον ἐστί· τὸ δ' οὐ καλὸν οὐ φίλον ἐστίν.
τοῦτ' ἔπος ἀθανάτων ἦλθε διὰ στομάτων.

77. (567—570.)

Ἥβῃ τερπόμενος παίζω· δηρὸν γὰρ ἔνερθεν
γῆς ὀλέσας ψυχὴν κείσομαι ὥστε λίθος
ἄφθογγος, λείψω δ' ἐρατὸν φάος ἠελίοιο,
ἔμπης δ' ἐσθλὸς ἐὼν ὄψομαι οὐδὲν ἔτι.

78. (983—988.)

Ἡμεῖς δ' ἐν θαλίῃσι φίλον καταθώμεθα θυμόν,
ὄφρ' ἔτι τερπωλῆς ἔργ' ἐρατεινὰ φέρῃ.
αἶψα γὰρ ὥστε νόημα παρέρχεται ἀγλαὸς ἥβη·   985
οὐδ' ἵππων ὁρμὴ γίγνεται ὠκυτέρη,
αἵτε ἄνακτα φέρουσι δορυσσόον ἐς πόνον ἀνδρῶν
λάβρως, πυροφόρῳ τερπόμεναι πεδίῳ.

No. 75. V. 495. ἐς τὸ μέσον wird erklärt durch ὁμῶς ἑνὶ καὶ συνάπασιν, für die ganze Gesellschaft sprechen.

No. 76. Zu der Hochzeitsfeier des Kadmos und der Harmonia kamen alle Götter.

V. 17. Eurip. Bacch. 879. Ὅτι καλόν, φίλον ἀεί, Plat. Lys. 216, C. Κινδυνεύει κατὰ τὴν ἀρχαίαν παροιμίαν τὸ καλὸν φίλον εἶναι.

V. 18. ἀθανάτων verbinde mit ἔπος. — ἔρχεσθαι διὰ στομάτων, in den Mund der Leute kommen. — cf. V. 240. No. 69.

No. 78. V. 983. θυμὸν κατατίθεσθαι ἐν θαλίῃσι, das Herz den Freudengelagen hingeben.

V. 984. φέρῃ, Subject ist θυμός.
V. 985. cf. Mimn. 2, 7. — ὥστε νόημα. cf. Od. 7, 36.
V. 988. τερπόμεναι πεδίῳ, mit Lust hineilend durch —.

79. (509 u. 510.)

ἶνος πινόμενος πουλὺς κακόν· ἦν δέ τις αὐτὸν
πίνῃ ἐπισταμένως, οὐ κακὸν ἀλλ' ἀγαθόν.

80. (497 u. 496.)

Ἄφρονος ἀνδρὸς ὁμῶς καὶ σώφρονος οἶνος, ὅταν δή
πίνῃ ὑπὲρ μέτρον, κοῦφον ἔθηκε νόον.

81. (627 u. 628.)

Αἰσχρόν τοι μεθύοντα παρ' ἀνδράσι νήφοσιν εἶναι,
αἰσχρὸν δ' εἰ νήφων πὰρ μεθύουσι μένει.

82. (873—676.)

Οἶνε, τὰ μέν σ' αἰνῶ, τὰ δὲ μέμφομαι· οὐδέ σε πάμπαν
οὔτε ποτ' ἐχθαίρειν οὔτε φιλεῖν δύναμαι.
ἐσθλὸν καὶ κακὸν ἐσσι. τίς ἂν σέ γε μωμήσαιτο;
τίς δ' ἂν ἐπαινῆσαι μέτρον ἔχων σοφίης;

83. (467—492.)

Μηδένα τῶνδ' ἀέκοντα μένειν κατέρυκε παρ' ἡμῖν.
μηδὲ θύραζε κέλευ' οὐκ ἐθέλοντ' ἰέναι,
μήθ' εὕδοντ' ἐπέγειρε, Σιμωνίδη, ὅντιν' ἂν ἡμῶν
470   θωρηχθέντ' οἴνῳ μαλθακὸς ὕπνος ἕλῃ,
μήτε τὸν ἀγρυπνέοντα κέλευ' ἀέκοντα καθεύδειν·
πᾶν γὰρ ἀναγκαῖον χρῆμ' ἀνιηρὸν ἔφυ.
τῷ πίνειν δ' ἐθέλοντι παρασταδὸν οἰνοχοείτω·
οὐ πάσας νύκτας γίγνεται ἁβρὰ παθεῖν.
475   αὐτὰρ ἐγώ — μέτρον γὰρ ἔχω μελιηδέος οἴνου —
ὕπνου λυσικάκου μνήσομαι οἴκαδ' ἰών,
ἥξω δ', ὡς οἶνος χαριέστατος ἀνδρὶ πεπόσθαι·
οὔτε τι γὰρ νήφω οὔτε λίην μεθύω.
ὃς δ' ἂν ὑπερβάλλῃ πόσιος μέτρον, οὐκέτι κεῖνος
480   τῆς αὐτοῦ γλώσσης καρτερὸς οὐδὲ νόου·

No. 79. cf. Od. 21, 293 f.

No. 81. V. 627. νήφοσιν, eine ganz eigene Verkürzung von νήφουσι; man muss annehmen, dass das Wort als Adjektiv behandelt ist. cf. 481. No. 83.

No. 83. V. 467. cf. Od. 15, 68 ff.

V. 473. οἰνοχοείτω sc. οἰνοχόος, wie Xenoph. Anab. 1, 2, 17. ἐπεὶ ἐσάλπιγξε sc. σαλπιγκτής. Ob von V. 473 an die Verse mit den vorhergehenden zusammengehangen, ist höchst zweifelhaft.

μυθεῖται δ' ἀπάλαμνα, τὰ νήφοσι γίγνεται αἰσχρά·
αἰδεῖται δ' ἔρδων οὐδέν, ὅταν μεθύῃ,
τὸ πρὶν ἐὼν σώφρων, τότε νήπιος· ἀλλὰ σὺ ταῦτα
γιγνώσκων μὴ πῖν' οἶνον ὑπερβολάδην,
ἀλλ' ἢ πρὶν μεθύειν ὑπανίστασο — μή σε βιάσθω   485
γαστήρ, ὥστε κακὸν λάτριν ἐφημέριον —,
ἢ παρεὼν μὴ πῖνε· σὺ δ' „ἔγχεε" τοῦτο μάταιον
κωτίλλεις αἰεί· τοὔνεκά τοι μεθύεις.
ἡ μὲν γὰρ φέρεται φιλοτήσιος, ἡ δὲ πρόκειται,
τὴν δὲ θεοῖς σπένδεις, τὴν δ' ἐπὶ χειρὸς ἔχεις.   490
ἀρνεῖσθαι δ' οὐκ οἶδας. ἀνίκητος δέ τοι οὗτος,
ὃς πολλὰς πίνων μή τι μάταιον ἐρεῖ.

V. 481. ἀπάλαμνα = μάταια.
V. 489. ἡ μέν sc. κύλιξ, ebenso V. 492. πολλὰς κύλικας. — φιλοτήσιος, ein der Liebe und Freundschaft geweihter Becher, wobei man den Namen dessen aussprach, auf dessen Wohl man trank. — ἡ δὲ πρόκειται. „jener ist Wettpreis" Weber. „den wegen der Wette!" Hertzb. Hes. Scut. 312. τοῖσι δὲ καὶ προὔκειτο μέγας τρίπος ἐντὸς ἀγῶνος. cf. Theogn. 971.
   Τίς δ' ἀρετὴ πίνοντ' ἐπιοίνιον ἆθλον ἑλέσθαι;
   πολλάκι τοι νικᾷ καὶ κακὸς ἄνδρ' ἀγαθόν.
V. 490. Statt τὴν δ' ἐπὶ χειρὸς ἔχεις schlägt Bergk vor: τὴν δ' ἐπὶ χείλος ἄγεις. Hartung: τὴν δ' ἐπὶ χείλεσ' ἔχεις.

VIII. Simonides von Keos.

Simonides ward in Iulis auf der Insel Keos geboren, Ol. 55, 2 (559 a. Chr.), und starb im 90sten Lebensjahre Ol. 77, 4 (469 a. Chr.) zu Syrakus. Er fällt in die Blüthezeit des griechischen Lebens. Früh verliess er seine Heimat und lebte an verschiedenen Orten Griechenlands, der Gunst der Reichen und Mächtigen folgend. Eine Zeitlang hielt er sich zu Athen auf bei dem Tyrannen Hipparch, wo er Anakreon von Teos und Lasos von Hermione kennen lernte. Die Auszeichnung, die er bei Hipparch genoss, hinderte ihn nicht, dass er später die Mörder desselben in einem Epigramm verherrlichte. Nach des Hipparchos Ermordung (514) lebte er längere Zeit am Hofe der Aleuaden und Skopaden, der Tyrannen in Thessalien. (Seine Rettung durch die Dioskuren Cic. de or. 2, 86.) Nach der Schlacht bei Marathon ist er wieder in Athen. In der Zeit der Perserkriege steht S. auf dem Gipfel seines Ruhms und Ansehens; die hervorragendsten Männer dieser Epoche waren seine Freunde. Von vielen Seiten erhielt er Aufträge, die Thaten der Griechen und den Ruhm Einzelner in grösseren Gedichten und Epigrammen zu verewigen. In Athen trug er mit einer Elegie auf die bei Marathon Gefallenen in einem Wettkampf der berühmtesten Dichter, unter denen sich auch Aeschylos befand, den Sieg davon. Die letzten 10 Jahre seines Lebens verweilte er zugleich mit seinem Neffen Bakchylides in Sicilien an dem glänzenden Hofe des Hieron zu Syrakus, wo die vorzüglichsten Dichter der damaligen Zeit, unter anderen auch Pindar, der jüngere Zeitgenosse des S., und Aeschylos, eine freundliche Aufnahme fanden, zum Theil vielleicht auch bei Theron, dem Tyrannen von Akragas. Als eine Schwäche seines Charakters wird von seinen Zeitgenossen hart getadelt, dass er allzusehr nach dem Besitze irdischen Gutes strebte, dass er seine Muse ohne Rücksicht auf Verdienst für Geld verlieh und seine Laute nach der Grösse des versprochenen Lohnes stimmte.

Simonides war einer der grössten und vielseitigsten griechischen Lyriker. Ausgerüstet mit der ganzen reichen Bildung des damaligen Griechenlands und im Besitz einer ausgebildeten Sprache, verstand er es, mit Leichtigkeit und Gewandtheit jeden Gegenstand auf die ihm geeignete Weise zu behandeln. Er dichtete in allen Formen der griechischen Lyrik und war überhaupt der fruchtbarste aller griechischen Dichter. Auch in der Elegie und im Epigramm leistete er Grosses. Von den Epigrammen ist noch eine bedeutende Zahl vorhanden, von den Elegien dagegen nur wenige, meist kurze Bruchstücke. Das hier mitgetheilte grösste hat einen gnomischen Charakter. Man rühmte an seinen Elegien besonders die ergreifende Zartheit und Weichheit der Stimmung. Diese eignete sich vornehmlich für die Trauerelegie, worin ihn Keiner übertraf.

Οὐδὲν ἐν ἀνθρώποισι μένει χρῆμ' ἔμπεδον αἰεί·
ἓν δὲ τὸ κάλλιστον Χῖος ἔειπεν ἀνήρ·

Stob. Floril. 98, 29. — Die Verse enthalten einen in sich abgerundeten Gedanken, sind aber aus einem grösseren, an einen Jüngling gerichteten, paränetischen Gedichte genommen. V. 1. fehlt bei Stobaeus, er ist von Fulvius Ursinus gemacht. — Beachte das wiederkehrende θνητοί V. 4. 7. 13. „Wie verhalten sich die Sterblichen der Flüchtigkeit der Zeit gegenüber, und wie sollen sie sich ihr gegenüber verhalten?"
V. 2. Χῖος ἀνήρ, Homer in Il. 6, 146. Die Ehre, Vaterland des Homer zu sein, nahmen viele Städte in Anspruch; siehe Antipat. Epigr. 2. O. Müller Gesch. d. gr. Lit. I. p. 68 ff. Mit S. stimmt auch Thukydides 3, 104. überein, gestützt auf Hom. Hymn. in Apoll. Del. 172. τυφλὸς ἀνήρ, οἰκεῖ δὲ Χίῳ ἐνὶ παιπαλοέσσῃ, indem er fälschlich den

οἵη περ φύλλων γενεή, τοιήδε καὶ ἀνδρῶν·
παῦροι μὴν θνητῶν οὔασι δεξάμενοι
στέρνοις ἐγκατέθεντο· πάρεστι γὰρ ἐλπὶς ἑκάστῳ, 5
ἀνδρῶν ἥ τε νέων στήθεσιν ἐμφύεται.
θνητῶν δ' ὄφρα τις ἄνθος ἔχῃ πολυήρατον ἥβης,
κοῦφον ἔχων θυμὸν πόλλ' ἀτέλεστα νοεῖ.
οὔτε γὰρ ἐλπίδ' ἔχει γηρασέμεν οὔτε θανεῖσθαι,
οὐδ' ὑγιὴς ὅταν ᾖ, φροντίδ' ἔχει καμάτου. 10
νήπιοι, οἷς ταύτῃ κεῖται νόος, οὐδὲ ἴσασιν,
ὡς χρόνος ἔσθ' ἥβης καὶ βιότου ὀλίγος
θνητοῖς. ἀλλὰ σὺ ταῦτα μαθὼν βιότου ποτὶ τέρμα
ψυχῇ τῶν ἀγαθῶν τλῆθι χαριζόμενος.

Homer für den Verfasser dieses Hymnos hält. Die Chier kamen zu jenen Ansprüchen, weil auf dieser Insel ein Geschlecht oder vielmehr eine Innung der Homeriden gewesen war. — ἓν τὸ κάλλιστον sc. πάντων ὧν ἔλεξεν. — τό, demonstrativisch.

V. 3.   cf. Mimn. 2.
V. 5.   ἐγκατέθεντο, als Objekt denke das Wort des Homer.
V. 10. οὔτε — οὐδέ. οὐδέ hebt diesen Satz mit Nachdruck hervor. „Sie denken nicht an Alter und Tod, ja nicht einmal an Krankheit, die doch noch viel leichter kommen kann."
V. 14. τλῆθι wie τολμᾶν von jeder Art des Muthes und der Ausdauer, cf. Theogn. No. 6 V. 320. No. 32 V. 1029. „Man denke an die Zaghaftigkeit des Geizigen, der sich, aus Furcht nicht genug zu haben, alles versagt." Jacobs.

IX. Ion.

Ion, auf Chios, einer den Athenern unterworfenen Insel, geboren, lebte wahrscheinlich grösstentheils in Athen, wo er um Ol. 82. (452—449 a. Chr.) zuerst mit Tragödien auftrat. Zur Zeit, wo des Aristophanes Frieden aufgeführt ward, Ol. 89, 3. (422 a. Chr.), war er bereits todt; denn in dieser Komödie wird von ihm als einem Verstorbenen geredet und zwar auf sehr ehrenvolle Weise*).

Ion war ein sehr reiches Talent; ausser Tragödien und Komödien verfasste er lyrische Gedichte der verschiedensten Art, auch Elegien und Epigramme. Seine Elegien waren zum Theil an eine von ihm geliebte Korintherin, Namens Chrysilla, welche auch von Perikles geliebt wurde, gerichtet. Ausser einigen kleinerer Ueberbleibseln sind von ihm noch die zwei

---

*) V. 835. Ἴων ὁ Χῖος, ὅσπερ ἐποίησεν πάλαι
ἐνθάδε τὸν Ἀοῖόν ποθ'· ὡς δ' ἦλθ', εὐθέως
Ἀοῖον αὐτὸν πάντες ἐκάλουν ἀστέρα.

folgenden Stücke erhalten. Wir erkennen darin den Geist eines wahren Dichters; No. 1 zeichnet sich aus durch eine meisterhafte Durchführung der Metapher und freudigen Schwung der Begeisterung.

1.

... : Θυρσοφόροις μέγα πρεσβεύων Διόνυσος·
αὕτη γὰρ πρόφασις παντοδαπῶν λογίων,
αἵ τε Πανελλήνων ἀγοραὶ θαλίαι τε ἀνάκτων,
ἐξ οὗ βοτρυόεσσ' οἰνὰς ὑποχθόνιον
5 πτόρθον ἀνασχομένη θαλερῷ ἐπτύξατο πήχει
αἰθέρος· ὀφθαλμῶν δ' ἐξέθορον πυκινοί
παῖδες, φωνήεντες, ὅταν πέσῃ ἄλλος ἐπ' ἄλλῳ,
πρὶν δὲ σιωπῶσιν· παυσάμενοι δὲ βοῆς
νέκταρ ἀμέλγονται μόνον ὄλβιον ἀνθρώποισιν,
10 ξυνὸν τοῦ χαίρειν φάρμακον αὐτοφυές.
τοῦ θαλίαι φίλα τέκνα φιλοφροσύναι τε χοροί τε·
τῶν ἀγαθῶν βασιλεὺς οἶνος ἔδειξε φύσιν.

No. 1. Athen. 10, 447. D. — Das Gedicht ist vollständig bis auf eine kleine Verstümmelung im Anfange. Der Dichter schildert die Segnungen des Dionysos, des Gottes des Weinbaues. Durch die Macht dieses wohlwollenden Genius wird die Menschheit zu heiterer Gemeinschaft, zu frohem Verkehr zusammengeführt, welcher Sitte und Gesinnung mildert und sänftigt. Die Versammlungen der Hellenen zu ihren grossen Nationalfesten sind daher sein Werk. Für die Bildung des griechischen Volkes ist der Cultus des Dionysos von grösster Wichtigkeit gewesen, indem er die Härte und Sprödigkeit der älteren Zeit milderte und den Grund legte für die höhere Entwickelung der Kunst und Poesie.

V. 2. λόγια erklärt man durch heitere Gespräche beim Gelage; doch ist höchst wahrscheinlich die Lesart falsch. Vielleicht ist darin das Wort πόσις, Trinkgelage, zu suchen, oder sonst ein Wort, das eine heitere Zusammenkunft bedeutet.

V. 3. Als Prädikat ergänze: „finden statt durch Dionysos" — ein Begriff ähnlich dem αὕτη πρόφασις. — ἄνακτες sind die Panhellenen, das Gesammtvolk der Griechen, als der herrschende Stamm im Lande.

V. 5. ἐπτύξατο, umschlang, wie die Verba des Anfassens mit gen. verbunden. Die Trauben sind Kinder der Rebe und des Aethers.

V. 7. φωνήεντες, die lärmenden Kinder, wenn sie in die Kufe geschüttet werden; vorher hingen sie still am Stocke.

V. 9. μόνον ὄλβιον, einziges Glücksgut.

V. 10. Anspielung auf Od. 4, 220.

αὐτίκ' ἄρ' εἰς οἶνον βάλε φάρμακον, ἔνθεν ἔπινον,
νηπενθές τ' ἀχολόν τε, κακῶν ἐπιλήθον ἁπάντων.

V. 12. τῶν hat demonstrative Bedeutung. — οἶνος βασιλεύς, König Wein; ein unbekannter griechischer Dichter sagt: οἶνος δαιμόνων ὑπέρτατος, ein lateinischer: vinum, deus qui est multo maximus.

τῷ σύ, πάτερ Διόνυσε, φιλοστεφάνοισιν ἀρέσκων
ἀνδράσιν, εὐθύμων συμποσίων πρύτανι,
χαῖρε, δίδου δ' αἰῶνα, καλῶν ἐπιήρανε ἔργων, 15
πίνειν καὶ παίζειν καὶ τὰ δίκαια φρονεῖν.

2.

Χαιρέτω ἡμέτερος βασιλεὺς σωτήρ τε πατήρ τε·
ἡμῖν δὲ κρητῆρ' οἰνοχόοι θέραπες
κιρνάντων προχύταισιν ἐν ἀργυρέοις· ὁ δὲ Χρυσός
λίτρον ἔχων χειρῶν νιζέτω εἰς ἔδαφος.
σπένδοντες δ' ἁγνῶς Ἡρακλέϊ τ' Ἀλκμήνῃ τε 5
Προκλέϊ Περσείδαις τ' ἐκ Διὸς ἀρχόμενοι
πίνωμεν, παίζωμεν, ἴτω διὰ νυκτὸς ἀοιδή,
ὀρχείσθω τις· ἑκὼν δ' ἄρχε φιλοφροσύνης.

V. 15. δίδου πίνειν καὶ παίζειν. — αἰῶνα, das Leben hindurch. — „Der fast dithyrambische Jubel steht dem begeisterten Lobredner des Weingottes wohl an und führt durch den drastischen Wechsel einer sprudelnden Laune zu einem ebenso überraschenden als befriedigenden Abschluss." Hertzberg.

No. 2. Athen. 10, 463. B.
V. 1. βασιλεύς, Dionysos. cf. 1, 12. 13. 14.
V. 2. Bei κρητήρ denkt man weniger an den Mischkrug, als an den gemischten Wein, der aus dem grossen Mischkrug in kleinere Kannen gefüllt und in diesen bereit gehalten wird.
V. 3f. Χρυσός, Name eines (jugendlichen, schönen) Sclaven. — λίτρον, Waschwasser aus Laugensalz und Seife, für das Waschen der Hände bestimmt, λίτρον χειρῶν. — νίζειν, einem die Hände waschen, Waschwasser auf die Hände giessen, wie Hom. Od. 1, 138. νίψασθαι, sich die Hände waschen. Das Waschwasser konnte ohne weiteres auf den Boden fliessen, da nach dem Händewaschen der Boden gekehrt wird. Während also ein Theil der Diener den Wein für das bevorstehende Symposium mischt, sorgt ein anderer den Gästen nach dem δεῖπνον für das Waschwasser, und wenn dann χεῖρες und ζάπεδον rein sind (Xenophan. 1, 1.), so kann die Spende folgen, und zwar ἁγνῶς. Vgl. Il. 24, 303 ff. ἁγνῶς ist Folge des Vorhergehenden. Man vgl. den Komiker Platon bei Athen. 15, 665. B., wo ein Sclave sagt:
ἄνδρες δεδειπνήκασιν ἤδη σχεδὸν ἅπαντες. εὖ γε.
τί οὐ τρέχων σὺ τὰς τραπέζας ἐκφέρεις; ἐγὼ δὲ
λίτρον παραχέων ἔρχομαι, κἀγὼ δὲ παραχορήσω.
σπονδὰς δ' ἔπειτα παραχέας τὸν κότταβον παροίσω.

V. 5. „Die Spende an Herakles sammt Alkmene, Prokles und den Persiden erklärt sich wohl daher, dass Prokles, des Pityreus Sohn, Argeier aus Epidauria nach Ionien führte, Pausan. 7, 4, 3., so dass also nicht der spartanische Prokles, sondern der Abkömmling des Ion zu verstehen wäre und die Verehrung des Herakles und der Persiden auf der Herkunft gewisser Familien in Chios von Argeiern beruhte." Welcker.

X. Euripides.
(Ol. 75, 1—93, 3. a. Chr. 480—406.)

Ἰλίῳ αἰπεινᾷ Πάρις οὐ γάμον, ἀλλά τιν' ἄταν
ἠγάγετ' εὐναίαν εἰς θαλάμους Ἑλέναν.
ἇς ἕνεχ', ὦ Τροία, δορὶ καὶ πυρὶ δηϊάλωτον
εἷλέ σ' ὁ χιλιόναυς Ἑλλάδος ὠκὺς Ἄρης,
5 καὶ τὸν ἐμὸν μελέας πόσιν Ἕκτορα, τὸν περὶ τείχη
εἵλκυσε διφρεύων παῖς ἁλίας Θέτιδος.
αὐτὰ δ' ἐκ θαλάμων ἀγόμαν ἐπὶ θῖνα θαλάσσας,
δουλοσύναν στυγερὰν ἀμφιβαλοῦσα κάρᾳ.
πολλὰ δὲ δάκρυά μοι κατέβα χροός, ἁνίκ' ἔλειπον
10 ἄστυ τε καὶ θαλάμους καὶ πόσιν ἐν κονίαις.
ὤμοι ἐγὼ μελέα, τί μ' ἐχρῆν ἔτι φέγγος ὁρᾶσθαι,
Ἑρμιόνας δούλαν; ἇς ὕπο τειρομένα
πρὸς τόδ' ἄγαλμα θεᾶς ἱκέτις περὶ χεῖρε βαλοῦσα
τάκομαι, ὡς πετρίνα πιδακόεσσα λιβάς.

Diese Elegie ist aus des **Euripides Andromache** V. 103—116. genommen und deswegen hier aufgeführt, weil sie das einzige Beispiel einer vollständig erhaltenen threnodischen Elegie ist. Andromache war nach Eroberung von Troia als Beute dem Neoptolemos zu Theil geworden und gebar ihm in Phthia den Molossos. Als Neoptolemos sich später mit Hermione, der Tochter des Menelaos, vermählt hatte, und diese, während Neopt. in Delphi abwesend war, der Andromache nach dem Leben trachtete, flüchtete sie sich schutzsuchend zu dem Altar und dem Bilde der Thetis, wo sie in der vorliegenden Elegie ihr Leid klagt. — Die Folgen der Handlung des Paris (V. 1. 2.) 1) für Troia (3. 4.), 2) für Hektor (5. 6.), 3) für Andromache (7. 8.) beweinet diese V. 9 u. 10. In V. 10 weist ἄστυ auf V. 3., πόσιν auf V. 5., θαλάμους auf V. 7. Aber ausser dass Andr. ἐκ θαλάμων ἤγετο, wurde ihr auch noch die δουλοσύνη zu Theil (7. 8.); auf diese beziehen sich die zwei letzten Disticha. — In den Tragödien herrscht in den lyrischen Partien der dorische Dialekt, daher auch in dieser Elegie.

V. 1. γάμος bezeichnet wie λέχος (Soph. Ai. 211. Ant. 1225) und εὐνή (Soph. Ant. 1224) die Braut.
V. 2. εὐναίαν, zur Ehe.
V. 5. Bei Homer schleift Achilleus den Hector nur vom Schlachtfelde bis zum Lager, Il. 22, 395 ff. und dreimal um das Grab des Patroklos, 24, 14 ff. Später vergrösserte man die Sache und liess Hector dreimal um die ganze Stadt schleifen. Virg. Aen. 1, 483.
Ter circum Iliacos raptaverat Hectora muros.
V. 13. πρὸς τόδ' ἄγ. ist mit ἱκέτις und τάκομαι zu verbinden.

II.

EPIGRAMME.

Das Epigramm.

Das Epigramm (ἐπίγραμμα) ist dem Worte und dem Ursprunge nach eine poetische Aufschrift. Auf ein Grabmal, ein Weihgeschenk, ein Kunstdenkmal u. s. w. gesetzt, diente es zur Erklärung desselben; es fasste den inneren Kern, den geistigen Gehalt eines dem Auge sich darbietenden Gegenstandes zusammen und gab diesem so eine höhere Weihe. Dies geschah in wenigen kurzen Sätzen; da aber jedes Kunstwerk, je kleiner es ist, eine desto sorgfältigere und feinere Ausführung verlangt, so musste das Epigramm trotz seiner Einfachheit durch Schärfe des Gedankens und Ausdrucks und durch feine Abrundung sich vor den übrigen Dichtungsarten auszeichnen. Schon eine einfache, scharf bezeichnende Angabe des Gegenstandes konnte genügen, und je mehr der Gegenstand in die Augen fiel oder je bekannter er durch seine weltgeschichtliche Bedeutung war, desto weniger Worte verlangte er; war er aber unbedeutender, sprach er weniger für sich selbst, so war der Dichter aufgefordert mehr für ihn zu sprechen und wortreicher zu sein.

Simonides von Keos ist der eigentliche Begründer der epigrammatischen Kunst, obgleich schon vor ihm von Archilochos, Sappho u. A. einzelne Epigramme gedichtet worden sind. Das Epigramm erhielt durch ihn als eine poetische Aufschrift die höchste Vollendung. Er blühte bekanntlich zur Zeit der Perserkriege und setzte durch seine Epigramme, die er für die hierauf bezüglichen Monumente dichtete, den tapferen Kämpfern die schönsten Siegeskronen auf. Seine Epigramme sind unübertrefflich in ihrer Schärfe des Gedankens und grossartigen, ergreifenden Einfachheit.

Das Epigramm blieb übrigens nicht bei dieser nächsten Bestimmung, als Aufschrift einen wirklichen, vorliegenden Gegenstand zu erläutern und poetisch zu verklären, stehen, sondern man fingirte auch solche Aufschriften und ergieng sich dabei spielend in allerlei geistreichen und treffenden Combinationen. Der Vorgänger hierin war schon Simonides (No. 26.) und besonders Plato, der die feine attische Bildung auch in seinen Epigrammen bewährt. Hierher gehören viele erdichtete Aufschriften auf Grabmäler von Dichtern, Philosophen u. s. w. und die Epigramme auf berühmte Kunstwerke. Das Epigramm gieng aber noch weiter, es nahm auch seinen Stoff aus den mannigfaltigen Verhältnissen des äusseren Lebens. Indem es aus bedeutsamen Situationen den poetischen Kern heraushob, spitzte es sich zur allgemeinen Sentenz zu, oder es stellte die einzelnen Züge zu einem kleinen artigen Bilde zusammen. So wurde das Epigramm zum **Sinngedichte** und zum **Gelegenheitsgedichte**, welches sich oft kaum von der Elegie unterscheidet.

In der alexandrinischen Zeit wurde das Epigramm vorzugsweise cultivirt. In dieser Zeit war die poetische Kraft der Griechen schon so erschöpft, dass sie grossartige Dichtungen zu schaffen nicht mehr vermochten; in dem engen Rahmen des Epigramms dagegen entfaltete der den Griechen angeborene poetische Sinn mit einer ausgebildeten dichterischen Sprache noch immer eine Fülle von Anmuth, eine grosse Feinheit und Gewandtheit. Da den damaligen Verhältnissen gemäss sich die Poesie ganz von dem öffentlichen Leben in die Kreise des Privatlebens zurückgezogen hatte und zu einer Poesie der Gelehrsamkeit geworden war, so musste das Epigramm sich seine Gegenstände vornehmlich in dem Privatleben suchen. Neben den wirklichen Grabinschriften fingirte man mit spielendem Scharfsinn Inschriften von mannigfaltiger Art und verfertigte Sinngedichte und Gelegenheitsgedichte, besonders auch solche, welche irgend einen litterärischen Gegenstand behandelten. Diese Arten von Epigrammendichtung wurden wenn auch mit weniger Geist, so doch noch immer mit einigem Geschick fortgesetzt bis in die römische und sogar in die byzantinische Zeit hinab. Wir nennen unter den Epigrammendichtern der alexandrinischen und der folgenden Zeit vorzugsweise: **Kallimachos** von Kyrene, **Theokritos** aus Syrakus und **Leonidas** von Tarent (c. Ol. 125. 280 a. Chr.); **Mnasalkas** von Sikyon (c. Ol. 133. 248.), **Rhianos** von Bena (c. Ol. 139. 224.), **Dioskorides** und **Antipatros** von Sidon (c. Ol. 145. 200.), **Meleagros** von Gadara (c. 60 a. Chr.); **Antipatros** von Thessalonike, **Leonidas** von Alexandria, **Lukillios**, **Philippos** von Thessalonike (im ersten Jahrhundert nach Chr.); **Leontios, Rufinos, Paulus Silentiarius, Agathias** von Myrina (unter Justinian).

Das dem Epigramm geeignetste Versmass ist das Distichon, doch wurde dieses nicht ausschliesslich gebraucht. Der Dialekt ist wie in der Elegie vorzugsweise der ionische; je nach der Oertlichkeit wählte man aber auch bisweilen andere Dialekte.

Meleagros aus Gadara veranstaltete zuerst eine Sammlung von Epigrammen älterer Dichter (Archilochos, Anakreon, Simonides u. A.), der er den Namen στέφανος gab. Philippos von Thess. fügte zu dieser Sammlung noch eine Epigrammenauswahl von Dichtern, die sich seit Meleagros ausgezeichnet hatten. Aehnlicher Anthologien wurden in der Folge noch mehrere zusammengestellt, wie von Strato aus Sardes (unter Hadrian), von Agathias aus Myrina; aber diese wie die früheren sind verloren. Aus ihnen stellte im 10. Jahrh. Konstantinos Kephalas eine neue Anthologie zusammen, welche nach dem Inhalte der Epigramme in 15 Bücher getheilt war und ausser den Epigrammen älterer Zeit auch manche neuere Zugabe enthielt. Daraus machte der Mönch Maximus Planudes im 14. Jahrh. einen Auszug in 7 Büchern. Diese beiden letzten sind noch erhalten. Die Anthologie des Planudes wurde auf Veranstalten des gelehrten Griechen Joh. Lascaris zu Florenz 1494 zuerst gedruckt unter dem Titel: 'Ανθολογία διαφόρων ἐπιγραμμάτων etc. und öfter wiederholt, von Brodacus, Basel 1549, von H. Stephanus, Paris 1566, zuletzt mit der trefflichen lat. Uebersetzung des Hugo Grotius von Hieron. de Bosch, Utrecht 1795—1822. 5 Voll. (Vol. V. von J. v. Lennep besorgt). Unterdessen hatte 1606 Salmasius in der Bibliothek zu Heidelberg die Anthologie des Kephalas entdeckt. Dieser Codex Palatinus kam 1623 nach Rom, von da nach Paris 1797 und dann 1815 wieder nach Heidelberg. Salmasius hatte aus ihm die in der planudeischen Sammlung fehlenden Epigramme abgeschrieben und weiter verbreitet. Endlich veranstaltete R. F. P. Brunck die *Analecta vett. poett. graec. 3 Voll. Argent. 1772—1776*. Ausser der Anthologie des Kephalas, woraus eine Anzahl gehaltloser Epigramme aus christlicher Zeit entfernt wurden, enthalten sie auch alle anderen sonstwoher bekannten Epigramme, sowie die Fragmente verschiedener älterer Dichter, wie des Archilochos, Solon, Simonides u. A. Das Ganze ist nach den einzelnen Verfassern geordnet. Einen neuen Abdruck davon gab Fr. Jacobs: *Anthologia graeca, sive poett. gr. lusus ex rec. Brunckii. Indices et commentt. adjecit etc. 13 Voll. Lips. 1794—1814*. Daran schliesst sich ein Abdruck der Anthologie des Kephalas in unveränderter Ordnung: *Anthol. gr. ad fidem cod. olim Palatini ex apographo Gothano edita. cur. Fr. Jacobs. 3 Voll. Lips. 1813—17.*

I. Archilochos.

1.

Ὑψηλοὺς Μεγάτιμον Ἀριστοφῶντά τε Νάξου
κίονας, ὦ μεγάλη γαῖ', ὑπένερθεν ἔχεις.

2.

Ἀλκιβίη πλοκάμων ἱερὴν ἀνέθηκε καλύπτρην
Ἥρῃ, κουριδίων εὖτ' ἐκύρησε γάμων.

Archilochos v. Paros, Ol. 18. v. Chr. 708? Ueber sein Leben s. p. 9.

No. 1. Anthol. Pal. 7, 441. Die Personen in beiden Epigrammen sind unbekannt.

No. 2. Anthol. Pal. 6, 133. — Hera ist Ehegöttin.

II. Erinna.

Στᾶλαι καὶ Σειρῆνες ἐμαὶ καὶ πένθιμε κρωσσέ,
ὅστις ἔχεις Ἀΐδα τὰν ὀλίγαν σποδιάν,
τοῖς ἐμὸν ἐρχομένοισι παρ' ἠρίον εἴπατε χαίρειν,
αἴτ' ἀστοὶ τελέθωντ', αἴθ' ἑτεροπτόλιες.
5 χὤτι με νύμφαν εὖσαν ἔχει τάφος, εἴπατε καὶ τό·
χὤτι πατήρ μ' ἐκάλει Βαυκίδα, χὤτι γένος
Τηνία, ὡς εἰδῶντι· καὶ ὅττι μοι ἁ συνεταιρὶς
Ἤρινν' ἐν τύμβῳ γράμμ' ἐχάραξε τόδε.

Erinna v. Lesbos, Freundin der Sappho, Ol. 45. v. Chr. 600. S. Asklepiad. 2.

Anthol. Pal. 7, 710. — Der Dialekt ist ein gemässigter Aeolismus. S. Abth. II. bei Alkaios. — V. 1. Zwei Sirenen auf zwei Säulen. Sirenenbilder wurden auf Grabmäler gesetzt, theils wegen ihrer Beziehung auf Tod und Verwesung (sie repräsentiren die Todtenklage, θρῆνος), theils, wie auf das Grab des Sophokles und des Isokrates, um die Wohlredenheit des Verstorbenen zu bezeichnen. — V. 4. τελέθωντ' und V. 7. εἰδῶντι für τελέθωσι und εἰδῶσι. — V. 5. εὖσαν für οὖσαν. — V. 7. ὡς εἰδῶντι. cf. Hom. Od. 1, 174. 2, 111. Soph. O. C. 889.

III. Simonides.

1.

Ἑλλήνων προμαχοῦντες Ἀθηναῖοι Μαραθῶνι
χρυσοφόρων Μήδων ἐστόρεσαν δύναμιν.

2.

Τὸν τραγόπουν ἐμὲ Πᾶνα, τὸν Ἀρκάδα, τὸν κατὰ Μήδων,
τὸν μετ' Ἀθηναίων στήσατο Μιλτιάδης.

3.

Μυριάσιν ποτὲ τᾷδε τριακοσίαις ἐμάχοντο
ἐκ Πελοποννάσου χιλιάδες τέτορες.

Simonides v. Keos, geb. Ol. 55, 2., gest. 77, 4., v. Chr. 559—469. Ueber sein Leben siehe p. 73.

No. 1. Lycurg. in Leocr. 28. — Ist χρυσοφόρων in diesem knappen Epigramm nur *Epitheton ornans?*
No. 2. Anthol. Planud. 232. Auf eine von Miltiades gesetzte Statue des Pan, der in dem Kampf gegen die Perser den Athenern beigestanden. Herod. 6, 105.
No. 3. Anthol. Pal. 7, 248. Auf das Grab sämmtlicher Kämpfer bei Thermopylä, welche gefallen waren, ehe Leonidas sein Heer mit Ausnahme der Lakedämonier entliess. Herod. 7, 228. — Die Hauptsache in diesem Ep. sind die Zahlen. — Der Dialekt ist, wie in manchen der folgenden Epigramme, ein gemässigter Dorismus. Die Peloponnesier sind Dorier.

4.

Ὦ ξεῖν', ἀγγέλλειν Λακεδαιμονίοις, ὅτι τᾷδε
κείμεθα, τοῖς κείνων ῥήμασι πειθόμενοι.

5.

Μνῆμα τόδε κλεινοῖο Μεγιστία, ὅν ποτε Μῆδοι
Σπερχειὸν ποταμὸν κτεῖναν ἀμειψάμενοι,
μάντιος, ὃς τότε Κῆρας ἐπερχομένας σάφα εἰδὼς
οὐκ ἔτλη Σπάρτης ἡγεμόνας προλιπεῖν.

6.

Ἄσβεστον κλέος οἷδε φίλῃ περὶ πατρίδι θέντες
κυάνεον θανάτου ἀμφεβάλοντο νέφος·
οὐδὲ τεθνᾶσι θανόντες, ἐπεί σφ' ἀρετὴ καθύπερθε
κυδαίνουσ' ἀνάγει δώματος ἐξ Ἀΐδεω.

7.

Εἰ τὸ καλῶς θνῄσκειν ἀρετῆς μέρος ἐστὶ μέγιστον,
ἡμῖν ἐκ πάντων τοῦτ' ἀπένειμε τύχη·
Ἑλλάδι γὰρ σπεύδοντες ἐλευθερίην περιθεῖναι
κείμεθ' ἀγηράντῳ χρώμενοι εὐλογίῃ.

8.

Εὐκλέας αἶα κέκευθε, Λεωνίδα, οἳ μετὰ σεῖο
τῇδ' ἔθανον, Σπάρτης εὐρυχόρου βασιλεῦ,
πλείστων δὴ τόξων τε καὶ ὠκυπόδων σθένος ἵππων
Μηδείων ἀνδρῶν δεξάμενοι πολέμῳ.

No. 4. Anthol. Pal. 7, 249. Auf das Grab der bei Thermopylä gefallenen Lakedämonier. Herod. l. l. Uebersetzt von Cic. Tusc. 1, 42.
*Dic, hospes, Spartae, nos te hic vidisse iacentes,
    dum sanctis patriae legibus obsequimur.*
ῥήμασι, νόμοις. — Die grosse That prunklos als einfache Pflichterfüllung dargestellt.

No. 5. Herod. 7, 228. Auf das Grabmal seines Freundes, des Sehers Megistias, der, obgleich er den Untergang des Heeres bei Thermopylä aus den Opferzeichen vorausgesehen, dennoch den Leonidas nicht verlassen hatte. Herod. 7, 221. — V. 3. μάντιος mit Nachdruck in den Anfang des Verses gesetzt.

No. 6. Anthol. Pal. 7, 251. Auf die Kämpfer bei Thermopylä. — V. 2. ἀμφεβάλοντο νέφος, cf. Od. 4, 180. ἀμφεβάλοντο, im Gegensatz zu περιθέντες, enthält zugleich den Begriff des freiwilligen Todes. — V. 3. τεθνᾶσι θανόντες. Man beachte den Unterschied der Tempora.

No. 7. Anthol. Pal. 7, 253. Auf die in Thermopylä Gefallenen.

No. 8. Anthol. Pal. 7, 301.

9.
Θηρῶν μὲν κάρτιστος ἐγώ, θνατῶν δ', ὃν ἐγὼ νῦν
φρουρῶ, τῷδε τάφῳ λαΐνῳ ἐμβεβαώς.

10.
Παῖδες Ἀθηναίων Περσῶν στρατὸν ἐξολέσαντες
ἤρκεσαν ἀργαλέην πατρίδι δουλοσύνην.

11.
Ὦ ξεῖν', εὔυδρόν ποτ' ἐναίομεν ἄστυ Κορίνθου,
νῦν δ' ἄμμ' Αἴαντος νᾶσος ἔχει Σαλαμίς·
ῥεῖα δὲ Φοινίσσας νῆας καὶ Πέρσας ἑλόντες
καὶ Μήδους ἱερὰν Ἑλλάδα ῥυσάμεθα.

12.
Ἀκμᾶς ἑσταχυῖαν ἐπὶ ξυροῦ Ἑλλάδα πᾶσαν
ταῖς αὐτῶν ψυχαῖς κείμεθα ῥυσάμενοι.

13.
Τόνδε ποθ' Ἕλληνες νίκης κράτει, ἔργῳ Ἄρηος,
εὐτόλμῳ ψυχῆς λήματι πειθόμενοι,
Πέρσας ἐξελάσαντες, ἐλευθέρᾳ Ἑλλάδι κοινόν
ἱδρύσαντο Διὸς βωμὸν Ἐλευθερίου.

14.
Ἑλλάνων ἀρχαγὸς ἐπεὶ στρατὸν ὤλεσε Μήδων
Παυσανίας, Φοίβῳ μνᾶμ' ἀνέθηκε τόδε.

No. 9. Anthol. Pal. 7, 344. Auf das Grab des Leonidas in Thermopylä, auf welchem ein marmorner Löwe stand. Herod. 7, 225. ὁ δὲ κολωνός, ἐστι ἐν τῇ ἐσόδῳ, ὅκου νῦν ὁ λίθινος λέων ἕστηκεν ἐπὶ Λεωνίδῃ. — cf. Anthol. No. 9. — Ob der in diesem Ep. vorherrschende Ton ω bedeutsam ist?

No. 10. Anthol. Pal. 7, 257. Grabschrift der bei Salamis (oder Plataeae) gefallenen Athener. — cf. No. 1.

No. 11. Dio Chrysost. Orat. 37, 459. Ἐν Σαλαμῖνι ἠρίστευσαν οἱ Κορίνθιοι καὶ τῆς νίκης αἴτιοι κατέστησαν. Ἡροδότῳ (8, 94) γὰρ οὐ προσέχω, ἀλλὰ τῷ τάφῳ καὶ τῷ Σιμωνίδῃ, ὃς ἐπέγραψεν ἐπὶ τοῖς νεκροῖς τῶν Κορινθίων τεθαμμένοις ἐν Σαλαμῖνι· Ὦ ξένε κτλ. — V. 3. Πέρσας. Die Dorier gebrauchen a_ im Acc. plur. 1. Decl. bisweilen kurz.

No. 12. Anthol. Pal. 7, 250. Aufschrift auf ein auf dem Isthmos errichtetes Kenotaphion der bei Salamis gefallenen Korinthier. — Hom. Il. 10, 173. νῦν γὰρ δὴ πάντεσσιν ἐπὶ ξυροῦ ἵσταται ἀκμῆς. Theogn. 557. ἀνθρώπου ψυχὴ ἐπὶ ξ. ἵσταται ἀκμῆς. Soph. Antig. 996.

No. 13. Anthol. Pal. 6, 50. Aufschrift auf einen von den Griechen nach der Schlacht bei Plataeae daselbst aufgestellten Altar des Zeus Eleutherios. Pausan. 9, 2, 4.

No. 14. Anthol. Pal. 6, 197. Thucyd. 1, 132. [Ὁ Παυσανίας] ἐπὶ τὸν

15.

Ἡ μέγ' Ἀθηναίοισι φόως γένεθ', ἡνίκ' Ἀριστο —
γείτων Ἵππαρχον κτεῖνε καὶ Ἁρμόδιος.

16.

Τῶνδε δι' ἀνθρώπων ἀρετὰν οὐχ ἵκετο καπνὸς
αἰθέρα δαιομένης εὐρυχόρου Τεγέας·
οἳ βούλοντο πόλιν μὲν ἐλευθερίᾳ τεθαλυῖαν
παισὶ λιπεῖν, αὐτοὶ δ' ἐν προμάχοισι πεσεῖν.

17.

Ἐξ οὗ τ' Εὐρώπην Ἀσίας δίχα πόντος ἔνειμεν
καὶ πόλιας θνητῶν θοῦρος Ἄρης ἐφέπει,
οὐδένι πω κάλλιον ἐπιχθονίων γένετ' ἀνδρῶν
ἔργον ἐν ἠπείρῳ καὶ κατὰ πόντον ὁμοῦ.
οἵδε γὰρ ἐν γαίῃ Μήδων πολλοὺς ὀλέσαντες 5
Φοινίκων ἑκατὸν ναῦς ἕλον ἐν πελάγει
ἀνδρῶν πληθούσας, μέγα δ' ἔστενεν Ἀσὶς ὑπ' αὐτῶν
πληγεῖσ' ἀμφοτέραις χερσί, κράτει πολέμου.

18.

Οἵδε παρ' Εὐρυμέδοντά ποτ' ἀγλαὸν ὤλεσαν ἥβην
μαρνάμενοι Μήδων τοξοφόρων προμάχοις,

τρίποδά ποτε τὸν ἐν Δελφοῖς, ὃν ἀνέθεσαν οἱ Ἕλληνες ἀπὸ τῶν Μήδων ἀκρο-
θίνιον, ἠξίωσεν ἐπιγράψασθαι αὐτὸς ἰδίᾳ τὸ ἐλεγεῖον τόδε· Ἑλλάνων κτλ. cf.
Corn. Nep. Vit. Pausan. 1. Die Lakedämonier löschten sogleich diese
Inschrift und setzten auf den Dreifuss die Namen der Städte, welche mit
ihnen die Barbaren bei Plataeae geschlagen und das Geschenk geweiht hatten.

No. 15. Hephaestio 26. führt das Epigramm an wegen der Brechung des Wortes Ἀριστογείτων. Auf die Bildsäulen des Aristogeiton und Harmodios, welche 478 v. Chr. zu Athen errichtet wurden, nachdem Xerxes die von Antenor gefertigten geraubt hatte.

No. 16. Anthol. Pal. 7, 512. Auf die in einer Schlacht gefallenen Tegeaten, welche zwischen Ol. 75, 2. und 78, 4. bei Tegea von den Tegeaten und Argivern den Spartanern geliefert wurde und in welcher die Spartaner siegten.

No. 17. Anthol. Pal. 7, 296. Auf den Doppelsieg des Kimon am Eurymedon, 466 oder 465 v. Chr. Plutarch. Vit. Cim. c. 12. 13.

V. 1. Die alten Griechen kannten nur zwei Erdtheile, Europa und Asien.

V. 5. Die Seeschlacht war vor der Landschlacht; doch ist an der Umstellung kein Anstoss zu nehmen.

V. 6. ἑκατόν, die Zahl ist historisch treu. Die persische Flotte bestand grossentheils aus phönikischen Schiffen.

V. 8. ἀμφ. χερσί, mit Land- und Seetruppen.

No. 18. Anthol. Pal. 7, 258. Auf die Kämpfer in der Schlacht am Eurymedon.

αἰχμηταί, πεζοί τε καὶ ὠκυπόρων ἐπὶ νηῶν·
κάλλιστον δ' ἀρετῆς μνῆμ' ἔλιπον φθίμενοι.

19.

Οἵδε τριηκόσιοι, Σπάρτα πατρί, τοῖς συναρίθμοις
Ἰναχίδαις Θυρεᾶν ἀμφὶ μαχεσσάμενοι
αὐχένας οὐ στρέψαντες, ὅπᾳ ποδὸς ἴχνια πρᾶτον
ἁρμόσαμεν, ταύτᾳ καὶ λίπομεν βιοτάν.
5 ἄρσενι δ' Ὀθρυάδαο φόνῳ πεπαλυμμένον ὅπλον
καρύσσει· Θυρέα, Ζεῦ, Λακεδαιμονίων.
αἰ δέ τις Ἀργείων ἔφυγεν μόρον, ἧς ἀπ' Ἀδράστου,
Σπάρτᾳ δ' οὐ τὸ θανεῖν, ἀλλὰ φυγεῖν θάνατος.

20.

Ἓξ ἐπὶ πεντήκοντα, Σιμωνίδη, ἤραο ταύρους
καὶ τρίποδας, πρὶν τόνδ' ἀνθέμεναι πίνακα·
τοσσάκι δ' ἱμερόεντα διδαξάμενος χορὸν ἀνδρῶν
εὐδόξου Νίκας ἀγλαὸν ἅρμ' ἐπέβης.

No. 19. Anthol. Pal. 7, 431. Ἄδηλον, οἱ δὲ Σιμωνίδου ἐπὶ τῷ τάφῳ τῶν τριακοσίων Σπαρτιατῶν, τῶν μετὰ Ὀθρυάδου πεσόντων ἐν τῷ πρὸς Ἀργείους πολέμῳ ἐπὶ τῇ Θυρεάτιδι. — Ol. 58, 1. v. Chr. 548 kamen die Spartaner mit den Argivern überein, dass um den Besitz von Thyrea von beiden Seiten 300 Mann endgültig kämpfen sollten. Alle fielen bis auf zwei Argiver und einen Spartaner Namens Othryades. Als jene nach Hause geeilt waren um zu melden, dass Argos gesiegt habe, errichtete der schwerverwundete Othryades ein Tropäon und schrieb mit seinem eigenen Blute darauf den Sieg Lakedämons. Lucian. Contemplat. §. 24. Vgl. Herodot. 1, 82. — V. 2. Θυρέα und Θυρέαι. — V. 7. ἧς (ἦν) ἀπ' Ἀδράστου, so stammte er (wenigstens der Gesinnung nach) von Adrastos (s. zu Tyrt. 3, 8.), der in dem Kriege der Sieben gegen Theben allein dem Tode entfloh. Isocrat. Panath. c. 70. ἅπαντας τοὺς λοχαγοὺς ἐπεῖδε διαφθαρέντας, αὐτὸς δ' ἐπονειδίστως σωθείς.

No. 20. Anthol. Pal. 6, 213. Ἀνάθημα Σιμωνίδου. Aufschrift einer Votivtafel des Dichters, auf welcher er seine 56 Siege in dithyrambischen Wettkämpfen anführt. Hiernach ist von einem Unbekannten folgendes Egigramm gemacht:

Ἓξ ἐπὶ πεντήκοντα, Σιμωνίδη, ἤραο νίκας
καὶ τρίποδας· θνήσκεις δ' ἐν Σικελῷ πεδίῳ·
Κείῳ δὲ μνήμην λείπεις, Ἕλλησι δ' ἔπαινον
εὐξυνέτου ψυχῆς σῆς ἐπιγεινομένοις.

V. 1. Ein Stier war der Siegespreis für die Dithyrambendichter, wie der Bock für die Tragiker.

V. 3. χορός, ein dithyrambischer Chor. διδάσκειν bezeichnet das Einüben der Choreuten. Welche Bedeutung hat das Medium?

21.

Οὗτος ὁ τοῦ Κείοιο Σιμωνίδεω ἐστὶ σαωτήρ,
ὃς καὶ τεθνηὼς ζῶντι παρέσχε χάριν.

22.

Οἱ μὲν ἐμὲ κτείναντες ὁμοίων ἀντιτύχοιεν,
Ζεῦ Ξένι', οἱ δ' ὑπὸ γᾶν θέντες ὄναιντο βίου.

23.

Σῶμα μὲν ἀλλοδαπὴ κεύθει κόνις, ἐν δέ σε πόντῳ,
Κλείσθενες, Εὐξείνῳ μοῖρ' ἔκιχεν θανάτου
πλαζόμενον· γλυκεροῦ δὲ μελίφρονος οἴκαδε νόστου
ἤμπλακες οὐδὲ Χίον ἵκευ ἐς ἀμφιρύτην.

24.

Ἴσθμια καὶ Πυθοῖ Διοφῶν ὁ Φίλωνος ἐνίκα
ἅλμα, ποδωκείην, δίσκον, ἄκοντα, πάλην.

25.

Οὗτος Ἀνακρείοντα, τὸν ἄφθιτον εἵνεκα Μουσέων
ὑμνοπόλον, πάτρης τύμβος ἔδεκτο Τέω,
ὃς Χαρίτων πνείοντα μέλη, πνείοντα δ' Ἐρώτων
τὸν γλυκὺν ἐς παίδων ἵμερον ἡρμόσατο·
μοῦνον δ' εἰν Ἀχέροντι βαρύνεται, οὐχ ὅτι λείπων
ἠέλιον Λήθης ἐνθάδ' ἔκυρσε δόμων,
ἀλλ' ὅτι τὸν χαρίεντα μετ' ἠϊθέοισι Μεγιστέα
καὶ τὸν Σμερδίεω Θρῆκα λέλοιπε πόθον·

No. 21. Anthol. Pal. 7, 77. Cic. de divinat. 1, 27. *Illa duo somnia quae creberrime commemorantur a Stoicis, quis tandem potest contemnere? Unum de Simonide: qui quum ignotum quendam proiectum mortuum vidisset eumque humavisset haberetque in animo navem conscendere, moneri visus est, ne id faceret, ab eo, quem sepultura affecerat: si navigasset, eum naufragio esse periturum. itaque Simonidem redisse, perisse ceteros, qui tum navigassent.* — S. setzte dem Todten eine Säule mit obiger Inschrift.

No. 22. Anthol. Pal. 7, 77. u. 516. Scheint auf der anderen Seite der Säule, auf welcher No. 21. stand, eingegraben gewesen zu sein.

No. 23. Anthol. Pal. 7, 510.

No. 24. Anthol. Planud. 3. Einem Sieger im Fünfkampf (πένταθλον).

No. 25. Anthol. Pal. 7, 25. Die Aechtheit dieses Epigramms wird bezweifelt. Wenn es ächt ist, so kann es für ein Kenotaphion des Dichters in Teos bestimmt gewesen sein, so dass man aus diesem Epigramm nicht schliessen kann, dass Anakreon zu Teos gestorben und begraben sei. — V. 7. Μεγιστεὺς und Smerdies, schöne, von A. geliebte Jünglinge. — Σμ. Θρῆκα πόθον = τὸν πολυπόθητον Σμερδίην Θρῆκα.

μολπῆς δ' οὐ λήθη μελιτερπέος, ἀλλ' ἔτ' ἐκεῖνο
βάρβιτον οὐδὲ θανὼν εὔνασεν εἰν Ἀΐδη.

26.

Πολλὰ πιὼν καὶ πολλὰ φαγὼν καὶ πολλὰ κάκ' εἰπὼν
ἀνθρώπους κεῖμαι Τιμοκρέων Ῥόδιος.

No. 26. Anthol. Pal. 7, 348. Scherzhafte Grabinschrift des schmähsüchtigen Dichters und gefrässigen Athleten Timokreon von Rhodos, eines Widersachers von Simonides und dessen Freunde Themistokles.

IV. Anakreon.

1.

Ἀβδήρων προθανόντα τὸν αἰνοβίην Ἀγάθωνα
πᾶσ' ἐπὶ πυρκαϊῆς ἥδ' ἐβόησε πόλις·
οὔτινα γὰρ τοιόνδε νέων ὁ φιλαίματος Ἄρης
ἠνάρισεν στυγερῆς ἐν στροφάλιγγι μάχης.

2.

Καρτερὸς ἐν πολέμοις Τιμόκριτος, οὗ τόδε σᾶμα·
Ἄρης δ' οὐκ ἀγαθῶν φείδεται, ἀλλὰ κακῶν.

3.

Παιδὶ φιλοστεφάνῳ Σεμέλας ἀνέθηκε Μέλανθος
μνᾶμα χοροῦ νίκας υἱὸς Ἀρηϊφίλου.

4.

Εὔχεο Τιμώνακτι θεῶν κήρυκα γενέσθαι
ἤπιον, ὅς μ' ἐρατοῖς ἀγλαΐην προθύροις

Anakreon v. Teos blühte c. Ol. 64. v. Chr. 524.
No. 1. Anthol. Pal. 7, 226. εἰς Ἀγάθωνα στρατιώτην ἐν Ἀβδήροις.
No. 2. Anthol. Pal. 7, 160. Timokritos unbekannt. — V. 2. cf. Soph. Philoct. 436. Ein Fragm. des Soph. bei Stobaeus:

τοὺς εὐγενεῖς γὰρ κἀγαθούς, ὦ παῖ, φιλεῖ
Ἄρης ἐναίρειν· οἱ δὲ τῇ γλώσσῃ θρασεῖς
φεύγοντες ἄτας ἐκτός εἰσι τῶν κακῶν.
Ἄρης γὰρ οὐδὲν τῶν κακῶν λογίζεται.

No. 3. Anthol. Pal. 6, 140. Auf ein Weihgeschenk für einen in Dithyramben errungenen Sieg. — φιλοστεφάνῳ, weil die Dichter für gewonnene Siege dem Dionysos Kränze zu weihen pflegten.

No. 4. Anthol. Pol. 6, 143. Ein Altar oder wahrscheinlicher eine Herme, dem Hermes von Timonax, einem Meister der Ringkunst, am Eingange seiner Palästra aufgestellt. Hermes, der gewandte, ist Vorsteher der Ringschulen. — καθέσσατο Med. zu καθεῖσα.

Έρμῆ τε κρείοντι καθέσσατο· τὸν δ' ἐθέλοντα
ἀστῶν καὶ ξείνων γυμνασίῳ δέχομαι.

5.

Τέλλιδι ἱμερόεντα βίον πόρε, Μαιάδος υἱέ,
ἀντ' ἐρατῶν δώρων τῶνδε χάριν θέμενος·
δὸς δέ μιν εὐθυδίκων Εὐωνυμέων ἐνὶ δήμῳ
ναίειν αἰῶνος μοῖραν ἔχοντ' ἀγαθήν.

6.

Βοίδιον οὐ χοάνοις τετυπωμένον, ἀλλ' ὑπὸ γήρως
χαλκωθέν, σφετέρῃ ψεύσατο χειρὶ Μύρων.

7.

Βουκόλε, τὰν ἀγέλαν πόρρω νέμε, μὴ τὸ Μύρωνος
βοίδιον ὡς ἔμπνουν βουσὶ συνεξελάσῃς.

No. 5. Anthol. Pal. 6, 346. Εὐωνυμία, ein Demos in Attika.
No. 6. Anthol. Pal. 9, 716. Auf eine eherne Kuh, ein berühmtes Kunstwerk des Myron. O. Müller Archaeol. §. 122. Da Myron von Ol. 82—92. blühte, so kann dieses und das folgende Epigramm nicht von Anakreon sein.
No. 7. Anthol. Pal. 9, 715. Derselbe Gegenstand.

V. Aeschylos.

1.

Αἰσχύλον Εὐφορίωνος Ἀθηναῖον τόδε κεύθει
μνῆμα καταφθίμενον πυροφόροιο Γέλας·
ἀλκὴν δ' εὐδόκιμον Μαραθώνιον ἄλσος ἂν εἴποι,
καὶ βαθυχαιτήεις Μῆδος ἐπιστάμενος.

Aeschylos, der Tragiker, geb. Ol. 63, 4. v. Chr. 525., gest. Ol. 81, 1. v. Chr. 456.
No. 1. Selbstverfertigte Grabschrift des Aesch., der auf Sicilien in der Nähe von Gela starb. Athen. 14. p. 627. C.: ὁμοίως δὲ καὶ Αἰσχύλος, τηλικαύτην δόξαν ἔχων διὰ τὴν ποιητικήν, οὐδὲν ἧττον ἐπὶ τοῦ τάφου ἐπιγραφῆναι ἠξίωσε μᾶλλον τὴν ἀνδρείαν, ποιήσας· ἀλκήν etc. Das vollständige Epigramm in Vita Aeschyli. Vgl. Archiloch. Fr. 1. Als Dichter war Aesch. genugsam bekannt. Das Gedicht ist vielleicht jüngeren Ursprungs. — V. 3. ἄλσος. Das marathonische Feld war ein heiliger Ort wegen des Cultus des Heros Marathon und wegen der dort gefallenen Krieger, die später als Heroen verehrt wurden. Pausan. 1, 32, 4. Jeden heiligen Raum, τέμενος, nennen die Dichter ἄλσος, auch wenn er baumlos ist.

2.

Κυανέη καὶ τούσδε μενέγχεας ὤλεσεν ἄνδρας
Μοῖρα, πολύρρηνον πατρίδα ῥυομένους.
ζωὸν δὲ φθιμένων πέλεται κλέος, οἵ ποτε γυίοις
τλήμονες Ὀσσείαν ἀμφιέσαντο κόνιν.

No. 2. Anthol. Pal. 7, 255. Auf thessalische Krieger. — V. 3. ζωὸν
— φθιμένων. cf. Simonid. Ep. 6. οὐδὲ τεθνᾶσι θανόντες.

VI. Euripides.

Ὦ τὸν ἀγήραντον πόλον αἰθέρος, Ἥλιε, τέμνων,
ἆρ' εἶδες τοιόνδ' ὄμμασι πρόσθε πάθος;
μητέρα παρθενικήν τε κόρην δισσούς τε συναίμους
ἐν ταὐτῷ φέγγει μοιριδίῳ φθιμένους.

Euripides, der Tragiker, Ol. 75, 1. — 93, 3. v. Chr. 480—406.

Athen. 2. p. 61. B. Ἐπαρχίδης Εὐριπίδην φυσὶ τὸν ποιητὴν ἐπιδημῆσαι τῇ Ἰκάρῳ, καὶ γυναικός τινος μετὰ τέκνων κατὰ τοὺς ἀγρούς, δύο μὲν ἀρρένων τελείων, μιᾶς δὲ καρθένου, φαγούσης θανασίμους μύκητας καὶ ἀποπνιγείσης μετὰ τῶν τέκνων, ποιῆσαι τουτὶ τὸ ἐπίγραμμα.

VII. Thukydides.

Μνῆμα μὲν Ἑλλὰς ἅπασ' Εὐριπίδου, ὀστέα δ' ἴσχει
γῆ Μακεδών, ᾗ γὰρ δέξατο τέρμα βίου.
πατρὶς δ' Ἑλλάδος Ἑλλάς, Ἀθῆναι· πλεῖστα δὲ Μούσας
τέρψας, ἐκ πολλῶν καὶ τὸν ἔπαινον ἔχει.

Thukydides, der Geschichtschreiber, Ol. 77, 1. — 97, 2. v. Chr. 471—391.

Anthol. Pal. 7, 45. Thomas Mag. Vit. Eurip. κενοτάφιον δὲ αὐτοῦ Ἀθήνησι γέγονεν, ἐφ' οὗ ἐπέγραψε Θουκυδίδης ὁ συγγραφεὺς ἢ Τιμόθεος ὁ μελοποιὸς τάδε· Μνῆμα etc. Das Gedicht ist wohl schwerlich von Thukydides.

VIII. Platon.

Plato, der Philosoph, geb. Ol. 87, 4., gest. Ol. 108, 2. v. Chr. 429—347. —
Nur wenige Epigramme der Anthol. tragen die Ueberschrift Πλάτωνος φιλοσόφου oder τοῦ μεγάλου, die meisten führen den einfachen Namen Πλάτωνος; es waren aber auch Epigramme des Komikers Platon (c. Ol. 88.) in die Anthol. aufgenommen, sowie eines weiter nicht bekannten Πλάτωνος τοῦ νεωτέρου. Es ist daher schwer zu entscheiden, welche Epigramme dem Philosophen gehören, doch werden manche der in der Anthol. befindlichen von anderen Schriftstellern diesem zugeschrieben, wie No. 1. 2. 6. 8. 9., andere sind des Philosophen nicht unwürdig. Dem jüngeren Platon gehören violleicht No. 3. 12. 13.

1.
Τὴν ψυχήν, Ἀγάθωνα φιλῶν, ἐπὶ χείλεσιν ἔσχον·
ἦλθε γὰρ ἡ τλήμων ὡς διαβησομένη.

2.
Μῆλον ἐγώ· βάλλει με φιλῶν σέ τις· ἀλλ' ἐπίνευσον,
Ξανθίππη· κἀγὼ καὶ σὺ μαραινόμεθα.

3.
Τὸν Νυμφῶν θεράποντα, φιλόμβριον, ὑγρὸν ἀοιδόν,
τὸν λιβάσιν κούφαις τερπόμενον βάτραχον
χαλκῷ μορφώσας τις ὁδοιπόρος εὖχος ἔθηκεν,
καύματος ἐχθροτάτην δίψαν ἀκεσσάμενος.
πλαζομένῳ γὰρ ἔδειξεν ὕδωρ, εὔκαιρον ἀείσας   5
κοιλάδος ἐκ δροσερῆς ἀμφιβίῳ στόματι.
[φωνὴν δ' ἡγήτειραν ὁδοιπόρος οὐκ ἀπολείπων
εὗρε πόσιν γλυκερῶν, ὧν ἐπόθει, ὑδάτων.]

4.
Ἄρμενος ἦν ξείνοισιν ἀνὴρ ὅδε καὶ φίλος ἀστοῖς,
Πίνδαρος, εὐφώνων Πιερίδων πρόπολος.

5.
Οἵδε ποτ' Αἰγαίοιο βαρύβρομον οἶδμα λιπόντες
Ἐκβατάνων πεδίῳ κείμεθ' ἐνὶ μεσάτῳ.
χαῖρε κλυτή ποτε πατρὶς Ἐρέτρια, χαίρετ' Ἀθῆναι,
γείτονες Εὐβοίης, χαῖρε θάλασσα φίλη.

No. 1. Anthol. Pal. 5, 78. Πλάτωνος εἰς Ἀγάθωνα τὸν μαθητὴν αὐτοῦ. Gell. N. A. 19, 11. *Celebrantur duo illi graeci versiculi multorumque hominum memoria dignantur, quod sint lepidissimi et venustissimae brevitatis. Neque adeo pauci sunt veteres scriptores, qui eos Platonis esse philosophi affirmant, quibus ille adolescens luserit, cum tragoediis quoque eodem tempore faciendis praeluderet.* — ἔσχον, nicht: ich hatte. — τλήμων, gequält (von Sehnsucht).
No. 2. Anthol. Pal. 5, 80. Das Werfen mit Aepfeln galt als Liebeserklärung und Werbung. cf. Theokr. 5, 88. Βάλλει καὶ μάλιστι τὸν αἰπόλον ἁ Κλεαρίστα. Virg. Bucol. 3, 64. *Malo me Galatea petit lasciva puella.*
No. 3. Anthol. Pal. 6, 43. Εἰς βάτραχον χαλκοῦν ἀνατεθέντα ταῖς Νύμφαις παρὰ ὁδοιπόρου. — V. 3. εὖχος, Weihgeschenk. — V. 7. οὐκ ἀπολείπων, ἑπόμενος.
No. 4. Anthol. Pal. 7, 35. Wird auch dem Leonidas zugeschrieben.
No. 5. Anthol. Pal. 7, 256. Εἰς τοὺς Ἐρετριεῖς τοὺς ἐν Ἐκβατάνοις κειμένους. Herodot. 6, 119. erzählt, dass Datis und Artaphernes die gefangenen Eretrier nach Susa geführt und Darius ihnen die kissische Gegend in der Nähe von Susa zum Wohnsitz angewiesen habe. Wenn auf diese das Epigr. zu beziehen ist, so dient Ekbatana zur Bezeichnung des ganzen persischen Reichs. — V. 4. Der Grieche hat grosse Liebe zum Meer.

6.

Εὐβοίης γένος ἐσμὲν Ἐρετρικόν, ἄγχι δὲ Σούσων
κείμεθα· φεῦ, γαίης ὅσσον ἀφ' ἡμετέρης.

7.

Ναυηγοῦ τάφος εἰμί· ὁ δ' ἀντίον ἐστὶ γεωργοῦ·
ὡς ἁλὶ καὶ γαίῃ ξυνὸς ὕπεστ' Ἀΐδης.

8.

Ἀστέρας εἰσαθρεῖς, Ἀστὴρ ἐμός· εἴθε γενοίμην
οὐρανός, ὡς πολλοῖς ὄμμασιν εἰς σὲ βλέπω.

9.

Ἀστὴρ πρὶν μὲν ἔλαμπες ἐπὶ ζωοῖσιν Ἑῶος,
νῦν δὲ θανὼν λάμπεις Ἕσπερος ἐν φθιμένοις.

10.

Ἐννέα τὰς Μούσας φασίν τινες· ὡς ὀλιγώρως·
ἠνίδε καὶ Σαπφὼ Λεσβόθεν ἡ δεκάτη.

11.

Σιγάτω λάσιον Δρυάδων λέπας, οἵ τ' ἀπὸ πέτρας
κρουνοὶ καὶ βληχὴ πουλομιγὴς τοκάδων,
αὐτὸς ἐπεὶ σύριγγι μελίσδεται εὐκελάδῳ Πάν,
ὑγρὸν ἱεὶς ζευκτῶν χεῖλος ὑπὲρ καλάμων.
αἱ δὲ πέριξ θαλεροῖσι χορὸν ποσὶν ἐστήσαντο
Ὑδριάδες Νύμφαι, Νύμφαι Ἀμαδρυάδες.

No. 6. Anthol. Pal. 7, 259.
No. 7. Anthol. Pal. 7, 265.
No. 8. Anthol. Pal. 7, 669. Εἰς Ἀστέρα τὸν μαθητὴν Πλάτωνος τοῦ φιλοσόφου. Aristippos bei Diog. Laert. 3, 29. sagt, dass Aster zugleich mit Platon dem Studium der Astronomie obgelegen habe.
No. 9. Anthol. Pal. 7, 670. Uebersetzt von Apulej. in Apolog. p. 417.
Lucifer ante meus rutilans mortalibus Aster,
Hesperus a fato manibus ecce nites.
und von Ausonius Ep. 144.
Stella prius superis fulgebas Lucifer, at nunc
exstinctus cassis lumine Vesper eris.
„Acumen est in eo, quod pueri pulchritudini conspicui stellis comparantur; cuius comparationis fons ap. Homer. Il. 6, 401. Ἑκτορίδην ἀγαπητόν, ἀλίγκιον ἀστέρι καλῷ." Jacobs. Vgl. die Stelle des Aristophanes S. 75. Anm.
No. 10. Anthol. Pal. 9, 506.
No. 11. Anthol. Pal. 9, 823. Εἰς ἄγαλμα Πανὸς συρίζον. — Ein schönes Gemälde. — V. 3. μελίσδεται = μελίζεται.

12.

Ἡ Παφίη Κυθέρεια δι' οἴδματος ἐς Κνίδον ἦλθεν,
βουλομένη κατιδεῖν εἰκόνα τὴν ἰδίην.
πάντῃ δ' ἀθρήσασα περισκέπτῳ ἐνὶ χώρῳ
φθέγξατο· ποῦ γυμνὴν εἶδέ με Πραξιτέλης;

13.

Τὸν Σάτυρον Διόδωρος ἐκοίμισεν, οὐκ ἐτόρευσεν,
ἢν νύξῃς, ἐγερεῖς· ἄργυρος ὕπνον ἔχει.

14.

Αἱ Χάριτες τέμενός τι λαβεῖν, ὅπερ οὐχὶ πεσεῖται,
ζητοῦσαι, ψυχὴν εὗρον Ἀριστοφάνους.

No. 12. Anthol. Planud. 160. Εἰς τὸ ἐν Κνίδῳ Ἀφροδίτης ἄγαλμα. O. Müller Archaeol. §. 127, 4. cf. Philipp. No. 1. — περισκέπτῳ ἐνὶ χώρῳ. Hom. Od. 1, 425. 10, 211. Der Tempel stand auf einer Anhöhe. cf. Anyte No. 1.
No. 13. Anthol. Planud. 248. Auf das silberne Bild eines schlafenden Satyros.
No. 14. Thomas Mag. in Vita Aristoph. p. 14. — τέμενος, Tempel.

IX. Simmias.

Ἠρέμ' ὑπὲρ τύμβοιο Σοφοκλέος, ἠρέμα, κισσέ,
ἑρπύζοις, χλοεροὺς ἐκπρογέων πλοκάμους,
καὶ πέταλον πάντῃ θάλλοι ῥόδου, ἥ τε φιλορρώξ
ἄμπελος, ὑγρὰ πέριξ κλήματα χευαμένη,
εἵνεκεν εὐεπίης πινυτόφρονος, ἥν ὁ μελιχρὸς
ἤσκησεν Μουσῶν ἄμμιγα καὶ Χαρίτων.

Simmias v. Theben, den man für den Schüler des Sokrates hält.

Anthol. Pal. 7, 22. — κισσέ. Horat. Carm. 1, 1, 29. *doctarum hederae praemia frontium.* Epheu und Rebe sind dem Dionysus, unter dessen Schutz und Pflege die dramatische Poesie steht (s. zu Ion 1.), sowie den Musen des Dramas heilig, den Chariten die Rose (Meleagr. 5, 4.). — V. 3. πέταλον ῥόδου, cf. Leonid. 3, 6. φύλλα ῥόδων.

X. Speusippos.

Σῶμα μὲν ἐν κόλποις κατέχει τόδε γαῖα Πλάτωνος,
ψυχὴ δ' ἰσοθέων τάξιν ἔχει μακάρων.

Speusippos, Neffe und Schüler des Platon, dessen Nachfolger in der Akademie er Ol. 108, 2. v. Chr. 347 wurde, starb vor Ol. 111, 3. v. Chr. 334.

Anthol. Planud. 31.

XI. Demosthenes.

Εἴπερ ἴσην γνώμῃ ῥώμην, Δημόσθενες, εἶχες,
οὔ ποτ' ἂν Ἑλλήνων ἦρξεν Ἄρης Μακεδών.

Demosthenes, der berühmte Redner, geb. Ol. 98, 4. v. Chr. 385, gest. Ol. 114, 3. v. Chr. 322. Plut. Vit. Demosth. c. 30. Das Epigr. stand unter einem Bilde des Demosthenes zu Athen und sollte von ihm selbst gefertigt sein, was jedoch zu bezweifeln. — Beachte den Gleichklang von γνώμη und ῥώμη.

XII. Aristoteles.

1. Ἐπὶ Ἀγαμέμνονος, κειμένου ἐν Μυκήναις.

Λεύσσεις Ἀτρείδεω Ἀγαμέμνονος, ὦ ξένε, τύμβον,
ὃς θάν' ὑπ' Αἰγίσθου χοὐλομένης ἀλόχου.

2. Ἐπὶ τοῦ αὐτοῦ ἕτερον.

Μνῆμα τόδ' Ἀτρείδεω Ἀγαμέμνονος, ὅν ῥα κατέκτα
δῖα Κλυταιμνήστρη, Τυνδαρὶς οὐχ ὁσίως.

3. Ἐπὶ Μενελάου.

Ὄλβιος ὦ Μενέλαε, σὺ δ' ἀθάνατος καὶ ἀγήρως
ἐν μακάρων νήσοις, γαμβρὲ Διὸς μεγάλου.

Aristoteles, der berühmte Philosoph (geb. Ol. 99, 1. v. Chr. 384, gest. Ol. 114, 3. v. Chr. 322), hatte in einem Werke mythologischen Inhalts, das den Titel Πέπλος führte, eine Anzahl einfacher (ἁπλᾶ ὄντα καὶ οὐδέν τι παχὺ καὶ φλεγμαῖον ἔχοντα. Eustath.) selbstverfertigter Epigramme, Grabschriften auf alte, namentlich die homerischen Heroen, dem Texte eingestreut, welche von späteren Griechen mehrfach ausgehoben und zusammengestellt worden sind. Eine solche aus 48 Epigrammen bestehende Sammlung machte zuerst H. Stephanus in seiner Ausgabe der *Anthologia Planudea* aus einem florentiner Codex bekannt unter dem Titel: Ποῦ ἕκαστος τῶν Ἑλλήνων ἡρώων τέθαπται καὶ τί ἐπιγέγραπται τῷ τάφῳ. Dieser Zahl sind später noch manche aus anderen Quellen zugefügt worden.

No. 1. Diesem Epigr. liegt die homerische Erzählung von dem Tode des Agamemnon zu Grunde, Od. 4, 512 ff. 11, 409 ff. cf. 24, 97. Αἰγίσθου ὑπὸ χερσὶ καὶ οὐλομένης ἀλόχοιο. — οὐλομένη ἄλοχος auch Od. 4, 92. — Das Grab des Ag. zu Mykenae erwähnt Pausan. 2, 16, 5.

No. 2. Das wahrscheinlich auf ein Grab des Ag. zu Argos gedichtete Epigr. folgt den Tragikern, welche Klytaemnestra die Hauptperson bei dem Morde sein lassen und den Mord meist nach Argos verlegen. — δῖα Κλ. cf. Od. 3, 266. — οὐχ ὁσίως, cf. Soph. El. 124. τὸν πάλαι ἐκ δολερᾶς ἀθεώτατα ματρὸς ἁλόντ' ἀπάταις Ἀγαμέμνονα κακᾷ τε χειρὶ πρόδοτον.

No. 3. Siehe Od. 4, 561 ff. — ὄλβιος ὦ Μενέλαε, cf. φίλος ὦ Μενέλαε, Il. 4, 189.

4. Ἐπὶ Ἀχιλλέως, τιμωμένου ἐν Λεύκῃ τῇ νήσῳ.

Παῖδα θεᾶς Θέτιδος, Πηληϊάδην Ἀχιλῆα,
ἥδ' ἱερὰ νῆσος ποντιὰς ἀμφὶς ἔχει.

5. Ἐπὶ τοῦ αὐτοῦ, κειμένου ἐν Τροίᾳ.

Θεσσαλὸς οὗτος ἀνὴρ Ἀχιλεὺς ἐν τῷδε τέθαπται
τύμβῳ, ἐθρήνησαν δ' ἐννέα Πιερίδες.

6. Ἐπὶ Πατρόκλου, κειμένου μετὰ Ἀχιλλέως.

Πατρόκλου τάφος οὗτος, ὁμοῦ δ' Ἀχιλῆϊ τέθαπται,
ὃν κτάνεν ὠκὺς Ἄρης Ἕκτορος ἐν παλάμαις.

7. Ἐπὶ Τεύκρου, κειμένου ἐν Σαλαμῖνι τῆς Κύπρου.

Ἰῶν ὠκυμόρων ταμίην Τελαμώνιον ἥδε
Τεῦκρον ἀποφθίμενον γῆ Σαλαμὶς κατέχει.

8. Ἐπὶ Νέστορος, κειμένου ἐν Πύλῳ.

Τὸν βαθύνουν, ψυχήν τε νόημά τε θεῖον ἔχοντα
ἄνδρ' ἀγαθὸν κατέχω, Νέστορα τὸν Πύλιον.

9. Ἐπὶ Ἀντιλόχου, κειμένου ἐν Τροίᾳ.

Μνῆμ' ἀρετῆς υἱοῦ τοῦ Νέστορος, Ἀντιλόχοιο,
ὃς θάνεν ἐν Τροίᾳ ῥυσάμενος πατέρα.

10. Ἐπὶ Ὀδυσσέως, κειμένου ἐν Τυρρηνίᾳ.

Ἀνέρα τὸν πολύμητιν ἐπὶ χθονὶ τῇδε θανόντα,
κλεινότατον θνητῶν, τύμβος ἐπεσκίασεν.

No. 4. u. 5. Nach Homer ist Achilleus in Troas am Hellespont auf dem Vorgebirg Sigeion begraben (s. Od. 24, 36 ff. 82.), wo er später einen Tempel hatte, Strabo 13, 596. Die nachhomerische Sage lässt ihn auf einer fabelhaften Insel im Pontus Euxinus (daher ποντιάς), Leuke oder Achillea, begraben sein; oder er sollte hier mit andern vergötterten Heroen und Heroinen ein seliges Leben führen. — ἐννέα Πιερίδες, s. Od. 24. 60. Μοῦσαι δ' ἐννέα πᾶσαι — θρήνεον.

No. 6. Die Asche des Patr. war mit der des Achilleus in einer Urne, Od. 24, 76 ff. cf. Il. 23, 83 ff. 243. — Tod des Patr. Il. 16, 818 ff.

No. 7. Teukros, der beste Bogenschütze der Griechen vor Troia (Il. 8, 266 ff. — seine ἰοὶ ὠκύμοροι Il. 15, 440.), nach seiner Rückkehr von Troia von seinem Vater aus der Heimat fortgewiesen, liess sich auf Kypros nieder. — ταμίην, s. No. 18.

No. 8. Vgl. Od. 3, 244. 24, 51. Il. 1, 248. 7, 325. 9. 104.

No. 9. Antilochos, mit seinen Freunden Achilleus und Patroklos in einem Grabe bestattet (Il. 23, 556. Od. 24, 16. u. 78.), war vor Troia durch die Hand des Memnon gefallen, indem er sich für seinen in der Schlacht gefährdeten Vater aufopferte. Pind. Pyth. 6, 28. Ἀντίλοχος ὃς ὑπερέφθιτο πατρός, ἐναρίμβροτον ἀναμείναις στράταρχον Αἰθιόπων Μέμνονα.

No. 10. u. 11. Die ältere Sage lässt den Odysseus auf Ithaka sterben,

11. Ἐπὶ τοῦ αὐτοῦ ἕτερον.

Οὗτος Ὀδυσσῆος κλεινοῦ τάφος, ὃν διὰ πολλά
Ἕλληνες πολέμῳ Τρωϊκῷ εὐτυχέες.

12. Ἐπὶ Διομήδους, κειμένου ἐν τῇ ὁμωνύμῳ νήσῳ.

Αἰνητὸν πάντεσσιν ἐπιχθονίοις Διομήδην
ἥδ' ἱερὰ κατέχει νῆσος ὁμωνυμίη.

13. Ἐπὶ Ἰδομενέως καὶ Μηριόνου, κειμένων ἐν Κνωσσῷ.

Κνωσσίου Ἰδομενῆος ὁρᾷς τάφον· αὐτὰρ ἐγώ τοι
πλησίον ἵδρυμαι Μηριόντης ὁ Μόλου.

14. Ἐπὶ Αἴαντος τοῦ Οἰλέως, κειμένου ἐν Μυκόνῳ τῇ νήσῳ.

Ἐνθάδε τὸν Λοκρῶν ἡγήτορα γαῖα κατέσχεν,
Αἴαντ' Οἰλιάδην ἐν πελάγει φθίμενον.

15. Ἐπὶ Νιρέως, κειμένου ἐν Τροίᾳ.

Ἐνθάδε τὸν κάλλιστον ἐπιχθονίων ἔχει αἶα,
Νιρέα, τὸν Χαρόπου παῖδα καὶ Ἀγλαΐης.

16. Ἐπὶ Τληπολέμου, κειμένου ἐν Ῥόδῳ.

Ἆδ' Ἡρακλείδην ῥηξήνορα θυμολέοντα
Τληπόλεμον κατέχει κυματόεσσα Ῥόδος.

17. Ἐπὶ Εὐρυπύλου, κειμένου ἐν Ὁρμενίῳ.

Πάτρῃ ἐν Ὁρμενίῳ Εὐαίμονος ἀγλαὸν υἱόν
Εὐρύπυλον κρύπτει δακρυόεσσα κόνις.

worauf auch Od. 11, 119 ff. hindeutet. Nach späterer Sage sucht ihn sein und der Kirke Sohn Telegonos auf, tödtet ihn aber, ohne ihn zu kennen, in Ithaka und nimmt seine Leiche mit nach Aiaia, der Insel der Kirke, die man sich in der Nähe von Tyrrhenien dachte; oder Odysseus kam nach Tyrrhenien und starb dort. — No. 11. scheint sich auf sein Grab in Ithaka zu beziehen. — κλεινότατον, cf. Od. 9, 20.

No. 12. Diomedes, nach seiner Rückkehr von Troia aus Argos vertrieben, kommt zu den Dauniern in Unteritalien, wo er stirbt. Er wurde begraben auf der nach ihm benannten Insel im adriatischen Meere, wo er auch, wie an andern Orten Italiens, göttlich verehrt ward. cf. No. 4.

No. 13. Siehe Il. 2, 645 ff. 8, 263. 13, 240.

No. 14. Siehe Il. 2, 527. Od. 4, 499 ff. Die Od. l. l. genannten gyräischen Felsen waren in der Nähe von Mykonos.

No. 15. Siehe Il. 2, 671 fl. — Beachte die Namen der Eltern.

No. 16. Siehe Il. 2, 653. Tlepolemos, von Sarpedon getödtet (Il. 5, 628 ff.), hatte Grab und Heiligthum auf Rhodos. — θυμολέων auch Attribut des Herakles, Il. 5. 639.

No. 17. Eurypylos, einer der ausgezeichnetsten Helden vor Troia, Il. 2, 734 ff. 5, 76 ff. 167. 11, 809 ff. Nach der Argonautensage (Pind. Pyth. 4, 33.), wo er Sohn des Poseidon heisst, gelangte er nach Libyen.

18. Ἐπὶ Φιλοκτήτου.

Τόξων Ἡρακλέους ταμίην, Ποιάντιον υἱόν,
ἥδε Φιλοκτήτην γῆ Μινυὰς κατέχει.

19. Ἐπὶ Μενεσθέως, κειμένου ἐν Ἀθήναις.

Ταξίλοχος λαῶν, υἱὸς Πετεῶο Μενεσθεύς,
ἐνθάδ᾽ ἐνὶ κλεινῇ πατρίδι μοῖραν ἔχει.

20. Ἐφ᾽ Ἕκτορος, κειμένου ἐν Ὀφρυνίῳ λόφῳ τῆς Τροίας.

Ἕκτορι τόνδε τάφον Πρίαμος μέγαν ἐξετέλεσσεν
ὄχθον ὑπὲρ γαίης μνῆμ᾽ ἐπιγιγνομένοις.

No. 18. Siehe Il. 2, 716 ff. Homer Od. 3, 190 lässt den Phil. glücklich in die Heimat kehren; nach späterer Sage wurde er nach Italien verschlagen. Philoktet gehörte dem Stamme der Minyer an.

No. 19. Siehe Il. 2. 546 ff. — ταξίλοχος, ib. 553. — Nach Plutarch Thes. 25. fiel M. vor Troia; andre Sagen lassen ihn nach Melos oder nach Grossgriechenland gelangen.

No. 20. Hektor hatte auf dem Ophrynion bei Troia einen heiligen Hain, Strabo 13, 595.

XIII. Anyte.

1.

Κύπριδος οὗτος ὁ χῶρος, ἐπεὶ φίλον ἔπλετο τήνᾳ
αἰὲν ἀπ᾽ ἠπείρου λαμπρὸν ὁρῆν πέλαγος,
ὄφρα φίλον ναύτῃσι τελῇ πλόον· ἀμφὶ δὲ πόντος
δειμαίνει, λιπαρὸν δερκόμενος ξόανον.

2.

Μάντης οὗτος ἀνὴρ ἦν ζῶν ποτε, νῦν δὲ τεθνηκὼς
ἶσον Δαρείῳ τῷ μεγάλῳ δύναται.

Anyte von Tegea, c. Ol. 120. v. Chr. 300.

No. 1. Anthol. Pal. 9, 144. Auf einen Tempel und heiligen Raum (τέμνος) der Aphrodite εὔπλοια mit einer Statue derselben. cf. Plat. 12. — V. 2. ὁρῆν dorisch für ὁρᾶν. — V. 3. In ἀμφὶ δὲ πόντος δειμαίνει liegt die Ursache der glücklichen Fahrt.

No. 2. Anthol. Pal. 7, 538. Auf das Grab eines Sklaven Manes. Manes ist häufiger Sklavenname.

XIV. Zenodotos.

Τίς γλύψας τὸν Ἔρωτα παρὰ κρήνῃσιν ἔθηκεν,
οἰόμενος παύσειν τοῦτο τὸ πῦρ ὕδατι;

Zenodotos, vielleicht der Grammatiker unter Ptolemaeos Lagi c. Ol. 124. v. Chr. 284.
Anthol. Planud. 14.

XV. Kallimachos.

1.

Τῇδε Σάων, ὁ Δίκωνος, Ἀκάνθιος ἱερὸν ὕπνον
κοιμᾶται. θνήσκειν μὴ λέγε τοὺς ἀγαθούς.

2.

Ἠῷοι Μελάνιππον ἐθάπτομεν, ἠελίου δέ
δυομένου Βασιλὼ κάτθανε παρθενική,
αὐτοχερί· ζώειν γὰρ, ἀδελφεὸν ἐν πυρὶ θεῖσα,
οὐκ ἔτλη. δίδυμον δ' οἶκος ἐσεῖδε κακόν
5 πατρὸς Ἀριστίπποιο· κατήφησεν δὲ Κυρήνη
πᾶσα, τὸν εὔτεκνον χῆρον ἰδοῦσα δόμον.

3.

Ἀστακίδην τὸν Κρῆτα, τὸν αἰπόλον, ἥρπασε Νύμφη
ἐξ ὄρεος, καὶ νῦν ἱερὸς Ἀστακίδης.
οὐκέτι Δικταίῃσιν ὑπὸ δρυσίν, οὐκέτι Δάφνιν.
ποιμένες, Ἀστακίδην δ' αἰὲν ἀεισόμεθα.

Kallimachos von Kyrene, c. Ol. 125. v. Chr. 280.
No. 1. Anthol. Pal. 7, 451. Saon sonst unbekannt.
No. 2. Anthol. Pal. 7, 517. Auf ein Mädchen, das aus Schmerz über den Tod des Bruders sich selbst entleibte. — V. 1. ἠῷοι, Adjectiv statt des Adverbs. cf. Hom. Il. 1, 424. 497. 8, 530. Od. 2, 262. Asklep. 1, 1. Dieser Gebrauch ist besonders häufig bei Angabe der Zeit und des Ortes, seltener bei Angabe des Grundes und der Art und Weise.
No. 3. Anthol. Pal. 7, 518. Auf den Tod des Astakides, eines schönen Jünglings, der nach der Vorstellung des Dichters wie Hylas wegen seiner Schönheit von einer Nymphe, nicht von Hades, geraubt ward. Er wird ein Heros der Hirten, ein zweiter Daphnis. Daphnis, der schöne Göttersohn, ein im Blasen der Syrinx geschickter Hirt und Jäger, starb aus Liebesleid und wurde ein Hauptgegenstand bukolischer Dichtung. Sein eigentliches Vaterland ist Sicilien; man versetzt ihn übrigens auch nach Phrygien und Kreta. Ovid. Met. 4, 275. nennt ihn den idäischen Hirten. — Dikte, Gebirg in Kreta.

XVI. Asklepiades.

1.

Αὐταὶ ποιμαίνοντα μεσαμβρινὰ μῆλά σε Μοῦσαι
ἔδρακον ἐν κραναοῖς οὔρεσιν, Ἡσίοδε,
καί σοι καλλιπέτηλον ἐρυσσάμεναι περὶ πᾶσαι
ὤρεξαν δάφνας ἱερὸν ἀκρεμόνα,
δῶκαν δὲ κράνας Ἑλικωνίδος ἔνθεον ὕδωρ, 5
τὸ πτανοῦ πώλου πρόσθεν ἔκοψεν ὄνυξ,
οὗ σὺ κορεσσάμενος μακάρων γένος ἔργα τε μολπαῖς
καὶ γένος ἀρχαίων ἔγραφες ἡμιθέων.

2.

Ὁ γλυκὺς Ἠρίννης οὗτος πόνος, οὐχὶ πολὺς μέν,
ὡς ἂν παρθενικᾶς ἐννεακαιδεκέτευς,
ἀλλ᾽ ἑτέρων πολλῶν δυνατώτερος· εἰ δ᾽ Ἀίδας μοι
μὴ ταχὺς ἦλθε, τίς ἂν ταλίκον ἔσχ᾽ ὄνομα;

3.

Ἅδ᾽ ἐγὼ ἁ τλάμων Ἀρετὰ παρὰ τῷδε κάθημαι
Αἴαντος τύμβῳ χειραμένα πλοκάμους·
θυμὸν ἄχει μεγάλῳ βεβολημένα, εἰ παρ᾽ Ἀχαιοῖς
ἁ δολόφρων Ἀπάτα κρέσσον ἐμεῦ δύναται.

Asklepiades. Es gab mehrere Epigrammendichter dieses Namens; der berühmteste war der von Samos c. Ol. 125. v. Chr. 280.

No. 1. Anthol. Pal. 9, 64. Ἀσκληπιάδου, οἱ δὲ Ἀρχίου (des Zeitgenossen Ciceros). — Nachgebildet Hesiod. Theog. 22 ff. — V. 1. μεσαμβρινά, warum wohl zur Mittagszeit? — V. 5. Die Quelle Hippokrene, durch einen Hufschlag des Pegasos hervorgerufen. — V. 7. Die Hauptwerke Hesiods waren Θεογονία, Ἔργα καὶ Ἡμέραι und Ἡρωογονία oder Ἡοῖαι μεγάλαι; das letzte ist bis auf wenige Bruchstücke verloren.

No. 2. Anthol. Pal. 7, 11. Erinna s. p. 84. Sie starb als 19jähriges Mädchen. Ausser Epigrammen hatte sie ein aus 300 Hexametern bestehendes Gedicht Ἠλακάτη gedichtet, das von den Alten sehr hoch geschätzt wurde. Auf dieses Gedicht scheint sich unser Epigramm zu beziehen.

No. 3. Anthol. Pal. 7, 145. Auf das am rhöteischen Vorgebirg befindliche Grab des Aias Telamonios, der, im Kampf um die Waffen des Achilleus von dem schlauen Odysseus besiegt, rasend wurde und sich tödtete. Hom. Od. 11, 543—657. Sophokl. Aias. Ovid. Met. 13, 1—395. cf. Adespot. No. 11. — V. 3. εἰ statt ὅτι. — Man beachte die Aehnlichkeit von Ἀρετά und Ἀπάτα.

XVII. Leonidas.

1.

Άστρα μὲν ἡμαύρωσε καὶ ἱερὰ κύκλα σελήνης
ἄξονα δινήσας ἔμπυρος ἡέλιος·
ὑμνοπόλους δ' ἀγεληδὸν ἀπημάλδυνεν Ὅμηρος.
λαμπρότατον Μουσέων φέγγος ἀνασχόμενος.

2.

Παρθενικὰν νεαοιδὸν ἐν ὑμνοπόλοισι μέλισσαν
Ἤρινναν, Μουσῶν ἄνθεα δρεπτομέναν,
Ἄιδας εἰς ὑμέναιον ἀνάρπασεν· ἦ ῥα τόδ' ἔμφρων
εἶπ' ἐτύμως ἀ παῖς· „Βάσκανος ἔσσ', Ἀΐδα."

3.

Ἀγρονόμῳ τάδε Πανὶ καὶ εὐαστῆρι Λυαίῳ
πρέσβυς καὶ Νύμφαις Ἀρκὰς ἔθηκε Βίτων·
Πανὶ μὲν ἀρτιτόκον χίμαρον συμπαίστορα ματρός,
κισσοῦ δὲ Βρομίῳ κλῶνα πολυπλανέος,
5 Νύμφαις δὲ σκιερῆς εὐποίκιλον ἄνθος ὀπώρης.
φύλλα τε πεπταμένων αἱματόεντα ῥόδων.
ἀνθ' ὧν εὔυδρον, Νύμφαι, τόδε δῶμα γέροντος
αὔξετε, Πὰν γλαγερόν, Βάκχε πολυστάφυλον.

4.

Γλευκοπόταις Σατύροισι καὶ ἀμπελοφύτορι Βάκχῳ
Ἡρῶναξ πρώτης δράγματα φυταλιῆς,
τρισσῶν οἰνοπέδων τρισσοὺς ἱερώσατο τούσδε.
ἐμπλήσας οἴνου πρωτοχύτοιο, κάδους·
ὧν ἡμεῖς σπείσαντες ὅσον θέμις οἴνοπι Βάκχῳ
καὶ Σατύροις, Σατύρων πλείονα πιόμεθα.

Leonidas von Tarent, c. Ol. 125. v. Chr. 280.

No. 1. Anthol. Pal. 9, 24. — ἄξονα δινήσας, sobald der Sonnengott das Rad seines Wagens in Bewegung gesetzt hat. cf. Pind. Ol. 1, 4.

No. 2. Anthol. Pal. 7, 13. Λεωνίδου, οἱ δὲ Μελεάγρου. — V. 1—3. Der Raub der Persephone ist bekannt. In Betreff der mythischen Parallele vergl. Kallimach. 3. Auch Persephone ward beim Blumenpflücken geraubt. — V. 4. Βάσκανος ἔσσ', Ἀΐδα. hatte E. in einem Epigramm auf ihre verstorbene Freundin Baukis gesagt, Anthol. Pal. 7, 712, 3.

No. 3. Anthol. Pal. 6, 154. Λεων. Ταραντίνου, οἱ δὲ Γαιτουλικοῦ. — V. 5. σκιερῆς ὀπώρης, der vom Laube beschatteten Traube.

No. 4. Anthol. Pal. 6, 44. Ἀδηλον, οἱ δὲ Λεωνίδα Ταρ.

XVIII. Mnasalkas.

Ἤδη τᾷδε μένω πολέμου δίχα, καλὸν ἄνακτος
στέρνον ἐμῷ νώτῳ πολλάκι ῥυσαμένα.
καίπερ τηλεβόλους ἰοὺς καὶ χερμάδι' αἰνά
μυρία καὶ δολιχὰς δεξαμένα κάμακας·
οὐδέ ποτε Κλείτοιο λιπεῖν περιμάχεα πάχυν
φαμὶ κατὰ βλοσυρὸν φλοῖσβον Ἐνυαλίου.

Mnasalkas von Sikyon, wahrscheinlich c. Ol. 133. v. Chr. 248.
Anthol. Pal. 6, 125. Auf den in einem Tempel aufgehängten Schild eines Kriegers Namens Klitos.

XIX. Dioskorides.

1.

Εἰς δηίων πέμψασα λόχους Δημαινέτη ὀκτώ
παῖδας ὑπὸ στήλῃ πάντας ἔθαπτε μιᾷ.
δάκρυα δ' οὐκ ἔρρηξ' ἐπὶ πένθεσιν, ἀλλὰ τόδ' εἶπεν
μοῦνον· Ἰὼ Σπάρτα, σοὶ τέκνα ταῦτ' ἔτεκον.

2.

Τᾷ Πιτάνᾳ Θρασύβουλος ἐπ' ἀσπίδος ἤλυθεν ἄπνους,
ἑπτὰ πρὸς Ἀργείων τραύματα δεξάμενος,
δεικνὺς ἀντία πάντα· τὸν αἱματόεντα δ' ὁ πρέσβυς
παῖδ' ἐπὶ πυρκαϊὴν Τύννιχος εἶπε τιθείς·
Δειλοὶ κλαιέσθωσαν, ἐγὼ δὲ σέ, τέκνον, ἄδακρυς
θάψω, τὸν καὶ ἐμὸν καὶ Λακεδαιμόνιον.

Dioskorides, c. Ol. 145. v. Chr. 200.
No. 1. Anthol. Pal. 7, 434.
No. 2. Anthol. Pal. 7, 229. — τᾷ Πιτάνᾳ, εἰς τὴν Πιτάναν, Flecken in der Nähe von Sparta.

XX. Antipatros.

Antipatros. Es gibt zwei Epigrammendichter dieses Namens, **Antipatros von Sidon** (c. Ol. 145. v. Chr. 200) und **Antipatros von Thessalonike**, wahrscheinlich derselbe, welcher hier und da **der Makedonier** heisst, unter den ersten Kaisern. Die folgenden Epigr. gehören dem Sidonier, nur No. 2. 7. u. 8. haben die blosse Ueberschrift Ἀντιπάτρου.

1.

Οὐκέτι θελγομένας, Ὀρφεῦ, δρύας, οὐκέτι πέτρας
ἄξεις, οὐ θηρῶν αὐτονόμους ἀγέλας·
οὐκέτι κοιμάσεις ἀνέμων βρόμον, οὐχὶ χάλαζαν,
οὐ νιφετῶν συρμούς, οὐ παταγεῦσαν ἅλα.
ὤλεο γάρ· σὲ δὲ πολλὰ κατωδύραντο θύγατρες
Μναμοσύνας, μάτηρ δ' ἔξοχα Καλλιόπα.
τί φθιμένοις στοναχεῦμεν ἐφ' υἱάσιν, ἁνίκ' ἀλαλκεῖν
τῶν παίδων Ἀΐδην οὐδὲ θεοῖς δύναμις;

2.

Οἱ μέν σευ Κολοφῶνα τιθηνήτειραν, Ὅμηρε,
οἱ δὲ καλὰν Σμύρναν, οἱ δ' ἐνέπουσι Χίον,
οἱ δ' Ἴον, οἱ δ' ἐβόασαν εὔχλαρον Σαλαμῖνα,
οἱ δέ νυ τῶν Λαπιθέων ματέρα Θεσσαλίαν·
ἄλλοι δ' ἄλλην γαῖαν ἀνίαχον. εἰ δέ με Φοίβου
χρὴ λέξαι πινυτὰς ἀμφαδὰ μαντοσύνας,
πάτρα σοι τελέθει μέγας Οὐρανός, ἐκ δὲ τεκούσης
οὐ θνατᾶς, ματρὸς δ' ἔπλεο Καλλιόπας.

3.

Ἡρώων κάρυχ' ἀρετᾶς, μακάρων δὲ προφήταν,
Ἑλλάνων βιοτᾷ δεύτερον ἀέλιον,
Μουσᾶν φέγγος Ὅμηρον, ἀγήραντον στόμα κόσμου
παντός, ἁλιρρόθια, ξεῖνε, κέκευθε κόνις.

4.

Σαπφώ τοι κεύθεις, χθὼν Αἰολί, τὰν μετὰ Μούσαις
ἀθανάταις θνατὰν Μοῦσαν ἀειδομέναν,

No. 1. Anthol. Pal. 7, 8. — V. 6. Orpheus war der Sohn der Kalliope und des Oeagros oder des Apollon. Ueber die Art seines Todes siehe Virg. G. 507 ff. und Ovid. Met. 10, 1 ff.
No. 2. Anthol. Planud. 296. Ueber die Vaterstadt des Homer siehe zu Simonid. V. 2. p. 74. — Ios, eine kleine Insel der Sporaden, wo Homer begraben sein sollte. Strabo 10, 484. Aristoteles behauptete, dass er hier geboren sei, bei Gell. N. A. 3, 11. — Salamis auf Cypern. Vergl. das Epigramm bei Gell. N. A.
Ἑπτὰ πόλεις διερίζουσιν περὶ ῥίζαν Ὁμήρου,
Σμύρνα, Ῥόδος, Κολοφών, Σαλαμίν, Ἴος, Ἄργος, Ἀθῆναι.
No. 3. Anthol. Pal 7, 6. Auf Homers Grab. — V. 3. στόμα κόσμου, seine Stimme ertönt durch die ganze Welt.
No. 4. Anthol. Pal. 7, 14. — V. 1. cf. Plat. 10. — χθὼν Αἰολίς, Lesbos.

ἀν Κύπρις καὶ Ἔρως σὺν ἄμ' ἔτραφον, ἃς μέτα Πειθώ
ἔπλεχ' ἀείζωον Πιερίδων στέφανον,
Ἑλλάδι μὲν τέρψιν, σοὶ δὲ κλέος. ὦ τριέλικτον 5
Μοῖραι δινεῦσαι νῆμα κατ' ἠλακάτας,
πῶς οὐχ ἐκλώσασθε πανάφθιτον ἦμαρ ἀοιδῷ
ἄφθιτα μησαμένῳ δῶρ' Ἑλικωνιάδων:

5.

Ἴβυκε, ληϊσταί σε κατέκτανον ἔκ ποτε νήσου
βάντ' ἐς ἐρημαίην ἄστιβον ἠϊόνα,
ἀλλ' ἐπιβωσάμενον γεράνων νέφος, αἵ τοι ἵκοντο
μάρτυρες ἄλγιστον ὀλλυμένῳ θάνατον·
οὐδὲ μάτην ἰάχησας, ἐπεὶ ποινῆτις Ἐρινύς 5
τῶνδε διὰ κλαγγὴν τίσατο σεῖο φόνον
Σισυφίην κατὰ γαῖαν. Ἰὼ φιλοκερδέα φῦλα
ληϊστέων, τί θεῶν οὐ πεφόβησθε χόλον;
οὐδὲ γὰρ ὁ προπάροιθε χανὼν Αἴγισθος ἀοιδόν
ὄμμα μελαμπέπλων ἔκφυγεν Εὐμενίδων. 10

6.

Θάλλοι τετρακόρυμβος, Ἀνάκρεον, ἀμφὶ σὲ κισσός,
ἁβρά τε λειμώνων πορφυρέων πέταλα·
πηγαὶ δ' ἀργινόεντος ἀναθλίβοιντο γάλακτος,
εὐῶδες δ' ἀπὸ γῆς ἡδὺ χέοιτο μέθυ,
ὄφρα κέ τοι σποδιῇ τε καὶ ὀστέα τέρψιν ἄρηται, 5
εἰ δή τις φθιμένοις χρίμπτεται εὐφροσύνα,
ὦ τὸ φίλον στέρξας, φίλε, βάρβιτον, ὦ σὺν ἀοιδᾷ
πάντα διαπλώσας καὶ σὺν ἔρωτι βίον.

7.

Νεβρείων ὁπόσον σάλπιγξ ὑπερίαχεν αὐλῶν,
τόσσον ὑπὲρ πάσας ἔκραγε σεῖο χέλυς·

No. 5. Anthol. Pal. 7, 745. Statt νήσου schlägt Jacobs vor νηός. Wenn νήσου richtig ist, so verbinde: ἐκβάντα ἐς ἠϊόνα νήσου. Wahrscheinlich ist aber dann auch ἐρημαίης zu lesen. — V. 7. Σισ. γαῖα, Korinth, wo einst Sisyphos herrschte. — V. 9. Hom. Od. 3, 269 ff. Grundgedanke ist, dass besonders die Sänger unter dem Schutze der Götter stehen.

No. 6. Anthol. Pal. 7, 23. Anakreons Grab. — V. 2. λειμώνων πέταλα, Blumen, wie Simmias 3. πέταλον ῥόδου und ὑακίνθινα φύλλα Theokr. 11, 26.

No. 7. Anthol. Planud. 305. — νεβρ. αὐλοί, Flöten aus den Knochen von Hirschkälbern. — V. 3. Paus. 9, 23, 2. μέλισσαι αὐτῷ καθεύδοντι

οὐδὲ μάτην ἀπαλοῖς ξουθὸς περὶ χείλεσιν ἐσμός
ἔπλασε κηρόδετον, Πίνδαρε, σεῖο μέλι.
μάρτυς ὁ Μαινάλιος κερόεις θεός, ὕμνον ἀείσας
τὸν σέο καὶ νομίων λησάμενος δονάκων.

8.

Διογένευς τόδε σῆμα, σοφοῦ κυνός, ὅς ποτε θυμῷ
ἄρσενι γυμνήτην ἐξεπόνει βίοτον,
ᾧ μία τις πήρα, μία διπλοΐς, εἷς ἅμ' ἐφοίτα
σκήπων, αὐτάρκους ὅπλα σαοφροσύνας.
ἀλλὰ τάφου τοῦδ' ἐκτὸς ἴτ', ἄφρονες, ὡς ὁ Σινωπεύς
ἐχθαίρει φαῦλον πάντα καὶ εἰν Ἀΐδῃ.

9.

Ὄρνι, Διὸς Κρονίδαο διάκτορε, τεῦ χάριν ἔστας
γοργὸς ὑπὲρ μεγάλου τύμβον Ἀριστομένους;
Ἀγγέλλω μερόπεσσιν, ὁθούνεκεν ὅσσον ἄριστος
οἰωνῶν γενόμαν, τόσσον ὅδ' ἠϊθέων·
δειλαί τοι δειλοῖσιν ἐφεδρήσσουσι πέλειαι·
ἄμμες δ' ἀτρέστοις ἀνδράσι τερπόμεθα.

προσεπίτοντό τε καὶ ἔπλασσον πρὸς τὰ χείλη τοῦ κηροῦ. — V. 5. Μαινάλ. θεός, Pan, der arkadische Hirtengott. Mainalos, Gebirg in Arkadien. Vita Pindari p. 9. Ὁ γοῦν Πὰν ὁ θεὸς ὤφθη μεταξὺ τοῦ Κιθαιρῶνος καὶ τοῦ Ἑλικῶνος ᾄδων παιᾶνα Πινδάρου· διὸ καὶ ᾆσμα ἐποίησεν εἰς τὸν θεόν, ἐν ᾧ χάριν ὁμολογεῖ τῆς τίμης αὐτῷ, οὗ ἡ ἀρχή· Ὦ Πάν, Ἀρκαδίας μεδέων κλτ. Pindar liess dem Pan eine besondere Verehrung zu Theil werden und hatte ihm eine Statue in der Nähe seines Hauses geweiht.

No. 8. Anthol. Pal. 7, 65. — V. 2. γυμνήτην β. Wie ein leichtbewaffneter Krieger schritt D. durchs Leben; daher V. 4. ὅπλα.

No. 9. Anthol. Pal. 7, 161. Auf Aristomenes, den Helden des zweiten messenischen Krieges. cf. Simonid. Ep. 9. und Adespot. 6.

XXI. Meleagros.

1.

Κηρύσσω τὸν Ἔρωτα, τὸν ἄγριον· ἄρτι γὰρ ἄρτι
ὀρθρινὸς ἐκ κοίτας ᾤχετ' ἀποπτάμενος.
ἔστι δ' ὁ παῖς γλυκύδακρυς, ἀείλαλος, ὠκύς, ἀθαμβής,
σιμὰ γελῶν, πτερόεις νῶτα, φαρετροφόρος.

Meleagros von Gadara, c. 60 v. Chr. S. p. 83.

No. 1. Anthol. Pal. 5, 177. Eros wird wie ein flüchtiger Sklave

πατρὸς δ' οὐκέτ' ἔχω φράζειν τίνος· οὔτε γὰρ αἰθήρ,
οὐ χθών φησι τεκεῖν τὸν θρασύν, οὐ πέλαγος.
πάντη γὰρ καὶ πᾶσιν ἀπέχθεται. ἀλλ' ἐσορᾶτε,
μή που νῦν ψυχαῖς ἄλλα τίθησι λίνα.
καίτοι κεῖνος, ἰδού, περὶ φωλεόν. οὔ με λέληθας,
τοξότα, Ζηνοφίλας ὄμμασι κρυπτόμενος.

2.

Πωλείσθω, καὶ ματρὸς ἔτ' ἐν κόλποισι καθεύδων·
πωλείσθω. τί δέ μοι τὸ θρασὺ τοῦτο τρέφειν;
καὶ γὰρ σιμὸν ἔφυ καὶ ὑπόπτερον· ἄκρα δ' ὄνυξιν
κνίζει, καὶ κλαῖον πολλὰ μεταξὺ γελᾷ.
πρὸς δ' ἔτι λοιπὸν ἄτρεπτον, ἀείλαλον, ὀξὺ δεδορκός,
ἄγριον, οὐδ' αὐτῇ μητρὶ φίλῃ τιθασόν.
πάντα τέρας. τοίγαρ πεπράσεται. εἴ τις ἀπόπλους
ἔμπορος ὠνεῖσθαι παῖδα θέλει, προσίτω.
καίτοι λίσσετ', ἰδού, δεδακρυμένος. οὔ σ' ἔτι πωλῶ.
θάρσει· Ζηνοφίλᾳ σύντροφος ὧδε μένε.

3.

Ναὶ τὰν Κύπριν, Ἔρως, φλέξω τὰ σὰ πάντα πυρώσας,
τόξα τε καὶ Σκυθικὴν ἰοδόκον φαρέτρην.
φλέξω, ναί. τί μάταια γελᾷς, καὶ σιμὰ σεσηρώς
μυχθίζεις; τάχα που σαρδάνιον γελάσεις.
ἦ γάρ σευ τὰ ποδηγὰ Πόθων ὠκύπτερα κόψας,
χαλκόδετον σφίγξω σοῖς περὶ ποσσὶ πέδην.
καίτοι Καδμεῖον κράτος οἴσομεν, εἴ σε πάροικον
ψυχῇ συζεύξω, λύγκα παρ' αἰπολίοις.

ausgerufen und beschrieben. cf. Mosch. 1. — V. 5. Homer kennt Eros nicht, bei Hesiod Theog. 120. gehört er zu den ältesten Göttern und hat keine Eltern; daher weichen die Späteren in Bezug auf seine Abstammung sehr von einander ab. Als den alten Naturgott macht man ihn zum Sohne des Uranos und der Ge, des Chaos, des Kronos u. s. w. Als der gewöhnliche Liebesgott hat er Aphrodite zur Mutter und Zeus oder Ares zum Vater. — V. 9. περὶ φωλεόν, wie ein wildes Thier. — V. 10. Warum wird Eros grade hier τοξότης genannt?
No. 2. Anthol. Pal. 5, 178. Der Dichter bietet den Eros wie einen Sklaven zum Verkaufe aus.
No. 3. Anthol. Pal. 4, 179. — V. 4. σαρδάνιον. cf. Hom. Od. 20, 301. — V. 5. Eros ist ποδηγὸς Πόθων; das Epitheton ist von dem Gotte auf die Flügel übertragen. — V. 7. „Ein kadmeischer Sieg", sprüchwörtlich für einen mit grossem Verlust errungenen Sieg. Die Kadmeer, d h. die Thebaner, hatten die Argiver in dem mythischen Kriege der Sieben gegen

ἀλλ' ἴθι, δυσνίκητε, λαβὼν δ' ἔπι κοῦφα πέδιλα,
ἐκπέτασον ταχινὰς εἰς ἑτέρους πτέρυγας.

4.

Δεινὸς Ἔρως, δεινός. τί δὲ τὸ πλέον, ἢν πάλιν εἴπω,
καὶ πάλιν, οἰμώζων πολλάκι, δεινὸς Ἔρως;
ἦ γὰρ ὁ παῖς τούτοισι γελᾷ, καὶ πυκνὰ κακισθείς
ἥδεται· ἢν δ' εἴπω λοίδορα, καὶ τρέφεται.
θαῦμα δέ μοι, πῶς ἄρα διὰ γλαυκοῖο φανεῖσα
κύματος, ἐξ ὑγροῦ, Κύπρι, σὺ πῦρ τέτοκας.

5.

Ἤδη λευκόϊον θάλλει, θάλλει δὲ φίλομβρος
νάρκισσος, θάλλει δ' οὐρεσίφοιτα κρίνα.
ἤδη δ', ἡ φιλέραστος, ἐν ἄνθεσιν ὥριμον ἄνθος,
Ζηνοφίλα, Πειθοῦς ἡδὺ τέθηλε ῥόδον.
λειμῶνες, τί μάταια κόμαις ἔπι φαιδρὰ γελᾶτε;
ἁ γὰρ παῖς κρέσσων ἁδυπνόων στεφάνων.

6.

Λίσσομ', Ἔρως, τὸν ἄγρυπνον ἐμοὶ πόθον Ἡλιοδώρας
κοίμισον, αἰδεσθεὶς Μοῦσαν ἐμὴν ἱκέτιν.
ναὶ γὰρ δὴ τὰ σὰ τόξα, τὰ μὴ δεδιδαγμένα βάλλειν
ἄλλον, ἀεὶ δ' ἐπ' ἐμοὶ πτηνὰ χέοντα βέλη,
εἰ καί με κτείναις, λείψω φωνὴν προϊέντα
γράμματ'· Ἔρωτος ὅρα, ξεῖνε, μιαιφονίην.

7.

Πλέξω λευκόϊον, πλέξω δ' ἁπαλὴν ἅμα μύρτοις
νάρκισσον, πλέξω καὶ τὰ γελῶντα κρίνα,

Theben nur mit eignem grossen Verlust zurückgeschlagen. — V. 9. ἐπιλαβών, zu den Flügeln an den Schultern nimm auch noch die Flügelschuhe, fliege so schnell als möglich.

No. 4. Anthol. Pal. 5, 176. — τί δὲ τὸ πλέον sc. ἕξω, was werde ich gewinnen.

No. 5. Anthol. Pal. 5, 144. — V. 3. ἡ φιλερ. Ζην. Nominat. statt des Vocat., wozu ἄνθος Apposition; Antiphil. 1. — ὥριμον ἄνθος, die blühendste unter den Blumen, die Blume der Blumen.

No. 6. Anthol. Pal. 5, 215.

No. 7. Anthol. Pal. 5, 147. — V. 6. Das ἀνθοβολεῖν oder φυλλοβολεῖν, das Bestreuen mit Blumen, war ein Beweis des Beifalls und der Verehrung für Menschen (besonders für Sieger in Wettkämpfen) und Götter.

πλέξω καὶ κρόκον ἡδύν· ἐπιπλέξω δ' ὑάκινθον
πορφυρέην, πλέξω καὶ φιλέραστα ῥόδα,
ὡς ἂν ἐπὶ κροτάφοις μυροβοστρύχου Ἡλιοδώρας
εὐπλόκαμον χαίτην ἀνθοβολῇ στέφανος.

8.

Τανταλὶ παῖ, Νιόβα, κλύ' ἐμὰν φάτιν, ἄγγελον ἄτας·
δέξαι σῶν ἀχέων οἰκτροτάταν λαλιάν.
λῦε κόμας ἀνάδεσμον, ἰώ, βαρυπενθέσι Φοίβου
γειναμένα τόξοις ἀρσενόπαιδα γόνον.
οὔ σοι παῖδες ἔτ' εἰσίν· ἀτὰρ τί τόδ' ἄλλο; τί λεύσσω;
αἴ, αἴ, πλημμυρεῖ παρθενικαῖσι φόνος.
ἁ μὲν γὰρ ματρὸς περὶ γούνασιν, ἁ δ' ἐνὶ κόλποις
κέκλιται, ἁ δ' ἐπὶ γᾶς, ἁ δ' ἐπιμαστίδιος·
ἄλλα δ' ἀντωπὸν θαμβεῖ βέλος· ἁ δ' ἐπ' ὀϊστοῖς
πτώσσει· τᾶς δ' ἔμπνουν ὄμμ' ἔτι φῶς ὁράᾳ.
ἁ δὲ λάλον στέρξασα πάλαι στόμα νῦν ὑπὸ θάμβευς
μάτηρ σαρκοπαγὴς οἷα πέπηγε λίθος.

9.

Οἴσω, ναὶ μὰ σέ, Βάκχε, τὸ σὸν θράσος· ἁγέο, κώμων
ἄρχε, θεὸς θνατὰν ἁνιόχει κραδίαν.
ἐν πυρὶ γεννηθεὶς στέργεις φλόγα τὰν ἐν Ἔρωτι
καί με πάλιν δήσας τὸν σὸν ἄγεις ἱκέτην.
ἦ, προδότας κἄπιστος ἔφυς, τεὰ δ' ὄργια κρύπτειν
αὐδῶν, ἐκφαίνειν τἀμὰ σὺ νῦν ἐθέλεις.

10.

Δάκρυά σοι καὶ νέρθε διὰ χθονός, Ἡλιοδώρα,
δωροῦμαι, στοργᾶς λείψανον, εἰς Ἀίδαν,

No. 8. Anthol. Planud. 134. Ein Bote bringt der Niobe vom Kithäron aus die Kunde, dass ihre Söhne dort auf der Jagd von Apollon getödtet worden seien (cf. Apollodor. 3, 5. 6.); während er die traurige Geschichte erzählt, werden die Töchter der Niobe von Artemis getödtet. Siehe Not. zu Adespot. Ep. 9. Ovid. Met. 6, 152 ff. — V. 1. Τανταλὶς παῖς, wie Τελαμώνιος υἱός Hom. Il. 13, 67. — V. 7. cf. Ovid. l. l. 290 ff.

No. 9. Anthol. Pal. 12, 119. Der Dichter hat umsonst bei Bakchos Schutz vor Eros gesucht. — ἁγέο, ἡγέομαι. — V. 3. Anthol. Lat. I, 33. *Ardenti Baccho succenditur ignis Amoris; Nam sunt unamini Bacchus Amorque dii.* — V. 6. αὐδῶν = κελεύων.

No. 10. Anthol. Pal. 7, 476. Eine Art threnetischer Elegie. — V. 7. θάλος, cf. Od. 6, 157.

δάκρυα δυσδάκρυτα· πολυκλαύτῳ δ' ἐπὶ τύμβῳ
σπένδω μνᾶμα πόθων, μνᾶμα φιλοφροσύνας.
οἰκτρὰ γάρ, οἰκτρὰ φίλαν σε καὶ ἐν φθιμένοις Μελέαγρος
αἰάζω, κενεὰν εἰς Ἀχέροντα χάριν.
αἴ αἴ, ποῦ τὸ ποθεινὸν ἐμοὶ θάλος; ἅρπασεν Ἅιδας,
ἅρπασεν· ἀκμαῖον δ' ἄνθος ἔφυρε κόνις.
ἀλλά σε γουνοῦμαι, γᾶ παντρόφε, τὰν πανόδυρτον
ἠρέμα σοῖς κόλποις, μᾶτερ, ἐναγκάλισαι.

11.

Ἀκρίς, ἐμῶν ἀπάτημα πόθων, παραμύθιον ὕπνου,
ἀκρίς, ἀρουραίη Μοῦσα, λιγυπτέρυγε,
αὐτοφυὲς μίμημα λύρας, κρέκε μοί τι ποθεινόν,
ἐγκρούουσα φίλοις ποσσὶ λάλους πτέρυγας,
ὥς με πόνων ῥύσαιο παναγρύπνοιο μερίμνης,
ἀκρί, μιτωσαμένη φθόγγον ἐρωτοπλάνον.
δῶρα δέ σοι γήτειον ἀειθαλὲς ὀρθρινὰ δώσω,
καὶ δροσερὰς στόμασι ψιζομένας ψακάδας.

12.

Νᾶσος ἐμὰ θρέπτειρα Τύρος· πάτρα δέ με τεκνοῖ
Ἀτθὶς ἐν Ἀσσυρίοις ναιομένα Γαδάροις.
Εὐκράτεω δ' ἔβλαστον ὁ σὺν Μούσαις Μελέαγρος
πρῶτα Μενιππείαις συντροχάσας Χάρισιν.
εἰ δὲ Σύρος, τί τὸ θαῦμα; μίαν, ξένε, πατρίδα κόσμον
ναίομεν· ἓν θνατοὺς πάντας ἔτικτε Χάος.
πουλυετὴς δ' ἐχάραξα τάδ' ἐν δέλτοισι πρὸ τύμβου·
γήρως γὰρ γείτων ἐγγύθεν Ἀίδεω.
ἀλλὰ σὺ τὸν λάλιον καὶ πρεσβύτην με προσειπών
χαίρων εἰς γῆρας καὐτὸς ἵκοιο λάλον.

No. 11. Anthol. Pal. 7, 195. — V. 4. ist Erklärung von μίμημα λύρας. — V. 8. στόμασι ψιζομένας, in den Mund tröpfelnd.

No. 12. Anthol. Pal. 7, 417. — V. 1. Gadara in Syrien, die Geburtsstadt des M., war wegen ihrer Bildung ein zweites Attika. — τεκνοῖ, Präsens statt des Aorist, nicht selten in Aufschriften. — V. 2. ἐν Ἀσουρίοις, Syrien wird von den Dichtern öfter Assyrien genannt. — V. 4. Der Kyniker Menippos, aus Phönikien gebürtig, Zeitgenosse des M., verfasste in Prosa scherzhafte und persiflirende Schilderungen und Darstellungen, die unter dem Namen menippeische Satiren ein gewisses Ansehen erlangten. Hierin ahmte ihm anfangs M., sein Landsmann, nach. — V. 6. Χάος bei Späteren die unermessliche Zeit.

XXII. Parmenion.

Φθίσθαι Ἀλέξανδρον ψευδὴς φάτις, εἴπερ ἀληθής
Φοῖβος. ἀνικήτων ἅπτεται οὐδ' Ἀίδης.

Parmenion, wahrscheinlich zur Zeit des Augustus.

Anthol. Pal. 7, 239. Apollon hatte dem Alexander durch die Pythia gesagt: ἀνίκητος εἶ, ὦ παῖ. Plut. Vit. Al. 14.

XXIII. Lollius Bassus.

Ληθαίης ἀκάτοιο τριηκοσίους ὅτε ναύτας
δεύτερον ἔσχ' Ἀίδης, πάντας ἀρηϊφάτους·
Σπάρτας ὁ στόλος, εἶπεν, ἴδ' ὡς πάλι πρόσθια πάντα
τραύματα καὶ στέρνοις δῆρις ἔνεστι μόνοις·
νῦν γε μόθου κορέσασθε καὶ αἴσιμον ἀμπαύσασθε
ὕπνον, ἀνικήτου δῆμος Ἐνυαλίου.

Lollius Bassus, Zeitgenosse des Augustus und Tiberius.

Anthol. Pal. 9, 279. Auf die 300 Spartaner von Thermopylä. — V. 2. δεύτερον, die ersten 300 waren die bei Thyrea Gefallenen, s. Simonid. Ep. 19.

XXIV. Antiphilos.

α. Αἱ βίβλοι, τίνος ἐστέ; τί κεύθετε; β. θυγατέρες μὲν
Μαιονίδου, μύθων δ' ἵστορες Ἰλιακῶν.
ἁ μία μὲν μηνιθμὸν Ἀχιλλέος ἔργα τε χειρός
Ἑκτορέας, δεκέτους ἆθλα λέγει πολέμου·
ἁ δ' ἑτέρα μόχθον τὸν Ὀδυσσέος, ἀμφί τε λέκτροις 5
χηρείοις ἀγαθᾶς δάκρυα Πηνελόπας.
α. Ἵλατε σὺν Μούσαισι· μεθ' ὑμετέρας γὰρ ἀοιδάς
εἶπεν ἔχειν αἰὼν ἕνδεκα Πιερίδας.

Antiphilos von Byzantion, im ersten Jahrh. nach Christus.

Anthol. Pal. 9, 192. — V. 1. αἱ βίβλοι, cf. Meleag. 5, 3. — V. 4. λέγει, cf. Anacreontea 9, 1. — V. 8. cf. Plato Ep. 10.

XXV. Philippos.

1.

Ἡ θεὸς ἦλθ' ἐπὶ γῆν ἐξ οὐρανοῦ, εἰκόνα δείξων.
Φειδία, ἢ σύ γ' ἔβης τὸν θεὸν ὀψόμενος.

2.

Συλήσαντες Ὄλυμπον ἴδ' ὡς ὅπλοισιν Ἔρωτες
κοσμοῦντ', ἀθανάτων σκῦλα φρυασσόμενοι.
Φοίβου τόξα φέρουσι, Διὸς δὲ κεραυνόν, Ἄρηος
ὅπλον καὶ κυνέην, Ἡρακλέους ῥόπαλον,
5 εἰναλίου τε θεοῦ τριβελὲς δόρυ, θύρσα τε Βάκχου,
πτηνὰ πέδιλ.' Ἑρμοῦ, λαμπάδας Ἀρτέμιδος.
οὐκ ἄχθος θνητοῖς εἴχειν βελέεσσιν Ἐρώτων,
δαίμονες οἷς ὅπλων κόσμον ἔδωκαν ἔχειν.

3.

Ὤλεσα τὸν Νεμέας θῆρ' ἄπλετον, ὤλεσα δ' ὕδρην
καὶ ταῦρον, κάπρου δ' ἀμφετίναξα γένυν·
ζωστῆρ' ἑλκύσσας, πώλους Διομήδεος εἷλον·
χρύσεα μᾶλα κλάσας, Γηρυόνην ἔλαβον·
5 Αὐγείαν ἐδάην· κεμὰς οὐ φύγεν· ἔκτανον ὄρνις·
Κέρβερον ἠγαγόμην· αὐτὸς Ὄλυμπον ἔχω.

Philippos von Thessalonike, gegen Ende des ersten Jahrh. nach Chr.

No. 1. Anthol. Planud. 81. Εἰς τὸ ἐν Ὀλυμπίᾳ Διὸς ἄγαλμα. O. Müller Archaeol. §. 115. cf. Plato Ep. 12. — V. 2. ἔβης sc. ἐς οὐρανόν.

No. 2. Anthol. Planud. 215. Auf Eroten mit Spolien der Götter, auf einem Relief. — V. 2. σκῦλα, ἐπὶ τοῖς σκύλοις.

No. 3. Anthol. Planud. 93. Εἰς τοὺς Ἡρακλέους ἄθλους. Man vergl. hiermit das Epigramm Anthol. Pal. T. II. 651.

 Πρῶτα μὲν ἐν Νεμέᾳ βριαρὸν κατέπεφνε λέοντα,
 δεύτερον ἐν Λέρνῃ πολυαύχενον ἔκτανεν ὕδραν,
 τὸ τρίτον αὖτ' ἐπὶ τοῖς Ἐρυμάνθιον ἔκτανε κάπρον,
 χρυσόκερων ἔλαφον μετὰ ταῦτ' ἤγρευσε τέταρτον,
 πέμπτον δ' ὄρνιθας Στυμφαλίδας ἐξεδίωξεν,
 ἕκτον Ἀμαζονίδος κόμισε ζωστῆρα φαεινόν,
 ἕβδομον Αὐγείου πολλὴν κόπρον ἐξεκάθηρεν,
 ὄγδοον ἐκ Κρήτηθε πυρίπνοον ἤλασε ταῦρον,
 εἴνατον ἐκ Θρῄκης Διομήδεος ἤγαγεν ἵππους,
 Γηρυόνου δέκατον βόας ἤλασεν ἐξ Ἐρυθείης,
 ἑνδέκατον κύνα Κέρβερον ἤγαγεν ἐξ Ἀΐδαο,
 δωδέκατον δ' ἤνεγκεν ἐς Ἑλλάδα χρύσεα μῆλα.

V. 2. ἀμφετίναξα. mit der Keule. — V. 5. ἐδάην, cf. Tyrt. 2, 8. —
V. 6. αὐτὸς Ὀλ. ἔχω, Hom. Od. 11, 601 ff.

4.

Κολχίδα, τήν έπί παισίν άλάστορα, τραυλέ χελιδών,
  πώς έτλης τεχέων μαΐαν έχειν ίδίων;
ής έτι ξανθός ύφαιμος άπαστράπτει φόνιον πύρ,
  καί πολύς γενύων άφρός άπο σταλάει·
άρτιβρεχής δέ σίδηρος έφ' αίματι. φεύγε πανώλη
  μητέρα, κάν κηρώ τεχνοφονούσαν έτι.

5.

Ούρεά μευ καί πόντον ύπέρ τύμβοιο χάρασσε,
  καί μέσον αμφοτέρων μάρτυρα Λητοίδην,
άενάων τε βαθύν ποταμών ρόον, οί ποτε ρείθροις
  Ξέρξου μυριόναυν ούχ ύπέμειναν Άρην.
έγγραφε καί Σαλαμίνα, Θεμιστοκλέους ίνα σήμα
  κηρύσσει Μάγνης δήμος άποφθιμένου.

6.

'Αδριακοίο κύτους λαιμός τό πάλαι μελίγηρυς,
  ήνίκ' έγαστροφόρουν Βακχιακάς χάριτας,
νύν κλασθείς κείμαι νεοθηλέι καρτερόν έρκος
  κλήματι, πρός τρυφερήν τεινομένω καλύβην.
αίεί τι Βρομίω λατρεύομεν· ή γεραόν γάρ
  φρουρούμεν πιστώς, ή νέον έκτρέφομεν.

No. 4. Anthol. Planud. 141. An eine Schwalbe, welche ihr Nest an ein Bild der Medea, die eben ihre Kinder ermordet hat, gebaut hat. — κάν κηρώ, i. e. καί γεγραμμένην. Jac. — Mit Hülfe glühender Stifte wurde farbiges Wachs auf hölzerne Tafeln oder auch auf gebrannten Thon aufgetragen und darauf die Farben vertrieben und völlig eingeschmolzen (*ceris pingere et picturam inurere*).

No. 5. Anthol. Pal. 7, 237. Φιλίππου Θεσσ. ή 'Αλφειού Μιτυλ. (zur Zeit Cäsars oder Augusts). Auf das Grabmal des Themistokles in Magnesia (Plutarch. Vit. Them. c. 32.) sollen die Berge, welche das Heer des Xerxes durchgraben, das Meer, das er überbrückt, die Flüsse, die es ausgetrunken hat (Herodot. 7, 58.), und Salamis — und darüber als Zeuge der allsehende Helios eingegraben werden; denn durch die Darstellung der ungeheuren Macht des Feindes tritt die grosse That des Themistokles um so glänzender hervor. — V. 2. Λητοίδης, Phoebos Apollon, der in der späteren griechischen Zeit mit Helios identificirt ist.

No. 6. Anthol. Pal. 9, 232. Auf die Scherbe eines Weinkruges, welche noch den jungen Spross einer Rebe schützt. — 'Αδριακοίο κύτους. „τόν 'Αδριακού νέκταρος οίνοδόχον. *Sic Sabina diota et Laestrygonia amphora* ap. Horat. O. 1, 9, 7. 3, 16, 33. *de vini genere, quod continebant, nuncupantur.*" Jac. — V. 5. Βρόμιος, Dionysos.

7.

Πουλὺ Λεωνίδεω κατιδὼν δέμας αὐτοδάϊκτον
Ξέρξης ἐχλαίνου φάρεϊ πορφυρέῳ.
κῆκ νεκύων δ' ἤχησεν ὁ τᾶς Σπάρτας κλυτὸς ἥρως·
Οὐ δέχομαι προδόταις μισθὸν ὀφειλόμενον·
ἀσπὶς ἐμοὶ τύμβου κόσμος μέγας· αἶρε τὰ Περσῶν·
χήξω κεῖς Ἀΐδαν ὡς Λακεδαιμόνιος.

No. 7. Anthol. Pal. 9, 293. Xerxes behandelte nach Herodot. 2, 238. den Leichnam des Leonidas auf ganz andere Weise.

XXVI. Lukianos.

1.

Ἀνθρώπους μὲν ἴσως λήσεις ἄτοπόν τι ποιήσας·
οὐ λήσεις δὲ θεούς, οὐδὲ λογιζόμενος.

2.

Τοῖσι μὲν εὖ πράττουσιν ἅπας ὁ βίος βραχύς ἐστιν·
τοῖς δὲ κακῶς μία νὺξ ἄπλετός ἐστι χρόνος.

3.

Θνητὰ τὰ τῶν θνητῶν, καὶ πάντα παρέρχεται ἡμᾶς·
ἢν δὲ μή, ἀλλ' ἡμεῖς αὐτὰ παρερχόμεθα.

4.

Εὖ πράττων φίλος εἶ θνητοῖς, φίλος εἶ μακάρεσσι,
καί σευ ῥηϊδίως ἔκλυον εὐξαμένου.
ἢν πταίσῃς, οὐδείς ἔτι σοι φίλος, ἀλλ' ἅμα πάντα
ἐχθρά, Τύχης ῥιπαῖς συμμεταβαλλόμενα.

5.

Ἡ βραδύπους βουλὴ μέγ' ἀμείνων, ἡ δὲ ταχεῖα
αἰὲν ἐφελκομένη τὴν μετάνοιαν ἔχει.

6.

Πλοῦτος ὁ τῆς ψυχῆς πλοῦτος μόνος ἐστὶν ἀληθής·
τἄλλα δ' ἔχει λύπην πλείονα τῶν κτεάνων.

Lukianos von Samosata, geb. 130 n. Chr.
   No. 1. Anthol. Pal. 10, 27.
   No. 2.   „   „ 10, 28.
   No. 3.   „   „ 10, 31.
   No. 4.   „   „ 10, 35.
   No. 5.   „   „ 10, 37. cf. Theogn. No. 66.
   No. 6.   „   „ 10, 41. V. 2. verbinde τἄλλα τῶν κτεάνων. —

τὸν δὲ πολυκτέανον καὶ πλούσιόν ἐστι δίκαιον
κλήζειν, ὃς χρῆσθαι τοῖς ἀγαθοῖς δύναται.
εἰ δέ τις ἐν ψήφοις κατατήκεται, ἄλλον ἐπ' ἄλλῳ
σωρεύειν αἰεὶ πλοῦτον ἐπειγόμενος,
οὗτος ὁποῖα μέλισσα πολυτρήτοις ἐνὶ σίμβλοις
μοχθήσει, ἑτέρων δρεπτομένων τὸ μέλι.

V. 5. ψῆφος, Rechensteinchen; ἐν ψήφοις, beim Rechnen.

XXVII. Gaetulicus.

Στῆμα τόδ' Ἀρχιλόχου παραπόντιον, ὅς ποτε πικρὴν
μοῦσαν ἐχιδναίῳ πρῶτος ἔβαψε χόλῳ,
αἱμάξας Ἑλικῶνα τὸν ἥμερον· οἶδε Λυκάμβης,
μυρόμενος τρισσῶν ἅμματα θυγατέρων.
ἠρέμα δὴ παράμειψον, ὁδοιπόρε, μή ποτε τοῦδε
κινήσῃς τύμβῳ σφῆκας ἐφεζομένους.

Cn. Lentulus Gaetulicus. Sein Zeitalter unbekannt.
Anthol. Pal. 7, 71. Auf das Grabmal des Archilochos, s. p. 9. — Hor. Ep. 6, 11. *namque in malos asperrimus parata tollo cornua, qualis Lycambae spretus infido gener.* cf. Hor. A. P. 79. — Auf dem Grabe des reizbaren Dichters sitzen reizbare Wespen. cf. Hom. Il. 16, 259 ff. — V. 3. οἶδε, wie ἰδάην Philipp. 3, 5.

XXVIII. Adespota.

1.

Ἔκλαγεν ἐκ Θηβῶν μέγα Πίνδαρος, ἔπνεε τερπνά
ἡδυμελιφθόγγου μοῦσα Σιμωνίδεω.
λάμπει Στησίχορός τε καὶ Ἴβυκος· ἦν γλυκὺς Ἀλκμάν,
λαρὰ δ' ἀπὸ στομάτων φθέγξατο Βακχυλίδης.
Πειθὼ Ἀνακρείοντι συνέσπετο, ποικίλα δ' αὐδᾷ
Ἀλκαῖος κώμῳ Λέσβιος Αἰολίδῃ.
ἀνδρῶν δ' οὐκ ἐνάτη Σαπφὼ πέλεν, ἀλλ' ἐρατειναῖς
ἐν Μούσαις δεκάτη Μοῦσα καταγράφεται.

No. 1. Anthol. Pal. 9, 571. Musterung der neun lyrischen Dichter des von den alexandrinischen Gelehrten aufgestellten Kanons. — ἔκλαγεν, wie ein Adler (siehe zu Pind. Ol. 2, 88.); κλάζειν wird von der Stimme der grösseren Vögel gebraucht. — V. 3. λάμπει von dem λαμπρὸς χαρακτήρ ihrer Poesie. — V. 5. ποικίλα, cf. Pind. Ol. 4, 2. — V. 6. κῶμος, ein Festgelage oder ein Festzug, sowie auch die Lieder, die bei solcher Gelegenheit gesungen wurden. — V. 7. cf. Plato 10.

2.

Ἀθανάτων πομπαῖσιν Ἀρίονα, Κυκλέος υἱόν,
ἐκ Σικελοῦ πελάγους σῶσεν ὄχημα τόδε.

3.

Οὐ σὸν μνῆμα τόδ' ἔστ', Εὐριπίδη, ἀλλὰ σὺ τοῦδε·
τῇ σῇ γὰρ δόξῃ μνῆμα τόδ' ἀμπέχεται.

4.

Ἆ μάκαρ ἀμβροσίῃσι συνέστιε φίλτατε Μούσαις,
χαῖρε καὶ εἰν Ἀίδεω δώμασι, Καλλίμαχε.

5.

Ἀτθίδος εὐγλώττου στόμα φέρτατον, οὐ σέο μεῖζον
φθέγμα Πανελλήνων πᾶσα κέκευθε σελίς·
πρῶτος δ' εἴς τε θεὸν καὶ ἐς οὐρανὸν ὄμμα τανύσσας,
θεῖε Πλάτων, ἤθη καὶ βίον ηὐγάσαο,
Σωκρατικῷ Σάμιον κεράσας μυκτῆρι φρόνημα,
κάλλιστον σεμνῆς κρᾶμα διχοστασίης.

6.

α. Αἰετέ, τίπτε βέβηκας ὑπὲρ τάφον, ἢ τίνος, εἰπέ,
ἀστερόεντα θεῶν οἶκον ἀποσκοπέεις;
β. ψυχῆς εἰμὶ Πλάτωνος ἀποπταμένης ἐς Ὄλυμπον
εἰκών, σῶμα δὲ γῇ γηγενὲς Ἀτθὶς ἔχει.

No. 2. Anthol. Append. 105. Auf ein Monument, das den Arion auf einem Delphin sitzend darstellen soll. Herod. 1, 24. Ἀρίονός ἐστι ἀνάθημα χάλκεον οὐ μέγα ἐπὶ Ταινάρῳ, ἐπὶ δελφῖνος ἐπεὼν ἄνθρωπος. cf. Pausan. 3, 25, 5. — ὄχημα, der Delphin.

No. 3. Anthol. Pal. 7, 46.

No. 4. Anthol. Pal. 7, 41.

No. 5. Anthol. Pal. 9, 188. — V. 2. σελίς, der leere Raum zwischen den zwei Columnen auf einer beschriebenen Seite eines Buches, daher das Buch selbst, ein Gedicht, eine Schrift; hier in noch weiterem Sinne die ganze Litteratur. — V. 3. u. 4. „Duae primariae partes philosophiae Platonis erant, altera de vita et moribus, altera de natura et rebus occultis. Cic. Acad. 1, 5." Jac. — V. 5. Platon vereinigte samischen Ernst, d. h. den Ernst des Pythagoras aus Samos, mit der Ironie des Sokrates. Wodurch sich also beide Philosophen unterscheiden, die διχοστασία beider vereinigte Platon zu schöner Harmonie. — μυκτήρ = εἰρωνεία; nasus Atticus, Senec. Suas. 1.

No. 6. Anthol. Pal. 7, 62. Auf einen auf dem Grabe des Platon stehenden, zum Himmel blickenden Adler.

7.

Ἐλθὼν εἰς Ἀίδην, ὅτε δὴ σοφὸν ἤνυσε γῆρας,
Διογένης ὁ κύων Κροῖσον ἰδὼν ἐγέλα,
καὶ στρώσας ὁ γέρων τὸ τριβώνιον ἐγγὺς ἐκείνου,
τοῦ πολὺν ἐκ ποταμοῦ χρυσὸν ἀφυσσαμένου,
εἶπεν· ἐμοὶ καὶ νῦν πλείων τόπος· ὅσσα γὰρ εἶχον,
πάντα φέρω σὺν ἐμοί, Κροῖσε, σὺ δ' οὐδὲν ἔχεις.

8.

Ἡ Νέμεσις πῆχυν κατέχω· τίνος οὕνεκα; λέξεις.
πᾶσι παραγγέλλω· μηδὲν ὑπὲρ τὸ μέτρον.

9.

Ἐκ ζωῆς με θεοὶ τεῦξαν λίθον· ἐκ δὲ λίθοιο
ζωὴν Πραξιτέλης ἔμπαλιν εἰργάσατο.

10.

Τύμβος Ἀχιλλῆος ῥηξήνορος, ὅν ποτ' Ἀχαιοί
δώμησαν Τρώων δεῖμα καὶ ἐσσομένων·
αἰγιαλὸς δὲ κέκευθεν, ἵνα στοναχῇσι θαλάσσης
κυδαίνοιτο πάϊς τῆς ἁλίας Θέτιδος.

11.

Ἀσπίδ' Ἀχιλλῆος, τὴν Ἕκτορος αἷμα πιοῦσαν,
Λαρτιάδης Δαναῶν ἦρε κακοκρισίῃ·
ναυηγοῦ δὲ θάλασσα κατέσπασε, καὶ παρὰ τύμβον
Αἴαντος νηκτὴν ὥρμισεν, οὐκ Ἰθάκῃ.
καὶ κρίσιν Ἑλλήνων στυγερὴν ἀπέδειξε θάλασσα,
καὶ Σαλαμὶς ἀπέχει κῦδος ὀφειλόμενον.

No. 7. Anthol. Pal. 9, 145. — V. 4. ποταμοῦ, aus dem goldreichen Paktolos in Lydien.

No. 8. Anthol. Planud. 223. Nemesis wurde als strenge Göttin gebildet, welche mit gebogenem Arm das Gewand vor die Brust hält, als Zeichen der Elle, des Masshaltens. — μηδὲν ὑπὲρ τὸ μέτρον, das gewöhnliche Sprüchwort heisst: μηδὲν ἄγαν.

No. 9. Anthol. Planud. 129. Auf die Statue der Niobe. Sie war in einer Gruppe mit ihren sterbenden Kindern dargestellt von Praxiteles oder nach Andern von Skopas. O. Müller Archaeol. §. 126. cf. Meleagr. 8.

No. 10. Anthol. Pal. 7, 142. Auf das Grab des Achilleus am Vorgebirge Sigeon. Siehe Hom. Od. 24, 80 ff.

No. 11. Anthol. Pal. 9, 115. cf. Asklepiad. Ep. 3. Die Einwohner des neuen Troia erzählten, dass die Waffen des Achilleus nach dem Schiffbruch des Odysseus von den Wellen an das Grab des Aias getrieben worden seien. Paus. 1, 35, 3. cf. Strabo 13, 595.

12.

Ἡρόδοτος Μούσας ὑπεδέξατο· τῷ δ' ἄρ' ἑκάστῃ
ἀντὶ φιλοξενίης βίβλον ἔδωκε μίαν.

13.

Πάντες, Μιλτιάδῃ, τὰ σ' ἀρήϊα ἔργα ἴσασιν,
Πέρσαι καὶ Μαραθών, σῆς ἀρετῆς τέμενος.

No. 12. Anthol. Pal. 9, 160. Das Geschichtswerk des Herodot ist in 9 Bücher getheilt, welche nach den Namen der 9 Musen bezeichnet sind.
No. 13. Anthol. Pal. T. II. p. 850.

Anthologie
GRIECHISCHER LYRIKER

für

die obersten Classen der Gymnasien

mit

litterarhistorischen Einleitungen und erklärenden Anmerkungen

von

H. W. Stoll,
Professor am Gymnasium zu Weilburg.

Zweite Abtheilung.
Melische und chorische Lieder und Idyllen.

Vierte verbesserte Auflage.

HANNOVER.
Carl Rümpler.
1874.

Hofbuchdruckerei der Gebr. Jänecke zu Hannover.

Inhalt.

Zweite Abtheilung.

III. Melische und chorische Lieder.

1.	Alkaios	pag.	7
2.	Sappho	„	12
3.	Melinno	„	16
4.	Anakreon	„	18
5.	Skolien	„	28
6.	Ariphron	„	37
7.	Aristoteles	„	37
8.	Alkman	„	39
9.	Stesichoros	„	40
10.	Ibykos	„	44
11.	Simonides	„	45
12.	Bakchylides	„	50
13.	Pindaros	„	51
	Ol. 1.	„	76
	Ol. 2.	„	87
	Ol. 3.	„	97
	Ol. 4.	„	56
	Ol. 5.	„	59
	Ol. 10.	„	62
	Ol. 12.	„	64
	Ol. 14.	„	67
	Pyth. 1.	„	101
	Pyth. 4.	„	113
	Nem. 2.	„	70
	Nem. 11.	„	72

IV. Idyllen.

1. Theokritos .... pag. 142
    - Id. 1. .... „ 142
    - Id. 3. .... „ 150
    - Id. 4. .... „ 154
    - Id. 6. .... „ 158
    - Id. 7. .... „ 161
    - Id. 11. .... „ 169
    - Id. 13. .... „ 173
    - Id. 15. .... „ 177
    - Id. 20. .... „ 188
    - Id. 28. .... „ 190
2. Bion .... „ 192
    - Id. 1. .... „ 192
    - Id. 4. .... „ 196
    - Id. 5. .... „ 197
    - Id. 6. .... „ 197
3. Moschos .... „ 198
    - Id. 1. .... „ 198
    - Id. 5. .... „ 199
4. Meleagros .... „ 200

III.

MELISCHE UND CHORISCHE LIEDER.

Die melische und chorische Poesie.

In der Elegie rang sich die griechische Poesie von dem Epos los und machte den ersten Schritt in das Gebiet der Lyrik. Doch war dieser Schritt noch schüchtern und unentschieden; denn obgleich der Elegiker nicht mehr, wie der epische Dichter, die grossen Begebenheiten der Vergangenheit in ruhiger Beschauung darlegt, sondern, von der unmittelbaren Gegenwart ergriffen, sich mit seinem Gemüthe an dem ihm naheliegenden Gegenstande betheiligt, also auf lyrische Weise seinen Gegenstand behandelt, so ist doch sein Geist, nur mässig erregt, noch von der Objectivität der äusseren Welt in engen Fesseln gehalten. In freierem und kühnerem Fluge erhob sich der Dichter erst in den mannigfaltigen Formen der von einer ausgebildeten Musik und Orchestik getragenen melischen und chorischen Poesie, oder der lyrischen Poesie im engeren Sinne, von denen jene vorzugsweise von dem äolischen, diese von dem dorischen Stamme ausgebildet wurde. Deshalb nennt man auch die melische Lyrik die äolische, die chorische die dorische, während die Elegie (nebst der iambischen Poesie) die ionische heisst.

Der ionische Stamm war vermöge seiner leichten Erregbarkeit, der schnellen Fassungskraft und der offenen Empfänglichkeit für alle äusseren Eindrücke, unterstützt von der glücklichen Natur seines Landes, allen anderen hellenischen Stämmen in geistiger Bildung und namentlich auch in der Poesie vorausgeeilt und hatte diejenigen Dichtungsarten, welche der Eigenthümlichkeit seines Geistes, der Richtung auf die Aussenwelt, am meisten entsprachen, geschaffen und ausgebildet, das Epos und die Elegie. Dem dorischen Stamme war diese Schnelle und Beweglichkeit des auf die Aeusserlichkeit gerichteten Geistes nicht eigen, dagegen zeichnete er sich aus durch grössere Innerlichkeit und Tiefe des Gemüths. Der äolische Stamm hatte mit den Doriern die Tiefe und Kraft des Gefühls gemein, mit den Ioniern die leichte Erregbarkeit des Sinnes. Wegen der letzteren Eigenschaft bildeten auch die Aeolier zuerst nach den Ioniern die Poesie weiter und riefen die sogenannte äolische Poesie ins Leben.

Die Ausbildung der äolischen Lyrik fällt ans Ende des 7ten und in die erste Hälfte des 6ten Jahrhunderts, in eine Zeit, wo in dem Kampfe zwischen Tyrannenherrschaft und Volksfreiheit, sowie zwischen Aristokratie und Demokratie das innere Leben des Volkes bewegter und bewusster wurde und die einzelne Persönlichkeit sich noch mehr zu fühlen und geltend zu machen begann, als dies zur Zeit der Entstehung der Elegie der Fall gewesen war. Das Individuum gewann jetzt das Bewusstsein seiner völligen Selbständigkeit, und die inneren Kämpfe erhöhten die Stärke und Leidenschaftlichkeit der Gefühle. Auf Lesbos hatte sich der Charakter des äolischen Stammes, dessen starke Sinnlichkeit in anderen Ländern, wie in Böotien und an der kleinasiatischen Küste, in ausschweifende Genussucht und in rohen Uebermuth ausartete, in der oben bezeichneten Zeit zur schönsten Blüthe entfaltet. Die den Aeoliern eigenthümliche Anlage zur Musik wurde auf Lesbos besonders ausgebildet; ihre Pflege gab dem erregbaren, heftigen Sinn des Volkes eine Richtung auf ein höheres geistiges Leben und brachte die melische Lyrik zur künstlerischen Entfaltung.

In der äolischen oder melischen Poesie sprach zuerst der einzelne Dichter seine subjectiven, individuellsten Gedanken und Gemüthsstimmungen aus, wie sie durch seine besondere Lage hervorgerufen wurden. Die Gefühle des Zornes und des Hasses, der Lust und des Schmerzes, der Freundschaft und der Liebe, aus der innersten Tiefe der Seele entsprungen, traten offen und kühn hervor mit einer Gluth und Leidenschaftlichkeit, wie sie nur dem äolischen Stamme eigen war. Diese wogenden Gefühle konnten nicht in dem ruhigen, gleichmässigen Rhythmus der Elegie auf rhapsodische Weise vorgetragen werden; ihr natürlicher Ausdruck war der Gesang und ein wechselvolles Metrum, das zu bestimmten Zeiten für das heftig bewegte Gemüth eines Ruhepunktes bedurfte. So bildete sich die melische Strophe der äolischen Dichter. Diese besteht aus einigen mehrmals wiederkehrenden kürzeren Versen, denen ein oder zwei Schlussverse in etwas verändertem Metrum folgen. Die Gedichte wurden von einem Einzelnen vorgetragen und mit einem Saiteninstrument begleitet. Der Dialect ist der einheimische äolische. — Die Repräsentanten der äolischen Poesie, von der wahrscheinlich wegen des Ungewöhnlichen des Dialects nur wenig übrig geblieben ist, sind Alkaeos von Mytilene (c. Ol. 42. v. Chr. 612), Sappho aus Mytilene, seine etwas jüngere Zeitgenossin, und deren Schülerin Erinna von Tenos, gewöhnlich wegen ihres Aufenthalts die Lesbierin genannt. Ueber Melinno siehe unten.

An die äolischen Dichter schliesst sich die Poesie des Ioniers
Anakreon an.

Die Gesänge der chorischen oder dorischen Lyrik
waren dazu bestimmt, bei Nationalfesten, besonders bei den
Feierlichkeiten des Cultus, von einem tanzenden Chor unter
musikalischer Begleitung abgesungen zu werden. Dieser
öffentliche Charakter derselben musste auf Form und Inhalt
wesentlich einwirken. In ihnen konnten sich nicht die subjectiven Gedanken und Stimmungen eines Einzelnen, wie in
der äolischen Lyrik, geltend machen, sondern sie sprachen
mehr die Gefühle und das innere Leben der ganzen Gemeinde
aus, die durch den Chor repräsentirt wurde und vor welcher
der Chor seine Gesänge aufführte. Auch genügten diesen
Aufführungen nicht mehr die kurzen, leichten äolischen
Strophen; die chorischen Strophen waren grössere, kunstvollere
Ganze, welche dem wechselnden Rhythmus des Tanzes an-
gepasst waren. Gewöhnlich folgte auf die Strophe eine ihr
metrisch völlig entsprechende Gegenstrophe und hierauf die
von ihnen verschiedene Epode; während der Gegenstrophe
machte der Chor die in der Strophe ausgeführten Tanz-
bewegungen zu dem ursprünglichen Standpunkte zurück, wo
er alsdann stillstehend die Epode absang. Je nach ihrem
Inhalte und ihrer Bestimmung hatten die Gesänge verschiedene Namen. Hymnen waren Loblieder auf die Götter, von
einem am Altar stehenden oder tanzenden Chor zur Kithara
gesungen; Päane in älterer Zeit Gesänge an Apollon und
Artemis als die rettenden Götter in der Noth, später Lob-
gesänge an Götter jeder Art zum Abschluss feierlicher Opfer,
von Flöten begleitet. Der Dithyrambos ist ein bakchisches
Festlied, welches von Kreischören (κύκλιοι χοροί), die sich im
Kreise um den Altar bewegten, unter Flöten- oder Kithar-
begleitung vorgetragen wurde. Unter Prosodien verstand
man Lieder, die man bei feierlichen Zügen zum Tempel vor
dem Opfer sang. Parthenien waren Chorlieder von Jungfrauen, besonders auf Apollon. Hyporcheme hiessen Gesänge an Apollon von heiterem, oft muthwilligem Charakter,
bei welchen eigene Pantomimen, mythische Gegenstände dar-
stellend, den Gesang des Chors mit Gebärden und Tanz-
bewegungen begleiteten. Von den Hochzeitsliedern, Hyme-
näen und Epithalamien, wurden diese vor der Thüre des
hochzeitlichen Gemaches, jene bei dem festlichen Brautzuge
durch Chöre von Jünglingen und Jungfrauen abgesungen.
Auch die Threnen, mit der Flöte begleitete Trauergesänge
bei Leichenbegängnissen und Leichenmahlen, sowie die En-
komien, Preisgesänge zur Verherrlichung besonderer Bege-

benheiten und einzelner Personen, und Epinikien, Siegesgesänge zum Preis des Siegers in den Festspielen, hatten einen öffentlichen Charakter.

Diese Chorpoesie, aus dem Cultus der Götter entsprungen, reicht bis in die ältesten, vorhomerischen Zeiten hinauf, wurde aber später vorzugsweise von dem tief religiösen dorischen Stamme, der zuerst unter den griechischen Stämmen zum Bewusstsein einer geschlossenen Volksthümlichkeit und zu fester politischer Gestaltung gekommen war, auf Kreta und besonders zu Sparta geübt. Die von den Spartanern allgemein geforderte musische Bildung förderte die Pflege der Chorpoesie; auf der andern Seite jedoch verwehrte der Zwang des dorischen Gemeinwesens, der keine Besonderheit aufkommen liess, dem Einzelnen, die Kunst auf freiere Weise zu behandeln und weiter zu bilden. Dies geschah erst nach der grösseren Ausbildung der griechischen Musik durch solche Dichter, die zum Theil aus nichtdorischen, zum Theil aus nicht rein dorischen Staaten stammten, durch Alkman (c. Ol. 30. v. Chr. 660), der seiner Herkunft nach ein Lyder als freigelassener Sklave in Sparta wohnte, Stesichoros aus Himera in Sicilien (Ol. 33, 4. bis 55, 1. v. Chr. 645—560) und Arion von Methymne auf Lesbos (Ol. 38—48. v. Chr. 628—585)[*]. Diese Männer behandelten ihren Gegenstand im Allgemeinen im Geiste der bisherigen dorischen Chorpoesie. Sie dichteten für dieselben Zwecke, blieben bei denselben Stoffen und auf der dem dorischen Charakter entsprechenden sittlich-religiösen Grundlage stehen und behielten die dorische Mundart, wenn auch nicht in ihrer Reinheit; aber es machte sich bei ihnen eine grössere Freiheit und Selbständigkeit des Dichtergeistes sowohl in Behandlung des Stoffes als der Form geltend. Durch sie wurde die dorische Chorpoesie ein Gemeingut des ganzen hellenischen Volkes; ihre höchste Entfaltung jedoch fällt erst in das Ende des 6ten und die erste Hälfte des 5ten Jahrhunderts, also in die Zeiten, wo nach dem Siege über die Tyrannenherrschaft und während der Perserkriege das hellenische Volk in voller sittlicher Kraft seiner höchsten geistigen Blüthe entgegenging. In dieser Zeit einer vertieften und allgemeiner verbreiteten Bildung erklingt die Chorpoesie in ihren tiefsten und vollsten Tönen. Der freie Dichtergeist spricht den Reichthum und die Tiefe seiner Gedanken und Gefühle in reinster, vollendetster Form aus und bewegt sich in seinem Gegenstande von nationalem Interesse in ungehemm-

---

[*] Von Arion ist nichts mehr übrig. Ein ihm zugeschriebener Hymnus auf Poseidon ist viel späteren Ursprungs.

ter Begeisterung. Der Chor ist nur noch der Mund des Dichters. Die Dichter, welche die chorische Poesie zu dieser Höhe erhoben, sind **Ibykos** von Rhegion (c. Ol. 63. v. Chr. 528) und besonders **Simonides** von Keos (siehe Th. I. p. 84) und **Pindaros** von Theben. Ihnen reiht sich an **Bakchylides**, der Neffe des Simonides (c. Ol. 77. v. Chr. 472).

Mit der völligen Ausbildung der chorischen Lyrik hat die griechische Lyrik überhaupt ihre höchste Stufe erreicht und weicht von nun an vor dem Drama zurück.

1. Alkaios.

Alkaios aus Mytilene auf Lesbos blühte ungefähr um Ol. 42. v. Chr. 612. Er gehörte einem adligen Geschlechte dieser Stadt an und betheiligte sich mit leidenschaftlichem Sinne, aber mit Muth und Ausdauer an den Kämpfen, die damals die Adelspartei zur Erhaltung ihrer Vorrechte mit dem aufstrebenden Volke und den durch diese demokratischen Bewegungen an die Spitze des Staates gekommenen Tyrannen zu führen hatte. Der Tyrann Melanchros wurde 612 von den Brüdern des Alkaios, Antimenidas und Kikis, umgebracht; bald aber erhoben sich neue Gewaltherrscher, wie Myrsilos, Megalagyros und die Kleanaktiden, welche die Adelspartei aus der Stadt vertrieben. Alkaios und Antimenidas waren damals auch gezwungen ihr Vaterland zu verlassen und schweiften in der Fremde umher, Alkaios kam bis nach Aegypten, sein Bruder trat für längere Zeit in Kriegsdienst bei dem babylonischen Könige Nebukadnezar. Später suchten beide Brüder als Führer der vertriebenen Aristokraten mit bewaffneter Hand in die Vaterstadt zurückzukehren, wurden aber von Pittakos, dem weisen Volksfreunde, den damals das Volk durch freie Wahl zum Schutze der Verfassung als Regenten (αἰσυμνήτης, von Ol. 47, 3. bis 50, 1. v. Chr. 590—580) an die Spitze des Staates stellte, besiegt; Alkaios kam in die Gewalt des Pittakos, der ihm grossmüthig verzieh und ihn wie die übrigen seiner Partei durch Milde und Mässigung zu gewinnen wusste. Ob der Dichter von der Zeit an ruhig in seiner Vaterstadt verblieben oder wieder in die Fremde gezogen ist, bleibt ungewiss.

Mitten unter den Stürmen dieses vielbewegten Lebens erklingen die Lieder des Dichters in vollen Tönen und geben Kunde von den Gefühlen, Wünschen und Bestrebungen seiner leidenschaftlichen Seele. In seinen politischen Liedern (στασιωτικά), in denen er ganz als einseitiger Parteimann auftrat, und in den Kriegsliedern zeigte sich ein starkes männliches Herz, aber voll zorniger Leidenschaftlichkeit, und ein kühner Muth. Ausser diesen dichtete Alkaios Hymnen auf die Götter, Liebeslieder (ἐρωτικά), die eine starke Sinnlichkeit geathmet zu haben scheinen, und nach der Annahme von Manchen Trinklieder (συμποτικά). Den Wein, der des Menschen Herz erfreut und die Kümmernisse des Lebens vergessen macht, hält Alkaios in seinen Gedichten sehr hoch, und er weiss von den verschiedensten Veranlassungen aus zu dem Genusse desselben aufzufordern; ob diese Lieder aber als eine besondere Classe von Trinkliedern anzunehmen sind, steht dahin; wahrscheinlich standen diese Aufforderungen zum Trinken in Verbindung mit Betrachtungen über die verschiedenartigsten speciellen Verhältnisse des Lebens wie bei Horaz, der sich in seinen Oden bekanntlich den Alkaios vor allen zum Vorbilde genommen, aber bei aller Kunst an Wahrheit und Tiefe des Gefühls seinem Vorgänger bei weitem nachsteht. Sämmtliche Gedichte des Alkaios theilten die alexandrinischen Grammatiker in 10 Bücher, doch sind uns von denselben leider nur kurze Bruchstücke übrig geblieben *).

Alkaios zeichnet sich aus durch eine kraftvolle, rasche und würdige Diction, durch anschauliche Bilder und geniale Behandlung der metrischen Kunst. Die alkäische Strophe ist von ihm erfunden. Der Dialect ist wie überhaupt in der äolischen Poesie der äolische, jedoch durch epische Formen gemildert. Man merke sich im voraus für Alkaios und Sappho von den Eigenthümlichkeiten des äolischen Dialects ausser dem Digamma aeolicum, wie Ϝίδω = ἴδω, Folgendes:

---

*) Horat. Carm. 1, 32, 3 ff.

age dic Latinum,
barbite, carmen
Lesbio primum modulate civi,
qui ferox bello, tamen inter arma,
sive iactatam religarat udo
litore navem,
Liberum et Musas Veneremque et illi
semper haerentem puerum canebat
et Lycum nigris oculis nigroque
crine decorum.

Das ionische η, das dem dorischen ᾱ entspricht, wird ᾱ: τᾶς, πεπάγασι, ἄγον, ἀδυ == ἡδύ: η bleibt, wenn es aus ε entstanden.

α wird bisweilen ο: γνόφαλλον == γνάφαλλον, ὀνία == ἀνία, βρογέως.

ει wird oft η: κῆνος == κεῖνος; im Inf. praes. ην statt ειν: ἐπιτρέπην, ἄγην. Diese Endung, entstanden aus εμεναι, findet sich auch bei andern Infinitiven, z. B. μεθύσθην f. μεθυσθῆναι, τεθνάκην f. τεθνηκέναι. Vor einer Liquida wird ει gewöhnlich ε und die Liquida wird verdoppelt: ἱμέρρω == ἱμείρω.

ου wird oft ω: ἰσχύρω, ὠράνω == οὐρανοῦ, in den Femininis der Participia aber οι: λίποισα, ἄἴοισα, wozu auch Μοῖσα gehört. Ebenso wird 3. plur. praes. οισι für ουσι: νεύοισι, und die Endung des Acc. plur. 2. Decl. οις statt ους: πασσάλοις == πασσάλους.

Der Accusativendung οις entspricht in 1. Decl. Acc. plur. αις statt ας: κυλίγναις, und der Participialendung οισα die Participialendung αις, αισα f. ας, ασα: μειδιάσαισα. Diese Formen mit οι und αι sind entstanden, die Participia aus ονσα und ανσα, die Acc. aus ονς und ανς, die 3. plur. aus ονσι (== οντι).

εο contrahirt in ευ: βέλευς, μοχθεῦντες.

αω und αο contrahirt in α: χαλεπᾶν, μεριμνᾶν f. χαλεπῶν, μεριμνῶν, ἀσάμενοι.

Die Verba auf εω erhalten gewöhnlich die Form derer auf μι: κάλημι == καλέω, ὄρημι == ὁρέω, ionisch statt ὁράω, 3. plur. εισι: ἐπιρρόμβεισι v. ἐπιρρομβέω; daher ferner ὠθήτω == ὠθείτω, φορήμεθα, das Part. praes. εις, εντος: φώνεις, φώνεισα.

Die Verba auf αω bilden praes. pers. 1. die Form αμι: γέλαμι, pers. 2. γέλαις, μαῖς v. μάω, 3. plur. αισι: χόλαισι == χαλῶσι, part. κίρναις, γέλαις, γέλαισα.

Der Accent wird soweit zurückgezogen, als es die Quantität der letzten Sylbe erlaubt, mit Ausnahme der Präpositionen und Conjunctionen: θῦμος == θυμός, φίλει == φιλεῖ; der Spiritus asper wird, wiewohl nicht durchgehends, in den Spiritus lenis verwandelt: ἀδυ == ἡδύ.

Anderes wird an den betreffenden Stellen erklärt werden.

1.

⏓⏓–⏓–⏓– ⏓⏓–⏓–⏓– ⏓–⏓–

Μαρμαίρει δὲ μέγας δόμος χάλκῳ· πᾶσα δ' Ἄρῃ κεκόσμηται στέγα
λάμπραισιν κυνίαισι, κατ τᾶν λεῦκοι καθύπερθεν ἵππιοι λόφοι
νεύοισιν, κεφάλαισιν ἀνδρῶν ἀγάλματα, χάλκιαι δὲ πασσάλοις
κρύπτοισιν περικείμεναι λάμπραι κνάμιδες, ἄρκος ἰσχύρω βέλευς.
5 θώρακές τε νέοι λίνω κοίιλαί τε κατ' ἄσπιδες βεβλήμεναι·
παρ δὲ Χαλκίδικαι σπάθαι, παρ δὲ ζώματα πολλὰ καὶ κυπάττιδες·
τῶν οὐκ ἔστι λάθεσθ', ἐπειδὴ πρώτισθ' ὑπὸ ἔργον ἔσταμεν τόδε.

2.

Ἀσυνέτημι τῶν ἀνέμων στάσιν·
τὸ μὲν γὰρ ἔνθεν κῦμα κυλίνδεται,
τὸ δ' ἔνθεν· ἄμμες δ' ἂν τὸ μέσσον
ναῒ φορήμεθα σὺν μελαίνᾳ,
5 χείμωνι μοχθεῦντες μεγάλῳ μάλα·
περ μὲν γὰρ ἄντλος ἰστοπέδαν ἔχει,
λαῖφος δὲ πᾶν ζάδηλον ἤδη,
καὶ λάκιδες μεγάλαι κατ' αὐτο·
χόλαισι δ' ἄγκυραι.

No. 1. Athen. 14, 627, A. Ἀλκαῖος ὁ ποιητής, εἴ τις καὶ ἄλλος, μουσικώτατος γενόμενος, πρότερα τῶν κατὰ ποιητικὴν τὰ κατὰ τὴν ἀνδρείαν τίθεται, μᾶλλον τοῦ δέοντος πολεμικὸς γενόμενος· διὸ καὶ ἐπὶ τοῖς τοιούτοις σεμνυνόμενός φησιν· Μαρμαίρει κτλ. καίτοι μᾶλλον ἴσως ἥρμοττε τὴν οἰκίαν πλήρη εἶναι μουσικῶν ὀργάνων. — Der kriegerische Dichter beschreibt seinen Genossen mit frohem Stolze seinen Waffensaal in behaglicher Ausführlichkeit.

V. 2. καττᾶν = κατὰ τῶν = καθ' ὧν. κατ = κατά, wie παρ = παρά, ἀν = ἀνά, περ = περί.

V. 4. In κνάμιδες ist die 2. Sylbe verkürzt, was durch die Zurückziehung des Accentes erleichtert wird. Der Aeolier liebt überhaupt Verkürzungen, siehe 3, 1. ὀράνω, 5, 2. δίτα.

V. 5. κοίιλαι, cf. Mimnerm. 4, 6.

V. 6. Χαλκίδικαι σπάθαι. σπάθη, ein breites Schwert, Flamnberg. Das euböische Chalkis war von Alters her durch Metallarbeit ausgezeichnet. — κυπάττιδες, kriegerisches Kleidungsstück. Pollux. 7, 60. ὁ κυπασσὶς λίνου πεποίητο, σμικρὸς χιτωνίσκος ἄχρι μέσου μηροῦ.

V. 7. „daran muss man jetzt denken, da wir einmal dieses Werk (den Kampf) unternommen haben."

No. 2. Heraclid. Alleg. Hom. c. 5. ed. Mehler. — Diese Ode wurde gedichtet, als Myrsilos durch sein Streben nach der Tyrannis den Staat in Verwirrung brachte. — Vgl. Theogn. No. 1. Hor. Carm. 1, 14.

V. 7. ζάδηλον = διάδηλον. Horat. non tibi sunt integra lintea.

3.

Ύει μὲν ὁ Ζεύς, ἐκ δ' ὀράνω μέγας
χείμων, πεπάγασιν δ' ὑδάτων ῥόαι.
○⏑⏑–○⏑⏑–○–○
–⏑⏑–⏑⏑–⏑–○
κάββαλλε τὸν χείμων', ἐπὶ μὲν τίθεις
πῦρ, ἐν δὲ κίρναις οἶνον ἀφειδέως
μέλιχρον, αὐτὰρ ἀμφὶ κόρσα⏑   5
μάλθακον ἀμφιβάλων γνόφαλλον.

4.

Οὐ χρὴ κάκοισι θῦμον ἐπιτρέπην·
προκόψομεν γὰρ οὐδὲν ἀσάμενοι,
ὦ Βύκχι, φάρμακον δ' ἄριστον
οἶνον ἐνειχαμένοις μεθύσθην.

5.

×⏑⏑–⏑⏑–   –⏑⏑–   –⏑⏑–⏑–
Πίνωμεν· τί τὸ λύχνον μένομεν; δάκτυλος ἀμέρα.
καδ δ' ἄειρε κυλίχναις μεγάλαις, ἀΐτα, ποικίλαις·
οἶνον γὰρ Σεμέλας καὶ Δίος υἶος λαθικάδεα
ἀνθρώποισιν ἔδωκ'· ἔγχεε κίρναις ἕνα καὶ δύο
πλείαις κακ κεφάλας, ἁ δ' ἑτέρα τὰν ἑτέραν κύλιξ
ὠθήτω.

6.

Μηδὲν ἄλλο φυτεύσῃς πρότερον δένδριον ἀμπέλω.

No. 3. Athen. 10, 430, A. — Vgl. die Nachahmung Hor. Carm. 1, 9. und Epod. 13. — γνόφαλλον = γνάφαλλον = κνάφαλον.

No. 4. Athen. l. c.

No. 5. Athen. l. c. — Cf. Asclepiad. Anthol. Pal. 12, 50. Πίνωμεν Βάκχου ζωρὸν πόμα· δάκτυλος ἀώς· ἦ πάλι κοιμιστὸν λύχνον ἰδεῖν μένομεν;
V. 2. ἀΐτα, s. zu 1, 4.
V. 4. ἕνα καὶ δύο, geht auf das Mischungsverhältniss von Wasser und Wein. vgl. Od. 9, 209.
V. 5. κακ κεφάλας, *praeceps*, verbinde mit ἔγχεε.

No. 6. Athen. l. c. — Cf. Hor. Carm. 1, 18, 1. *Nullam, Vare, sacra vite prius severis arborem.*

II. Sappho.

Sappho, die grösste Dichterin des Alterthums, geboren zu Mytilene, der Hauptstadt von Lebos, oder nach Andern in der kleinen lesbischen Stadt Eresos, lebte zwischen Ol. 38 u. 53 (v. Chr. 628—568). Gegen Ol. 46 (596) floh sie aus uns unbekannten Gründen aus Lesbos nach Sicilien; wie lange sie hier verweilt, wissen wir nicht. Eine Zeitlang war sie verheirathet mit einem reichen Manne aus Andros, dem sie eine Tochter gebar, „die liebliche, goldenen Blumen vergleichbare Kleis" (Fr. 87. Bergk). In ihren späteren Jahren lebte sie zu Mytilene umgeben von einem Kreise junger, befreundeter Mädchen, welche sie in der musischen Kunst unterwies. Dieses Verhältniss zu ihren jungen Freundinnen, das man passend mit dem des Sokrates zu seinen Schülern verglichen hat, war gewiss ein lauteres und unbescholtenes; allein das spätere Alterthum, besonders die attische Komödie, hat sich ein Geschäft daraus gemacht, dasselbe zu missdeuten und überhaupt den Namen der Dichterin auf allerlei Weise zu verunglimpfen. Auch die Erzählung, dass sie zu einem schönen Jüngling Namens Phaon in unreiner Liebe entbrannt sei, und dass sie sich, als sie von demselben verschmäht und verlassen worden, aus Verzweiflung vom leukadischen Felsen ins Meer gestürzt habe, ist wahrscheinlich auf diese Weise entstanden. Solchen Verläumdungen widersprechen die strengen Grundsätze, welche Sappho in ihren Gedichten ausgesprochen hat, und glaubwürdige Zeugnisse aus dem Alterthume. Alkaios nennt sie eine Heilige (ἀγνά). In neuerer Zeit hat sich Welcker das Verdienst erworben, die geschmähte Dichterin wieder zu Ehren zu bringen (F. G. Welcker, Sappho von einem herrschenden Vorurtheil befreit. Götting. 1816.).

Die nächste Veranlassung zu jenen Lästerungen mögen den Athenern, welche gerne die grossen Persönlichkeiten anderer Stämme herabzogen, die Gedichte der S. selbst gegeben haben. Der Mittelpunkt ihrer Poesie war die Liebe, welche sich nicht bloss auf Männer, sondern auch auf jüngere ihres Geschlechts erstreckte; denn das Wohlgefallen an der schönen Gestalt, welches bei den Griechen allgemein die Männerliebe hervorgerufen hatte, hatte auch der Freundschaft der S. zu ihren Schülerinnen einen gewissen Anstrich sinnlicher Liebe gegeben. Von den beiden unten folgenden Oden bezieht sich wenigstens No. 2 auf ein geliebtes Mädchen; es athmet uns unbegreifliche sinnliche Gluth. Die späteren Athener, welche die Eigenthümlichkeit des äolischen Charakters nicht verstanden und die den lesbischen Frauen im Verkehr des öffentlichen Lebens gestattete Freiheit nicht zu würdigen wussten, konnten sich die Leidenschaftlichkeit und Offenheit, womit S. in ihren Gedichten die Gefühle ihres Herzens ausspracb, nicht erklären und saben darin nur die nackte, aller weiblichen Würde entkleidete Sinnlichkeit.

Ausser den erotischen Gedichten, wozu wir auch die vielgepriesenen Epithalamien rechnen, dichtete S. noch Hymnen auf die Götter. Neben diesen λυρικὰ μέλη worden zwar von Suidas auch noch Epigramme, Elegien und Iamben genannt; ob diese Angabe übrigens richtig ist, steht zu bezweifeln; wenigstens wird die Aechtheit der drei unter ihrem Namen erhaltenen Epigramme (Anthol. Pal. VI, 269. VII, 489. 505.) beanstandet. Von den λυρικά μέλη, welche von Späteren nach den Versmassen in 9 Bücher eingetheilt waren, sind uns nur noch eine Anzahl kleinerer Bruchstücke und die zwei folgenden vollständigen Oden erhalten. Wir erkennen noch heute in den geringen Ueberresten die hohen Vorzüge, welche die Alten den Gesängen der lesbischen Nachtigall beilegten, die Tiefe und Innigkeit der Gefühle, die Zartheit und Grazie, mit der sie bei der grössten Offenheit und Naivität die Empfindungen des glühend erregten Herzens ausspricht, die blühende, wohllautende Sprache, die gefällige Weichheit der wechselnden Rhythmen. Das Versmass der beiden folgenden Oden ist die nach ihr benannte, wiewohl nicht von ihr erfundene sapphische Strophe, deren sie sich neben anderen vorzugsweise bediente.

1.

Ποικιλόθρον', ἀθάνατ' Ἀφρόδιτα,
παῖ Διός, δολόπλοκε, λίσσομαί σε,
μή μ' ἄσαισι μηδ' ὀνίαισι δάμνα,
πότνια, θῦμον·

No. 1. Dionys. Compos. Verb. 173. Rsk. — Da die Liebe der S. verschmäht wird, so erfleht sie den Beistand der Aphrodite, welche ihr auch früher schon auf ihr Bitten huldreich genaht war. Durch die lebhafte Erinnerung und die ausführliche Beschreibung einer solchen früheren hülfreichen Erscheinung der Göttin (V. 5—24.) belebt die Dichterin ihren Muth und Hoffnung, dass auch Aphrodite ihr auch jetzt beistehen werde, und wiederholt daher mit grösster Zuversicht in der letzten Strophe die im Anfang ausgesprochene Bitte. Vgl. Müller Littgesch. I. p. 317.

V. 1. ποικιλόθρον'. Welcker vermuthet, dass S. hier einen kunstreich gearbeiteten Sessel der Aphr. in ihrem Tempel zu Mitylene im Sinne gehabt. — Ἀφρόδιτα mit verkürzter Endung.

     5 ἀλλὰ τυῖδ' ἔλθ', αἴ ποτα κἀτέρωτα
        τὰς ἔμας αὔδως ἀΐοισα πήλυι
        ἔκλυες, πάτρος δὲ δόμον λίποισα
           χρύσιον ἦλθες

        ἄρμ' ὑποζεύξαισα· κάλοι δέ σ' ἄγον
    10 ὤκεες στροῦθοι περὶ γᾶς μελαίνας,
        πύκνα δινεῦντες πτέρ' ἀπ' ὠράνω αἴθε-
           ρος διὰ μέσσω.

        αἶψα δ' ἐξίκοντο· τὺ δ', ὦ μάκαιρα,
        μειδιάσαισ' ἀθανάτῳ προσώπῳ,
    15 ἤρε', ὄττι δηὖτε πέπονθα κὤττι
           δηὖτε κάλημι,

        κὤττ' ἔμῳ μάλιστα θέλω γένεσθαι
        μαινόλᾳ θύμῳ· τίνα δηὖτ' ἀπείθην
        μαῖς ἄγην ἐς σὰν φιλότατα, τίς σ', ὦ
    20   Ψάπφ', ἀδικήει;

        καὶ γὰρ αἰ φεύγει, ταχέως διώξει,
        αἰ δὲ δῶρα μὴ δέκετ', ἄλλα δώσει,
        αἰ δὲ μὴ φίλει, ταχέως φιλήσει
           κωὐκ ἐθέλοισαν.

V. 5. τυῖδε = τοῖδε = τῆδε, δεῦρο; so πήλυι = πηλόσε. — πότα = πότε, ebenso ἄλλοτα. κἀτέρωτα erklärt Hesych. καὶ ἄλλοτε, doch bleibt immer noch der Unterschied, welcher zwischen ἕτερος und ἄλλος herrscht: aus mehreren Fällen wird einer herausgehoben und dem jetzigen Fall entgegengesetzt, so dass sich eine Zweitheilung ergibt.

V. 6. αὔδως = αὐδοῦς v. αὔδω = αὐδά.

V. 7. κλύειν, erhören, dagegen ἀΐω, hören, vernehmen. cf. Hom. Il. 5, 115 ff. 14. 234. Hes. Erg. 9. κλῦθι ἰδὼν ἀΐων τε.

V. 10. περὶ γᾶς, περί steht für ὑπερί = ὑπέρ, äol. ἰπέρ; für ὑπερέχειν gibts eine äol. Form περρέχειν.

V. 13. τύ = σύ, das V. 27 vorkommt.

V. 14. Das μειδιᾶν ist eine charakteristische Eigenschaft der Aphrodite, Hom. H. in Aphr. 49. ἡδὺ γελοιήσασα, φιλομμειδὴς Ἀφροδίτη. cf. Il. 3, 424. 5. 375. Hor. Od. 1, 2, 33. *Erycina ridens.*

V. 15. δηὖτε = δὴ αὖτε.

V. 18. ἀπείθην, die Wörter der 3. Decl. auf ης bilden äol. den Acc. auf ην.

V. 20. Ψάπφ' für Ψάπφο, eine Verkürzung aus Ψάπφοι; übrigens ist auch eine Elision des οι möglich. — ἀδικήει = ἀδικέει.

V. 22. δέκεται = δέχεται. Liebende gaben ihre Neigung durch Geschenke zu erkennen, durch Blumen, Früchte, Thiere, Haarflechten u. s. w.

ἔλθε μοι καὶ νῦν, χαλεπᾶν δὲ λῦσον   25
ἐκ μεριμνᾶν, ὄσσα δέ μοι τέλεσσαι
θῦμος ἰμέρρει, τέλεσον· σὺ δηὖτε
 σύμμαχος ἔσσο.

2.

Φαίνεταί μοι κῆνος ἴσος θέοισιν
ἔμμεν' ὤνηρ, ὄστις ἐνάντιός τοι
ἰζάνει καὶ πλάσιον ἆδυ φωνεί-
 σας ὐπακούει

καὶ γελαίσας ἰμέροεν, τό μοι μάν   5
καρδίαν ἐν στήθεσιν ἐπτόασεν·
ὤς σε γὰρ Ϝίδω, βροχέως με φώνας
 οὐδὲν ἔτ' εἴκει·

ἀλλὰ καμ μὲν γλῶσσα Ϝέαγε, λέπτον δ'
αὔτικα χρῷ πῦρ ὐπαδεδρόμακεν,   10
ὀππάτεσσι δ' οὐδὲν ὄρημ', ἐπιρρόμβεισι δ' ἄκουαι.

V. 28. ἔσσο, Imper. v. ἔσμι, ἔμμι = εἰμί; Infin. ἔμμεναι, 2, 2.

No. 2. Longin. de Sublim. c. 10. — Eine vollständige Ode; die Dichterin beschreibt den Zustand, in welchen sie bei dem Anblick eines geliebten Mädchens versetzt wird. Longin führt dieses Gedicht als ein Beispiel des Erhabenen an, das durch das Herausheben und Zusammenfassen der Hauptmomente (ἄκρα καὶ ὐπερτεταμένα) einer Sache entsteht. Nach Anführung des Gedichts sagt er: „ist es nicht bewunderswürdig, wie sie Seele, Leib, Ohr, Zunge, Auge und Farbe, alles, so verschieden es auch ist, zusammenfasst und, das Entgegengesetzte vereinigend, erkaltet und glüht, die Sinne verliert und wieder zur Besinnung kommt; sie zittert und ist dem Tode nahe, so dass nicht eine einzelne Leidenschaft, sondern ein Conflict von Leidenschaften (σύνοδος παθῶν) zur Erscheinung kommt."

V. 1. ἴσος θέοισιν, an Glückseligkeit.
V. 2. ὤνηρ = ὁ ἀνήρ.
V. 3. cf. Hor. Od. 1, 22, 23. dulce ridentem Lalagen amabo, dulce loquentem.
V. 7. βροχέως = ἐν βραχεῖ, αὐτίκα.
V. 8. εἴκει = ἧκει.
V. 9. καμ μέν = κατὰ μέν.
V. 10. ὐπαδεδρόμακεν = ὑποδεδράμηκεν.
V. 11. ὄππα = ὄμμα (ὄπτω).

```
        ά δέ μ' ίδρως κακχέεται, τρόμος δέ
        πᾶσαν ἄγρει, χλωροτέρα δὲ ποίας
   15   ἔμμι, τεθνάκην δ' ὀλίγω 'πιδεύην
        φαίνομαι ἄλλα.
```

V. 14. ἄγρει = αίρεῖ.
V. 15. ὀλίγω 'πιδεύην, wie ὀλίγου δεῖν.
V. 16. ἄλλα = ἠλεή.

Catull. 51. hat diese Ode zum Theil fast wörtlich übersetzt:

Ille mi par esse deo videtur,
ille, si fas est, superare divos,
qui sedens adversus identidem te
spectat et audit

dulce ridentem, misero quod omnis
eripit sensus mihi; nam simul te,
Lesbia, adspexi, nihil est super mi
  _ ∪ ∪ _ ⊻
Lingua sed torpet, tenuis sub artus
flamma demanat, sonitu suopte
tintinant aures, gemina teguntur
lumina nocte.

III. Melinno.

Als Verfasserin der folgenden auf die Stadt Rom, nicht auf die Göttin der Stärke, gedichteten Ode gibt Stobaeus an: Μελιννὼ ἢ μᾶλλον Ἠρίννῃ Λεσβία. Dass aber Erinna von Lesbos, die Freundin der Sappho, dieses Gedicht nicht verfasst haben kann, zeigt deutlich der Inhalt desselben. Melinno, welche wir als Verfasserin annehmen müssen, hat jedenfalls zu einer Zeit gelebt, wo Rom schon von den Griechen als Weltbeherrscherin betrachtet ward. Man hält sie für eine Griechin aus Unteritalien, und zwar aus Lokri Epizephyrii, und setzt sie in die Zeiten des Pyrrhus, wo die Römer in Unteritalien ihre Uebermacht zeigten, oder wegen V. 10. etwas später, in die Zeiten des ersten punischen Krieges. Die Ueberschrift Μελιννοῦς Λεσβίας, welche sich in Handschriften des Stobaeus findet, scheint aus der oben angeführten Ueberschrift entstanden, oder das Attribut Λεσβίας ist irrthümlich beigesetzt, weil man glaubte, eine im sapphischen Versmasse und in dem äolischen Dialecte dichtende Sängerin müsse eine Lesbierin sein.

Εἰς Ῥώμην.

Χαῖρέ μοι, Ῥώμα, θυγάτηρ Ἄρηος,
χρυσεόμιτρα δαΐφρων ἄνασσα,
σεμνὸν ἃ ναίεις ἐπὶ γᾶς Ὄλυμπον
αἰὲν ἄθραυστον.

σοὶ μόνᾳ πρέσβειρα δέδωκε Μοῖρα 5
κῦδος ἀρρήκτω βασιλῆον ἀρχᾶς,
ὄφρα κοιρανῆον ἔχοισα κάρτος
ἁγεμονεύῃς.

σᾷ δ' ὑπὸ σδεύγλᾳ κρατερῶν λεπάδνων
στέρνα γαίας καὶ πολιᾶς θαλάσσας 10
σφίγγεται· σὺ δ' ἀσφαλέως κυβερνᾷς
ἄστεα λαῶν.

πάντα δὲ σφάλλων ὁ μέγιστος αἰών
καὶ μεταπλάσσων βίον ἄλλοτ' ἄλλως
σοὶ μόνᾳ πλησίστιον οὖρον ἀρχᾶς 15
οὐ μεταβάλλει.

ἦ γὰρ ἐκ πάντων σὺ μόνα κρατίστους
ἄνδρας αἰχματὰς μεγάλους λοχεύεις,
εὔσταχυν Δάματρος ὅπως ἀνεῖσα
καρπὸν ἀπ' ἀνδρῶν. 20

Stob. Flor. 7, 13. — Die Composition des etwas steifen Gedichtes ist so, dass in den vier ersten Strophen jedesmal die vorausgehende ein Wort (ἄθραυστον, ἁγεμονεύῃς, ἀσφαλέως) enthält, dessen Begriff durch die folgende weiter ausgeführt wird.

V. 3. Roma, als Person gedacht, thronet auf dem Capitol als Herrscherin der Erde, wie die Götter auf dem unerschütterlichen Olympos. cf. Hom. Od. 6, 42.

V. 5. βασιλῆον, das Iota subscr. in äol. Weise weggelassen.

V. 9. σᾷ ὑπὸ σδεύγλᾳ λεπάδνων = ὑπὸ ζεύγλῃ τῶν σῶν λεπάδνων. σδεύγλᾳ äol. für ζεύγλῃ.

V. 10. στέρνα, die Flächen. Hes. Theog. 117. γαῖα εὐρύστερνος. Soph. Oed. C. 690. στερνοῦχος χθών.

V. 13. αἰών, die Zeit als waltendes Geschick, fatum. cf. Pind. Nem. 2, 8. und in derselben Bedeutung χρόνος Pyth. 1, 46.

V. 19. Verb. ἀνεῖσα εὔσταχυν καρπὸν ἀπ' ἀνδρῶν, ὅπως Δάματρος καρπόν. „In Rom wachsen die streitbaren Männer zahlreich, wie die Aehren des Feldes." ι καρπὸν ἀπ' ἀνδρῶν = καρπὸν ἀνδρῶν.

IV. Anakreon.

Anakreon, der im Alterthum hochgefeierte Sänger aus Teos in Ionien, war zur Zeit, als Harpagos, der Feldherr des Kyros, Ionien bezwang (Ol. 60. v. Chr. 540) und die ganze Einwohnerschaft von Teos nach Abdera in Thrakien auswanderte, schon im männlichen Alter. Wahrscheinlich zog er mit seinen Landsleuten nach Abdera, von wo er sich bald darauf nach Samos an den Hof des Polykrates begab. Hier verweilte er bis zum Tode des Tyrannen (Ol. 64. v. Chr. 522); dann wandte er sich auf Einladung des kunstliebenden Pisistratiden Hipparchos nach Athen. So lange A. in Samos lebte, stand er noch in rüstigem Alter, während seines Aufenthaltes zu Athen jedoch rückte das Greisenalter an ihn heran. Wohin er sich nach dem Sturze der Pisistratiden gewandt, darüber haben wir, sowie über manches andere aus seinem Leben, keine zuverlässigen Nachrichten. Die Annahme, dass er in Teos gestorben, ist unsicher; sie fusst auf Simonid. Epigr. 25, wo man sehe. Manche läugnen die erste Wanderung des A. nach Abdera zur Zeit des Kyros und behaupten, dass er gleich von Teos aus nach Samos gegangen; dagegen lassen sie ihn noch im hohen Alter nach dem Aufstande der Ionier unter Histiäos von Teos nach Abdera ziehen. Er soll in einem Alter von 85 Jahren, wie die Sage mit Bezug auf seine Liebe zum Wein erzählt, an einer Weinbeere erstickt sein.

Die Poesie des A. ist eine Fortsetzung der äolischen; im allgemeinen stimmt sie mit dieser in der äusseren Form, sowie in Geist und Inhalt überein; sie ist, gleich der äolischen, der Ausdruck der rein persönlichen Gefühle. Auch ist die Begleitung dieselbe wie bei den Lesbiern, nämlich das Saiteninstrument. Ein nicht unbedeutender Unterschied jedoch wurde durch den Abstand der Zeit und das Eigenthümliche des ionischen Charakters hervorgerufen. A. lebte über ein halbes Jahrhundert nach Sappho zu einer Zeit, wo namentlich in den ionischen Staaten ein üppiger Glanz und eine künstliche Verfeinerung des Lebens herrschte, aber alle Kraft und Energie des Geistes verschwunden war. In diesen Verhältnissen bewegte sich A. ganz seinem ionischen Charakter gemäss. Ohne wie die Aeolier sich von einer einzigen Leidenschaft gänzlich beherrschen zu lassen, ohne Tiefe des Gemüths, ohne sittlich ernste Lebensanschauung trieb er mit den Dingen um sich her ein leichtes, heiteres Spiel, fröhnte er nur dem Genusse des Augenblicks. Liebe und Wein, Gesang und Tanz und fröhliche Gesellschaft galten ihm als die höchsten

Genüsse des Menschen. Dieser Geist spricht sich auch in seinen Gedichten aus, doch fehlt nirgends die edle, verschönernde Grazie. Am fruchtbarsten scheint seine Muse gewesen zu sein, als er an dem Hofe des Polykrates dessen Glanz durch seine Lieder verherrlichte und besonders die schönen Jünglinge, welche Polykrates nach der Weise orientalischer Höfe um sich hielt und die die Liebe des Dichters erweckt hatten, Bathyllos, Kleobulos, Smerdies u. A., in einer Mischung von Scherz und Ernst besang. Doch war ihm auch die Liebe zum weiblichen Geschlecht nicht fremd. Gewöhnlich dachten sich die späteren Griechen den im Dienste der Musen, des Eros und des Dionysos stehenden Dichter als einen lebensfrohen Greis, den das Alter von dem fröhlichen Genusse des Lebens nicht abhielt; sein Ruf muss daher erst seit seinem Aufenthalte zu Athen zur höchsten Blüthe unter den Griechen gekommen sein. Dass er übrigens ein ausschweifender Trunkenbold gewesen und der niederen Sinnlichkeit gefröhnt, ist eine Verläumdung der späteren Zeit, die ihn auf ähnliche Weise wie Sappho traf.

Dem Inhalt der anakreontischen Gedichte entsprach die äussere Form; man vermisst den höheren Schwung der Aeolier in Gedanken und Sprache; diese, in ionischem Dialect, ist einfach und steht der Prosa nah. In den Versmassen zeigt sich ebenfalls die ionische Weichheit und oft eine gewisse Nachlässigkeit.

Ausser den Wein- und Liebesliedern dichtete A. Hymnen, Elegien, Epigramme und Iamben. Die anakreontischen Lieder ('Ανακρεόντεια), deren Sammlung wir noch besitzen, sind wahrscheinlich alle, oder doch zum bei weitem grössten Theil unächt. Sie sind Producte späterer Nachahmer des A. aus der verschiedensten Zeit, welche einen ganz anderen Geist als die ächten Lieder des A. athmen. „Das wahre, kräftige Leben macht einem Schattenbilde fingirter Liebe und Lust Platz. Gewisse Gemeinplätze (*loci communes*) der Poesie, wie ein lustiges Alter, der Preis der Liebe und des Weins, die Gewalt und List des Eros u. dgl. sind, wir läugnen es nicht, in vielen dieser Lieder mit natürlicher Anmuth und liebenswürdiger Naivität behandelt; aber schon, dass solche Gemeinplätze ohne individuelle Beziehung behandelt werden, verträgt sich nicht mit der unmittelbar aus dem Leben erwachsenen Poesie Anakreons." Müller Gesch. d. griech. Litt. I. p. 337. Der Versbau dieser Lieder ist einförmig und oft fehlerhaft, die Sprache gewöhnlich.

1.

⏓⏑⏑–⏑⏑–⏑–⏓
⏓⏑⏑–⏑⏑–⏔

Γουνοῦμαί σ' ἐλαφηβόλε,
ξανθὴ παῖ Διός, ἀγρίων
δέσποιν' Ἄρτεμι θηρῶν·

ἵκου νῦν ἐπὶ Ληθαίου
δίνῃσι· θρασυκαρδίων δ'
ἀνδρῶν ἐγκαθόρα πόλιν
χαίρουσ'· οὐ γὰρ ἀνημέρους
ποιμαίνεις πολιήτας.

2.

Ὦναξ, ᾧ δαμάλης Ἔρως
καὶ Νύμφαι κυανώπιδες
πορφυρέη τ' Ἀφροδίτη
συμπαίζουσιν, ἐπιστρέφεαι δ'
5 ὑψηλῶν κορυφὰς ὀρέων,
γουνοῦμαί σε· σὺ δ' εὐμενής

ἐλθ' ἡμῖν, κεχαρισμένης δ'
εὐχωλῆς ἐπακούειν.
Κλευβούλῳ δ' ἀγαθὸς γένευ
σύμβουλος· τὸν ἐμὸν ἔρωτ', 10
ὦ Δεύνυσε, δέχεσθαι.

3.

Σφαίρῃ δηὖτε με πορφυρέῃ
βάλλων χρυσοκόμης Ἔρως
νήνι ποικιλοσαμβάλῳ
συμπαίζειν προκαλεῖται·

ἡ δ', ἐστὶν γὰρ ἀπ' εὐκτίτου
Λέσβου, τὴν μὲν ἐμὴν κόμην,
λευκὴ γάρ, καταμέμφεται,
πρὸς δ' ἄλλον τινὰ χάσκει

No. 1. Schol. Hephaest. 125. — Ein vollständiges Gedicht. Artemis, welche als Leukophryne in dem am Mäander und seinem Nebenflusse Lethaios gelegenen Magnesia hoch verehrt ward (Strabo 14, p. 648.), wird angerufen einer Stadt hülfreich zu nahn.

No. 2. Dio Chrysost. 1, 94. Rsk. — Der Dichter ruft den Dionysos, den Gott des Weins, an, dass er den Knaben Kleobulos ihm geneigt mache. — V. 1. cf. Soph. O. R. 1106. δαμάλης bedeutet nicht, wie die Lexika angeben, den Ueberwältiger Eros, sondern den jugendlichen, den Knaben, wie δάμαλις das Mädchen bedeutet. Der Dichter will nicht die Macht, sondern die Schönheit des Eros bezeichnen, ähnlich wie in V. 2 u. 3. durch κυανώπιδες und προφυρέη die Schönheit der Nymphen und der Aphrodite. — V. 9. Man beachte den absichtlichen Gleichklang in Κλευβούλῳ und σύμβουλος.

No. 3. Athen. 13, p. 599, C. Nach Angabe des Athen. behauptete Chamaeleon, dass A. dies Lied auf Sappho gemacht habe; aber die Lebenszeit beider spricht dagegen. — „Eros fordert mich zum Ballspiel mit der schönen Lesbierin auf." Das Ballspiel, worin Einer dem Andern den zugeworfenen Ball zurückwarf, galt als Bild gegenseitiger Liebe. Dem Meleagros schwebte wahrscheinlich dieses Gedicht vor, Epigr. 97.

Σφαιριστὰν τὸν Ἔρωτα τρέφω· σοὶ δ', Ἡλιοδώρα,
βάλλει τὰν ἐν ἐμοὶ παλλομέναν κραδίαν.
ἀλλ' ἄγε συμπαίχταν δέξαι Πόθον· εἰ δ' ἀπὸ σεῦ με
ῥίψαις, οὐκ οἴσω τὰν ἀπάλαιστρον ὕβριν.

V. 3. νῆνις = νεᾶνις. ποικιλοσάμβαλος = ποικιλοσάνδαλος.

4.

⏑⏑–́ ⏒–⏑⏑ ⏑⏑–́ ⏒–⏑⏑

Πολιοὶ μὲν ἡμὶν ἤδη κρόταφοι κάρη τε λευκόν,
χαρίεσσα δ' οὐκέθ' ἥβη πάρα, γηράλεοι δ' ὀδόντες,
γλυκεροῦ δ' οὐκέτι πολλὸς βιότου χρόνος λέλειπται·
διὰ ταῦτ' ἀνασταλύζω θαμὰ Τάρταρον δεδοικώς.

Ἀΐδεω γάρ ἐστι δεινὸς μυχός, ἀργαλέη δ' ἐς αὐτόν   5
κάθοδος· καὶ γὰρ ἕτοιμον καταβάντι μὴ ἀναβῆναι.

5.

⏕–⏑⏕⏑–⏓ ⏕–⏑⏕⏑–⏓
⏕–⏑⏕⏑–⏓ ⏕–⏑⏕⏑–

Πῶλε Θρῃκίη, τί δή με λοξὸν ὄμμασιν βλέπουσα
νηλεῶς φεύγεις, δοκέεις δέ μ' οὐδὲν εἰδέναι σοφόν;
ἴσθι τοι, καλῶς μὲν ἄν τοι τὸν χαλινὸν ἐμβάλοιμι,
ἡνίας δ' ἔχων στρέφοιμί σ' ἀμφὶ τέρματα δρόμου.
νῦν δὲ λειμῶνάς τε βόσκεαι κοῦφά τε σκιρτῶσα παίζεις·   5
δεξιὸν γὰρ ἱπποσείρην οὐκ ἔχεις ἐπεμβάτην.

No. 4. Stob. Floril. 118, 13.

No. 5. Heraklid. Pont. Alleg. Hom. 16. Καὶ μὴν ὁ Τήϊος Ἀνακρέων
ἑταιρικὸν φρόνημα καὶ σοβαρᾶς γυναικὸς ὑπερηφανίαν ὀνειδίζων, τὸν ἐν αὐτῇ
σκιρτῶντα νοῦν ὡς ἵππον ἠλληγόρησεν, οὕτω λέγων· Πῶλε κτλ. — Das Gedicht ist nachgebildet von Hor. Od. 3, 11, 7 ff. Vergl. noch Theog. 257.

Ἵππος ἐγὼ καλὴ καὶ ἀεθλίη, ἀλλὰ κάκιστον
ἄνδρα φέρω, καί μοι τοῦτ' ἀνιηρότατον·
πολλάκι δ' ἠμέλλησα διαρρήξασα χαλινόν
φεύγειν, ὠσαμένη τὸν κακὸν ἡνίοχον.

Anakreontische Lieder.
(ANAKPEONTEIA.)

1.

Εἰς ποτήριον ἀργυροῦν.

⏓–⏑–⏑–⏓

Τὸν ἄργυρον τορεύων,   ποτήριον δὲ κοῖλον,
Ἥφαιστέ, μοι ποίησον   ὅσον δύνῃ, βαθύνας·   5
πανοπλίαν μὲν οὐχί,   ποίει δέ μοι κατ' αὐτοῦ

No. 1. Samml. No. 17. Anthol. Pal. 11, 48. — Wird von Gellius
N. A. 19, 9. dem Anakr. selbst zugeschrieben, doch ist es in demselben Ton

μήτ' άστρα μήθ' άμάξας,
μή στυγνόν Ώρίωνα·
άλλ' άμπέλους χλοώσας

καὶ βότρυας γελῶντας
σὺν τῷ καλῷ Λυαίῳ.

2.

Εἰς ἑαυτὸν μεμεθυσμένον.

Ἄφες με, τοὺς θεούς σοι,
πιεῖν πιεῖν ἀμυστί·
θέλω θέλω μανῆναι.
ἐμαίνετ' Ἀλκμαίων τε
5 χὠ λευκόπους Ὀρέστης,
τὰς μητέρας κτανόντες·
ἐγὼ δὲ μηδένα κτάς,
πιὼν δ' ἐρυθρὸν οἶνον
θέλω θέλω μανῆναι.
10 ἐμαίνετ' Ἡρακλῆς πρίν

δεινὴν κλονῶν φαρέτρην
καὶ τόξον Ἰφίτειον.
ἐμαίνετο πρὶν Αἴας
μετ' ἀσπίδος κραδαίνων
τὴν Ἕκτορος μάχαιραν.
ἐγὼ δ' ἔχων κύπελλον
καὶ στέμμα τοῦτο χαίταις,
οὐ τόξον, οὐ μάχαιραν,
θέλω θέλω μανῆναι.

3.

ἡ γῆ μέλαινα πίνει,
πίνει δὲ δένδρε' αὖ γῆν.
πίνει θάλασσα δ' αὔρας,
ὁ δ' ἥλιος θάλασσαν,

τὸν δ' ἥλιον σελήνη·
τί μοι μάχεσθ', ἑταῖροι,
καὐτῷ θέλοντι πίνειν;

gehalten wie die übrigen. — V. 7. Wie auf dem Schilde des Achilleus, Hom. Il. 18, 483 ff. — V. 8. Orion heisst στυγνός, weil bei seinem Auf- und Untergange Stürme wüthen. cf. Virg. Aen. 1, 535. 4, 52. 7, 719. Horat. Ep. 10, 10.

No. 2. Samml. No. 31. — V. 1. τοὺς θεούς sc. ἐπόμνυμι. — V. 3. μανῆναι. Horat. Carm. 2, 7, 26. — V. 4. Alkmäon, der Sohn des Amphiaraos und der Eriphyle, wurde ebenso wie Orestes nach Ermordung seiner Mutter rasend. — V. 5. Orestes irrte in seiner Raserei mit nackten Füssen umher. Von umherschwärmenden Bakchantinnen heisst es Eurip. Cycl. 72. Βάκχαις σὺν λευκόποσιν. cf. Eur. Bakch. 862. ἆρ' ἐν παννυχίοις χοροῖς θήσω λευκὸν πόδ' ἀναβακχεύουσα; — V. 10. Der Wahnsinn des Herakles wird in verschiedene Zeiten seines Lebens verlegt, gewöhnlich lange vor des Iphitos Ermordung, die auch Homer kennt (Od. 21, 22 ff. cf. Soph. Trach. 266 ff.). Apollod. 2, 6, 2. lässt den H. den Mord im Wahnsinn begehen. Unser Dichter nimmt an, dass H. nach Ermordung des Iphitos, dessen Waffen er als Beute erhielt, rasend geworden. — V. 13. Aias (cf. Theokr. Id. 15, 138.) soll sich in der Raserei mit dem Schwerte getödtet haben, das ihm einst Hektor nach einem Zweikampf verehrt hatte. H. Il. 7, 303. Soph. Ajax 1002 ff. — Die Raserei des Alkmaion und Orestes unterscheidet sich von der des Anakreon in der Veranlassung, die des Herakles und des Aias in der Art und Weise.

No. 3. Samml. No. 19. — Das Trinken ist ein Naturgesetz. — V. 3. hat man corrigirt: πίνει θάλασσ' ἀναύρους.

4.
Εἰς ἑαυτόν.

Οὔ μοι μέλει τὰ Γύγεω,
τοῦ Σαρδίων ἄνακτος·
οὐδ' εἷλέ πώ με ζῆλος,
οὐδὲ φθονῶ τυράννοις.
5 ἐμοὶ μέλει μύροισιν
καταβρέχειν ὑπήνην·
ἐμοὶ μέλει ῥόδοισιν
καταστέφειν κάρηνα.

[τὸ σήμερον μέλει μοι,
τὸ δ' αὔριον τίς οἶδεν;   10
ὡς οὖν ἔτ' εὔδι' ἐστίν,
καὶ πῖνε καὶ κύβευε,
καὶ σπένδε τῷ Λυαίῳ,
μὴ νοῦσος, ἤν τις ἔλθῃ,
λέγῃ, σε μὴ δεῖ πίνειν.]   15

5.
Εἰς οἶνον ᾠδάριον.

Ὅταν πίω τὸν οἶνον,
εὕδουσιν αἱ μέριμναι.
τί μοι γόων, τί μοι πόνων
τί μοι μέλει μεριμνῶν;
5 θανεῖν με δεῖ, κἂν μὴ θέλω·

τί δὲ τὸν βίον πλανῶμαι;
πίωμεν οὖν τὸν οἶνον,
τὸν τοῦ καλοῦ Λυαίου,
σὺν τῷ δὲ πίνειν ἡμᾶς
εὕδουσιν αἱ μέριμναι.   10

6.
Εἰς τέττιγα.

Μακαρίζομέν σε, τέττιξ,
ὅτε δενδρέων ἐπ' ἄκρων
ὀλίγην δρόσον πεπωκώς
βασιλεὺς ὅπως ἀείδεις·
5 σὰ γάρ ἐστι κεῖνα πάντα,
ὁπόσα βλέπεις ἐν ἀγροῖς,
χὠπόσα φέρουσιν ὧραι.
σὺ δὲ φίλιος εἶ γεωργῶν,
ἀπὸ μηδενός τι βλάπτων.

σὺ δὲ τίμιος βροτοῖσιν,   10
θέρεος γλυκὺς προφήτης·
φιλέουσι μέν σε Μοῦσαι,
φιλέει δὲ Φοῖβος αὐτός,
λιγυρὴν δ' ἔδωκεν οἴμην·
τὸ δὲ γῆρας οὔ σε τείρει,   15
σοφέ, γηγενής, φίλυμνε,
ἀπαθής, ἀναιμόσαρκε·
σχεδὸν εἶ θεοῖς ὅμοιος.

No. 4. Samml. No. 15. — Die ersten Verse sind nachgebildet Archil. No. 10. — V. 3. ζῆλος ist die Eifersucht auf solche, die durch Ehren ausgezeichnet sind: ich trachte nicht nach Geld, Ehren, Macht. — V. 5. Salben und Rosen gehören zum Trinkgelage. — V. 14. μὴ νοῦσός τις ἐλθοῦσα λέγῃ. Dionysos gilt auch als ἰατρός und als Retter vor Krankheit. Soph. Od. R. 204 ff.

No. 5. Samml. No. 25. cf. Horat. Carm. 3, 21.

No. 6. Samml. No. 43. — V. 16. σοφέ, die Sänger heissen σοφοί, siehe Pindar Ol. 10, 19. Solon 10, 52. — γηγενής. Die Cicade galt als Symbol der Autochthonie; darum trugen die alten Athener goldne Cicaden im Haar (τεττιγοφόροι), um sich als Autochthonen zu bezeichnen.

7.
Εἰς ἑαυτόν.

Λέγουσιν αἱ γυναῖκες,
'Ανακρέων, γέρων εἶ·
λαβὼν ἔσοπτρον ἄθρει
κόμας μὲν οὐκέτ' οὔσας,
5 ψιλὸν δέ σευ μέτωπον.
ἐγὼ δὲ τὰς κόμας μέν,

εἴτ' εἰσίν, εἴτ' ἀπῆλθον,
οὐκ οἶδα· τοῦτο δ' οἶδα,
ὡς τῷ γέροντι μᾶλλον
πρέπει τὸ τερπνὰ παίζειν, 10
ὅσῳ πέλας τὰ Μοίρης.

8.
Εἰς ῥόδον.

Τὸ ῥόδον τὸ τῶν Ἐρώτων
μίξωμεν Διονύσῳ·
τὸ ῥόδον τὸ καλλίφυλλον
κροτάφοισιν ἁρμόσαντες
5 πίνωμεν ἁβρὰ γελῶντες.
ῥόδον, ὦ φέριστον ἄνθος,
ῥόδον, εἴαρος μέλημα·
[ῥόδα καὶ θεοῖσι τερπνά.]

ῥόδον, ᾧ παῖς ὁ Κυθήρης
στέφεται καλοὺς ἰούλους 10
Χαρίτεσσι συγχορεύων.
στέψον με, καὶ λυρίζων
παρὰ σοῖς, Διόνυσε, σηκοῖς
μετὰ κούρης βαθυκόλπου
ῥοδίνοισι στεφανίσκοις 15
πεπυκασμένος χορεύσω.

9.
Εἰς κιθάραν.

Θέλω λέγειν Ἀτρείδας,
Θέλω δὲ Κάδμον ᾄδειν·

ὁ βάρβιτος δὲ χορδαῖς
Ἔρωτα μοῦνον ἠχεῖ.

No. 7. Samml. No. 11. — Man vergl. das Epigr. des Palladas von Alexandricn.

Γηραλέον με γυναῖκες ἀποσκώπτουσι, λέγουσαι
εἰς τὸ κάτοπτρον ὁρᾶν λείψανον ἡλικίης.
ἀλλ' ἐγὼ εἰ λευκὰς φορέω τρίχας, εἴτε μελαίνας,
οὐκ ἀλέγω, βιότου πρὸς τέλος ἐρχόμενος.
εὐόδμοις δὲ μύροισι καὶ εὐπετάλοις στεφάνοισι
καὶ Βρομίῳ παύω φροντίδας ἀργαλέας.

No. 8. Samml. No. 5.

No. 9. Samml. No. 1. — Der Dichter versucht sich umsonst im epischen Gesang; cf. Horat. Carm. 1, 6. 4. 15. Die Atriden vertreten den trojanischen Krieg, Kadmos den thebanischen, der in einer kyklischen Thebais und von Antimachos besungen worden ist; auch die Kämpfe des Herakles waren Gegenstand von Epen, z. B. für Pisander und Panyasis.
— V. 1. λέγειν = ᾄδειν, wie das lat. *dicere* und das altd. **sagen** in dem Ausdruck „singen und sagen", wo sagen sich vorzugsweise auf den epischen Gesang bezieht.

ἤμειψα νεῦρα πρώην
καὶ τὴν λύρην ἅπασαν,
κἀγὼ μὲν ᾖδον ἄθλους
Ἡρακλέους, λύρη δέ

Ἔρωτας ἀντεφώνει.
χαίροιτε λοιπὸν ἡμῖν,
ἥρωες· ἡ λύρη γάρ
μόνους Ἔρωτας ᾄδει.

10.
Ἐρωτικὸν ψδάριον.

Σὺ μὲν λέγεις τὰ Θήβης,
ὁ δ' αὖ Φρυγῶν ἀϋτάς·
ἐγὼ δ' ἐμὰς ἁλώσεις.
οὐχ ἵππος ὤλεσέν με,

οὐ πεζός, οὐχὶ νῆες·
στρατὸς δὲ καινὸς ἄλλος
ἀπ' ὀμμάτων με βάλλων.

11.
Ἐρωτικόν.

Φύσις κέρατα ταύροις,
ὁπλὰς δ' ἔδωκεν ἵπποις,
ποδωκίην λαγωοῖς,
λέουσι χάσμ' ὀδόντων,
τοῖς ἰχθύσιν τὸ νηκτόν,
τοῖς ὀρνέοις πέτασθαι,
τοῖς ἀνδράσιν φρόνημα·

γυναιξὶν οὐκ ἔτ' εἶχεν.
τί οὖν δίδωσι; κάλλος
ἀντ' ἀσπίδων ἁπασῶν,
ἀντ' ἐγχέων ἁπάντων.
νικᾷ δὲ καὶ σίδηρον
καὶ πῦρ καλή τις οὖσα.

12.
Εἰς χελιδόνα.

Τί σοι θέλεις ποιήσω,
τί σοι, λάλη χελιδόν;
τὰ ταρσά σευ τὰ κοῦφα
θέλεις λαβὼν ψαλίξω;
ἢ μᾶλλον ἔνδοθέν σευ

τὴν γλῶσσαν, ὡς ὁ Τηρεύς
ἐκεῖνος, ἐκθερίξω;
τί μευ καλῶν ὀνείρων
ὑπορθρίαισι φωναῖς
ἀφήρπασας Βάθυλλον;

No. 10. Samml. No. 16. cf. Horat. Carm. 2, 12. — V. 3. Φρυγῶν ἀϋταί, der trojanische Krieg.

No. 11. Samml. No. 2. — V. 5. τὸ νηκτόν, die Fähigkeit des Schwimmens.

No. 12. Samml. No. 12. — Die Geschichte von Tereus, Prokne und Philomele, welcher von Tereus die Zunge ausgeschnitten wurde, siehe bei Apollod. 3, 14, 8. Ovid. Met. 6, 424—676. Als Tereus die beiden Frauen verfolgte, wurde Prokne in eine Nachtigall, Philomele in eine Schwalbe verwandelt; Tereus selbst ward ein Wiedehopf.

13.
Εἰς χελιδόνα.

Σὺ μέν, φίλη χελιδόν,
ἐτησίη μολοῦσα
θέρει πλέκεις καλιήν·
χειμῶνι δ' εἰς ἄφαντος
5 ἢ Νεῖλον ἢ 'πὶ Μέμφιν.
Ἔρως δ' ἀεὶ πλέκει μευ
ἐν καρδίῃ καλιήν.
Πόθος δ' ὁ μὲν πτεροῦται,
ὁ δ' ᾠόν ἐστιν ἀκμήν,
10 ὁ δ' ἡμίλεπτος ἤδη.

βοὴ δὲ γίγνετ' αἰεὶ
κεχηνότων νεοσσῶν.
Ἐρωτιδεῖς δὲ μικροὺς
οἱ μείζονες τρέφουσιν.
οἱ δὲ τραφέντες εὐθὺς 15
πάλιν κύουσιν ἄλλους.
τί μῆχος οὖν γένηται;
οὐ γὰρ σθένω τοσούτους
Ἔρωτας ἐχσοβῆσαι.

14.
Εἰς περιστεράν.

Ἐρασμίη πέλεια,
πόθεν πόθεν πέτασσαι;
πόθεν μύρων τοσούτων
ἐπ' ἠέρος θέουσα
5 πνέεις τε καὶ ψεκάζεις;
τίς εἶ; τί σοι μέλει δέ; —
Ἀνακρέων μ' ἔπεμψεν
πρὸς παῖδα, πρὸς Βάθυλλον,
τὸν ἄρτι τῶν ἁπάντων
10 κρατοῦντα καὶ τύραννον.
πέπρακέ μ' ἡ Κυθήρη
λαβοῦσα μικρὸν ὕμνον,
ἐγὼ δ' Ἀνακρέοντι
διακονῶ τοσαῦτα·
15 καὶ νῦν, ὁρᾷς, ἐκείνου
ἐπιστολὰς κομίζω

καὶ φησιν εὐθέως με
ἐλευθέρην ποιήσειν.
ἐγὼ δέ, κἢν ἀφῇ με,
δούλη μενῶ παρ' αὐτῷ· 20
τί γάρ με δεῖ πέτασθαι
ὄρη τε καὶ κατ' ἀγρούς,
καὶ δένδρεσιν καθίζειν
φαγοῦσαν ἄγριόν τι;
τανῦν ἔδω μὲν ἄρτον 25
ἀφαρπάσασα χειρῶν
Ἀνακρέοντος αὐτοῦ.
πιεῖν δέ μοι δίδωσιν
τὸν οἶνον, ὃν προπίνει·
πιοῦσα δ' αὖ χορεύω, 30
καὶ δεσπότην γέροντα
πτεροῖσι συγκαλύπτω.

No. 13. Samml. 33.

No. 14. Samml. 9. — Die Brieftaube des A. erzählt auf dem Wege zu Bathyllos einem Wanderer, der durch den Duft der von ihr triefenden Salben aufmerksam auf sie geworden ist, von ihrem genussreichen Leben bei Anakreon. — V. 5. πνέεις — μύρων. — V. 11. Die Taube ist der Aphrodite heilig. — V. 14. τοσαῦτα, so wichtige Dinge wie die Liebesbotschaften. — V. 35. ἔχεις ἅπαντα, nun weist du alles.

κοιμωμένη δ' ἐπ' αὐτῷ
τῷ βαρβίτῳ καθεύδω.
35 ἔχεις ἅπαντ'· ἄπελθε·

λαλιστέραν μ' ἔθηκας,
ἄνθρωπε, καὶ κορώνης.

15.
Εἰς Ἔρωτα.

Στέφος πλέκων ποθ' εὗρον
ἐν τοῖς ῥόδοις Ἔρωτα·
καὶ τῶν πτερῶν κατασχών
ἐβάπτισ' εἰς τὸν οἶνον,

λαβὼν δ' ἔπινον αὐτόν·   5
καὶ νῦν ἔσω μελῶν μευ
πτεροῖσι γαργαλίζει.

16.
Εἰς Ἔρωτα.

Ἔρως ποτ' ἐν ῥόδοισιν
κοιμωμένην μέλιτταν
οὐκ εἶδεν, ἀλλ' ἐτρώθη
τὸν δάκτυλον· πατάξας
5 τὰς χεῖρας ὠλόλυξεν·
δραμὼν δὲ καὶ πετασθείς
πρὸς τὴν καλὴν Κυθήρην,
ὄλωλα, μᾶτερ, εἶπεν,

ὄλωλα κἀποθνήσκω.
ὄφις μ' ἔτυψε μικρός   10
πτερωτός, ὃν καλοῦσιν
μέλιτταν οἱ γεωργοί.
ἁ δ' εἶπεν· εἰ τὸ κέντρον
πονεῖ τὸ τᾶς μελίττας,
πόσον δοκεῖς πονοῦσιν,   15
Ἔρως, ὅσους σὺ βάλλεις;

17.
Εἰς Ἔρωτα.

Μεσονυκτίοις ποθ' ὥραις,
στρέφεται ὅτ' Ἄρκτος ἤδη
κατὰ χεῖρα τὴν Βοώτου,
μερόπων δὲ φῦλα πάντα
5 κέαται κόπῳ δαμέντα,
τότ' Ἔρως ἐπισταθείς μευ
θυρέων ἔκοπτ' ὀχῆας.
τίς, ἔφην, θύρας ἀράσσει;
κατὰ μευ σχίζεις ὀνείρους.

ὁ δ' Ἔρως, ἄνοιγε, φησίν·   10
βρέφος εἰμί, μὴ φόβησαι·
βρέχομαι δὲ κἀσέληνον
κατὰ νύκτα πεπλάνημαι.
ἐλέησα ταῦτ' ἀκούσας,
ἀνὰ δ' εὐθὺ λύχνον ἅψας   15
ἀνέῳξα, καὶ βρέφος μέν
ἐσορῶ φέροντα τόξον
πτέρυγάς τε καὶ φαρέτρην.

No. 15. Samml. No. 59.
No. 16. Samml. No. 40. — V. 14. u. 15. πονεῖν in transit. und intransit. Bedeutung. Vielleicht zu sehr. πονεῖν οὔ f. πονοῦσιν.
No. 17. Samml. No. 3. — V. 2. Das Sternbild Boötes heisst auch Ἀρκτοφύλαξ, der Bärenhüter; seine ausgestreckte Hand berührt den Schwanz des grossen Bären. — V. 11. μὴ φόβησαι, der Imperat. Aor. gegen die gewöhnliche Regel.

παρὰ δ' ἱστίην καθῖσα
20 παλάμαις τε χεῖρας αὐτοῦ
ἀνέθαλπον, ἐκ δὲ χαίτης
ἀπέθλιβον ὑγρὸν ὕδωρ.
ὁ δ' ἐπεὶ κρύος μεθῆκεν,
φέρε, φησί, πειράσωμεν
25 τόδε τόξον, εἴ τί μοι νῦν

βλάβεται βραχεῖσα νευρή.
τανύει δὲ καί με τύπτει
μέσον ἧπαρ, ὥσπερ οἶστρος·
ἀνὰ δ' ἄλλεται καχάζων,
ξένε δ' εἶπε συγχάρηθι· 30
κέρας ἀβλαβὲς μέν ἐστιν,
σὺ δὲ καρδίην πονήσεις.

18.
Εἰς Ἔρωτα.

Αἱ Μοῦσαι τὸν Ἔρωτα
δήσασαι στεφάνοισιν
τῷ Κάλλει παρέδωκαν.
καὶ νῦν ἡ Κυθέρεια
5 ζητεῖ λύτρα φέρουσα

λύσασθαι τὸν Ἔρωτα.
κἂν λύσῃ δέ τις αὐτόν,
οὐκ ἔξεισι, μενεῖ δέ·
δουλεύειν δεδίδακται.

No. 18. Samml. No. 30.

V. Skolien.

Die Griechen erheiterten von Alters her ihre Gastmähler und Trinkgelage durch Gesang und Spiel. Neben den Päanen oder den Hymnen auf die Götter und den Paroinien, den eigentlichen den Weingenuss verherrlichenden Trinkliedern, welche theils im Chor, theils der Reihe nach gesungen wurden, machten die Skolien (σκολιὰ μέλη) eine besondere Classe von Tischgesängen aus. Der Name kommt von dem Adjectiv σκολιός, krumm, schräg, verdreht; wie aber diese Art von Liedern zu dem Namen kam, darüber waren schon die Alten selbst verschiedener Meinung. Die Einen erklärten ihn aus dem Gebrauche, dass, nachdem die gewöhnlichen Gesänge gemeinschaftlich und in der Reihe herum abgesungen waren, Einzelne in der Gesellschaft, die man für dazu befähigt hielt, aufgefordert wurden, ein kleines Lied aus dem Stegreif zu singen, und dass diese alsdann die Lyra oder einen Myrten- oder Lorbeerzweig, den man bei dem Vortrag in der Hand hielt, einander über den Tisch hin zureichten, so dass die Lyra oder der Zweig nicht der Reihe nach herumging, sondern um die Tafel unregelmässige Sprünge machte. Nach einer anderen Erklärung, die mehr Wahrscheinlichkeit hat, kam der Name σκολιόν, krummes, verbogenes Lied, von den Freiheiten, welche man sich bei solchen extemporirten Gedichten in der Melodie erlaubte. Was ihren Inhalt betrifft, so waren es meistens einfache Lehren für das praktische Leben, von theils ernster, theils heiterer Art, sinnreiche und witzvolle Sprüche, wie der Augenblick sie eingab, und Anrufungen von Göttern, unter deren besonderem Schutze gerade die Gesellschaft zu stehen glaubte.

In der äusseren Form, Wahl und Behandlungsart des Gegenstandes schliesst sich die Skolienpoesie an die äolische Lyrik an. Die äolischen Dichter haben dem Skolion zuerst seine künstliche Gestalt gegeben, und Alkaios, Sappho, Anakreon gelten neben Praxilla von Sikyon als Meister in der Skolienpoesie; doch haben auch andere berühmte Dichter diese Dichtungsart nicht verschmäht. Die Skolien des Pindar waren in chorischer Weise gedichtet und hatten eine kunstreichere Form. Von den meisten uns erhaltenen Skolien kannte schon das spätere Alterthum die Verfasser nicht, und Kallistratos und Hybrias, die Verfasser von No. 1. und No. 19. werden sonst als Dichter nicht genannt. In der gehobenen Stimmung beim heiteren Gelage mochte Manchem, der sonst der Dichtkunst fern stand, ein Liedchen gelingen, das werth war die kurze Stunde zu überdauern. Das geistreiche und den geselligen Genüssen so sehr ergebene Athen war ein Ort, wo die Skolienpoesie besonders gepflegt wurde; hier sind wahrscheinlich die meisten der erhaltenen Skolien gedichtet und gesungen worden. Auch hat man wahrscheinlich zu Athen den praktischen Sprüchen der sieben Weisen, wie des Pittakos, Bias, Chilon, erst lange nach deren Ableben die jetzige skolienartige Form gegeben.

Wir reihen an die Skolien die Päane von Ariphron und Aristoteles, dem bekannten Philosophen.

1.

Ἐν μύρτου κλαδὶ τὸ ξίφος φορήσω,
ὥσπερ Ἁρμόδιος κ' Ἀριστογείτων,
ὅτε τὸν τύραννον κτανέτην
ἰσονόμους τ' Ἀθήνας ἐποιησάτην.

No. 1. Athen. 15, 695, A. — Berühmtes und in Athen schon zu des Aristophanes Zeit vielgesungenes Skolion des Atheners Kallistratos auf

Φίλταθ' Ἁρμόδι', οὔ τί που τέθνηκας,
νήσοις δ' ἐν μακάρων σέ φασιν εἶναι,
ἵνα περ ποδώκης Ἀχιλεύς,
Τυδείδην τέ φασιν Διομήδεα.

Ἐν μύρτου κλαδὶ τὸ ξίφος φορήσω,
ὥσπερ Ἁρμόδιος κ' Ἀριστογείτων,
ὅτ' Ἀθηναίης ἐν θυσίαις
ἄνδρα τύραννον Ἵππαρχον ἐκαινέτην.

Αἰεὶ σφῷν κλέος ἔσσεται κατ' αἶαν,
φίλταθ' Ἁρμόδιος κ' Ἀριστογείτων,
ὅτι τὸν τύραννον κτανέτην,
ἰσονόμους τ' Ἀθήνας ἐποιησάτην.

2.

Παλλὰς Τριτογένει', ἄνασσ' Ἀθηνᾶ,
ὄρθου τήνδε πόλιν τε καὶ πολίτας
ἄτερ ἀλγέων καὶ στάσεων
καὶ θανάτων ἀώρων, σύ τε καὶ πατήρ.

Harmodios und Aristogeiton, bei den Griechen unter dem Namen ʽΑρμοδίου μέλος bekannt. Siehe Müller Littgsch. I. p. 343. Harmodios und Arist. hatten 514 v. Chr. am Panathenäenfeste wegen Privatbeleidigung Hipparch, den jüngeren Bruder des Tyrannen Hippias, ermordet, aber dadurch keineswegs die Stadt von der Tyrannei befreit; dies geschah erst einige Jahre später durch die Alkmaeoniden und die Spartaner. Aber schon vor dem Zuge des Xerxes sahen die Athener jene als ihre Befreier an und ehrten sie gleich Heroen als erhabene Muster der Freiheitsliebe und des Tyrannenhasses. Thuk. 6, 54 ff. 1, 20. Herodot. 5, 55 ff. 6, 123. — Da die Skolien gewöhnlich monostrophisch sind und hier derselbe Gedanke in verschiedenen Wendungen wiederkehrt, so sehen Manche die vier Strophen als vier einzelne Skolien an, als Variationen desselben Themas, unter denen dann das erste wohl das älteste ist. „Doch auch die gewöhnliche Zusammenstellung ist keineswegs ungereimt, indem der Gedanke bis zu Ende auf eine bedeutende Weise gesteigert und der Hauptgedanke zuletzt noch einmal, mit aller Einfachheit und ohne Veränderung der Worte wiederholt wird." Jacobs.

V. 1. Schol. Aristoph. Lysistr. 633. οὗτοι (Harm. u. Arist.) ἀπὸ μυρσίνων κλάδων τὰ ξίφη ἀνασπάσαντες τὸν τύραννον κατέβαλον. Myrtenzweige trug man bei dem Festzuge der Panathenäen zu Ehren der volkseinenden Aphrodite. Bei dem Singen des Skolions ward der Myrtenzweig am Tische herumgereicht.

V. 7. Ueber Achilleus cf. Pind. Ol. 2, 79. u. Plat. Sympos. p. 179, E.; über Diomedes Pind. Nem. 10, 7. Διομήδεα δ' ἄμβροτον ξανθά ποτε Γλαυκῶπις ἔθηκε θεόν.

V. 11. Ἀθην. ἐν θυσίαις, an den Panathenäen.

No. 2. Athen. 15, 694, C. — V. 4 ἄωροι, durch Pest und Krieg. Athene ist auch eine Hygie'

3.

Πλούτου μητέρ', Ὀλυμπίαν ἀείδω
Δήμητρα στεφανηφόροις ἐν ὥραις,
σέ τε, παῖ Διὸς Φερσεφόνη·
χαίρετον, εὖ δὲ τάνδ' ἀμφέπετον πόλιν.

4.

Ἐν Δήλῳ ποτ' ἔτικτε τέκνα Λατώ,
Φοῖβον χρυσοκόμαν, ἄνακτ' Ἀπόλλω,
ἐλαφηβόλον τ' ἀγροτέραν
Ἄρτεμιν, ἃ γυναικῶν μέγ' ἔχει κράτος.

5.

Ὦ Πάν, Ἀρκαδίας μέδων κλεεννᾶς,
ὀρχηστὰ Βρομίαις ὀπαδὲ Νύμφαις,
γελάσειας, ὦ Πάν, ἐπ' ἐμαῖς
εὐφροσύναις ἀοιδαῖς κεχαρημένος.

6.

Εἴθ' ἐξῆν, ὁποῖός τις ἦν ἕκαστος,
τὸ στῆθος διελόντ', ἔπειτα τὸν νοῦν
ἐσιδόντα, κλείσαντα πάλιν,
ἄνδρα φίλον νομίζειν ἀδόλῳ φρενί.

No. 3. Athen. ibid. — Nach Hes. Th. 969. erzeugten Demeter und Iasion den Plutos in dem fruchtbaren Kreta auf dreimal gepflügtem Saatfeld. — Δημ. Ὀλυμπία im Gegensatz zur Δ. Χθονία, die Mutter der blumenliebenden Persephone. Beide Gottheiten erscheinen hier von ihrer heiteren Seite, als Schützerinnen der Blumen und des Gewächsesegens, angerufen στεφανηφόροις ἐν ὥραις, wahrscheinlich an einem Feste zur Frühlingszeit, wo mit dem ersten Erscheinen der Blumen das Heraufsteigen (ἄνοδος) der Persephone mit Blumenpflücken und Kränzewinden gefeiert wurde.

No. 4. Athen. ibid. — V. 4. Artemis tödtet mit ihren Pfeilen vorzugsweise die Frauen, wie ihr Bruder Apollon die Männer. Hom. Od. 15, 477. 20, 60 ff. Hier scheint an die Artemis-Eileithyia gedacht zu sein, welche Gebärenden Tod sowohl als Hülfe bringen kann.

No. 5. Athen. ibid. — Scheint ein attisches Skolion auf Pan zu sein, der den Athenern in der marathonischen Schlacht Hülfe leistete und von der Zeit an zu Athen verehrt ward. Herodot. 6, 105. Siehe Simonid. Epigr. 2. Arkadien war die eigentliche Heimat seines Cultus. — V. 2. Pan, Begleiter und Gespiele der Nymphen, cf. Hom. H. 19. in Pan.; die Nymphen sind ferner Genossinnen des Bakchos, den sie aufgezogen, daher Βρομίαι. Anakr. 1. — V. 3. γελάσειας, sei freudig uns nah.

No. 6. Athen. ibid. — Man erwartet ἐστίν statt ἦν; dieses steht durch eine gewisse Attraction von ἐξῆν. — Von ἐσιδόντα ist abhängig ὁποῖός τις ἦν ἕκαστος. Dieses Sätzchen ist vorgeschoben, weil sein Inhalt in dem Skolion Hauptsache ist; da es aber durch die nothwendige Aufeinanderfolge der 3 Participien von ἐσιδόντα getrennt ist, so ist vor diesem zur Wiederholung τὸν νοῦν eingeschoben.

7.

Ὑγιαίνειν μὲν ἄριστον ἀνδρὶ θνατῷ,
δεύτερον δὲ φυὰν καλὸν γενέσθαι,
τὸ τρίτον δὲ πλουτεῖν ἀδόλως,
καὶ τὸ τέταρτον ἡβᾶν μετὰ τῶν φίλων.

8.

Αἰαῖ, Λειψύδριον προδωσέταιρον,
οἵους ἄνδρας ἀπώλεσας, μάχεσθαι
ἀγαθούς τε καὶ εὐπατρίδας,
οἳ τότ' ἔδειξαν, οἵων πατέρων ἔσαν.

9.

_ℓ∪_⊻ℓ∪∪_∪⊻
_ℓ∪_⊻ℓ∪∪_∪⊻
∪ℓ∪__ℓ∪__
ℓ∪∪_∪∪_∪__

Ἐκ γῆς μὲν ἄνδρα χρὴ κατιδεῖν πλόον,
εἴ τις δύναιτο καὶ παλάμην ἔχοι·
ἐπεὶ δέ κ' ἐν πόντῳ γένηται,
τῷ παρεόντι τρέχειν ἀνάγκη.

10.

⊻_ℓ∪∪_∪_∪_∪
⊻_ℓ∪∪_∪_∪_⊻
⊻∪ℓ∪∪_∪_∪__

Ἐνικήσαμεν, ὡς ἐβουλόμεσθα,
καὶ νίκην ἔδοσαν θεοὶ φέροντες
παρὰ Πανδρόσου ὡς φίλην Ἀθηνᾶν.

No. 7. Athen. ibid. — Ein berühmtes Sk., das dem Simonides, von Andern, doch mit geringer Wahrscheinlichkeit, dem Epicharmos zugeschrieben ward. — V. 3. πλουτεῖν ἀδόλως cf. Solon. 10, 7 ff. — V. 4. ἡβᾶν = ἥβῃ τερπόμενον παίζειν. Theogn. 567. No. 77.

No. 8. Athen. 15, 695. — Athenisches Sk. auf die Alkmäoniden, welche Leipsydrion auf dem attischen Gebirge Parnes befestigt hatten, um von da aus Hippias zu bekriegen und Athen zu befreien, aber wieder daraus vertrieben wurden. Herodot. 5, 62.

No. 9. Athen. ibid. — V. 1. Die Worte μὲν ἄνδρα sind ein Einschiebsel von Grotefend; Andere ergänzen: πόρρωθεν. — V. 2. παλάμην ἔχοι repetirt den Begriff von δύναιτο. — V. 4. τῷ παρεόντι sc. ἀνέμῳ.

No. 10. Athen. 15, 694. — Dies Sk. scheint von einem Sieger in den zur Ehre der Athene gefeierten panathenäischen Spielen gesungen worden zu sein. Der Siegeskranz wurde von den Zweigen des heiligen Oelbaums im Pandrosion, dem Heiligthum der Pandrosos auf der Burg, genommen und in dem Tempel der Athene dem Sieger übergeben.

11.

⌣‒⌣⌣‒⌣‒
⌣‒⌣⌣‒⌣‒
×‒⌣‒⌣⌣‒⌣‒×
⌣‒⌣⌣‒⌣‒

Ὁ καρκίνος ὡδ' ἔφα,
χαλᾷ τὸν ὄφιν λαβών·
„εὐθὺν χρὴ τὸν ἑταῖρον ἔμμεν
καὶ μὴ σκολιὰ φρονεῖν."

12.

⌣⌣‒⌣‒⌣‒   ⌣⌣‒⌣⌣
⌣⌣‒◦‒⌣‒   ⌣⌣‒⌣⌣‒⌣×

Παῖ Τελαμῶνος, Αἴαν αἰχμητά, λέγουσί σε
ἐς Τροίαν ἄριστον ἐλθεῖν Δαναῶν μετ' Ἀχιλλέα.

Τὸν Τελαμῶνα πρῶτον, Αἴαντα δὲ δεύτερον
ἐς Τροίαν λέγουσιν ἐλθεῖν Δαναῶν μετ' Ἀχιλλέα.

13.

Εἴθε λύρα καλὴ γενοίμην ἐλεφαντίνη,
καί με καλοὶ παῖδες φοροῖεν Διονύσιον ἐς χορόν.
Εἴθ' ἄπυρον καλὸν γενοίμην μέγα χρυσίον,
καί με καλὴ γυνὴ φοροίη, καθαρὸν θεμένη νόον.

14.

×
⌣⌣‒⌣⌣‒   ⌣⌣‒   ⌣⌣‒⌣×
⌣⌣‒⌣⌣‒   ⌣⌣‒   ⌣⌣‒⌣×

Ἀδμήτου λόγον, ὦ 'ταῖρε, μαθὼν τοὺς ἀγαθοὺς φίλει,
τῶν δειλῶν δ' ἀπέχου, γνοὺς ὅτι δειλοῖς ὀλίγα χάρις.

No. 11. Athen. 15, 695. — cf. Aesop. fabul. 70. Ὄφις καρκίνῳ συνήττατο, ἑταιρείαν πρὸς αὐτὸν ποιησάμενος. ὁ μὲν οὖν καρκίνος, ἁπλοῦς ὢν τὸν τρόπον, μεταβαλέσθαι κἀκεῖνον παρῄνει τῆς πανουργίας· ὁ δὲ οὐδ' ὁπωσοῦν ἑαυτὸν παρεῖχε πειθόμενον. ἐπιτηρήσας δ' ὁ καρκίνος αὐτὸν ὑπνοῦντα καὶ τοῦ φάρυγγος τῇ χηλῇ λαβόμενος — φονεύει. τοῦ δ' ὄφεως μετὰ θάνατον ἐκταθέντος, ἐκεῖνος εἶπεν· Οὕτως ἔδει καὶ πρόσθεν εὐθὺν καὶ ἁπλοῦν εἶναι. οὐδὲ γὰρ ἂν ταύτην δίκην ἔτισας.

No. 12. Athen. ibid. — cf. Hom. Od. 11, 469, 550. Il. 2, 768. Soph. Ai. 1338 ff. Horat. Sat. 2, 3, 193. — Telamon, der Vater des Aias, war mit Herakles gegen Laomedon nach Troia gezogen und vor Allen zuerst in die Stadt eingedrungen.

No. 13. Athen. ibid — V. 3. χρυσίον, goldner Schmuck. ἄπυρος bezeichnet ausgezeichnet reines Gold, das nicht mehr durch Feuer geläutert werden muss. — V. 4. καθ. θεμένη νόον, cf. Theogn. 89. Ἥ με φιλεῖ καθαρὸν θέμενος νόον, ἤ μ' ἀποειπὼν ἐχθαρῇ.

No. 14. Athen. ibid. — Als Verfasser dieses Sk. werden von Eustath. Π. p. 326, 36. angegeben Alkaeos, Sappho, Praxilla. Derselbe

Π.   3

15.
Σύν μοι πίνε, συνήβα, συνέρα, συστεφανηφόρει,
σύν μοι μαινομένῳ μαίνεο, σὺν σώφρονι σωφρόνει.
16.
Ὑπὸ παντὶ λίθῳ σκορπίος, ὦ 'ταῖρ', ὑποδύεται·
φράζευ, μή σε βάλῃ· τῷ δ' ἀφανεῖ πᾶς ἔπεται δόλος.
17.
Ὅστις ἄνδρα φίλον μὴ προδίδωσιν, μεγάλαν ἔχει
τιμὰν ἔν τε βροτοῖς ἔν τε θεοῖσιν κατ' ἐμὸν νόον.
18.
Ἔγχει καὶ Κήδωνι, διάκονε, μηδ' ἐπιλήθου,
εἰ χρὴ τοῖς ἀγαθοῖς ἀνδράσιν οἰνοχοεῖν.
19.

⏌∪∪–×∪⏌∪∪–∪⨯
⏌∪∪––⏌∪∪–∪⏌∪–⨯
–⏌∪∪––⏌∪––
–⏌∪∪–×∪⏌∪∪–∪⨯
×⨯⏌∪⨯⨯⏌∪–⨯

Ἔστι μοι πλοῦτος μέγας δόρυ καὶ ξίφος
καὶ τὸ καλὸν λαισήιον, πρόβλημα χρωτός·
τούτῳ γὰρ ἀρῶ, τούτῳ θερίζω,
τούτῳ πατέω τὸν ἁδὺν οἶνον ἀπ' ἀμπέλω·
5   τούτῳ δεσπότας μνῴαις κέκλημαι.

fügt dem Sk. die Worte hinzu: ἔοικε δὲ διὰ μὲν τῶν ἀγαθῶν τὴν γενναίαν καὶ φίλανδρον ὑποδηλοῦν Ἄλκηστιν, διὰ δὲ τῶν δειλῶν τὸν Ἀδμήτου πατέρα, ὃς ὤκνησε θανεῖν ὑπὲρ τοῦ παιδός. — δειλός, der Feige, Inbegriff aller Schlechtigkeit, wie Theogn. No. 18., welche Stelle man vergl., und Theogn. V. 955. Δειλοὺς εὖ ἔρδοντι δύω κακά· τῶν τε γὰρ αὐτοῦ
χηρεύσει πολλῶν, καὶ χάρις οὐδεμία.

No. 15. Athen. ibid. — συνήβα cf. Sk. 7. — Theogn. 313.
Ἐν μὲν μαινομένοις μάλα μαίνομαι, ἐν δὲ δικαίοις
πάντων ἀνθρώπων εἰμὶ δικαιότατος.
No. 16. Athen. ibid. — Variation eines Sk. der Praxilla: Ὑπὸ παντὶ λίθῳ σκορπίον, ὦ 'ταῖρε φυλάσσεο. Die Worte ὑπὸ π. λ. σκορπίος waren sprüchwörtlich. In ὑποδύεται ist υ ausnahmsweise lang, wie in λόω Bakchyl. 2, 6.
No. 17. Athen. ibid.
No. 18. Athen. ibid.
No. 19. Athen. ibid. — Verfasser ist ein Kretenser Hybrias. „Das Sk. drückt den ganzen Stolz des herrschenden Doriers aus, dessen Recht und Macht ganz auf seinen Waffen beruht, weil er dadurch die Leibeigenen beherrscht, die für ihn pflügen, erndten und keltern müssen." Müller Littgsch. I. p. 343. cf. Archil. Fr. 2. — V. 4. οἶνον ἀπ' ἀμπέλω

Τοί δὲ μὴ τολμῶντ' ἔχειν δόρυ καὶ ξίφος
καὶ τὸ καλὸν λαισήιον, πρόβλημα χρωτός,
πάντες γόνυ πεπτηῶτες ἀμόν
... προσκυνεῦντί με δεσπόταν
καὶ μέγαν βασιλέα φωνέοντες.

20.

```
⏑⏑–⏑⏑–⏑⏑–⏑⏑–
–⏑–⏑⏑–⏑⏑–
–⏑⏑–⏑–⏑––
–⏑⏑–⏑⏑–⏒
⏑⏑–⏑⏑–⏑––
```

Πεφυλαγμένος ἄνδρα ἕκαστον ὅρα,
μή, κρυπτὸν ἔγχος ἔχων κραδίῃ,
φαιδρῷ σε προσεννέπῃ προσώπῳ,
γλῶσσα δέ οἱ διχόμυθος
ἐκ μελαίνης φρενὸς γεγωνῇ.

21.

```
–⏑⏑–⏑–⏑⏑–⏑⏑–
–⏑⏑–⏑⏑––⏑⏑⏒
–⏑⏑–⏑⏑–⏑–⏑––
```

Ἀστοῖσιν ἄρεσκε πᾶσιν, ἐν πόλει αἴκε μένῃς·
πλείσταν γὰρ ἔχει χάριν· αὐθάδης δὲ τρόπος
πολλάκι δὴ βλαβερὰν ἐξέλαμψεν ἄταν.

22.

```
⏑–⏑––⏑⏑–⏑⏑–⏑––
–⏑⏑–⏑⏑⏒
–⏑⏑––⏑⏑–⏑⏑⏒
⏑–⏑⏑–⏑⏑–⏑–⏑–⏑⏒
```

Ἔχοντα δεῖ τόξον τε καὶ ἰοδόκον φαρέτραν
στείχειν ἐπὶ φῶτα κακόν·
πιστὸν γὰρ οὐδὲν γλῶσσα διὰ στόματος
λαλεῖ, διχόμυθον ἔχουσα καρδίῃ νόημα.

(ἀμπέλου), frisch vom Weinstock weg. — V. 6. τολμῶντι = τολμῶσι, wie V. 9. προσκυνεῦντι = προσκυνοῦσι. — V. 10. μέγαν βασιλέα, er gilt seinen Leibeigenen für eben so mächtig wie der Perserkönig, und wird von ihnen eben so sklavisch verehrt wie der grosse König von seinen Unterthanen.

No. 20. Diog. Laert. 1, 61. — Sk. des Solon.
No. 21. Diog. Laert. 1, 85. — Sk. des Bias von Priene (c. Ol. 40. v. Chr. 620). — V. 3. ἐκλάμπω, transitiv.
No. 22. ibid. 1, 78. — Sk. des Pittakos von Mytilene (c. Ol. 42. v. Chr. 612).

23.

⏑⏑−⏑⏑−⏑−⏑−⏑−⏑−⏑⏑−⏑⏑−
⏑−−⏑⏑⏑−⏑⏑−⏑−⏑−⏑−⏒

Ἐν λιθίναις ἀκόναις ὁ χρυσὸς ἐξετάζεται διδοὺς βάσανον φανεράν·
ἐν δὲ χρυσῷ ἀνδρῶν ἀγαθῶν τε κακῶν τε νοῦς ἔδωκ᾽ ἔλεγχον.

24.

⏑⏑−⏑⏑−⏑⏑−⏑⏑−⏑⏑−⏒
⏑⏑−⏑⏑⏒
⏑−⏑−−
−⏑−−⏑−−⏑⏑−⏑⏑−

Οὔ τι τὰ πόλλ᾽ ἔπεα φρονίμην ἀπεφήνατο δόξαν·
ἕν τι μάτευε σοφόν,
ἕν τι κεδνὸν αἱροῦ·
παύσεις γὰρ ἀνδρῶν κωτίλων γλώσσας ἀπεραντολόγους.

25.

⏑⏑−⏑−−⏑⏑−⏑⏑−⏑−⏒
⏑⏑−⏑⏑−⏑−⏑−⏑⏑−

Ἀμουσία τοι τὸ πλέον μέρος ἐν βροτοῖσιν
λόγων τε πλῆθος· ἀλλ᾽ ὁ καιρὸς ἀρκέσει.

26.

⏑⏑−⏒−⏑−⏒
⏑⏑−⏒−⏑⏒

Ὤφελες σύ, τυφλὲ Πλοῦτε,
μήτε γῇ μήτ᾽ ἐν θαλάσσῃ
μήτ᾽ ἐν οὐρανῷ φανῆναι,
ἀλλὰ Τάρταρόν τε ναίειν
κἀχέροντα· διὰ σὲ γὰρ πάντ᾽
ἔστ᾽ ἐν ἀνθρώποις κακά.

No. 23. ibid. 1, 71. — Sk. des Chilon von Lakedämon (c. Ol. 42. v. Chr. 612).

No. 24. ibid. 1, 35. — Sk. des Thales von Milet (c. Ol. 42, v. Chr. 612).

No. 25. ibid. 1. 91. — Sk. des Kleobulos von Lindos (c. Ol. 42. v. Chr. 612).

No. 26. Schol. Aristoph. Ran. 1337. — Sk. des Timokreon von Rhodos; siehe Simonides Epigr. 26.

VI. Ariphron.

Ὑγίεια, πρεσβίστα μακάρων, μετὰ σεῦ ναίοιμι τὸ λειπόμενον
βιοτᾶς, σὺ δέ μοι πρόφρων σύνοικος εἴης·
εἰ γάρ τις ἢ πλούτου χάρις ἢ τεκέων
ἢ τᾶς ἰσοδαίμονος ἀνθρώποις βασιληίδος ἀρχᾶς ἢ πόθων,
οὓς κρυφίοις Ἀφροδίτας ἄρκυσιν θηρεύομεν, 5
ἢ εἴ τις ἄλλα θεόθεν ἀνθρώποισι τέρψις ἢ πόνων ἀμπνοὰ πέφανται,
μετὰ σεῖο, μάκαιρ' Ὑγίεια,
τέθαλε πάντα καὶ λάμπει Χαρίτων ἔαρι,
σέθεν δὲ χωρὶς οὔτις εὐδαίμων ἔφυ.

Athen. 15, 702. A. — Päan des Ariphron von Sikyon, dessen Zeitalter unbekannt ist. — Das Gedicht wird auch von Einigen ein Skolion genannt. — V. 7. Χαρίτων ἔαρι. Von den Chariten kommt alle Freude. Pind. Ol. 14, 5.

VII. Aristoteles.

Ἀρετά, πολύμοχθε γένει βροτείῳ,
θήραμα κάλλιστον βίῳ,
σᾶς πέρι, παρθένε, μορφᾶς

καὶ θανεῖν ζηλωτὸς ἐν Ἑλλάδι πότμος
καὶ πόνους τλῆναι μαλεροὺς ἀκάμαντας·
τοῖον ἐπὶ φρένα βάλλεις
καρπὸν ἰσαθάνατον χρυσοῦ τε κρείσσω
καὶ γονέων μαλακαυγήτοιό θ' ὕπνου·
σεῦ δ' ἕνεχ' οὐκ Διὸς Ἡρακλέης Λήδας τε κοῦροι
πόλλ' ἀνέτλασαν, ἔργοις
σὰν ἀγρεύοντες δύναμιν.
σοῖς δὲ πόθοις Ἀχιλεὺς Αἴας τ' Ἀΐδαο δόμους ἦλθον·
σᾶς δ' ἕνεκεν φιλίου μορφᾶς καὶ Ἀταρνέος ἔντροφος ἀελίου
χήρωσεν αὐγάς·
τοιγὰρ ἀοίδιμος ἔργοις, ἀθάνατόν τέ μιν αὐξήσουσι Μοῦσαι,
Μναμοσύνας θύγατρες, Διὸς ξενίου σέβας αὔξουσαι φιλίας τε
γέρας βεβαίου.

Athen. 15, 695. A. — Ein Päan auf Hermias, den Athenäos zu den Skolien rechnen will. Preis der Tugend mit besonderer Rücksicht auf Hermias. Dieser war ein Gastfreund des Aristoteles und Anhänger der aristotelischen Philosophie, früher Sklave des Eubulos, dem er durch seine klugen Rathschläge die Tyrannis in den Städten Atarneus und Assos in Aeolis verschafft hatte. Nach dessen Tode selbst zur Tyrannis gelangt, versuchte er sich von den Persern loszureissen, wurde aber durch die List des persischen Feldherrn Mentor gefangen genommen und hingerichtet (Diod. Sic. 16, 52.). Hierauf bezieht sich ein Epigramm des Aristoteles (Diog. Laert. 5, 5.):

Τόνδε ποτ' οὐχ ὁσίως παραβὰς μακάρων θέμιν ἁγνὴν
ἔκτεινεν Περσῶν τοξοφόρων βασιλεύς,
οὐ φανερῶς λόγχῃ φονίοις ἐν ἀγῶσι κρατήσας,
ἀλλ' ἀνδρὸς πίστει χρησάμενος δολίου.

Von V. 6. an werden die vorhergehenden allgemeinen Sätze weiter entwickelt und durch Beispiele belegt. V. 6—8. schliesst sich als Grund durch τοῖον an V. 1—5. und wiederholt ausführlicher. V. 2. Ferner liefern V. 9—12. Beispiele aus der Heroenzeit für V. 4. u. 5., und zwar V. 9—11. für V. 5. und V. 12. für V. 4. An diese Heroen der Vorzeit reiht sich V. 13. Hermias würdig an.

V. 8. γονέων, edle Eltern, Ahnen, Adel. — μαλακαύγητος, transit. den Blick sanft brechend, sanft einwiegend.

V. 12. Die Athener rühmen den Aias gerne; er gilt bei ihnen als ihr Landsmann.

V. 13. ἀελίου χήρωσεν αὐγάς. „paullo durior dictio pro: ἐστέρησεν ἑαυτὸν τοῦ βίου." Jacobs. Beide Redensarten haben das gemein, dass sie den Tod bezeichnen; nach der zweiten aber ist der Sterbende der verlierende Theil, nach der ersten dagegen das Licht der Sonne, die Sonne verliert den frohen Anblick des tugendhaften Mannes.

VIII. Alkman.

Alkman (Ἀλκμάν, dor. Form statt Ἀλκμαίων) war seiner Herkunft nach ein Lyder aus Sardes, oder vielmehr ein Aeolier aus dem lydischen Sardes. Wahrscheinlich ist er in Lydien geboren, kam aber als Sclave nach Sparta, wo er später die Freiheit und wahrscheinlich auch ein beschränktes Bürgerrecht erhielt. Er lebte um Ol. 30. v. Chr. 660 oder etwas später, also in der nächsten Zeit nach dem zweiten messenischen Kriege, nach dessen Beendigung es den Spartanern vergönnt war sich mehr einer heitern Seite des Lebens zuzuwenden. Von je her war in Sparta die Chorpoesie mit besonderer Vorliebe geübt worden; jetzt aber bringt zuerst Alkman Volksgesang und Chorlied in eine bestimmte Kunstform, so dass er neben Terpandros und Stesichoros als der eigentliche Begründer der chorischen Poesie der Griechen genannt wird. Besonders dichtete er Parthenien, dann auch Hymnen, Päane und Liebeslieder in grosser Mannigfaltigkeit des poetischen Tons, des Versmasses und des Dialectes. Seine Strophen bestanden theils aus verschiedenen Versen, theils aus der Wiederholung eines und desselben, die Epode aber wandte er noch nicht an. Den rauhen dorischen Dialect milderte und veredelte er durch die Aufnahme epischer und äolischer Formen. Doch herrscht je nach dem Charakter seiner Lieder bald der lakonisch dorische Dialect vor, bald ist, wie namentlich in den aus Hexametern bestehenden Stücken, der epische Dialect nur in geringem Masse durch Dorismen gefärbt. — Ueber die Eigenthümlichkeiten des dorischen Dialects Μῶσα, ἀείδεν, ποτῆται, μελισσᾶν siehe Einleitung zu Theokrit.

1.

$$\angle\cup\cup\_\cup\cup\_\cup\cup\_\cup\cup$$
$$\angle\cup\cup\_\cup\cup\_\times$$
$$\times\angle\cup\_\times\vDash\times\angle\cup\_\times$$

Μῶσ' ἄγε, Μῶσα λίγεια πολυμμελὲς
αἰενᾳοιδὲ μέλος·
νεοχμὸν ἄργε παρσένοις ἀείδεν.

No. 1. Maxim. Planud. 5, 510. Walz. — Anfang eines Hymnus auf den lykäischen Zeus. — παρσένοις, ächtspartanische Form für παρθένοις. Der Spartaner gebrauchte σ statt θ.

2.

Οὔ μ' ἔτι, παρθενικαὶ μελιγάρυες ἱμερόφωνοι,
γυῖα φέρειν δύναται· βάλε δὴ βάλε κηρύλος εἴην,
ὅς τ' ἐπὶ κύματος ἄνθος ἅμ' ἀλκυόνεσσι ποτῆται
νηλεγὲς ἦτορ ἔχων, ἁλιπόρφυρος εἴαρος ὄρνις.

3.

$\times\_\angle\cup\cup\_\cup\cup\_\cup\_\cup\_\times$
$\angle\cup\_\cup\angle\cup\_\_$
$\times\cup\angle\cup\cup\_\cup\cup\_\cup\_\cup$
$\_\angle\cup\_\angle\_\angle\cup\_\cup\_\_$
5   $\_\angle\cup\_\angle\cup\cup\_\cup\cup\_\cup\times$
$\_\angle\cup\_\angle\_\angle\cup\cup\_\cup\cup\_$

Εὕδουσιν δ' ὀρέων κορυφαί τε καὶ φάραγγες,
πρώονές τε καὶ χαράδραι,
φύλλα θ' ἑρπετά θ' ὅσσα τρέφει μέλαινα γαῖα,
θῆρές τ' ὀρεσκῷοι καὶ γένος μελισσᾶν
5   καὶ κνώδαλ' ἐν βένθεσι πορφυρέας ἁλός·
εὕδουσι δ' οἰωνῶν φῦλα τανυπτερύγων.

No. 2. Antig. Caryst. Hist. Mir. 27. Τῶν ἀλκυόνων οἱ ἄρσενες κηρύλοι καλοῦνται· ὅταν οὖν ὑπὸ τοῦ γήρως ἀσθενήσωσι καὶ μηκέτι δύνωνται πέτεσθαι, φέρουσιν αὐτοὺς αἱ θήλειαι ἐπὶ τῶν πτερῶν λαβοῦσαι. καὶ ἔστι τὸ ὑπὸ τοῦ Ἀλκμᾶνος λεγόμενον τούτῳ συνῳκειωμένον· φησὶν γὰρ ἀσθενὴς ὢν διὰ τὸ γῆρας καὶ τοῖς χοροῖς οὐ δυνάμενος συμπεριφέρεσθαι οὐδὲ τῇ τῶν παρθένων ὀρχήσει· Οὔ μ' ἔτι κτλ.

No. 3. Apollon. Lex. Hom. 101, 18. Bekker. — Vergl. mit dieser schönen Beschreibung nächtlicher Ruhe Virg. Aen. 4, 521 ff.

IX. Stesichoros.

Stesichoros aus Himera in Sicilien war ein jüngerer Zeitgenosse des Alkman; er lebte zwischen Ol. 33, 4. und 55, 1. v. Chr. 645—560. Seine Familie stammte aus der lokrischen Colonie Mataures in Unteritalien und war erst kurz vor seiner Geburt nach dem eben gegründeten Himera gewandert. Die Nachrichten über das Leben des Dichters tragen zum Theil einen fabelhaften Charakter. So erzählte man, er sei ein Sohn des Hesiod gewesen, geboren im Lande der ozolischen Lokrer, eine Sage, die wohl bloss eine Verwandtschaft der Poesie des Stesichoros mit dem Ton und der Weise hesiodischer Sänger, die im Lande der Lokrer ihren Sitz hatten, bezeichnen sollte, wenn nicht selbst Stesichoros von einer lokrischen Sängerfamilie abstammte. Seine Mitbürger soll Stesichoros durch die Erzählung einer Fabel vom Pferd und Hirsch vor den herrschsüchtigen Plänen des agrigentinischen Tyrannen Phalaris gewarnt haben (Aristot. Rhet. 2, 20.). Weil er die Helena in einem seiner Gedichte als Urheberin des troianischen Krieges hart geschmäht hatte, sollte ihn die vergötterte Heroine mit Blindheit gestraft haben; hierauf durch eine Traumerscheinung derselben auf sein Vergehen aufmerksam gemacht, sang er eine Palinodie, in der er erklärte, ein blosses Trugbild der Helena sei nach Troia gekommen, und erhielt das Augenlicht wieder*). Nach Suidas wurde er von einem Räuber erschlagen; ein Grabmal hatte er vor dem stesichorischen Thore zu Katana und auch zu Himera.

Stesichoros hiess eigentlich Tisias; den Namen „Choraufsteller" hat er von seiner Kunst, dem Anordnen und Einüben von Chören, erhalten. Um die kunstmässige Ausbildung der Chöre hat sich dieser Dichter die grössten Verdienste erworben, namentlich durch die Einführung der Epode. Für den Inhalt seiner Chorlieder ist es charakteristisch, dass er die mythischen Stoffe des Epos in die Lyrik einführte. Die epische Poesie hatte sich zu jener Zeit bei den Griechen ausgelebt und vermochte die Ansprüche, die man jetzt an die Poesie machte, nicht mehr zu befriedigen; aber die schönen Sagen und die herrlichen Gestalten der von dem Epos behandelten mythischen Heldenzeit, auf welcher das ganze hellenische Leben ruhte, waren dem Bewusstsein der Griechen ein so theures und lebendiges Eigenthum geworden, dass sie nicht mehr untergehen konnten und nur eine neue poetische Form für dieselben gefunden werden musste. Stesichoros nun machte die jung und kräftig aufwachsende Lyrik zur Trägerin dieser epischen Stoffe, worin ihm später andere Chordichter, namentlich Pindar, gefolgt sind; doch steht Stesichoros in der Behandlung der Mythen dem Epos bei weitem näher als andere lyrischen Dichter. Seine Gedichte waren sehr umfangreich und der in ihnen behandelte Mythus war so ausgedehnt und ins Einzelne gehend, dass er den bei weitem grössten Theil des Gedichtes einnahm. Doch konnte der Dichter unmöglich seinen Gegenstand in dem gleichmässigen ruhigem Flusse des Epos durchführen; der Grundton musste eben lyrisch sein, so

---

*) Der Anfang dieser Palinodie ist uns erhalten:
Οὐκ ἔστ' ἔτυμος λόγος οὗτος·
οὐδ' ἔβας ἐν νηυσὶν εὐσέλμοις,
οὐδ' ἵκεο πέργαμα Τροίας.

dass die mythische Erzählung, in irgend einen Bezug zur Gegenwart gesetzt, durch bestimmte allgemeine Gedanken beherrscht wurde und der Dichter einzelne Partien des Mythus zurückdrängte oder bei Seite liess, während er andere mit desto grösserer Ausführlichkeit und glänzenderen Farben ausmalte. Auch hat er sich manche Abweichungen von der überlieferten Sage erlaubt. Seine Versmasse, in denen besonders der Dactylus vorherrscht, stehen dem epischen Hexameter nahe, und ebenso beruht seine Sprache auf dem epischen Dialecte, dem nur wenige Dorismen untermischt sind.

Die uns erhaltenen Bruchstücke sind gering, doch ist noch eine verhältnismässig grosse Anzahl von Titeln seiner Gedichte bekannt; wir nennen: Γηρυονηίς, Σκύλλα, Κύκνος, Κέρβερος, Ἰλίου πέρσις, Ἑλένα, Ὀρεστεία, Ἐριφύλα. Im Folgenden haben wir die Bruchstücke aus der Geryoneis aufgeführt, um an ihnen, soviel als möglich ist, die Eigenthümlichkeiten des Dichters erkennen zu lassen.

Ausser den grösseren dem Epos verwandten Chorliedern verfasste Stesichoros auch Hymnen und Päane, erotische und bukolische Gedichte; in den beiden letzteren herrschte auch der erzählende Ton vor.

ΓΗΡΥΟΝΗΙΣ.

1.

... ∪∪−∪∪−−∪∪−−
⌣−−∪∪−∪∪−∪∪   ⌣∪∪−∪∪−−
⌣−−∪∪−

... Σχεδὸν ἀντιπέρας κλεινᾶς Ἐρυθείας
Ταρτησσοῦ ποταμοῦ παρὰ παγὰς ἀπείρονας, ἀργυρορίζους,
ἐν κευθμῶνι πέτρας.

Die Geryoneis enthielt den Zug des Herakles nach der im westlichen Okeanos liegenden Insel Erytheia, um die Rinder des Geryones zu holen. Dieser Riese hatte nach Stesichoros 6 Hände und 6 Füsse und war beflügelt (Schol. Hes. Theog. 287.); seine Rinder wurden von dem Hirten Eurytion, von welchem Fr. 1. handelt, und dem Hunde Orthos bewacht. Herakles fuhr nach mühevollem Landwege auf dem Sonnenbecher, den ihm Helios geliehen, über den Okeanos nach Erytheia und, nachdem er Hirt und Hund erschlagen und die Rinder weggetrieben, dann den Geryones selbst im gewaltigen Kampfe erlegt hat, wieder zum Festlande zurück (s. Fr. 2.). St. hatte in dem westlichen Ocean (ἐν τῷ Ἀτλαντικῷ πελάγει) auch eine Insel Σαρπηδονία erwähnt (Schol. Apoll. Rh. 1, 212.).

2.

```
⏑⏑–⏑⏑–⏑⏑    ⏑⏑–⏑⏑–×
⏑⏑–⏑⏑–⏑⏑    ⏑⏑––
––⏑⏑–⏑⏑–⏑⏑   ⏑⏑––
––⏑⏑–⏑⏑–⏑⏑––⏑⏑–⏑⏑–⏑⏑–
––⏑⏑––⏑⏑–×                                    5
```

Ἀέλιος δ' Ὑπεριονίδας δέπας ἐσκατέβαινεν
χρύσεον, ὄφρα δι' Ὠκεανοῖο περάσας
ἀφίκοιθ' ἱερᾶς ποτὶ βένθεα νυκτὸς ἐρεμνᾶς
ποτὶ ματέρα κουριδίαν τ' ἄλοχον παῖδάς τε φίλους· ὁ δ' ἐς
ἄλσος ἔβα
δάφναισι κατάσκιον ποσσὶ πάϊς Διός.

3.

```
⏑⏑–⏑⏑–⏑⏑–⏑⏑–⏑×
–⏑⏑–⏑⏑–⏑⏑–⏑⏑   –⏑⏑–⏑⏑–
```

Σκυφίον δὲ λαβὼν δέπας ἔμμετρον ὡς τριλάγυνον
πῖεν ἐπισχόμενος, τό ῥά οἱ παρέθηκε Φόλος κεράσας.

Wahrscheinlich erzählte er auch die vielfachen Kämpfe des Heklen auf dem Rückwege durch Iberien, Gallien, Ligurien, Italien u. s. f. zum Theil ausführlich. Der Schauplatz von Fr. 3. ist Arkadien, wo er auch der alten Stadt Pallantion Erwähnung gethan haben soll (Paus. 8, 3, 2). Es scheint, dass St. den Herakles auf dem Rückweg durch Arkadien hat ziehen lassen, vielleicht nachdem ihm Hera am ionischen Meere die Heerde zerstreut hatte, wodurch er zu langem Suchen gezwungen war.

Fr. 1. Strabo 3, 148. 'Εοίκασι δ' οἱ παλαιοὶ καλεῖν τὸν Βαῖτιν Ταρτησσόν, τὰ δὲ Γάδειρα καὶ τὰς πρὸς αὐτὴν νήσους Ἐρύθειαν· διόπερ οὕτως εἰπεῖν ὑπολαμβάνουσι Στησίχορον περὶ τοῦ Γηρυόνος βουκόλου, διότι γεννηθείη σχεδὸν ἀντιπέρας κτλ. Bergk vermuthet, dass mit Bezug auf die Mutter des Euryton dem σχεδόν vorausgegangen sei: τίκετο.

Fr. 2. Athen. 11, 469. E. — Siehe zu Mimnerm. 4. — Herakles hat eben dem Helios den Kahn zurückgegeben. — V. 7. πάϊς Διός, Herakles.

Fr. 3. Athen. 11, 499. A. — Herakles ist bei dem Kentauren Pholos in dem arkadisch-eleischen Gebirge Pholoe eingekehrt. Gewöhnlich wird diese Einkehr in die Zeit verlegt, wo Herakles zu der Jagd des erymanthischen Ebers auszieht. Nachdem der Held seinen Hunger gestillt, zecht er mit Pholos von dem trefflichen Wein, den die Kentauren als Gemeingut in grossem Fasse aufbewahrten; deshalb entsteht ein Kampf mit den herbeigeeilten Kentauren, die von H. theils getödtet theils zerstreut werden. — Der starke Held, der so schweren Kampf besteht, ist auch ein tüchtiger Esser und Trinker; er heisst deshalb ἀδηφάγος, φιλοπότης.

X. Ibykos.

Ibykos aus Rhegion in Unteritalien blühte um Ol. 63. v. Chr. 528. Er führte ein wanderndes Leben und verweilte eine geraume Zeit in Samos an dem Hofe des Polykrates. Bekannt ist, dass er auf einer Reise von Räubern erschlagen und sein Mord durch Kraniche entdeckt worden sein soll (s. Antipatr. Ep. 5.). In der Poesie schloss sich Ibykos zum Theil, und zwar wahrscheinlich in der früheren Zeit seines Lebens, bevor er in Samos sich aufhielt, an Stesichoros an, mit dem er schon durch sein Vaterland in naher Verbindung stand; er behandelte nämlich in einem Theile seiner lyrischen Gedichte mythische Stoffe in ähnlicher Weise wie Stesichoros. Am berühmtesten jedoch ist Ibykos durch seine erotischen Gesänge geworden, die er wahrscheinlich zumeist an dem üppigen Hofe des samischen Tyrannen, wo er mit Anakreon zusammen lebte, dichtete. Er versuchte zuerst Stoffe, wie sie Anakreon in leichten Liebesliedern behandelte, in die kunstvollere Chorpoesie einzuführen und gab in diesen Gesängen auf schöne Knaben eine solche Gluth der Leidenschaft kund, wie sie sonst in der griechischen Poesie nicht mehr vorgekommen ist. Man nannte ihn ἐρωτομανέστατος. Von seinen in 7 Bücher zusammengefassten Gedichten sind nur noch Bruchstücke übrig.

1.

Ἦρι μὲν αἵ τε Κυδώνιαι [στρ.
μηλίδες ἀρδόμεναι ῥοᾶν
ἐκ ποταμῶν, ἵνα παρθένων
κῆπος ἀκήρατος, αἵ τ' οἰνανθίδες

No. 1. Athen. 13, 601. B. — „In der Natur zeigt sich die Macht der Aphrodite und des Eros jährlich nur einmal, im Frühling, wo alles gährt und treibt; in mir aber herrscht die Liebe zu aller Zeit, und zwar mit stürmendem Ungestüm, während im Frühling die blühende Natur voll Ruhe und Frieden ist."

V. 2. ἀρδόμεναι ῥοᾶν, erfüllt, getränkt mit Feuchtigkeit; Genitiv der Fülle.

V. 3. παρθένοι sind die Nymphen, die jugendlichen Najaden, denen Quellen und Flüsse heilig sind.

αὐξόμεναι σκιεροῖσιν ὑφ' ἕρνεσιν
οἰναρέοις θαλέθοισιν· ἐμοὶ δ' Ἔρος
οὐδεμίαν κατάκοιτος ὥραν, ἆθ' ὑπὸ στεροπᾶς φλέγων
Θρηίκιος βορέας,
ἄσσων παρὰ Κύπριδος ἀζαλέαις μανίαισιν ἐρεμνὸς ἀθαμβής
ἐγκρατέως πεδόθεν σαλάσσει
ἡμετέρας φρένας. |ἀντ.

2.

```
⏑⏑−⏑⏑−⏑⏑−⏑⏑−⏑⏑−⏑⏑−
  −⏑⏑−⏑⏑−⏑⏑−⏓⏑⏑−⏑⏑−−
  −⏑⏑−⏑⏑−⏑⏑⏓
  −⏑⏑−⏑⏑−⏑⏑−⏑⏑−⏑⏑−−
⏑⏑−⏑⏑−⏑⏑−⏑⏑−
```

Ἔρος αὖτέ με κυανέοισιν ὑπὸ βλεφάροις τακέρ' ὄμμασι δερκόμενος
κηλήμασι παντοδαποῖς ἐς ἄπειρα δίκτυα Κύπριδι βάλλει·
ἦ μὰν τρομέω νιν ἐπερχόμενον,
ὥστε φερέζυγος ἵππος ἀεθλοφόρος ποτὶ γήρᾳ
ἀέκων σὺν ὄχεσφι θοοῖς ἐς ἅμιλλαν ἔβα.

V. 7. ὑπὸ στεροπᾶς φλέγων, cf. Soph. Ai. 257. λαμπρᾶς γάρ ἄτερ στεροπᾶς ἄξας ὀξὺς νότος ὥς, λήγει, von dem eben von der tobenden Wuth verlassenen Aias.
V. 9. ἀζαλέαις μανίαισιν ἐρεμνός, von sengender Wuth umdunkelt, gleich dem schwarzes Gewölk hintreibenden Sturm.
No. 2. Plato Parmenid. 137. A. — cf. Anakr. 3. Horat. Carm. 4, 1, in. — V. 4. cf. Il. 22, 22. σευάμενος ὥσθ' ἵππος ἀεθλοφόρος σὺν ὄχεσφιν. Das Bild des Ibykos von dem Rosse haben nachgeahmt Ennius bei Cic. de sen. 5, 14. Horat. Epist. 1, 1, 8.

XI. Simonides.

Ueber S. siehe oben I. p. 73 u. 84. Von seinen chorischen Gedichten sind nur noch Fragmente übrig. Von den folgenden Stücken ist das erste ein Fragment aus einem Threnos, das zweite aus einem Enkomion, das dritte aus einem Epinikion. S. hatte in seiner Chorpoesie nicht die Gedankentiefe und den erhabenen Flug des Pindar; dagegen rühmt man bei ihm eine grosse Gewandtheit und Vielseitigkeit in Behandlung seines Gegenstandes und eine sorgfältige, oft ins Zierliche gehende Ausbildung der Gedanken. Am meisten zeichnete er sich im Threnos aus, in welchem er selbst den Pindar übertraf; hier wusste er in ionischer Weichheit alle Momente, welche des Menschen Herz ergreifen und rühren, geschickt zusammenzufassen.

1.
Stropha.

[metrical scheme]

Epodus.

[metrical scheme]

Ὅτε λάρνακι ἐν δαιδαλέᾳ [στρ.
ἄνεμός τέ μιν πνέων κινηθεῖσά τε λίμνα
δείματι ἤριπεν, οὐκ ἀδιάνταισι παρειαῖς
ἀμφί τε Περσέϊ βάλλε φίλαν χέρ' εἶπε τ'· ὦ τέκος,
5 οἷον ἔχω πόνον·
σὺ δ' ἀωτεῖς γαλαθηνῷ τ' ἤτορι κνώσσεις ἐν ἀτερπεῖ
δούρατι χαλκεογόμφῳ,
νυκτιλαμπεῖ κυανέῳ τε δνόφῳ ταθείς·
αὐαλέαν δ' ὕπερθεν τεὰν κόμαν βαθεῖαν
10 παριόντος κύματος οὐκ ἀλέγεις,
οὐδ' ἀνέμου φθόγγων,
κείμενος ἐν πορφυρέᾳ χλανίδι, καλὸν πρόσωπον.

No. 1. Dionys. Hal. de verb. comp. c. 26. — Klage der Danae, die mit ihrem Kinde Perseus, in einem Kasten eingeschlossen, auf dem stürmischen Meere umhergetrieben wird.
V. 3. δείματι ἤριπεν, in Furcht und Schrecken stürzte; ἤριπε transitiv, wie Quint. Smyrn. 13, 452. μεσόδμη ἔμπεσεν, ἐπὶ δ' ἤριπεν αἰπὺν ὄλεθρον.
V. 8. νυκτιλαμπεῖ δνόφῳ, Dunkelheit, glänzend wie die Nacht, d. h. finsteres Dunkel. cf. Euripid. Helen. 518. μελαμφαὲς ἔρεβος. Aeschyl. Pers. 426. κελαινῆς νυκτὸς ὄμμα.
V. 12. „Das ganze, mit grosser Anmuth und Zartheit ausgeführte Bild des im Sturm schlummernden Knaben wird durch den jetzt nicht mehr erwarteten und überraschenden Zug καλὸν πρόσωπον vollendet und wie mit der mütterlichen Zärtlichkeit gleichsam umschlossen." Thiersch. Die zärtliche Mutter hat das Kind auf ihrem eigenen Gewande (χλανίς) gebettet.

Εἰ δὲ τοὶ δεινὸν τό γε δεινὸν ἦν,   [ἐπ.
καί κεν ἐμῶν ῥημάτων λεπτὸν ὑπεῖχες οὖας.
κέλομαι δ', εὗδε βρέφος, εὑδέτω δὲ πόντος,   15
εὑδέτω δ' ἄμετρον κακόν·
μεταιβολία δέ τις φανείη, Ζεῦ πάτερ, ἐκ σέο·
ὅτι δὲ θαρσαλέον ἔπος
εὔχομαι, τεκνόφι δίκαν σύγγνωθί μοι.

2.

Εἰς τοὺς ἐν Θερμοπύλαις θανόντας.

Τῶν ἐν Θερμοπύλαις θανόντων
εὐκλεὴς μὲν ἁ τύχα, καλὸς δ' ὁ πότμος,
βωμὸς δ' ὁ τάφος, πρὸ γόων δὲ μνᾶστις, ὁ δ' οἶτος ἔπαινος.
ἐντάφιον δὲ τοιοῦτον οὔτ' εὐρὼς
οὔθ' ὁ πανδαμάτωρ ἀμαυρώσει χρόνος,   5
ἀνδρῶν ἀγαθῶν· ὁ δὲ σηκὸς οἰκέταν εὐδοξίαν

V. 13. Für einen Augenblick regt sich bei der sich einsam fühlenden Mutter der Wunsch, dass das Kind theilnehmen möge an ihrem Schmerz, sogleich aber V. 15. bekommt die mütterliche Zärtlichkeit wieder die Oberhand: „Doch schlafe, dass kein Kummer dich treffe u. s. w." — ὑπεῖχες οὖας, d. i. ὑπήκουες, daher Genit. des Objects ῥημάτων.
V. 17. μεταιβολία = μεταβολία.
V. 19. τεκνόφι δίκαν = τέκνου χάριν. Perseus ist Sohn des Zeus. — Mutter und Kind wurden an der Insel Seriphos wohlbehalten ans Land gezogen, und Perseus wuchs zu grossen Thaten heran.
No. 2. Diod. Sic. 11, 11. — „Es war des S. Art, Gedanken und Empfindungen nicht, wie Pindar öfter in seinem überschwellenden Reichthum thut, kurz anzuschlagen, sondern mit Sorgfalt und Feinheit ins Einzelne auszumalen und wie einen zum Brillanten geschliffenen Diamant von vielen Facetten zugleich ein spiegelndes Licht werfen zu lassen. Bei Zergliederung dieses Fragments nimmt man leicht ab, wie geschickt von Meisterhand ein Gedanke: der Ruhm der grossen That, gegen den alle Trauer verschwindet, hin- und hergewendet und durch ein mannigfaches Lichtspiel beleuchtet worden ist." Müllers Littgsch. I. p. 383.
V. 3. οἶτος = θρῆνος, Hesych.
V. 4. τοιοῦτον wird erklärt durch das am Ende des Satzes gewichtig folgende: ἀνδρῶν ἀγαθῶν.
V. 6. In ihre Ruhestätte ist der Ruhm von Hellas eingezogen; dies bezeugt der dort liegende Leonidas, dessen Name den Ruhm von ganz Hellas in sich fasst.

Ἑλλάδος εἵλετο· μαρτυρεῖ δὲ καὶ Λεωνίδας,
ὁ Σπάρτας βασιλεύς, ἀρετᾶς μέγαν λελοιπώς
κόσμον ἀέναόν τε κλέος.

3.

Strophae.

[metrical scheme]

Epodus.

[metrical scheme]

Ἀνδρ' ἀγαθὸν μὲν ἀλαθέως γενέσθαι χαλεπόν,   [στρ. ά.
χερσίν τε καὶ ποσὶ καὶ νόῳ τετράγωνον, ἄνευ ψόγου τετυγμένον·

Οὐδέ μοι ἐμμελέως τὸ Πιττάκειον νέμεται,   [ἀντ. ά.
καίτοι σοφοῦ παρὰ φωτὸς εἰρημένον· χαλεπὸν φάτ' ἐσλὸν
        ἔμμεναι.
5 θεὸς ἂν μόνος τοῦτ' ἔχοι γέρας· ἄνδρα δ' οὐκ ἔστι μὴ οὐ
        κακὸν ἔμμεναι,
ὃν ἂν ἀμάχανος συμφορὰ καθέλῃ.
πράξαις γὰρ εὖ πᾶς ἀνὴρ ἀγαθός,

No. 3. Bruchstück eines Epinikions für den Thessaler Skopas, Tyrannen in Krannon, aus Bruchstücken, welche in Platos Protagoras 339, A. ff. besprochen werden, zusammengestellt. — Simonides erklärt sich gegen den Spruch des Pittakos (s. Alkaios. Einl. u. Skol. No. 22.): χαλεπὸν ἐσθλὸν ἔμμεναι, und meint, es sei allerdings schwer ein guter Mann zu werden, aber ein guter Mann zu sein und immer zu bleiben sei für einen Menschen unmöglich. Die niedere Forderung, welche hier ·der Dichter an die Sittlichkeit des Menschen stellt, war jedenfalls bedingt durch den geringen Grad sittlicher Güte des gepriesenen Siegers. Bei diesem Epinikion mag dem S. begegnet sein, was Sokrates bei Plato Protag. 346, B. von ihm sagt: πολλάκις δ'. οἶμαι, καὶ Σιμωνίδης ἡγήσατο καὶ αὐτός ἢ τύραννον ἢ ἄλλον τινὰ τῶν τοιούτων ἐπαινέσαι καὶ ἐγκωμιάσαι οὐχ ἑκών, ἀλλ' ἀναγκαζόμενος.

V. 2. τετράγωνος, nach allen Seiten gleich vollkommen. Vgl. Horat. Serm. 2, 7, 86. — †) Nach V. 2. sind 5 Verse ausgefallen.

V. 3. ἐμμελέως verbinde mit εἰρημένον — νέμεται = νομίζεται. Soph. O. R. 1080. Simonides liebte es, die Aussprüche Anderer anzuführen; s. seine Elegie.

V. 5 ff. Bei Plato wird als Parallele angeführt der Vers eines gnomischen Dichters: αὐτὰρ ἀνὴρ ἀγαθὸς τότε μὲν κακός, ἄλλοτε δ' ἐσθλός.

κακὸς δ', εἰ κακῶς· καί
τοὐπιπλεῖστον ἄριστοι, τούς κε θεοὶ φιλῶσιν.

Ἔμοιγ' ἐξαρκεῖ [ἐπ. 10
ὃς ἂν μὴ κακὸς ᾖ
μηδ' ἄγαν ἀπάλαμνος εἰδώς τ' ὀνασίπολιν δίκαν, ὑγιὴς ἀνήρ.
οὔ μιν ἐγὼ μωμάσομαι·
οὐ γὰρ ἐγὼ φιλόμωμος·
τῶν γὰρ ἀλιθίων ἀπείρων γενέθλα. 15
πάντα τοι καλά, τοῖσί τ' αἰσχρὰ μὴ μέμικται.

Τοὔνεκεν οὔποτ' ἐγὼ τὸ μὴ γενέσθαι δυνατόν [στρ. β'.
διζήμενος, κενεὰν ἐς ἄπρακτον ἐλπίδα μοῖραν αἰῶνος βαλέω,
πανάμωμον ἄνθρωπον, εὐρυέδους ὅσοι καρπὸν αἰνύμεθα
χθονός·
ἔπειτ' ὕμμιν εὑρὼν ἀπαγγελέω. 20
πάντας δ' ἐπαίνημι καὶ φιλέω,
ἑκὼν ὅστις ἕρδῃ
μηδὲν αἰσχρόν, ἀνάγκα δ' οὐδὲ θεοὶ μάχονται.

V. 9. τοὐπιπλεῖστον, am längsten.
V. 15. τῶν γὰρ ἠλιθίων ἀπ. γενέθλα, Sokrates bei Plato setzt erklärend hinzu: ὥστ' εἴ τις χαίρει ψέγων, ἐμπλησθείη ἂν ἐκείνους μεμφόμενος.
V. 18. κενεάν, proleptisch mit μοῖραν αἰῶνος verbunden, — vergebens.
V. 19. πανάμωμον ἄνθρωπον, Apposition zu τὸ μὴ γενέσθαι δυνατόν. εὐρυέδους ὅσοι etc. cf. Hom. Il. 6, 142. Horat. Carm. 2, 14, 10. *quicunque terrae munere vescimur.*
Vielleicht hat S. in diesem Epinikion auch die Tyndariden besonders gelobt; siehe die merkwürdige Geschichte bei Cic. de or. 2, 86.

XII. Bakchylides.

Bakchylides aus Keos, blühend um Ol. 77. v. Chr. 472, war ein Schwestersohn des Simonides von Keos. Von seinen Lebensumständen ist wenig bekannt; nur wissen wir, dass er mit seinem Oheim zusammen in den letzten 10 Lebensjahren desselben in Sicilien an dem Hofe des Hieron zu Syrakus und vielleicht auch bei Theron, dem Tyrannen von Akragas, sich aufgehalten hat. In der Poesie nahm er sich Simonides zum Muster, ohne dessen Vielseitigkeit und geistige Kraft und Tiefe zu besitzen. Wie dieser erging er sich besonders in sorgfältiger und glänzender Ausführung der Gedanken und suchte ihn noch an Correctheit und Zierlichkeit zu überbieten. Sein Versbau ist gewöhnlich sehr einfach; die meisten seiner Lieder scheinen aus dactylischen Reihen gemischt mit trochäischen Dipodien bestanden zu haben.

1.

Τίκτει δέ τε θνατοῖσιν εἰράνα μέγαν
πλοῦτον καὶ μελιγλώσσων ἀοιδᾶν ἄνθεα,
δαιδαλέων τ' ἐπὶ βωμῶν θεοῖσιν αἴθεσθαι βοῶν
ξανθᾷ φλογὶ μῆρα τανυτρίχων τε μήλων,
5 γυμνασίων τε νέοις αὐλῶν τε καὶ κώμων μέλειν.
ἐν δὲ σιδαροδέτοις πόρπαξιν αἰθᾶν
ἀραχνᾶν ἱστοὶ πέλονται·
ἔγχεά τε λογχωτὰ ξίφεά τ' ἀμφάκεα δάμναται εὐρώς·
χαλκεᾶν δ' οὐκ ἔστι σαλπίγγων κτύπος,
10 οὐδὲ συλᾶται μελίφρων ὕπνος ἀπὸ βλεφάρων,
ἁμὸν ὃς θάλπει κέαρ. συμποσίων δ' ἐρατῶν
βρίθοντ' ἀγυιαί, παιδικοί θ' ὕμνοι φλέγοντι.

No. 1. Stob. Flor. 55, 3. — Lob des Friedens. Bruchstück eines Paian.
V. 24. ὕμνοι φλέγοντι, cf. Soph. O. R. 186. παιὰν λάμπει.

2.

_⏑⏑_⏑⏑_⏒_⏑__
_⏑⏑_⏑⏑_⏑_⏑_⏒
_⏑⏑_⏑⏑_⏒_⏑_⏒
_⏑___⏑___⏑⏒

Γλυκεῖ' ἀνάγκα [στρ. α΄.
σευομένα κυλίκων θάλπῃσι θυμόν,
Κύπριδος δ' ἐλπὶς διαιθύσσει φρένας

ἀμμιγνυμένα Διονυσίοισι δώροις. [στρ. β΄.
ἀνδράσι δ' ὑψοτάτω πέμπει μερίμνας· 5
αὐτίχ' ὁ μὲν πόλεων κρήδεμνα λύει, ·
πᾶσι δ' ἀνθρώποις μοναρχήσειν δοκεῖ.

χρυσῷ δ' ἐλέφαντί τε μαρμαίροισιν οἶκοι, [στρ. γ΄.
πυροφόροι δὲ κατ' αἰγλήεντα πόντον
νῆες ἄγουσιν ἀπ' Αἰγύπτου μέγιστον 10
πλοῦτον· ὡς πίνοντος ὁρμαίνει κέαρ.

Nr. 2. Athen. 2, 39. E. F. — Die Wirkungen des Weines.
V. 1. γλυκεῖ' ἀνάγκα, d. i. die Trunkenheit. — κυλίκων verbinde mit σευομένα: aus den Bechern sich erhebend.
V. 5. *Spes erigit mentem et ampliora sperare iubet.* Schneidewin. Der Vers wird in dem Folgenden weiter ausgeführt.
V. 6. in λύει ist υ ausnahmsweise lang. cf. Hom. Od. 7, 74.

XIII. Pindaros.

Pindar ist Ol. 64, 3. v. Chr. 522 zu Theben geboren, wohin seine Eltern, aus dem Geschlechte der Aegiden, von dem böotischen Flecken Kynoskephalae aus übergesiedelt waren. In seiner Familie war die Kunst des Flötenspieles erblich; die erste Einweihung in die Musik erhielt er daher im väterlichen Hause, später aber wurde er durch die Lehre des berühmten Dichters und Musikers Lasos von Hermione, sowie durch den Umgang und den Wetteifer mit den böotischen Dichterinnen Myrtis und Korinna weiter gebildet. Als 20jähriger Jüngling (Ol. 69, 3. v. Chr. 502) dichtete er das Siegeslied Pyth. X. auf den thessalischen Knaben Hippokleas aus dem Hause der Aleuaden. Von der Zeit an ist seine Muse noch 60 Jahre lang aufs vielfachste beschäftigt; denn er starb in einem Altar von 80 Jahren Ol. 84, 3. v. Chr. 442. Er war nicht allein wegen seiner hohen dichterischen Begabung, sondern auch wegen seiner tugendhaften, frommen Gesinnung bei allen Stämmen Griechenlands, bei den Bürgern freier Städte sowohl, wie bei Tyrannen und Königen hochgeehrt. Hieron, Theron, die Aleuaden waren seine Freunde; in den Siegesgesängen jedoch, welche er ihnen dichtete, sprach er sich, ein Dichterfürst gegenüber den Fürsten der Erde, stets ohne Schmeichelei, freimüthig und offen aus. Obgleich er ein warmer Freund seines Vaterlandes war und an dessen Schicksalen den innigsten Antheil nahm, so betheiligte er sich doch nicht thätig an dem politischen Leben der Gegenwart, sondern lebte, über den Parteien stehend, einzig seinem hohen Dichterberufe, indem er das Schöne und Edle, wo es sich in seinem Volke zeigte, verherrlichte. Wegen dieser Zurückgezogenheit von den politischen Angelegenheiten ist auch sein Leben nicht reich an hervorstechenden Ereignissen. Theben blieb sein gewöhnlicher Aufenthaltsort; von dort aus reiste er öfter zu der Feier der Spiele in Olympia, Delphi u. s. w. und zu seinen Gastfreunden in Griechenland und Sicilien, überall als edler Freund und weiser Sänger mit Liebe und Verehrung empfangen. In Delphi wurde ihm die höchste Ehre zu Theil; auf Befehl der Pythia wurde er regelmässig zu dem Göttermahle der Theoxenien geladen, und diese Auszeichnung soll auch auf seine Nachkommen übergegangen sein.

Die Jugend Pindars und die Lebensepoche, in welcher Charakter und Lebensansichten sich bilden und festigen, fällt in die Zeiten unmittelbar vor den Perserkriegen, wo die dorisch-äolische Bildung in Griechenland noch vorherrschend war. Dieser Zeit gehört die Bildung Pindars noch ganz an, so dass seine Poesie als der Abschluss und die höchste Blüthe der dorisch-äolischen Periode gelten kann. Daher schreibt sich auch zum Theil seine Vorliebe für dorische Staatsverfassungen, der dorische Sinn für Ordnung und Gesetzmässigkeit (εὐνομία, εὐκοσμία). „Im reifen Mannesalter war er Zeuge der ruhmvollsten Erhebung Griechenlands gegen die Perser, an der freilich, für ihn schmerzlich genug, seine Vaterstadt, unter dem Einflusse einer egoistischen Gewaltherrschaft von Oligarchen, einen entgegengesetzten Antheil nahm, einer Erhebung, die mit den glänzendsten Siegen in der Weltgeschichte endigte und einen unglaublichen Aufschwung aller Kräfte und Gedanken, aller Thätigkeit und Kunst zur Folge hatte; und er sah und genoss lange die schönste Zeit Griechenlands: — daher die erhabenen, heiteren Töne festlicher Begeisterung, hervorgegangen aus dem langen Lebensgenusse einer glücklich aufmunternden Zeit von Jugend auf, in der seine Trefflichkeit emporwachsen konnte, wie der Baum von frischem Thau genährt, unter Weisen und Gerechten." R. Rauchenstein zur Einleitung in Pindars Siegeslieder p. 52.

Pindar ist der grösste Lyriker des Alterthums*). Bei keinem Anderen finden wir diese Erhabenheit und Grossartigkeit der Weltanschauung, diese sittliche und religiöse Tiefe des Gemüths; Keiner kam ihm gleich an schöpferischer Kraft und Fülle des Geistes. „Ihm ward durch göttlichen Segen das Höchste zu Theil, dass er, auf dem Gipfel der hellenischen Geschichte stehend, in der Fülle seines inneren Lebens Geist und Leben des ganzen Zeitalters, der ganzen Nation begriff und abspiegelte." Ulrici Geschichte der hell. Dichtkunst II. p. 550. Ausser Bruchstücken der verschiedenartigsten Chorlieder ist von ihm durch die Gunst des Geschickes noch eine ziemlich grosse Anzahl vollständiger Epinikien erhalten und zwar 14 olympische, 12 pythische, 11 nemeische, 7 isthmische. Solche Epinikien dienten zur Verherrlichung eines bei den festlichen Kampfspielen, besonders bei den vier grossen Nationalspielen errungenen Sieges, welcher als das höchste Glück des Siegers und als die grösste Ehre seiner Familie und seiner Vaterstadt angesehen wurde. Man feierte denselben theils sogleich an dem Orte des Sieges, theils nach der Heimkehr des Siegers in seiner Vaterstadt durch Festzüge zu den Heiligthümern der bei dem Siege betheiligten Götter, durch Dankopfer und Festschmaus (κῶμος). Opfer und Festmahl wurden entweder bei einem Heiligthum oder von reichen Familien auch in dem eigenen Hause veranstaltet. Die höchste Weihe erhielten diese Festlichkeiten durch das Epinikion, welches von einem Chor bei dem Zuge oder auch bei dem Komos unter musikalischer Begleitung vorgetragen wurde.

Die Epinikien des Pindar sind nicht eine weitläufige, glänzende Beschreibung des Sieges; dieser wird gewöhnlich nur in wenigen Sätzen berührt, aber er bleibt doch immer der Mittelpunkt des Ganzen, um den sich alles dreht. Der Dichter verfährt bei der Composition so, dass er irgend einen allgemeinen Gedanken, der aus dem Siege und den Verhältnissen des Siegers entnommen ist, seinem Gedichte zu Grunde legt und von ihm aus das ganze Leben des Siegers betrachtet

---

*) Quintil. 10, 1, 61. *Novem lyricorum longe Pindarus princeps spiritus magnificentia, sententiis, figuris, beatissima rerum verborumque copia, velut quodam eloquentiae flumine, propter quae Horatius eum merito credidit nemini imitabilem.* Horat. Carm. 4, 2.

und gewissermassen deutet, so dass der Sieg selbst als ein glorreiches Ergebniss seines Geschickes sowie seines Charakters und seiner Bestrebungen erscheint. Der Sieg beruht entweder auf der Tugend des Siegers oder in dem von den Göttern geschenkten Glücke. Die Tugend des Wettkämpfers ist zunächst seine persönliche Tüchtigkeit; sie macht meistens den Grundgedanken in den Liedern auf den Sieg im Faustkampf, Ringkampf, Pankration, im Wettlauf u. s. w. aus, wie Nem. II. Selten ist diese Tugend allein der Gegenstand des Lobes; gewöhnlich wird noch eine andere Tugend herzugezogen, die der Sieger neben seiner Tapferkeit besitzt, oder es wird ihm eine andere empfohlen, Gerechtigkeit, Mässigung, Frömmigkeit u. s. w. Wo das Glück des Siegers, das sich im Siege bewährt hat, der Gegenstand des Preises ist, wie bei den Siegen mit Pferden, da wird dieses aus einer gewissen religiösen Scheu immer noch mit irgend einem andern allgemeinen Gedanken verbunden, wenn dieser auch auf den ersten Blick nicht deutlich hervortritt, wie in Ol. XIV. Hier wird den Chariten für den Sieg gedankt; Frömmigkeit muss die Ursache des Sieges sein, was mit frommer Bescheidenheit anerkannt wird. In Ol. I. ist mit dem Lobe des Glückes die Ermahnung zur Frömmigkeit und Mässigung verbunden. In Ol. III. erscheint das Glück des Siegers als Lohn seiner Tugend. Alle diese ethischen Gedanken werden von dem Dichter nicht abstrakt in ihrer Allgemeinheit abgehandelt, sondern werden in innigen Zusammenhang mit den Verhältnissen des Siegers und seines Geschlechtes, seiner Vaterstadt und des weiteren Vaterlandes gebracht, so dass auf dem Boden des allgemeinen Gedankens eine Mannigfaltigkeit von Umständen und Persönlichkeiten emporwächst und das Ganze ein frisches Leben athmet. Er lehrt und ermahnt, lobt und warnt, und dabei betheiligt er sich mit warmem Herzen an dem Geschicke des Siegers und seiner Heimath, ja bespricht sogar öfter seine eigenen Verhältnisse und seine Beziehungen zu dem Sieger.

So verschieden auch eine solche Mannigfaltigkeit des Stoffes von dem Dichter behandelt wird, so hat doch das Epinikion manche Eigenthümlichkeiten, die fast in jedem Gedichte wiederkehren. Hierher gehört, dass der Name des Siegers, der Ort des Sieges, die Art des Kampfes, die früheren Siege genannt und die Götter erwähnt oder angerufen werden, unter deren Schutz die Spiele stehen oder durch deren Huld der Sieg gewonnen ist. Besonders zu erwähnen ist noch die Anwendung der Mythen, eine Eigenthümlichkeit, die das Epinikion Pindars aus der alten Chorpoesie überkommen hat, welche im Dienste des Cultus bei den Festen gleich den homerischen Hymnen die Thaten und Schicksale der Götter und Heroen besang. Fast in allen Epinikien finden sich Mythen, entweder in weiterer Ausführung oder, wie in manchen kleineren (Ol. IV. Nem. II.), nur kurz angedeutet; nur einige kleineren Oden sind ohne Mythus: Ol. V. X. XII. Das griechische Volk hat in seinen Mythen seine ganze Lebensweisheit niedergelegt, in ihnen seine höchsten Ideen verkörpert. So ward die Welt der Mythen für die Griechen das ideale Bild der Gegenwart, wo sich ihm die schönsten Muster jeglicher Tugend vor Augen stellten, Beispiele hohen, von den Göttern geschenkten Glückes und grossartigen Schicksalswechsels, der Segen der Tugend und die Strafe des Verbrechens. Sie waren daher für den Dichter ein passender Stoff, um in ihnen die Ideen, welche er aus den Verhältnissen des Siegers für sein Gedicht genommen hatte, sich wiederspiegeln zu lassen und durch ein Beispiel gewissermassen deren Wahrheit zu beweisen. Diese mythischen Beispiele wurden nun gewöhnlich aus dem Sagenkreis des Geschlechts des Siegers oder seiner Vaterstadt und seines Stammes gewählt (Ol. II.); denn in dem Schicksale eines Geschlechts oder Stammes waltet nach griechischer Vorstellung dasselbe Geschick fort, in den Jetztlebenden wiederholt sich der Geist und Sinn und das Geschick ihrer Ahnen. Auch erfreute sich der Sieger und die Seinen gerne an dem Glanze der Vorfahren. In manchen Gedichten finden sich Mythen, die sich auf den Ort der Wettkämpfe beziehen, wie Ol. I. u. III. Der Sieger steht den Heroen dieser Orte nahe durch gleiches Streben. In andern sind wieder solche Mythen, die in keinem geschichtlichen oder örtlichen Zusammenhange mit dem Sieger stehen, sondern denen nur irgend ein allgemeiner Gedanke, der im Gedichte behandelt wird, zu Grunde liegt (Ol. IV.). — Die Behandlung des Mythus ist eine rein lyrische, durchaus verschieden von der des Epos. Der Dichter lässt dem Mythus nicht das Recht der objectiven Behanlung, ausführlich und in allen seinen Theilen gleichmässig vorgeführt zu werden, sondern je nach dem Gedanken, der behandelt wird, hebt er den einen Punkt stark hervor, während er den andern zurückdrängt oder völlig bei Seite lässt.

Was die Composition anlangt, so überlässt sich Pindar nicht, wie früher geglaubt wurde, einem regellosen Fluge der Begeisterung, sondern er verbindet besonnen und mit der grössten Kunst die einzelnen Theile des Gedichts zu einem schönen, geordneten Ganzen. Jener Glaube wurde dadurch hervorgerufen, dass Pindar nicht von Anfang an den Hauptgedanken des Gedichtes ausspricht und die einzelnen Gedanken, welche dazu dienen, diese Grundidee anschaulich zu machen, in un-

unterbrochener Linie und in dem Zusammenhange, den der nüchterne Verstand fordert, entwickelt, sondern dass er oft eine Gedankenreihe plötzlich abbricht und zu einer andern sich wendet, und wenn er diese bis zu einem gewissen Punkte geführt hat, die erste wieder aufgreift oder zu einer andern Reihe übergeht. Indem er so stets neue Knoten schürzt, weiss er durch die künstlichen Verschlingungen der Gedanken die Spannung des Hörers immer mehr zu steigern, bis am Ende sämmtliche Fäden zusammenlaufen und die Grundidee zur völligen Anschauung kommt. Die Schwierigkeiten, welche eine solche labyrinthische Verschlingung dem Verständnisse bereitet, werden noch vermehrt durch die Fülle der aus dem reichen Dichtergeiste sich hervordrängenden Gedanken, welche ihm nicht gestattet, bei Einzelnem lange zu verweilen, sondern ihn zu einer gedrängten Kürze zwingt, zu schnellem Wechsel und raschen Uebergängen. Hierzu kommt noch die Vielseitigkeit von oft kaum angedeuteten Beziehungen, die wohl der Hörer der damaligen Zeit leicht und schnell erfasste, die für uns aber oft dunkel und zweideutig sind. Ueberall aber behandelt der Dichter die Gedanken, die aus seiner klaren Seele frisch und kräftig hervorsteigen, mit kühner Sicherheit. In einer hochtönenden (μεγαλοφωνότατος. Dionys. Hal.), reich mit überraschenden Bildern geschmückten Sprache erklingt sein Lied bald feierlich ernst, stolz und erhaben, bald mild und weich oder in heiterem Scherze, je nachdem der Gegenstand es erfordert. Auch in dem Rhythmus zeigt sich dieselbe Mannigfaltigkeit. Dem Dialecte, dessen sich Pindar bedient, liegt der homerische zu Grunde; doch erhält er durch eine reiche Beimischung äolischer und besonders dorischer Formen einen volleren, dem Charakter seines Liedes angemessenen Klang.

---

1. Ol. IV.

Diese und die folgende Ode sind dem Psaumis aus der sicilischen Stadt Kamarina gedichtet, einem Gastfreunde Pindars (4, 4.), welcher Ol. 82. v. Chr. 452 mit einem Maulthiergespann zu Olympia gesiegt hatte. Pindar war damals auch zugegen (4, 1—3.) und verfasste sogleich auf die Kunde von dem Siege (4, 4.) das erste Gedicht, damit es Abends bei einem von dem Sieger veranstalteten Festaufzuge zu dem Altare des Zeus in der Altis gesungen werde. Die zweite, später gedichtete Ode dagegen war für einen Festaufzug bestimmt, der wegen jenes Sieges zu Kamarina selbst gehalten wurde. — Das Ganze zerfällt dem Inhalte nach in zwei Abtheilungen: V. 1—12. und V. 12—28.

ΨΑΥΜΙΔΙ ΚΑΜΑΡΙΝΑΙΩι.
ΑΠΗΝΗι.

Strophae.

Epodi.

[στρ.

Ἐλατὴρ ὑπέρτατε βροντᾶς ἀκαμαντόποδος Ζεῦ· τεαὶ
γὰρ ὧραι

V. 1—12. Die Ode beginnt mit dem Anruf des Zeus als Vorstehers der olympischen Spiele. Auf diesen sollte sogleich der spätere Satz: Ὀλυμπ. δίκευ etc. folgen; aber der Dichter bricht ab, um in V. 2—5 seine eigene Betheiligung an der Feier und der Siegesfreude zu erwähnen, und beginnt daher V. 6. aufs neue mit dem Anruf des Zeus; aber jetzt wird er genannt als Beschützer und Freund Siciliens, der dem Sicilier Psaumis den Sieg gewährte.

V. 1. Ἐλατὴρ βροντᾶς. cf. Horat. Carm. 1, 34, 7. Τὴν βροντὴν ὁ Π. ὡς ἵππον ὑφίσταται τοῦ Διός· διὸ καὶ ἀκαμαντόποδα (cf. Ol. 3, 3. 5, 3.) αὐτὴν εἶπεν. Schol. P. nimmt häufig seine Bilder und Vergleiche von den Wettkämpfen. — τεαὶ γὰρ ὧραι ἑλισσόμεναι, „dich rufe ich an, denn deine wiederkehrenden Horen, d. i. deine wiederkehrende Festzeit" etc. — ὑπὸ ἀοιδᾶς, mit Bezug auf die mit Musik begleiteten Gesänge bei den Opfern, die besonders am ersten Tage stattfanden (s. zu Ol. 5, 5.), verbinde mit ἑλισσόμεναι, welches gleich περιτελλόμεναι (Hom. Od. 11, 295.). — ποικιλοφόρμιγγος. cf. Ol. 3, 8. Nem. 4, 14. ποικίλον κιθαρίζων.

ὑπὸ ποικιλοφόρμιγγος ἀοιδᾶς ἑλισσόμεναί μ' ἔπεμψαν
ὑψηλοτάταν μάρτυρ' ἀέθλων.
ξείνων δ' εὖ πρασσόντων, ἔσαναν αὐτίκ' ἀγγελίαν
5 ποτὶ γλυκεῖαν ἐσλοί.
ἀλλ', ὦ Κρόνου παῖ, ὃς Αἴτναν ἔχεις,
ἶπον ἀνεμόεσσαν ἑκατογκεφάλα Τυφῶνος ὀμβρίμου,
Οὐλυμπιονίκαν δέκευ
Χαρίτων ἕκατι τόνδε κῶμον,
[ἀντ.
10 χρονιώτατον φάος εὐρυσθενέων ἀρετᾶν. Ψαύμιος γὰρ ἵκει
ὀχέων, ὃς ἐλαίᾳ στεφανωθεὶς Πισάτιδι κῦδος ὄρσαι
σπεύδει Καμαρίνᾳ. θεὸς εὔφρων
εἴη λοιπαῖς εὐχαῖς· ἐπεί μιν αἰνέω μάλα μέν
τροφαῖς ἕτοιμον ἵππων,
15 χαίροντά τε ξενίαις πανδόκοις
καὶ πρὸς ἀσυχίαν φιλόπολιν καθαρᾷ γνώμᾳ τετραμμένον.
οὐ ψεύδεϊ τέγξω λόγον·
διάπειρά τοι βροτῶν ἔλεγχος·

V. 3. ὑψηλοτάτων. cf. Ol. 1, 1. 2, 13. 5, 5.
V. 4. εὖ πράσσειν ebenso von dem Siege gebraucht Ol. 10, 4. —
ἔσαναν, ἐχάρησαν, ἤσθησαν. Schol.
V. 7. Typhon, s. Pyth. 1, 15 ff.
V. 9. Χαρίτων ἕκατι, „um der Ch. willen," welche eine solche Feier
leiten und an ihr sich erfreuen.
V. 10. φάος ἀρετᾶν. σβέννυται γὰρ τὰ καλὰ ἔργα μὴ ἔχοντα ποιητικὴν
φωνὴν μάρτυρα. Schol. — Ψαύμιος — ὀχέων. ἵκει ὁ κῶμος,
Ψαύμιος ὀχέων κῶμος ὤν. Der Sieger selbst fuhr bei der Pompa
auf dem Wagen, mit dem er gesiegt. — Hartung schreibt: Χαρίτων θ' ἕκατι τόνδε κῶμον, χρονιώτατον φ. εὐρ. ἀρετᾶν, Ψαύμιός τε
νίκας ὀχέων, ὅς —.
V. 11. κῦδος ὄρσαι K. Durch diese Feier und durch die Vorberei-
tung einer festlichen Rückkehr nach der Heimat beeilte sich
Ps. den Ruhm derselben zu verbreiten.
V. 13. λοιπαῖς εὐχαῖς. Die Wünsche des Ps. gehen besonders auf
fernere Siege in den Kampfspielen; auch in den diesjährigen
Spielen hat er noch mit einem Rossegespann und einem Rennpferde gekämpft, aber ohne damit zu siegen. Er verdient ein
solches Glück wegen der V. 13—16. erwähnten Tugenden im
Privat- und im öffentlichen Leben. Ps. muss bedeutenden Reichthum besitzen, aber er verwendet ihn nicht im Staate zu selbst-
süchtigen Zwecken, um sich eine Tyrannenherrschaft zu gründen,
sondern nur zum Wohl und Ruhm seiner Vaterstadt.
V. 15. μέν — τέ. cf. Ol. 5, 10.
V. 17 ff. „Das ist Wahrheit; die Erfahrung ja bewähret den Mann.
So bewährte sich auch Erginos, obgleich der Schein gegen ihn war."

ἅπερ Κλυμένοιο παῖδα [ἐπ.
Λαμνιάδων γυναικῶν 20
ἔλυσεν ἐξ ἀτιμίας.
χαλκέοισι δ' ἐν ἔντεσι νικῶν δρόμον
ἔειπεν Ὑψιπυλείᾳ μετὰ στέφανον ἰών·
Οὗτος ἐγὼ ταχυτᾶτι·
χεῖρες δὲ καὶ ἦτορ ἴσον. 25
φύονται δὲ καὶ νέοις ἐν ἀνδράσιν
πολιαὶ θάμα καὶ παρὰ τὸν ἁλικίας
ἐοικότα χρόνον.

V. 19. Erginos, der Sohn des Klymenos, einer der Argonauten, unternahm, als die Argonauten auf Lemnos gelandet waren und dort die Königin Hypsipyleia ihrem Vater Thoas Leichenspiele hielt, einen Wettkampf im Waffenlauf; er wurde aber, weil er, obgleich noch Jüngling, graue Haare hatte und ein Schwächling schien, von den lemnischen Frauen wegen seines Unternehmens verlacht. Allein er trug den Sieg davon. Der Scholiast, der diese Geschichte erzählt, setzt hinzu: ὅθεν δῆλον, ὡς καὶ αὐτὸς ὁ Ψαῦμις ἤδη πολιὸς ὢν ἐνίκησεν. Dass Ps. schon alt, bezeugt Ol. 5, 22.
V. 23. μετὰ στέφανον. cf. Od. 1, 184. μετὰ χαλκόν. Theokrit. 13, 16.
V. 24. οὗτος = τοιοῦτος.
V. 25. ἴσον sc. ταχυτᾶτι.
V. 27. Schol. καὶ ἔξω τοῦ χρόνου τῆς ἡλικίας τοῦ πρέποντος, ταῖς πολιαῖς δηλονότι. „Auch vor dem gewöhnlichen Lebensalter." Die Worte sind noch von Erg. gesprochen.

2. Ol. V.

Diese Ode bezieht sich auf denselben Sieg wie Ol. IV., wurde aber zu Kamarina selbst gesungen, und zwar, nach Angabe des Scholiasten, bei einem Festzuge nach dem Heiligthume der Athene. Aus den Anrufungen in V. 2. u. 4. 10. 17. schliesst Boeckh, dass in der Nähe jenes Athenetempels sich ein Heiligthum der Nymphe Kamarina und eine Statue oder ein Tempel des Zeus befunden habe, und vermuthet ferner, da jede der drei metrischen Perioden an eine dieser Gottheiten gerichtet ist, dass bei einem Zuge diese drei Theile einzeln bei den Heiligthümern der einzelnen Gottheiten abgesungen worden seien. — Dem Inhalte nach zerfällt das Gedicht in zwei Haupttheile: V. 1—16. und V. 17—24. Der erste Theil dreht sich um den Gedanken, dass der Sieg des Psaumis die Stadt Kamarina verherrliche. Dieser Gedanke wird besonders deswegen ausgeführt, weil Ps. vielfach war getadelt worden, dass er in seinem Alter noch soviel auf Wettkämpfe verwende, mit Rossegespann, Mäulergespann und Rennpferd zugleich kämpfe. Nun er mit den Maulthieren gesiegt, wird Niemand mehr ihn tadeln, im Gegentheil: εὖ τυχόντες σοφοὶ καὶ πολίταις ἔδοξαν ἔμμεν (V. 16.). cf. Ol. 4, 18. — Der zweite Theil enthält die Anrufung des Zeus um Glück für die Stadt und für Psaumis, und schliesst mit einer Mahnung an letzteren.

ΨΑΥΜΙΔΙ ΚΑΜΑΡΙΝΑΙΩι
ΑΠΗΝΗι.
Strophae.

× _ ⏑ ⏑ _ ⏑ ⏑ _ ⏑ ⏑ _ ⏑ _
× _ ⏑ ⏑ _ ⏑ ⏑ _ ᴖ _ ⏑ _ ⏑ _ ᴗ
⏑ ⏑ _ ⏑ ⏑ _ ⏑ _ ⏑ _ ⏑ _ ⏑ _ ×

Epodi.

× _ ⏑ ⏑ _ ⏑ ⏑ _ ⏑ ⏑ _ ⏑ _ ⏑ _ ᴗ
× _ ⏑ ⏑ _ ⏑ ⏑ _ ⏑ _ ⏑ _ ⏑ _ ᴗ

Ὑψηλᾶν ἀρετᾶν καὶ στεφάνων ἄωτον γλυκύν [στρ. α΄.
τῶν Οὐλυμπίᾳ, Ὠκεανοῦ θύγατερ, καρδίᾳ γελανεῖ
ἀκαμαντόποδός τ' ἀπήνας δέκευ Ψαύμιός τε δῶρα·

ὃς τὰν σὰν πόλιν αὔξων, Καμάρινα, λαοτρόφον [ἀντ. α΄.
5 βωμοὺς ἓξ διδύμους ἐγέραρεν ἑορταῖς θεῶν μεγίσταις
ὑπὸ βουθυσίαις ἀέθλων τε πεμπταμέροις ἁμίλλαις

ἵπποις ἡμιόνοις τε μοναμπυκίᾳ τε. τὶν δὲ κῦδος ἁβρόν [ἐπ. α΄.
νικάσαις ἀνέθηκε, καὶ ὃν πατέρ' Ἄκρων' ἐκάρυξε καὶ
τὰν νέοικον ἕδραν.

V. 1—3. ungefähr derselbe Sinn wie 4, 8 ff. — Die Blüthe hoher Tugenden und der ol. Kränze ist hier der Festzug selbst und der Hymnus. cf. Ol. 3, 4. — V. 3. steht zu V. 1. im Verhältniss der Apposition.

V. 2. Ὠκεανοῦ θύγατερ, die Nymphe des Sees Kamarina und der in seiner Nähe liegenden Stadt gleiches Namens. Als Wassergottheit heisst sie Tochter des Okeanos.

V. 5. βωμοὺς ἓξ διδύμους. Ἡρόδωρός φησι, τὸν Ἡρακλέα ἐν Ὀλυμπίᾳ ἱδρύσασθαι δώδεκα θεῶν ἀγάλματα, συμβώμους δὲ αὐτοὺς ποιῆσαι ἓξ βωμοὺς κατασκευάσαντα. Sch. cf. zu Ol. 2, 4. Während der ol. Festzeit, welche mit dem ersten Vollmonde nach dem Sommersonnenwende zusammenfiel und aus dem Opfertage (hier durch βουθυσίαι bezeichnet) und den fünf darauf folgenden Tagen des Wettkampfs bestand, opferten an diesen Altären die Eleer, die Theorien vieler anderen Staaten und auch die Wettkämpfer selbst. Psaumis opferte wahrscheinlich an jedem dieser Tage an einem Altar, ein seltenes Beispiel lobenswerthen Aufwandes, das ihm und seiner Vaterstadt zur Ehre gereichte.

V. 7. ἵπποις und die folgenden Dative hängen von ἁμίλλαις ab, ἅμιλλαι ἵπποις etc. Gerade diese Arten des Kampfes werden genannt, weil Ps. in ihnen gekämpft hatte. — τίν, dor. f. τοί, σοί. — νικάσαις f. νικήσας, s. Einl. zu Alkaios.

V. 8. καὶ ἐκάρυξε. Man erwartet einen untergeordneten Satz oder ein Particip. Ausgerufen wurden die Namen des Siegers, seines

ἵκων δ' Οἰνομάου καὶ Πέλοπος παρ' εὐηράτων   [στρ. β'.
σταθμῶν, ὦ πολιάοχε Παλλάς, ἀείδει μὲν ἄλσος ἁγνόν   10
τὸ τεόν, ποταμόν τε Ὤανιν, ἐγχωρίαν τε λίμναν,

καὶ σεμνοὺς ὀχετούς, Ἵππαρις οἷσιν ἄρδει στρατόν,   [ἀντ. β'.
κολλᾷ δὲ σταδίων θαλάμων ταχέως ὑψίγυιον ἄλσος,
ἀπ' ἀμαχανίας ἄγων ἐς φάος τόνδε δᾶμον ἀστῶν·
                                                  [ἐπ. β'.
αἰεὶ δ' ἀμφ' ἀρεταῖσι πόνος δαπάνα τε μάρναται πρὸς   15
        ἔργον
κινδύνῳ κεκαλυμμένον· εὖ δὲ τυχόντες σοφοὶ καὶ πολί-
                    ταις ἔδοξαν ἔμμεν.

Σωτὴρ ὑψινεφὲς Ζεῦ, Κρόνιόν τε ναίων λόφον   [στρ. γ'.

Vaters und seines Vaterlandes durch den Herold. — τὰν νέοικον ἕδραν. Kamarina, von den Syrakusanern erbaut Ol. 45, 1.
v. Chr. 600, und zweimal von denselben zerstört, war Ol. 79, 4.
v. Chr. 461 zum drittenmale von den Einwohnern Gelas aufge-
baut worden. Thuk. 6, 5. Herodot. 7, 154 ff. Diod. 11, 76.

V. 9. Οἰνομάου καὶ Π. σταθμοί, Olympia. Siehe Ol. 1, 24 ff. 75 ff.

V. 10 ff. Παλλὰς Πολιοῦχος. Ihr Cult kam von Lindos nach Gela,
von da nach Kamarina, wo sie einen heiligen Hain auf der Burg
hatte. — ἀείδει μὲν ἄλσος — ποταμόν τε statt: ἀείδει μὲν
ἄλσος, ἀείδει δὲ ποτ. — Oanis und Hipparis, zwei Flüsse bei
Kamarina, die im Gebirge hinter der Stadt entspringen und sich
nebeneinander ins Meer ergiessen. Der bedeutendere, schiffbare
Hipparis, dessen Gott man auch auf kamarinischen Münzen sieht,
fliesst durch den See Kamarina. — σεμνοὶ ὀχετοί, stattliche
Kanäle. — στρατός, Volk, Ol. 10, 17. Pyth. 1, 86.

V. 13. κολλᾷ. Subject ist Psaumis. — ἄλσος θαλάμων, τὸ πλῆθος
τῶν οἴκων, τούτεστιν αὐτὴν τὴν πόλιν, ὡς εἰ ἔλεγε δένδρων ἄλσος·
Sch. — ὑψίγυιον, mit Bezug auf die zwei- und dreistöckigen
Häuser.

V. 15. u. 16. führen auf die olymp. Wettkämpfe zurück. Wer bei diesen
in Betreff des Erfolgs ungewissen Kämpfen um den Ruhm grosser
That Mühe und Aufwand nicht spart, wird leicht, wie es dem
Ps. geschah, getadelt; hat er aber gesiegt, so wandelt sich der
Tadel in Lob. — κίνδυνος, s. Solon 10, 65. — εὖ δὲ τυχόντες etc. cf. Ol. 2, 51. Eurip. Hippol. 700: εἰ δ' εὖ γε ἔπραξα,
χάρτ' ἂν ἐν σοφοῖσιν ἦν.

V. 17. Ζεὺς Σωτήρ. Der Beiname, der auch sonst vorkommt, ist hier
bedeutsam. Er knüpft zunächst an μάρναται πρὸς ἔργον κινδύνῳ
κεκαλυμμένον an. Zeus war in dem gefährlichen Kampfe ein
Σωτήρ und verlieh den Sieg; er möge aber auch zugleich für
die neu aufgebaute Stadt ein Σωτήρ sein. — Der kronische

τιμῶν τ' Ἀλφεὸν εὐρὺ ῥέοντ' Ἰδαῖόν τε σεμνὸν ἄντρον,
ἱκέτας σέθεν ἔρχομαι Λυδίοις ἀπύων ἐν αὐλοῖς,

20 αἰτήσων πόλιν εὐανορίαισι τάνδε κλυταῖς [ἀντ. γ'.
δαιδάλλειν, σέ τ', Ὀλυμπιόνικε, Ποσειδανίαισιν ἵπποις
ἐπιτερπόμενον φέρειν γῆρας εὔθυμον ἐς τελευτάν,
[ἐπ. γ'.
υἱῶν, Ψαῦμι, παρισταμένων. ὑγίεντα δ' εἴ τις ὄλβον
ἄρδει,
ἐξαρκέων κτεάτεσσι καὶ εὐλογίαν προστιθείς, μὴ ματεύσῃ
θεὸς γενέσθαι.

Hügel war zu Olympia, cf. Ol. 1, 111. Die bekannte idäische Grotte, in der Zeus aufgezogen ward, befand sich zu Kreta; auffallend aber wäre die Erwähnung der kretischen Höhle neben dem Alpheos und dem kronischen Hügel. Wir glauben daher der Angabe des Demetrios Skepsios in den Scholien, dass auch in Olympia eine idäische Grotte gewesen sei. Eine Verbindung des Zeus zu Olympia mit dem kretischen steht fest. Paus 5, 7, 4. sagt, dass Kronos in Olympia geherrscht, Zeus da geboren und von ans Kreta gekommenen idäischen Daktylen bewacht worden sei.

V. 19. αὐλοῖς Λυδίοις, Flöten, in lydischer Tonart gestimmt. cf. Horat. Carm. 4, 15, 30.
V. 21. Ποσειδανίαισιν ἵπποις. τῆς ἱππικῆς ἔφορος ὁ θεός. Schol.
V. 22. εὔθυμον verb. mit γῆρας.
V. 23. ὑγίεντα, δίκαιον. cf. Solon 10, 3 ff. — ἄρδει, αὔξει; die Pflanze wächst durch Bewässerung.
V. 24. ἐξαρκεῖν. ausreichen mit —. μὴ ματεύσῃ θεὸς γενέσθαι. cf. Ol. 1, 114. 3, 43. Nem. 11, 13. Isthm. 4, 12. δύο δέ τοι ζωᾶς ἄωτον μοῦνα ποιμαίνοντι τὸν ἄλπνιστον εὐανθεῖ σὺν ὄλβῳ, εἴ τις εὖ πάσχων λόγον ἐσλὸν ἀκούσῃ. μὴ μάτευε Ζεὺς γενέσθαι· πάντ' ἔχεις, εἴ σε τούτων μοῖρ' ἀφίκοιτο καλῶν. θνατὰ θνατοῖσι πρέπει.

3. Ol. X.

Die 10te und 11te Ol. Ode sind dem Knaben Agesidamos, des Archestratos Sohn aus Lokri Epizephyrii, gedichtet, welcher Ol. 74, v. Chr. 484 im Faustkampfe siegte. Diese kleine 10te Ode wurde zu Olympia selbst gleich nach dem Siege verfasst und des Abends bei dem Festmahle gesungen. cf. Ol. 4. Der Dichter verspricht darin, ein grösseres Siegeslied dem A. in die Heimat nachzusenden. Dies ist der Hauptgedanke von V. 11. an; eingeleitet wird er durch den Gedanken, dass dem Sieger ein Lied gebühre. Das Gedicht gehört zu den wenigen pindarischen Oden, die nicht mit dem Anruf einer Gottheit beginnen.

ΑΓΗΣΙΔΑΜΩι ΛΟΚΡΩι ΕΠΙΖΕΦΥΡΙΩι
ΠΑΙΔΙ ΠΥΚΤΗι.

Strophae.

[metrical scheme]

Epodi.

[metrical scheme]

Ἔστιν ἀνθρώποις ἀνέμων ὅτε πλεῖστα   [στρ.
χρῆσις, ἔστιν δ' οὐρανίων ὑδάτων
ὀμβρίων, παίδων νεφέλας.
εἰ δὲ σὺν πόνῳ τις εὖ πράσσοι, μελιγάρυες ὕμνοι
ὑστέρων ἀρχαὶ λόγων   5
τέλλεται καὶ πιστὸν ὅρκιον μεγάλαις ἀρεταῖς.

ἀφθόνητος δ' αἶνος Ὀλυμπιονίκαις   [ἀντ.

V. 1—6. „Bisweilen haben die Menschen den Wind nöthig, wie der Schiffer, bisweilen den Regen, wie der Landmann; der Sieger aber bedarf des Liedes." cf. Nem. 3, 6. διψῇ δὲ πρᾶγος ἄλλο μὲν ἄλλου· ἀθλονικία δὲ μάλιστ' ἀοιδὰν φιλεῖ. — V. 1. Verb. ἔστιν ὅτε und ἔστιν δ' (ὅτε).

V. 3. παίδων νεφέλας, cf. Ol. 2, 32. ἁμέραν, παῖδ' ἀλίου. Ol. 13, 10. ὕβριν, κόρου ματέρα. Der Dichter schreitet nicht bis zur vollen Personification vor. Boekh schreibt Νεφέλας; „nisi personam voluisset, dixisset νεφελᾶν." Letzteres hätte wohl der Dichter gesetzt, wenn nicht schon vier Genitivi plur. vorausgingen.

V. 5. ὑστέρων ἀρχαὶ λόγων. οἱ ὕμνοι αὐτῷ τῶν ὑστέρων ἐπαίνων ἀρχὴ γίγνονται Sch.

V. 6. τέλλεται. Der Singular statt des Plurals erklärt sich aus dem folgenden ὅρκιον. — πιστὸν ὅρκιον μ. ἀρεταῖς, sicheres Pfand für grosse Tugenden, die sich im Wettkampf bewährt haben. Aus dem Liede schliesst die Nachwelt am sichersten auf grosse Tugenden.

V. 7. οὗτος αἶνος. ὁ διὰ ὕμνων αἶνος. Sch. Das Verbum ἄγκειται, ἀνάκειται bezeichnet das Siegeslied als ein heiliges, dem Sieger geweihtes Monument.

οὗτος ἄγκειται. τὰ μὲν ἀμετέρα
γλῶσσα ποιμαίνειν ἐθέλει·
10 ἐκ θεοῦ δ' ἀνὴρ σοφαῖς ἀνθεῖ πραπίδεσσιν ἐσαιεί.
ἴσθι νῦν, Ἀρχεστράτου
παῖ, τεᾶς, Ἀγησίδαμε, πυγμαχίας ἕνεκεν
κόσμον ἐπὶ στεφάνῳ χρυσέας ἐλαίας   [ἐπ.
ἀδυμελῆ κελαδήσω,
15 τῶν Ἐπιζεφυρίων Λοκρῶν γενεὰν ἀλέγων.
ἔνθα συγκωμάξατ', ἐγγυάσομαι
μή μιν, ὦ Μοῖσαι, φυγόξενον στρατόν
μηδ' ἀπείρατον καλῶν,
ἀκρόσοφον δὲ καὶ αἰχματὰν ἀφίξεσθαι. τὸ γάρ
20 ἐμφυὲς οὔτ' αἴθων ἀλώπηξ
οὔτ' ἐρίβρομοι λέοντες διαλλάξαιντο ἦθος.

V. 8. τὰ μέν, τοῦτον τὸν αἶνον. Sch. — ποιμαίνειν, leiten und pflegen, wie der Hirt die Heerde. cf. Theokr. 11, 80. Dieser Satz bezieht sich auf das grössere Gedicht, das später folgen soll. „Ich werde dir ein solches Lied dichten, so Gott will, denn ἐκ θεοῦ" etc.
V. 13. κόσμον vom Liede gebraucht, wie Solon Fr. 1. κόσμον ἐπέων. — ἐπὶ στεφάνῳ, nicht wegen, sondern zu deinem Kranze, praeter, insuper.
V. 15. ἀλέγων, φροντίζων, im Liede pflegend. verherrlichend.
V. 16. Constr. ἐγγυάσομαι (ὑμᾶς) ἀφίξεσθαί μιν (sc. γενεὰν Λοκρῶν) στρατὸν μὴ φυγόξενον. — ἀκρόσοφον ist vornehmlich auf die Dichtkunst zu beziehen. cf. Solon 10, 52. Anakreoutea 6, 16. Die Lokrer pflegten mit Eifer die musischen Künste und hatten manchen Dichter aufzuweisen. cf. Ol. 11, 13. νέμει γὰρ Ἀτρέκεια πόλιν Λοκρῶν Ζεφυρίων, μέλει τέ σφισι Καλλιόπα καὶ χάλκεος Ἄρης.
V. 20. Die epiz. Lokrer haben die angebornen Tugenden ihrer Vorfahren und Verwandten, der opuntischen und ozolischen Lokrer, in der weiten Entfernung vom Heimatlande so wenig abgelegt, als Fuchs und Löwe ihre Natur verleugnen. Der Fuchs repräsentirt die σοφία (ἀκρόσοφον), der Löwe den Kriegsmuth αἰχματάν).
V. 21. διαλλάξαιντο. Optat. ohne ἄν, wie Ol. 3, extr. Hom. Od. 3, 231. Il. 5, 303. Hermann de part. ἄν p. 160. bestimmt den Unterschied solcher Optativsätze mit und ohne ἄν dahin, dass im ersten Fall eine von einer Bedingung abhängige Meinung ausgesprochen werde, im zweiten Falle dagegen eine subjective Meinung ohne Rücksicht auf Bedingungen, also unbedingt und zuversichtlich. Vgl. Krüger, Poetische Syntax §. 54, 3. Anm. 7—9.

4. Ol. XII.

Ergoteles, Sohn des Philanor, ein nicht unbedeutender Mann, war aus seiner Vaterstadt Knosos in Kreta durch einen Bürgerkrieg vertrieben worden und vor Ol. 72, 3. v. Chr. 490 nach der sicilischen Stadt Himera gekommen, wo er des Bürgerrechts und mit der Zeit noch mancher anderen Ehren theilhaftig ward (Pausan. 6, 4, 7.). Er war ein ausgezeichneter Läufer. Der Sieg im Dauerlauf, den diese Ode feiert, fällt in Ol. 77. v. Chr. 472; ausserdem hatte er, wie V. 18. besagt, schon früher zweimal in den Pythien und in den Isthmien gesiegt. Pausan. l. l. nennt als die Siege des Erg. zwei zu Olympia, zwei zu Pytho, zwei auf dem Isthmos und zwei zu Nemea; die bei Pindar nicht erwähnten müssen also wohl nach Ol. 77. fallen. Am Ende des vorhergehenden Jahres hatte Hieron, der Herrscher von Syrakus, den Thrasydaeos, welcher von seinem kurz vorher verstorbenen Vater Theron die Tyrannenherrschaft von Agrigent und Himera überkommen hatte, durch die Schlacht am Flusse Akragas aus seiner Herrschaft vertrieben und den beiden Städten die Freiheit zurückgegeben. Bei diesen Ereignissen hat vielleicht Erg. eine Rolle gespielt und sich um seine neue Vaterstadt verdient gemacht. Boeckh, der diese historischen Verhältnisse sehr gelehrt und scharfsinnig erörtert, vermuthet, dass Ergoteles, als ein durch seine Siege berühmter Mann, damals nach Syrakus an Hieron als Gesandter und Unterhändler geschickt worden und dass er bei dieser Gelegenheit mit Pindar, der Ol. 77, 1. bei Hieron war, bekannt geworden sei. Demnach verfasste Pindar diese Ode, die zu Himera gesungen werden sollte, in Sicilien.

Das wechselvolle und wunderbar zum Glück gewendete Geschick des Erg. sowohl wie der Stadt Himera gibt den Hauptgedanken für das Gedicht ab; das Walten der Tyche, und zwar V. 1—5. vorzugsweise in Bezug auf Himera, V. 13—19. in Bezug auf Ergoteles. V. 5—12., allgemeine Sätze über das Verhältniss des Geschicks zu den Gedanken und Absichten der Sterblichen, enthalten den Uebergang zu V. 13—19.

ΕΡΓΟΤΕΛΕΙ ΙΜΕΡΑΙΩι
ΔΟΛΙΧΟΔΡΟΜΩι.

Strophae.

```
⏑−−−⏑⏑−⏑⏑⏖
⏑−−⏑⏑−⏑⏑−−⏑⏑−
⏑−−⏑−−⏑−
⏑−−⏑−−⏑⏑⏖
⏑−−⏑⏑−⏑⏑−−                           5
⏑−⏑⏑⏑−−⏑⏑−⏑⏑−−⏑−−⏑⏖
```

Epodus.

```
⏑⏑−⏑⏑−−⏑−⏑
⏑⏑−⏑⏑−−⏑−⏑⏑⏑⏖
⏑−−⏑⏑−⏑⏑−⏑⏑−
−⏑⏑−⏑⏑−−⏑⏑−⏑⏑−−
⏑−⏑⏑⏑−⏑⏑−
⏑−−⏑−−⏑⏑−                             5
⏑−−⏑⏑−−⏑⏑−⏑⏑−−⏑−−
```

Λίσσομαι, παῖ Ζηνὸς Ἐλευθερίου, [στρ.
Ἱμέραν εὐρυσθενέ' ἀμφιπόλει, Σώτειρα Τύχα.
τὶν γὰρ ἐν πόντῳ κυβερνῶνται θοαί
νᾶες, ἐν χέρσῳ τε λαιψηροὶ πόλεμοι
5 κἀγοραὶ βουλαφόροι. αἴ γε μὲν ἀνδρῶν
πόλλ' ἄνω, τὰ δ' αὖ κάτω ψεύδη μεταμώνια τάμνοισαι
κυλίνδοντ' ἐλπίδες·

σύμβολον δ' οὔ πώ τις ἐπιχθονίων [ἀντ.
πιστὸν ἀμφὶ πράξιος ἐσσομένας εὗρεν θεόθεν·
τῶν δὲ μελλόντων τετύφλωνται φραδαί.
10 πολλὰ δ' ἀνθρώποις παρὰ γνώμαν ἔπεσεν,
ἔμπαλιν μὲν τέρψιος, οἱ δ' ἀνιαραῖς
ἀντικύρσαντες ζάλαις ἐσλὸν βαθὺ πήματος ἐν μικρῷ
πεδάμειψαν χρόνῳ.

V. 1. Tyche, sonst eine Tochter des Okeanos genannt, ist bei Pindar eine der Moiren, die als Töchter des Zeus gelten (Hesiod. Th. 217. 904.). — Die Attribute Σώτειρα und Ἐλευθέριος (cf. Simonid. Ep. 13.) beziehen sich auf die letzte Befreiung und Errettung Himeras (cf. Ol. 5, 17.), erinnern jedoch auch wie die nächsten Worte an frühere Kämpfe, namentlich an den grossen Sieg, den 480 v. Chr. Theron und Gelon über die Carthager bei Himera erfochten. Vielleicht wurde das Gedicht in einem Tempel oder bei einem sonstigen Heiligthum der Tyche gesungen, während der Sieger seinen Kranz der Göttin weihte.
V. 2. ἀμφιπόλει. cf. Hom. Il. 1, 37. ὃς Χρύσην ἀμφιβέβηκας. Skol. 3, 4. ἀμφέπειν.
V. 3. τίν — νᾶες. Der Dichter denkt bei diesem allgemeinen Satze zunächst an die Handelsschiffe der Seestadt Himera, bei πόλεμοι zunächst an den neulichen Kampf des Thrasydäos und Hieron, der das Schicksal der Stadt entschied; die ἀγοραὶ βουλαφόροι erinnern an die Vertreibung des Tyrannen und Wiedereinführung der Demokratie. — τίν, von dir. — Für den Sinn der ganzen Stelle vgl. Solon 10. Soph. Ant. 1158. ff. Horat. Od. 1, 35.
V. 5. αἴ τε — ἐλπίδες. Die Hoffnungen der Menschen werden mit Schiffen verglichen; sie fahren auf und ab, die Wellen eitlen Trugs durchschneidend.
V. 6. πολλὰ — τὰ δέ. cf. Nem. 9, 43. πολλὰ μέν — τὰ δέ. Der regelmässige Gegensatz ist: τὰ μέν — τὰ δέ und πολλὰ μέν — πολλὰ δέ (wie Nem. 11, 7.), jedes der beiden Glieder eines solchen Gegensatzes kann aber mit einem verwandten Worte vertauscht werden. — κυλίνδοντι für κυλίνδουσι, s. Einl. zu Theokr.
V. 10. ἔπεσεν, vom Fallen der Würfel hergenommen.
V. 11. οἱ δέ, Andere.
V. 12. ἐσλὸν πήμ. πεδάμειψαν (dor. f. μετάμ.), „vertauschten Glück gegen Leid." Warum sind wohl auf diesen Gedanken mehr Worte verwandt, als auf den vorausgehenden Gegensatz ἔμπαλιν μὲν τέρψιος? und warum steht er zuletzt?

υἱὲ Φιλάνορος, ἤτοι καὶ τεά κεν, [ἐπ.
ἐνδομάχας ἅτ' ἀλέκτωρ, συγγόνῳ παρ' ἑστίᾳ
ἀκλεὴς τιμὰ κατεφυλλορόησεν ποδῶν, 15
εἰ μὴ στάσις ἀντιάνειρα Κνωσίας σ' ἄμερσε πάτρας.
νῦν δ' Ὀλυμπίᾳ στεφανωσάμενος
καὶ δὶς ἐκ Πυθῶνος Ἰσθμοῖ τ', Ἐργότελες,
θερμὰ Νυμφᾶν λουτρὰ βαστάζεις, ὁμιλέων παρ' οἰκείαις
ἀρούραις.

V. 13 ff. „Wenn du nicht aus Knosos vertrieben worden wärest, so hättest du nur dort gekämpft, wie ein im Hofe kämpfender, nicht zu öffentlichen Wettkämpfen gebrachter Hahn, und du wärest ohne Ruhm geblieben." Die Knosier scheinen zu jener Zeit nicht zu den hellenischen Spielen gekommen zu sein. Bei den Griechen bestanden hier und da öffentliche Hahnenkämpfe, und vielleicht wurden solche auch zu Himera zu Ehren der Athene, welcher der streitlustige Hahn heilig war, gehalten. Daraus liesse sich der Hahn auf den Münzen von Himera erklären. Durch den letzten Umstand wurde vielleicht Pindar zu diesem Vergleich geführt.

V. 14. ἐνδομάχας ἅτ' ἀλέκτωρ, für ἐνδομάχου ἅτ' ἀλέκτορος. Solche Comparationes compendiariae, wo statt des verglichenen Attributs ohne weiteres die Person oder Sache, der das Attribut angehört, gesetzt wird, sind im Griechischen ausserordentlich häufig. Siehe zu Ol. 1, 7.

V. 19. θερμὰ Ν. λουτρά, d. i das durch seine warmen Quellen berühmte Himera. τὰ ἐν τῇ Σικιλίᾳ θερμὰ λουτρὰ τὰ τῆς Ἱμέρας λέγεται Ἀθηνᾶν ἀναδοῦναι εἰς ἀπόλουσιν Ἡρακλεῖ· τινὲς δὲ τὰς Νύμφας ἀναδοῦναι αὐτά, καθὼς ὁ Πίνδαρος. Sch.
βαστάζεις, ὑψοῖς καὶ ἐπαίρεις τῇ δόξῃ, μεγαλύνεις. Sch.
ὁμιλέων π. οἰκ. ἀρούραις. Da er ein Bürger von Himera geworden, so hatte er das Recht dort Haus und Land zu erwerben.

---

5. Ol. XIV.

Asopichos, der Sohn des Kleodamos, aus dem böotischen am Kephisos gelegenen Orchomenos, siegte als Knabe im Stadion Ol. 76. v. Chr. 476. Ein Chor ihm gleichalteriger Knaben singt das Lied zu Orchomenos im Tempel der Chariten, welche hier ihren ältesten und vorzüglichsten Cultus hatten. Die Chariten Aglaia, Euphrosyne und Thalia, die Geberinnen jeder anmuthigen Festesfreude, werden angerufen, das Festlied gnädig anzunehmen; ihnen wird es gebracht, weil durch ihre Gunst der Sieg gelungen (V. 1—20.). Echo aber soll die freudige Kunde von dem Siege auch dem Vater des Knaben in die Unterwelt bringen.

ΑΣΩΠΙΧΩι ΟΡΧΟΜΕΝΙΩι
ΠΑΙΔΙ ΣΤΑΔΙΕΙ.

Καφισίων ὑδάτων [στρ. α.
λαχοῖσαι ταίτε ναίετε καλλίπωλον ἕδραν,
ὦ λιπαρᾶς ἀοίδιμοι βασίλειαι
Χάριτες Ὀρχομενοῦ, παλαιγόνων Μινυᾶν ἐπίσκοποι,
5 κλῦτ', ἐπεὶ εὔχομαι. σὺν γὰρ ὔμμιν τά τε τερπνὰ καί
τὰ γλυκέ' ἄνεται πάντα βροτοῖς,
κεἰ σοφός, εἰ καλός, εἴ τις ἀγλαὸς ἀνήρ.
οὐδὲ θεοὶ γὰρ σεμνᾶν Χαρίτων ἄτερ
κοιρανέοντι χοροὺς οὔτε δαῖτας· ἀλλὰ πάντων ταμίαι
10 ἔργων ἐν οὐρανῷ, χρυσότοξον θέμεναι παρά

V. 2. καλλίπωλον. In den Ebenen des Kephisos war treffliche Pferdezucht.

V. 4. παλ. Μινυᾶν. Minyer waren die uralten Bewohner von Orchomenos; daher die Stadt V. 19. ἀ Μινυεία. cf. Hom. Il. 2, 511. Od. 11. 284.

V. 9. κοιρανέοντι, anordnen, nur hier c. Acc. Dissen macht darauf aufmerksam, dass der Dichter, statt zu sagen, σὺν ὔμμιν γὰρ τὰ τερπνὰ πάντα καὶ βροτοῖς καὶ θεοῖς, zuerst bloss das erste Glied (V. 5 — 7) gesetzt habe, weil hier die Chariten hauptsächlich mit Bezug auf die menschlichen Dinge angerufen werden. Darauf folgt V. 8. in logisch untergeordneter Bedeutung das zweite Glied, durch γάρ angeknüpft: „Seid uns gnädig; denn von euch kommt alle Freude den Menschen; geniessen ja doch selbst die Götter keine Freude ohne die Chariten." — Vor χοροὺς suppl. οὔτε.

V. 10. Zu Delphi standen, nach Angabe des Schol., die Chariten zur Rechten des Apollon. Drei verwandte Gottheiten sind hier vereint: die Chariten, Repräsentantinnen des durch Ordnung und Gesetzlichkeit hervorgerufenen Reizes geselligen Lebens (sie sind im geselligen Leben, was die Horen im natürlichen), Zeus,

Πύθιον Ἀπόλλωνα θρόνους,
ἀέναον σέβοντι πατρὸς Ὀλυμπίοιο τιμάν.

ὦ πότνι' Ἀγλαΐα |στρ. β'.
φιλησίμολπέ τ' Εὐφροσύνα, θεῶν κρατίστου
παῖδες, ἐπακοοῖτέ νυν, Θαλία τε   15
ἐρασίμολπε, ἰδοῖσα τόνδε κῶμον ἐπ' εὐμενεῖ τύχᾳ
κοῦφα βιβῶντα· Λυδῷ δ' Ἀσώπιχον ἐν τρόπῳ
ἐν μελέταις τ' ἀείδων ἔμολον,
οὕνεκ' Ὀλυμπιόνικος ἁ Μινυεία
σεῖο ἕκατι· μελαντειχέα νῦν δόμον   20
Φερσεφόνας ἔλθ', Ἀχοῖ, πατρὶ κλυτὰν φέροισ' ἀγγελίαν,
Κλεύδαμον ὄφρ' ἰδοῖσ' υἱὸν εἴπῃς, ὅτι οἱ νέαν
κόλποις παρ' εὐδόξου Πίσας
ἐστεφάνωσε κυδίμων ἀέθλων πτεροῖσι χαίταν.

der höchste Walter aller Ordnung in der Welt, und Apollon, der zu Pytho die Satzungen des Zeus verkündet, also zugleich mit den Chariten die Ordnung des Zeus im Menschenleben durchführt.

V. 12. σέβοντι τιμάν. cf. Fragm. Hymn. 1, 2. τὰν Διονύσου τιμὰν ὑμνήσομεν. — Die Chariten sind Töchter des Zeus und der Hera oder der Eurynome.

V. 13. wiederholt den Anfang des Gedichtes.

V. 14. Die Chariten sind natürlich Freundinnen und Genossinnen der Musen, daher φιλησίμολπε, ἐρασίμολπε.

V. 15. ἐπακοοῖτε, nach Bergk, eine ungewöhnliche und unbewiesene Form. Rauchenstein ἀκηκόοιτέ μευ. Hartung ἐταίοιτέ μευ.

V. 16. ἰδοῖσα, wohlwollend anschauen, wie εἶδε Isthm. 2, 18. δέρχεται Pyth. 3, 85. — ἐπ' εὐμενεῖ τύχᾳ, ob frohen Glücks naht er, d. i. wegen des Sieges.

V. 17. κοῦφα βιβῶντα bezeichnet den Tanzschritt.

V. 18. μελέταις sc. Λυδίαις. cf. Ol. 5, 19. μελέται, das Ersinnen, Erdichten, daher soviel als Gedicht.

V. 20. σεῖο ἕκατι, durch dich. Die Chariten geben jedes Schöne; dem Asopichos schenken sie aber besonders deswegen den Sieg, weil er aus Orchomenos ist, der ihnen theueren Minyerstadt. — Die Alten glaubten, dass von der Oberwelt Kunde in die Unterwelt dringen könne, so Soph. El. 1066. ὦ χθονία βροτοῖσι Φάμα, κατά μοι βόασον οἰκτρὰν ὄπα τοῖς ἔνερθ' Ἀτρείδαις, ἀχόρευτα φέρουσ' ὀνείδη.

V. 24. ἀέθλων πτεροῖσι, d. i. στεφάνοις. ἐπαίρουσι (Ol. 9, 20. στεφάνων ἄωτοι κλυτὰν Λοκρῶν ἐπαείροντι ματέρα) καὶ οἷον πτεροῦσι τοὺς στεφανουμένους. Sch. Pyth. 9, 125. πτερὰ νικᾶν. Die Göttin Nike ist selbst beflügelt.

6. Nem. II.

Diese Ode wurde zu Athen nach der Rückkehr des Siegers gesungen und war nur ein einleitendes Stück für grössere, die beim κῶμος gesungen wurden (V. 24 u. 25.). Der Sieger ist ein Athener Namens Timodemos, Sohn des Timonoos, aus dem Geschlechte der Timodemiden, zu dem Demos Acharnae gehörig. Wegen V. 13 u. 16. anzunehmen, dass er zu Salamis erzogen und vielleicht auch geboren sei, ist nicht nöthig. — Hauptgedanke: Es ist zu erwarten, dass auf diesen ersten Sieg des T. andere folgen werden. Die Gründe für diese Erwartung sind enthalten in V. 13—24.

ΤΙΜΟΔΗΜΩι ΑΘΗΝΑΙΩι
ΠΑΓΚΡΑΤΙΑΣΤΗι.

"Οθενπερ καὶ Ὁμηρίδαι   [στρ. α.
ῥαπτῶν ἐπέων τὰπόλλ' ἀοιδοί
ἄρχονται, Διὸς ἐκ προοιμίου· καὶ ὅδ' ἀνήρ
καταβολὰν ἱερῶν ἀγώνων νικαφορίας δέδεκται πρώταν
                          Νεμεαίου

5 ἐν πολυυμνήτῳ Διὸς ἄλσει.

ὀφείλει δ' ἔτι, πατρίαν   [στρ. β'.

V. 1--5. Wenn die beiden Theile des Satzes sich genau entsprechen sollten, so müsste es heissen: „Womit die homerischen Sänger zu beginnen pflegen, damit (ἔνθεν) begann auch dieser Mann, nämlich mit Zeus." Wegen des Zwischengliedes Διὸς ἐκ προοιμίου wird das zweite Glied selbständiger ausgeführt. Das gewichtige Διὸς tritt am Ende beider Glieder stärker hervor. ῥαπτῶν ἐπέων ἀοιδοί, die Rhapsoden. ῥάπτειν ἔπη, ἀοιδήν bezeichnet einen längeren epischen Vortrag. ῥαπτὰ ἔπη, gereihte Verse, lauter gleiche Zeilen, zum Unterschied von lyrischen Versen. — Ὁμηρίδαι. Ὁμηρίδας ἔλεγον τὸ μὲν ἀρχαῖον τοὺς ἀπὸ τοῦ Ὁμήρου γένους, οἳ καὶ τὴν ποίησιν αὐτοῦ ἐκ διαδοχῆς ᾖδον· μετὰ δὲ ταῦτα καὶ οἱ ῥαψῳδοὶ οὐκέτι τὸ γένος εἰς Ὅμηρον ἀνάγοντες. Schol. -- Die Rhapsoden begannen ihren Vortrag mit dem einleitenden Anruf eines Gottes, häufig (ταπόλλ') mit dem des Zeus. Solche Einleitungen sind die kleineren homerischen Hymnen, unter denen No. 22. an Zeus gerichtet ist.

V. 4. καταβολά, Grundlegung. — δέχομαι, durch göttliche Gnade empfangen.

V. 5. ἄλσει. Zu Nemea war der Tempel des Zeus in einem Cypressenhain. Paus. 2, 15, 2. Strab. 8, p. 377.

V. 6. ὀφείλει, impersonal für πρέπον, ἀναγκαῖόν ἐστι. — πατρίαν καθ' ὁδόν, auf dem Wege seiner Vorfahren, die viele Siege errungen.

εἴπερ καθ' ὁδόν νιν εὐθυπομπός
αἰὼν ταῖς μεγάλαις δέδωκε κόσμον Ἀθάναις,
θαμὰ μὲν Ἰσθμιάδων δρέπεσθαι κάλλιστον ἄωτον, ἐν
      Πυθίοισί τε νικᾶν
Τιμονόου παῖδ'· ἔστι δ' ἐοικός   10
ὀρειᾶν γε Πελειάδων   [στρ. γ´.
μὴ τηλόθεν Ὠαρίωνα νεῖσθαι.
καὶ μὰν ἁ Σαλαμίς γε θρέψαι φῶτα μαχατάν
δυνατός. ἐν Τροΐᾳ μὲν Ἕκτωρ Αἴαντος ἄκουσεν· ὦ Τι-
    μόδημε, σὲ δ' ἀλκά
παγκρατίου τλάθυμος ἀέξει.   15

Ἀχάρναι δὲ παλαίφατοι   [στρ. δ´.
εὐάνορες· ὅσσα δ' ἀμφ' ἀέθλοις,
Τιμοδημίδαι ἐξοχώτατοι προλέγονται.
παρὰ μὲν ὑψιμέδοντι Παρνασῷ τέσσαρας ἐξ ἀέθλων
      νίκας ἐκόμιξαν·
ἀλλὰ Κορινθίων ὑπὸ φωτῶν   20

V. 8. αἰών, cf. Melinno 13.
V. 9. θαμά, hier wie Ol. 7, 12. = ἅμα, das vielleicht an beiden Stellen herzustellen ist.
V. 10—12. Ὠαρίων = Ὠρίων. Hom. Il. 18, 486. ·Wie das Gestirn des Orion den Pleiaden nahe folgt, so sollen auf den ersten Sieg des T. bald andere folgen. Zugleich aber weist dieser Spruch auch auf das Folgende hin: Orion ist nicht weit von den Pleiaden, von dem attischen Salamis ist nicht weit das attische Acharnä; Salamis hat den tapferen Aias erzeugt, auch Acharnä hat treffliche Männer aus alter Zeit. — Πλ. ὀρειᾶν, weil ihr Lieblingsaufenthalt der Berg Kyllene, oder weil sie Töchter des Atlas waren. Der Grund für ἐοικός liegt in der scherzhaften Paronomasie ὀρειᾶν -- Ὠαρίωνα, woraus sich γέ nach ὀρειᾶν erklärt.
V. 14. ἄκουσε. „Hektor musste auf den Aias als auf den Stärkeren horchen." Plat. Gorg. 488. C. δεῖ ἀκροᾶσθαι τοῦ ἰσχυροτέρου τοὺς ἀσθενεστέρους. — Hecker schreibt ἐγεύσατ'; cf. Hom. Il. 20, 258.
V. 16. παλαίφατοι, ἀντὶ τοῦ ἐξ ἀρχῆς. Sch. Die Acharner waren als kräftige Leute bekannt. Aristoph. Acharn. 179. ff. πρεσβῦταί τινες Ἀχαρνικοί, στιπτοὶ γέροντες, πρίνινοι, ἀτεράμονες, Μαραθωνομάχαι, σφενδάμνινοι. Wie V. 14 u. 15. Aias und Timodemos zusammengestellt werden, so V. 16 u. 18. die Acharner und die Timodemiden.
V. 17. ὅσσα δέ, wie τὸ δέ, τὰ δέ, ὅσον δέ, was anlangt. cf. Nem. 11, 43. τὸ δ' ἐκ Διός.
V. 19. ἐκόμιξαν dor. für ἐκόμισαν; so V. 24. κωμάζατε.
V. 20. Die Korinthier waren die Kampfrichter in den isthmischen Spielen.

ἐν ἐσλοῦ Πέλοπος πτυχαῖς [στρ. ε'.
ὀκτὼ στεφάνοις ἔμιχθεν ἤδη,·
ἑπτὰ δ' ἐν Νεμέᾳ· τὰ δ' οἴκοι μάσσον' ἀριθμοῦ
Διὸς ἀγῶνι. τόν, ὦ πολῖται, κωμάξατε Τιμοδήμῳ σὺν
εὐκλέϊ νόστῳ·
25 ἁδυμελεῖ δ' ἐξάρχετε φωνᾷ.

V. 21. Πέλοπος πτυχαί, die Höhen und Thäler des Isthmos, wo die Pelopsinsel beginnt. Sehr ansprechend ist die Conjectur von Hecker; Π. πύλαις; vergl. Bakchyl. Fr. 7. ὦ Πέλοπος λιπαρᾶς νάσου θεόδματοι πύλαι.
V. 22. ἔμιχθεν, sie erwarben sich. cf. Ol. 1, 22. u. 78. πέλασον.
V. 23. μάσσονα ἀριθμοῦ. μάσσων Comparat. von μακρός. — τὰ δ' οἴκοι, ἐν ταῖς 'Αθήναις, μείζονά ἐστιν ἢ ἀριθμεῖσθαι. Schol.
V. 24. Διὸς ἀγῶνι. Die Athener feierten auch Olympien mit Wettkämpfen ('Ολύμπια od. 'Ολυμπίεια, Thuk. 1, 126); sie hatten aber nur lokale Bedeutung. — τόν, Zeus, den Geber dieses letzten Sieges. Hiermit geht das Gedicht zu seinem Anfang zurück.

7. Nem. XI.

Aristagoras von Tenedos hatte in seinem Vaterlande die Würde des Prytanis erhalten. Dies war in Tenedos die höchste Staatswürde, welche jährlich neu besetzt wurde, und zwar wahrscheinlich stets aus dem Geschlechte der Pisandriden, welchem Aristagoras angehörte. Der Prytanis regierte in Gemeinschaft mit einem Senate, dessen Namen und Zusammensetzung wir weiter nicht kennen. Die Mitglieder dieses Senates geleiteten nun den neuen Prytanen am Tage seiner Einsetzung in festlichem Aufzuge in das Prytaneum, den Ort ihrer gemeinschaftlichen Geschäftsverwaltung, um dort durch Opfer und Gebete und Schmaus seinen Amtsantritt zu feiern. Für diese Gelegenheit hat Pindar dem Arist. die vorliegende Ode gedichtet; da auch die gymnischen Siege des Arist. darin gerühmt werden, so wurde sie irrthümlich unter die Siegeshymnen des Pindar eingereiht.

Das Ganze zerfällt in drei Theile: V. 1—10. 11—37. 37—48. In V. 1—10. wird Hestia, die Vorsteherin des Prytaneums, angerufen, diesen Festzug des Arist. gnädig anzunehmen und ihm ein glückliches Regierungsjahr zu gewähren. In V. 11—37. preist der Dichter, nachdem er in V. 11-12. dem Vater des Arist. die gebührende Ehre erwiesen, das hohe wohlverdiente Glück des Arist., welches durch die jetzt erlangte höchste Würde im Staate seine Krone erlangt hat. Besonders rühmt er seine vielen Siege in den Wettkämpfen; die hier bewiesene Kraft zeigt seine Abstammung von den berühmten Heroen Pisandros und Melanippos. Wenn aber Arist. so auf der Höhe menschlichen Glückes steht, so bedenke er, dass er ein Mensch ist, und lasse sich nicht verleiten nach Höherem zu streben. Diese Mahnung, welche Pindar gewöhnlich an den Glücklichen richtet und auf welche er hier ein besonderes Gewicht zu legen scheint, leitet den zweiten Theil ein (V. 13—16.) und ist der Grundgedanke für den letzten Theil.

ΑΡΙΣΤΑΓΟΡΑι ΤΕΝΕΔΙΩι
ΠΡΥΤΑΝΕΙ.

Strophae.

```
⏑⏑__⏑⏑__⏑⏑_⏒⏑⏓
⏑__⏑__⏑__⏑_⏑⏑_⏓
⏑⏑_⏑⏑__⏑⏑_⏑⏑⏓
⏑__⏑__⏑⏓
⏑⏑_⏑_⏑_⏑__⏑⏑⏓   5
```

Epodi.

```
⏑⏑_⏑⏑__⏑⏑_⏑⏑_
⏑__⏑⏑__⏑⏑_⏑⏓
⏑⏑_⏑⏑__⏑⏑_⏑⏑_⏒
⏑⏑_⏑_⏑__⏑⏑_⏑⏑_
⏑__⏑__⏑⏓            5
⏑_⏑__⏑⏑_⏑⏑⏓
```

Παῖ 'Ρέας, ἅ τε πρυτανεῖα λέλογχας, Ἑστία,   [στρ. α΄.
Ζηνὸς ὑψίστου κασιγνήτα καὶ ὁμοθρόνου Ἥρας,
εὖ μὲν Ἀρισταγόραν δέξαι τεὸν ἐς θάλαμον,
εὖ δ᾽ ἑταίρους ἀγλαῷ σκάπτῳ πέλας,
οἵ σε γεραίροντες ὀρθὰν φυλάσσοισιν Τένεδον,   5

πολλὰ μὲν λοιβαῖσιν ἀγαζόμενοι πρώταν θεῶν,   [ἀντ. α΄.
πολλὰ δὲ κνίσᾳ· λύρα δέ σφι βρέμεται καὶ ἀοιδά·
καὶ ξενίου Διὸς ἀσκεῖται Θέμις ἀενάοις

V. 1. Hestia, Tochter des Kronos und der Rhea (Hom. H. in Vener. 22 ff.), Göttin des Herdes, des häuslichen Zusammenlebens und, weil der Staat eine grosse Familie ist, des staatlichen Vereins. In dem Prytaneum, als dem Mittelpunkte des Staates, war ihr besonderes Heiligthum; daher heisst V. 3. das Prytaneum ihr θάλαμος.

V. 4. ἑταίρους, die Mitglieder des Senates, die sich im Prytaneum versammeln und von dort aus den Staat regieren (ὀρθὰν φυλάσσοισιν T.). Hier bringen sie der Hestia täglich Spenden und an bestimmten Tagen Opferthiere dar unter Gesang und Saitenspiel (V. 6 u. 7.), wie auch heute. — σκάπτῳ (σκήπτρῳ) πέλας. Man kann an eine Bildsäule der Hestia mit einem Scepter denken, die am Altar des Prytaneums stand. Da aber Bildsäulen der Hestia selten waren und in dem Cultus der Herd mit der heiligen Flamme ihr Bild vertrat, so ist der Stab vielleicht wie bei den homerischen Königen der Herrscherstab in den Händen des Prytanis. Dann ist πέλας nicht mit δέξαι zu verbinden, sondern steht für πέλας ὄντας. — φυλάσσοισιν äol. für φυλάσσουσιν.

V. 6. πρώταν θεῶν, als die erste der Götter, d. i. vor allen andern Göttern. Der Hestia pflegten immer die ersten Spenden gebracht zu werden, daher das Sprüchwort: ἀφ᾽ Ἑστίας ἄρχου.

ἐν τραπέζαις. ἀλλὰ σοὶ δόξαι τέλος
10 δωδεκάμηνον περᾶσαι σὺν ἀτρώτῳ κραδίᾳ.
ἄνδρα δ' ἐγὼ μακαρίζω μὲν πατέρ' Ἀρκεσίλαν,   [ἐπ. α'.
καὶ τὸ θαητὸν δέμας ἀτρεμίαν τε ξύγγονον.
εἰ δέ τις ὄλβον ἔχων μορφᾷ παραμεύσεται ἄλλων,
ἔν τ' ἀέθλοισιν ἀριστεύων ἐπέδειξεν βίαν,
15 θνατὰ μεμνάσθω περιστέλλων μέλη,
καὶ τελευτὰν ἁπάντων γᾶν ἐπιεσσόμενος.

ἐν λόγοις δ' ἀστῶν ἀγαθοῖσί μιν αἰνεῖσθαι χρεών,   [στρ. β'.
καὶ μελιγδούποισι δαιδαλθέντα μελιζέμεν ἀοιδαῖς.
ἐκ δὲ περικτιόνων ἓξ καὶ δέκ' Ἀρισταγόραν
20 ἀγλααὶ νῖκαι πάτραν τ' εὐώνυμον
ἐστεφάνωσαν πάλᾳ καὶ μεγαυχεῖ παγκρατίῳ.

ἐλπίδες δ' ὀκνηρότεραι γονέων παιδὸς βίαν   [ἀντ. β'.
ἔσχον ἐν Πυθῶνι πειρᾶσθαι καὶ Ὀλυμπίᾳ ἄθλων.
ναὶ μὰ γὰρ ὅρκον, ἐμὰν δόξαν παρὰ Κασταλίᾳ
25 καὶ παρ' εὐδένδρῳ μολὼν ὄχθῳ Κρόνου
κάλλιον ἂν δηριώντων ἐνόστησ' ἀντιπάλων,

V. 8. bezieht sich auf den Gebrauch, dass die fremden Gesandten im Prytaneum, wo der Prytan und die Senatoren täglich speisten, empfangen und bewirthet wurden.

V. 11. μέν — καί, cf. Ol. 4, 15. 5, 10. — ἄνδρα wird vorgesetzt wegen des Gegensatzes zu den vorhergehenden Versen, in denen die Göttin Hauptperson ist. μακαρίζω passt nur zu ἄνδρα, zu δέμας und ἀτρεμία sc. Ἀρκεσίλα supplire ein verwandtes Verbum, etwa αἰνέω. — Hartung schreibt Ἀρτεμίαν. Die Scholien erklären den Ἀτρεμίας für den Bruder des Arkesilas.

V. 13 — 16. εἴ τις δὲ πλούσιος καὶ καλὸς καὶ ἐν ἀέθλοις διήνεγκε τῶν ἄλλων, γιγνωσκέτω, ὅτι θνητός ἐστι, καὶ μηκέτι παρὰ ταῦτα εὐδαιμονίαν μείζονα ζητείτω. Schol. — παραμεύομαι für παραμείβομαι, c. Gen. wegen des Begriffs des Uebertreffens.

V. 15. „Er erinnere sich, dass er sterbliche Glieder umkleidet und zuletzt (τελευτὰν ἀπ.) sich mit Erde umkleiden wird." Aeschyl. Ag. 801. χθονὸς χλαῖναν λαβεῖν.

V. 19. νῖκαι ἐκ περικτ., Siege, welche Arist. in den benachbarten Staaten davongetragen.

V. 22 — 29. „Wenn die Eltern des Arist. ihn nicht aus Besorgniss von den Kämpfen in Pytho und Olympia zurückgehalten hätten (ἔσχον), so würde er gewiss auch dort gesiegt haben." — ἐλπίδες ὀκνηρότεραι, allzuzögernde Besorgnisse. ἐλπίς und ἐλπίζειν haben öfter die Bedeutung der Furcht, wie das lat. *sperare*.

V. 24. γάρ, weil der Begriff ὀκνηρότεραι gerechtfertigt wird.

V. 25. παρὰ Κασταλίᾳ und παρὰ ὄχθῳ kann grammatisch weder mit μολών, noch mit ἐνόστησε verbunden sein; wir müssen es ab-

πενταετηρίδ' ἑορτὰν Ἡρακλέος τέθμιον [ἐπ. β'.
κωμάσαις ἀνδησάμενός τε κόμαν ἐν πορφυρέοις
ἔρνεσιν. ἀλλὰ βροτῶν τὸν μὲν κενεόφρονες αὖχαι
ἐξ ἀγαθῶν ἔβαλον· τὸν δ' αὖ καταμεμφθέντ' ἄγαν   30
ἰσχὺν οἰκείων παρέσφαλεν καλῶν
χειρὸς ἕλκων ὀπίσσω θυμὸς ἄτολμος ἐών.

συμβαλεῖν μὰν εὐμαρὲς ἦν τό τε Πεισάνδρου πάλαι [στρ. γ'.
αἷμ' ἀπὸ Σπάρτας· Ἀμύκλαθεν γὰρ ἔβα σὺν Ὀρέστᾳ
Αἰολέων στρατιὰν χαλκεντέα δεῦρ' ἀνάγων·   35
καὶ παρ' Ἰσμηνοῦ ῥοὰν κεκραμένον
ἐκ Μελανίπποιο μάτρωος. ἀρχαῖαι δ' ἀρεταί

ἀμφέροντ' ἀλλασσόμεναι γενεαῖς ἀνδρῶν σθένος· [ἀντ. γ'.
ἐν σχερῷ δ' οὔτ' ὦν μέλαιναι καρπὸν ἔδωκαν ἄρουραι,
δένδρεά τ' οὐκ ἐθέλει πάσαις ἐτέων περόδοις   40

hängig denken von einem zu supplirenden Verbum siegen oder einem ähnlichen Worte, das aus V. 26 entnommen werden kann: „An der Kast.- würde er, wenn er dorthin gegangen wäre, ruhmreicher gekämpft haben als die dort mit ihm ringenden Gegner (d. h. er würde gesiegt haben), und ruhmreicher wäre er von dort zurückgekehrt als —". In der Uebersetzung freilich ist es erlaubt die Begriffe freier zu verbinden. — εὐδένδρῳ, wegen des Oelbaums, den Herakles dort gepflanzt, s. Ol. 3, 13 ff. — ὄχθος Κρόνου, s. Ol. 5, 17.

V. 27. πενταετηρίδ' ἑορτὰν Ἡρ. τέθμιον. cf. Ol. 5, 6. u. 3, 11 ff.

V. 28. κωμάσαις, am Abend nach dem Siege an Ort und Stelle. — πορφυρέοις, wie χρύσεος Ol. 10, 13.

V. 33. Aus der Kraft des Arist. kann man auf seine berühmten Ahnen schliessen. Der Achäer Pisandros, der väterliche Ahn, hatte an dem ersten Auszug der Achäer unter Orestes (und Penthilos), der durch den Einfall der Dorier in den Peloponnes veranlasst worden war, theilgenommen. Sie zogen aus dem Peloponnes nach Böotien, wo sich äolische Völkerschaften anschlossen, schifften sich in Aulis ein und liessen sich auf Lesbos und Tenedos nieder. Jene Achäer hatten ihren Sitz zu Amyklae; da dieser Ort aber zur Zeit des Dichters unbedeutend ist, so nennt er das benachbarte Sparta, das berühmte Vaterland kräftiger Männer. Melanippos, der mütterliche Ahn, war ein thebanischer Heros zur Zeit des ersten thebanischen Krieges. — Ἀμύκλαθεν — ἀνάγων denke in Parenthese und construire: εὐμαρὲς ἦν συμβ. τό τε Π. αἷμα καὶ τὸ ἐκ Μ. κεκραμένον παρά etc.

V. 37 ff. cf. Nem. 6, 8 ff. τεκμαίρει καὶ νῦν Ἀλκιμίδας τὸ συγγενὲς ἰδεῖν ἄγχι καρποφόροις ἀρούραισιν, αἵ ἀμειβόμεναι τόκα μὲν ὦν βίον ἀνδράσιν ἐπηετανὸν ἐκ πεδίων ἔδοσαν. τόκα δ' αὖτ' ἀναπαυσάμεναι σθένος ἔμαρψαν.

V. 40. ἐθέλει, pflegt. — πέροδος, äol. für περίοδος.

ἄνθος εὐῶδες φέρειν πλούτῳ ἴσον,
ἀλλ' ἐν ἀμείβοντι. καὶ θνατὸν οὕτως ἔθνος ἄγει

μοῖρα. τὸ δ' ἐκ Διὸς ἀνθρώποις σαφὲς οὐχ ἕπεται [ἐπ. γ'.
τέκμαρ· ἀλλ' ἔμπαν μεγαλανορίαις ἐμβαίνομεν
ω ἔργα τε πολλὰ μενοινῶντες· δέδεται γὰρ ἀναιδεῖ
ἐλπίδι γυῖα· προμαθείας δ' ἀπόκεινται ῥοαί.
κερδέων δὲ χρὴ μέτρον θηρευέμεν·
ἀπροσίκτων δ' ἐρώτων ὀξύτεραι μανίαι.

V. 41. πλούτῳ ἴσον, gleich an Ertrag. — ἐν ἀμείβοντι = ἀμοιβαδίς.
V. 42. Wie mit dem Acker und den Bäumen, so verhält es sich auch mit den Menschen. Dasselbe Geschlecht erzeugt nicht in allen seinen Gliedern gleiche Tugend; in Ar. aber ist die alte Tugend seines Geschlechtes wieder erschienen. — Der Dichter benutzt diesen Satz von dem Wechsel und der Unbeständigkeit, sowie die folgenden allgemeinen Sätze als Uebergang zu den Schlussversen 47 u. 48, die nach Dissen die verdeckte Meinung enthalten, Ar. möge sich nicht durch sein Glück verleiten lassen, nach der Tyrannis zu streben.
V. 43 τὸ δ' ἐκ Διός, cf. Nem. 2, 17. „Was aber den Zeus betrifft, von ihm erfolgt kein sicheres Zeichen." Für den Sinn vergl. Ol. 12, 6 ff. Solon 10.
V. 44. „Wir gehen einher im Stolze und grossen Dingen nachstrebend." Dissen übersetzt ἐμβαίνειν c. Dat. mit *suscipere, aggredi*, und erklärt das Folgende: ἔργα τε π. μενοινῶντες, ἐμβαίνομεν αὐτοῖς.
V. 46. προμαθείας etc. schliesst sich an ἐμβαίνομεν — μενοινῶντες an; denn δέδεται — γυῖα steht in Parenthesi. — ῥοαί, „der Fluss, der Lauf der Dinge liegt fern ab von unserer Voraussicht." Wir streben mit unmässiger Begier nach hohen Dingen, allein den Verlauf und das Ende können wir nicht voraussehen. ῥοαί in demselben Sinn Ol. 2, 33.
V. 47. Horat. Epist. 1, 6, 56. *certum voto pete finem.*
V. 48. „Das Streben nach Unmöglichem ist allzugrosser Wahnsinn." Thiersch übersetzt: nicht erreichbare Sehnsucht nährt geschärfteren Schmerz.

8. Ol. I.

Dieses Gedicht dient zur Verherrlichung eines Sieges, den Hieron Ol. 77. v. Chr. 472. zu Olympia mit dem Rennpferde gewann. Hieron, seit Ol. 75, 3. v. Chr. 478. König in Syrakus und zu dieser Zeit nach Besiegung des Thrasydaeos (s. Einl. zu Ol. 12.) auf dem Gipfel seiner Macht, war ein Mann von ausgezeichneten Eigenschaften. Er war ein tapferer Krieger und ein Freund der Wettspiele; aus Liebe zu den musischen Künsten zog er die ausgezeichnetsten Dichter der damaligen Zeit an seinen Hof, Simonides und Bakchylides, Xenophanes, Aeschylos, Epicharmos; auch Pindar befand sich damals dorten. Doch hatte er neben

jenen Tugenden einen hohen Grad von Stolz und Ehrgeiz. Das Siegeslied wurde in dem Palaste des Königs aufgeführt (V. 10.).
Inhalt. V. 1—17. Ein Lied auf den Sieg in den glänzendsten aller Spiele bringen wir dem Hieron, dem mächtigen und gerechten Herrscher in Sicilien, der geschmückt ist mit den höchsten Tugenden ¦und namentlich auch den Musen hold ist. — V. 17—24. (dienen als Uebergang zu der Fabel des Pelops). Drum ergreife die Phorminx und besinge den siegreichen Herrscher, dessen Ruhm in der Pflanzstadt des Pelops erglänzt. — V. 25—53. Diesen liebte als Knaben Poseidon und raubte ihn bei einem Mahle, das sein Vater Tantalos den Göttern gab, in den Olympos; die verläumderischen Nachbarn aber sagten, als er verschwunden, Tantalus habe ihn geschlachtet und den Göttern als Speise vorgesetzt. — V. 54—66. Wenn aber je ein Sterblicher von den Göttern geliebt ward, so war dies Tantalos. Doch er konnte sein Glück nicht ertragen; er entwandte die Götterspeise und gab sie den Menschen. Dafür belegten ihn die Götter mit furchtbarer Strafe und schickten ihm den Sohn zurück zu den sterblichen Menschen. — V. 67—93. Als dieser zum Jüngling geworden, unternahm er, von Poseidon unterstützt, den Wettkampf mit Oenomaos, dem Herrscher in Pisa, um Hippodameia, siegte und erwarb sich die Jungfrau. Er ward Vater von sechs tugendreichen Völkerfürsten und liegt jetzt, als Heros verehrt, an der Strömung des Alpheos begraben.. — V. 93—100. (bilden den Uebergang von Pelops auf Hieron, wie V. 17—24. von Hieron auf Pelops). Der Ruhm, in der olympischen Rennbahn des Pelops erworben, strahlt weithin, und dem Sieger wird Heiterkeit für das ganze Leben. — V. 100—116. Den Sieger Hieron muss ich darum mit einem Liede krönen; Keiner ist dessen würdiger (vergl. V. 100—105. mit V. 12—17.). Der dir hülfreiche Gott, o Hieron, segnet deine Bestrebungen; möge er auch den ferneren Sieg, nach dem du strebst, den Sieg mit dem Viergespann in Olympia, dir gelingen lassen. Diesen noch erfreulicheren Sieg will ich mit einem Liede verherrlichen; denn die Muse machte mich zu einem grossen Dichter. Gross ist der Eine in diesem, in jenem der Andere; du hast als König den höchsten Gipfel erstiegen, drum strebe nicht weiter. Möge dir vergönnt sein, dein ganzes Leben hindurch hoch zu wandeln, mir aber, das Glück der Sieger zu besingen, ausgezeichnet durch Weisheit überall im Hellenenvolke. — V. 1—17. macht das Prooemium aus, V. 100—116. den Schluss; Haupttheil ist V. 17—100.

Ueber die Grundgedanken des Gedichts sagt Boeckh Folgendes: „Der subjective Zweck ist die Lobpreisung des olympischen Sieges des Hieron. Hieron hat mit einem Rosse fern von seinem Vaterlande in der ruhmreichen Olympia gesiegt, ein mächtiger Herrscher, wie sein Glück zeigt, von den Göttern begünstigt, [die er, namentlich den Poseidon, anzurufen pflegt*)] doch auf dem Gipfel des Glückes immer noch höher

---

*) Boeckh fügt hier das Anrufen des Poseidon durch Hieron ein, weil er glaubt, dass die Zuhörer bei V. 72 sich an eine Stelle in der zweiten

strebend, aber auch nach edlem Ruhme in den Spielen, zu welchen er Wagen gesandt hat oder wenigstens das nächstemal senden will. Auf diese Einheit der in ihm verbundenen Verhältnisse festgeheftet, verkündet der Dichter den Sieg durch den Preis des in Syrakus nicht in allen seinen mythischen Grundlagen bekannten Spieles, damit es fern nach Sikelia strahle, wie er selbst sagt, dass dessen Ruhm fernher glänze; doch auch dies nicht allgemein, sondern den Sieg des Herrschers durch den ersten Sieg eines Herrschers, und zwar einen Sieg mit Rossen, wie der hieronische mit einem Rosse gewonnen war, beide durch Göttergunst gegeben; in beider verglichenen Personen Verhältnissen, beim Pelops in seinem Vater, zeigt sich aber auch zugleich, wie die Göttergunst leicht zum Uebermuthe führe, wobei die Warnung, nur durch Mässigung könne man hoffen auch weitere Wünsche befriedigt zu finden, von selbst sich einstellt als wurzelnd in der angeschauten Eigenthümlichkeit des Besungenen, und ganz aufgeht in der dichterischen Anschauung des Gegenstandes."

ΙΕΡΩΝΙ ΣΥΡΑΚΟΣΙΩι
ΚΕΛΗΤΙ.

Strophae.

Epodi.

pyth. Ode erinnert hätten, welche einige Jahre vorher auf einen Sieg des Hieron gesungen worden war. Diese Stelle heisst V. 12. von dem rossea ispannenden Hieron: ὀρσοτρίαιναν εὐρυβίαν χαλκέων θεόν.

Ἄριστον μὲν ὕδωρ, ὁ δὲ χρυσὸς αἰθόμενον πῦρ   [στρ. α΄.
ἅτε διαπρέπει νυκτὶ μεγάνορος ἔξοχα πλούτου·
εἰ δ' ἄεθλα γαρύεν
ἔλδεαι, φίλον ἦτορ,
μηκέτ' ἀελίου σκόπει
ἄλλο θαλπνότερον ἐν ἁμέρᾳ φαεννὸν ἄστρον ἐρήμας δι'
 αἰθέρος·
μηδ' Ὀλυμπίας ἀγῶνα φέρτερον αὐδάσομεν·

V. 1—7. „Die olympischen Spiele sind unter allen die herrlichsten."
cf. Ol. 4, 3. Um diesen Satz glänzend hervortreten zu lassen,
bereitet der Dichter ihn durch grossartige Vergleiche in unerwar-
teter Construction vor. Statt zu sagen: „Wie das Wasser das
Beste ist und das Gold vor anderer stolzer Pracht hervorstrahlt,
wie die Sonne an Glanz alle anderen Gestirne übertrifft, so sind
die olymp. Spiele vor allen die herrlichsten," stellt er die beiden
ersten Vergleiche in selbständigen Sätzen hin, und indem er nun
zu dem Hauptsatze, zu den olymp. Spielen übergehen will, fällt
ihm gleichsam ein neues, grossartigeres Gleichniss bei. Statt
aber hier fortzufahren: „Wenn du aber Kampfspiele besingen
willst, mein Geist, so musst du, wie die Sonne alle Gestirne
überstrahlt, die olymp. Spiele als alle andern überstrahlend
preisen," lässt er, um in höherem Schwunge emporzusteigen und
endlich zu dem Hauptgedanken zu gelangen, die beiden Verglei-
chungssätze in negativer Form und in beigeordneter Stellung
nebeneinander folgen. Rauchenstein (Commentt. Pindar. II. p. 5.)
vergleicht die Erhebung des Gedankens in V. 5—7. mit dem
Fluge des Adlers, der rasch in die Lüfte sich schwingt und längere Zeit in der Höhe sich schwebend erhält (V. 6.), bis er
(V. 7.) in langsamem Fluge sich auf dem ausersehenen Felsensitze
niederlässt. — Für die Form des Procemiums vergl. Ol. 10. in.

V. 1. ἄριστον ὕδωρ. Man hat in diesen einfachen Satz zuviel hin-
eingedeutet. Es ist weder mit Dissen an die Sitte der Griechen
zu denken, bei Gastmählern den Wein mit Wasser zu mischen,
noch mit den Scholiasten an das Philosophem des Thales, dass
das Wasser das Grundprincip der Welt sei. Das Wasser wird
unter den natürlichen Dingen als das Beste und das Nützlichste
hingestellt, weil alles Leben in dem Pflanzen- und Thierreich
durch dasselbe bedingt ist; unter der reichen Pracht im Menschenleben aber ist das Erste das Gold. Constr. ὁ δὲ χρυσός,
ἅτε αἰθ. πῦρ διαπρέπει νυκτί, μεγάνορος πλούτου ἔξοχα (διαπρέπει).

V. 3. γαρύεν, dor. für γηρύειν.

V. 5. μηκέτι. Ἔτι ziehe zu θαλπνότερον.

V. 6. ἐρήμας δι' αἰθέρος. cf. Simonid. fr. 77. Bergk. μόνος ἅλιος
ἐν οὐρανῷ. Der Himmel ist einförmig, öde, in der Nacht war er
mit vielen Lichtern geschmückt.

V. 7. ἀγῶνα φέρτ. Ὀλυμπίας. Comparatio compend. cf. Ol. 12, 14.
Hom. Il. 17, 51. 21, 191. Theokr. 6, 39. 20, 25. — αὐδάσομεν,
Futurum, nicht Conjunctiv, denn Pindar verkürzt den Vocal des
Conj. nicht. μηδὲ steht wegen des vorausgehenden μηκέτι.

ὅθεν ὁ πολύφατος ὕμνος ἀμφιβάλλεται
σοφῶν μητίεσσι, κελαδεῖν
10 Κρόνου παῖδ', ἐς ἀφνεὰν ἱκομένοις
μάχαιραν Ἱέρωνος ἑστίαν,

θεμιστεῖον ὅς ἀμφέπει σκᾶπτον ἐν πολυμάλῳ [ἀντ. α'.
Σικελίᾳ, δρέπων μὲν κορυφὰς ἀρετᾶν ἄπο πασᾶν,
ἀγλαΐζεται δὲ καὶ
15 μουσικᾶς ἐν ἀώτῳ,
οἷα παίζομεν φίλαν
ἄνδρες ἀμφὶ θαμὰ τράπεζαν. ἀλλὰ Δωρίαν ἀπὸ φόρμιγγα πασσάλου
λάμβαν', εἴ τί τοι Πίσας τε καὶ Φερενίκου χάρις
νόον ὑπὸ γλυκυτάταις ἔθηκε φροντίσιν,
20 ὅτε παρ' Ἀλφειῷ σύτο δέμας
ἀκέντητον ἐν δρόμοισι παρέχων,
κράτει δὲ προσέμιξε δεσπόταν,

V. 8. ὅθεν ὕμνος ἀμφιβάλλεται μητίεσσι. ἀμφιβάλλεται ist sehr verschieden erklärt worden. Wir folgen mit Rauchenstein und Schneidewin der Erklärung Heynes: *unde animis intelligentium carmen offunditur, ut ad canendum Sat. filium instigentur*. Rauchenstein übersetzt: „Von wo das vielgepriesene Lied der Dichter Geist umwallt, zu singen etc." und vergl. Ol. 3, 9 u. 10.

V. 10. Κρόνου παῖδα, als Vorsteher der olymp. Spiele. Ol. 2, 3. — μητίεσσι — ἱκομένοις. cf. Hom. Od. 10, 91. ψυχῇ Τειρεσίαο χρύσεον σκῆπτρον ἔχων.

V. 13. κορυφὰς ἀρετᾶν, die schönsten Tugenden. cf. Ol. 2,13. — δρέπων μέν — ἀγλαΐζεται δέ.

V. 14. ἀγλαΐζομαι ἐν, sich erfreuen an; ebenso τέρπεσθαι, χαίρειν ἐν.

V. 16. παίζομεν, Hieron und die um ihn versammelten Dichter. Unter den Scherzen am Mahle sind wohl Skolien zu verstehen.

V. 17. Δωρίαν φορμ. λάμβανε, eine in dorischer Tonart gespannte Phorminx, die sich nach Boeckh de metris Pind. p. 256 mit einem äolischen Liede (V. 102.) verbinden liess. Hermann dagegen: „Wenn der Dichter sagt: Nimm die dorische Cither, so meint er nichts anderes als: so will ich nun ein erhabenes Lied singen." Die dor. Tonart galt für die erhabenste und feierlichste.

V. 18. χάρις, Glanz. — Φερένικος, das siegreiche Ross des Hieron, berühmt wie das Streitross Alexanders. Auch Bakchylides gedachte desselben: ξανθότριχα μὲν Φερένικον Ἀλφεὸν παρ' εὐρυδίναν πῶλον ἀελλοδρόμον νικάσαντα. — φροντίδες bezeichnet, wie μελέτη, μέριμναι, das Sinnen und Dichten. Pindar scheint damals zu Olympia gewesen zu sein, wie bei Ol. 4.

V. 22. κράτος, Sieg, cf. Hom. Il. 1, 509. Soph. El. 85. — προσέμιξε, cf. V. 78. Nem. 2, 22.

Συρακόσιον ἱπποχάρμαν βασιλῆα. λάμπει δέ οἱ κλέος [ἐπ. α΄.
ἐν εὐάνορι Λυδοῦ Πέλοπος ἀποικίᾳ·
τοῦ μεγασθενὴς ἐράσσατο γαιάοχος 25
Ποσειδᾶν, ἐπεί νιν καθαροῦ λέβητος ἔξελε Κλωθώ
ἐλέφαντι φαίδιμον ὦμον κεχαδμένον.
ἦ θαυματὰ πολλά, καί πού τι καὶ βροτῶν φάτις ὑπὲρ
τὸν ἀλαθῆ λόγον
δεδαιδαλμένοι ψεύδεσι ποικίλοις ἐξαπατῶντι μῦθοι.

V. 23. Das Wort Συρακόσιον hat eine hervorgehobene Stellung, wohl deswegen, weil Hieron sich bei diesem Siege als Syrakusaner hatte ausrufen lassen. Bei dem pythischen Siege Ol. 76, 3. (Pind. Pyth. 1.) liess er sich als Aetnaeer ausrufen; bei einem früheren Siege zu Olympia, Ol. 73, 1., war er noch nicht Herrscher von Syrakus, sondern Bürger von Gela.

V. 25. Die gewöhnliche Sage erzählt, dass Tantalos, der Sohn des Zeus, König in Lydien, in der Stadt Sipylos, seinen Sohn Pelops geschlachtet, gekocht und den bei ihm schmausenden Göttern vorgesetzt habe. Die Götter berührten das grässliche Mahl nicht; nur Demeter merkte nichts von dem Truge und verzehrte die eine Schulter. Als darauf die Götter die zerstückelten Glieder in einen Kessel legten und den Knaben wieder ins Leben riefen, gab ihm Demeter eine elfenbeinerne Schulter. — Dieser Form der Sage widerspricht der fromme Dichter, weil sie der Götter nicht würdig ist, und gibt sie in einer andern, der Götter würdigen Fassung V. 36—52. Dabei sucht er zu erklären, wie die gewöhnliche Fabel entstanden sei V. 46 ff. Aus diesem Gesichtspunkte sind auch in V. 25—27, wo der Dichter, bevor er die weitläufigere Erzählung liefert, seine Ansicht der Hauptsache nach kurz vorausschickt, die Worte: ἐπεί νιν (αὐτὸν) καθ. λέβητος ἔξελε Κλωθώ — κεχαδμένον zu erklären. Dass Pelops eine elfenbeinerne Schulter hatte, das steht dem Dichter aus der alten Sage fest; ein weisser Fleck auf der Schulter soll den Pelopiden eigen gewesen sein und galt als Zeichen ihres Adels. P. sagt nun in V. 25 ff., Poseidon habe den Pelops geliebt, weil (ἐπεί, nicht als) er mit einer von Elfenbein glänzenden Schulter geboren ward, d. h. weil er schön war und von edlem Geschlechte. Aus Rücksicht aber auf die entstellte Sage von der Zerstückelung des Pelops gebraucht er den Ausdruck: καθαροῦ λέβητος ἔξελε Κλωθώ: „Klotho, die Schicksalsgöttin, die bei der Geburt des Menschen zugegen ist, hob ihn aus dem reinen Becken." Unter λέβης versteht P. das Becken, in dem das neugeborene Kind gewaschen wird, und er nennt es rein im Gegensatz zu dem in der falschen Sage vorkommenden λέβης, in dem Pelops gekocht worden sein soll. Eine solche Bewandniss also hat es nach Pindars Ansicht mit dem Becken in der Sage und der elfenbeinernen Schulter; aber die Sagen der Menschen, abgehend von der Wahrheit, schmücken die Sache lügenhaft aus, und die Anmuth der Erzählung verschafft ihnen Glauben V. 28—32. Doch mit der Zeit erkennt man die Wahrheit V. 33 u. 34.

V. 27. κεχαδμένος, dor. f. d. homerische κεκασμένος, Il. 4, 339.
V. 28. μῦθοι ist Apposition zu φάτις — ἐξαπατῶντι, absolut.

30 Χάρις δ', άπερ άπαντα τεύχει τα μείλιχα θνατοϊς, [στρ. β'.
ἐπιφέροισα τιμὰν καὶ ἄπιστον ἐμήσατο πιστόν
ἔμμεναι τοπολλάκις·
ἀμέραι δ' ἐπίλοιποι
μάρτυρες σοφώτατοι.
35 ἔστι δ' ἀνδρὶ φάμεν ἐοικὸς ἀμφὶ δαιμόνων καλά· μείων
γὰρ αἰτία.
υἱὲ Ταντάλου, σὲ δ' ἀντία προτέρων φθέγξομαι,
ὁπότ' ἐκάλεσε πατὴρ τὸν εὐνομώτατον
ἐς ἔρανον φίλαν τε Σίπυλον,
ἀμοιβαῖα θεοῖσι δεῖπνα παρέχων,
40 τότ' Ἀγλαοτρίαιναν ἁρπάσαι

δαμέντα φρένας ἱμέρῳ χρυσέαισιν ἀν' ἵπποις [ἀντ. β'.
ὕπατον εὐρυτίμου ποτὶ δῶμα Διὸς μεταβᾶσαι,
ἔνθα δευτέρῳ χρόνῳ
ἦλθε καὶ Γανυμήδης
45 Ζηνὶ τωὔτ' ἐπὶ χρέος.

V. 30. Χάρις, cf. Ol. 14, 5. — τιμά, Glaubwürdigkeit.
V. 33. Der Satz hat etwas Sprüchwörtliches. cf. Ol. 11, 53. ὅ τ' ἐξελέγξων μόνος ἀλάθειαν ἐτήτυμον χρόνος. Xenoph. Hell. 3, 2. συνεμαρτύρησεν ὁ ἀληθέστατος λεγόμενος χρόνος εἶναι. Auf unseren Mythus angewandt, bedeutet das Sprüchwort: in den folgenden Tagen erwägt Mancher die Sache mit klugem Sinn und stellt sie der Wahrheit gemäss dar.
V. 35. μείων αἰτία, ungefähr gleich οὐδεμία αἰτία; nur ist der comparative Ausdruck bescheidener. Aehnliche Ausdrücke mit geschwächter Comparativbedeutung sind: ἄμεινόν ἐστιν, τί νεώτερον;
V. 37. εὐνομώτατον, „zu dem wohlgesittetsten Mahle." Dies Adj. ist wie καθαροῦ V. 26. im Widerspruch gegen die falsche Sage gebraucht. Das Object zu ἐκάλεσε ist leicht aus V. 39. zu entnehmen.
V. 41. ἵπποι, Wagen.
V. 42. μεταβᾶσαι hängt ab von δαμέντα ἱμέρῳ, „so dass er ihn hinaufbrachte".
V. 43. δευτέρῳ χρόνῳ. Ganymedes nach Hom. Il. 20, 213 ff. Sohn des Tros, eines Bruders des Ilos, welcher letztere Vater des Laomedon war. Pindar aber scheint mit Cic. Tusc. 1, 26. und Eur. Troad. 822. den Gan. als Sohn des Laomedon anzunehmen, eines Zeitgenossen des Pelops; darum lässt er ihn später geraubt werden als Pelops. Den Raub des Gan. führt Pindar an, um durch dies Beispiel seine Erzählung von dem Raube des Pelops zu bekräftigen.
V. 45. τωὔτ' ἐπὶ χρέος, nämlich der Geliebte des Zeus zu sein, wie Pelops der des Poseidon.

ὡς δ' ἄφαντος ἔπελες, οὐδὲ ματρὶ πολλὰ μαιόμενοι
                    φῶτες ἄγαγον,
ἔννεπε κρυφᾷ τις αὐτίκα φθονερῶν γειτόνων,
ὕδατος ὅτι σε πυρὶ ζέοισαν ἀμφ' ἀκμάν
μαχαίρᾳ τάμον κατὰ μέλη,
τραπέζαισί τ' ἀμφὶ δεύτατα κρεῶν   50
σέθεν διεδάσαντο καὶ φάγον.
ἐμοὶ δ' ἄπορα γαστρίμαργον μακάρων τιν' εἰπεῖν·   [ἐπ. β'.
                    ἀφίσταμαι·
ἀκέρδεια λέλογχεν θαμινὰ κακαγόρους.
εἰ δὲ δή τιν' ἄνδρα θνατὸν Ὀλύμπου σκοποί
ἐτίμασαν, ἦν Τάνταλος οὗτος· ἀλλὰ γὰρ καταπέψαι   55
μέγαν ὄλβον οὐκ ἐδυνάσθη, κόρῳ δ' ἕλεν
ἄταν ὑπέροπλον, ἅν οἱ πατὴρ ὑπερκρέμασε καρτερὸν
                    αὐτῷ λίθον,
τὸν αἰεὶ μενοινῶν κεφαλᾶς βαλεῖν εὐφροσύνας ἀλᾶται.
ἔχει δ' ἀπάλαμον βίον τοῦτον ἐμπεδόμοχθον,   [στρ. γ'.
μετὰ τριῶν τέταρτον πόνον, ἀθανάτων ὅτι κλέψαις   60
ἁλίκεσσι συμπόταις
νέκταρ ἀμβροσίαν τε
δῶκεν, οἷσιν ἄφθιτον
ἔθεσαν. εἰ δὲ θεὸν ἀνήρ τις ἔλπεταί τι λαθέμεν ἔρδων,
                    ἁμαρτάνει.

V. 48. ὕδατος ζέοισα ἀκμά = ὕδωρ ἀκμαίως ζέον. Sch. „bei dem
durch das Feuer im höchsten Grade siedenden Wasser."
V. 50. δεύτατα κρεῶν σέθεν. δεύτατα haben die meisten und besten
Codd. Rauchenstein erklärt: „sie vertheilten und verzehrten das
Letzte deines Fleisches, d. h. sie verzehrten dich bis auf das
letzte Stück." Solche Worte sind ganz passend in dem Munde
der neidischen Nachbarn und stimmen mit den übrigen starken
Ausdrücken derselben, sowie mit dem folgenden γαστρίμαργον.
V. 53. οὐδὲν κερδαίνουσι κακηγοροῦντες. Sch.
V. 57. Die Strafe des Tantalos Hom. Od. 11, 582 ff. Pindar fügt noch
einen ob seinem Haupte schwebenden Stein hinzu. Der doppelte
Dativ οἱ und αὐτῷ könnte natürlich nicht stehen, wenn der Acc.
κρατ. λίθον fehlte. Zu diesem zweiten erklärenden Acc. wird
der Dat. wiederholt, indem der Begriff des Verbs im Particip
noch einmal hinzugedacht wird: ἅν οἱ π. ὑπερκρέμασε, κρ. αὐτῷ
λίθον ὑπερκρεμάσας.
V. 60. μετὰ τριῶν τέταρτον πόνον sc. ἔχων. Zu μετὰ τριῶν suppl.
ἀνδρῶν; dies sind die bekannten Tityos, Sisyphos, Ixion.
V. 64. Statt ἔθεσαν will Ahrens θῆσαν, *nutriverunt*.

6*

65 τοὔνεκα προῆκαν υἱὸν ἀθάνατοί οἱ πάλιν
μετὰ τὸ ταχύποτμον αὖτις ἀνέρων ἔθνος.
πρὸς εὐάνθεμον δ' ὅτε φυάν
λάχναι νιν μέλαν γένειον ἔρεφον,
ἑτοῖμον ἀνεφρόντισεν γάμον

70 Πισάτα παρὰ πατρὸς εὔδοξον Ἱπποδάμειαν   [ἀντ. γ'.
σχεθέμεν. ἄγχι δ' ἐλθὼν πολιᾶς ἁλὸς οἶος ἐν ὄρφνᾳ
ἄπυεν βαρύκτυπον
Εὐτρίαιναν· ὁ δ' αὐτῷ
πὰρ ποδὶ σχεδὸν φάνη.

75 τῷ μὲν εἶπε· Φίλια δῶρα Κυπρίας ἄγ' εἴ τι, Ποσείδαον,
ἐς χάριν
τέλλεται, πέδασον ἔγχος Οἰνομάου χάλκεον,
ἐμὲ δ' ἐπὶ ταχυτάτων πόρευσον ἁρμάτων
ἐς Ἆλιν, κράτει δὲ πέλασον.
ἐπεὶ τρεῖς τε καὶ δέκ' ἄνδρας ὀλέσαις

80 ἐρῶντας ἀναβάλλεται γάμον
[ἐπ. γ'.
θυγατρός. ὁ μέγας δὲ κίνδυνος ἄναλκιν οὐ φῶτα λαμβάνει.
θανεῖν δ' οἷσιν ἀνάγκα, τί κέ τις ἀνώνυμον
γῆρας ἐν σκότῳ καθήμενος ἕψοι μάταν,
ἁπάντων καλῶν ἄμμορος; ἀλλ' ἐμοὶ μὲν οὗτος ἄεθλος

85 ὑποκείσεται· τὸ δὲ πρᾶξιν φίλαν δίδοι.

V. 68. μέλαν γένειον ἔρεφον. Prolepsis, selten bei Pindar, häufig bei den Tragikern. — μέλας, Gegensatz πυῤῥός, Theokr. 6, 3. 15, 130.
V. 69. ἑτοῖμον. ἐπεὶ πᾶσι παρέκειτο, ἆθλος γὰρ ἦν τῷ νικῶντι. Sch.
V. 70. Πισ. πατρός, Oenomaos, der seine Tochter Hippodameia und seine Herrschaft dem versprach, der ihn im Wagenrennen besiegen werde. Wen er einholte, den durchbohrte er von hinten mit seinem Speer.
V. 80. ἐρῶντας schreibt der Scholiast. Die Codd. haben statt dessen μναστῆρας, das dem Metrum nicht entspricht.
V. 81 ff. „Grosse Gefahr nimmt einen schwachen Mann nicht an, lässt ihn nicht zu (λαμβάνει = δέχεται), sondern er bedarf dazu der Stärke und des Muthes."
V. 82. οἷσιν — τίς, Construction nach dem Sinn, Xen. Mem. 1. 2, 62. ἐάν τις φανερὸς γένηται κλέπτων, τούτοις θάνατός ἐστιν ἡ ζημία.
V. 83. καθήμενος, siehe zu Kallin. 1. — ἀνώνυμον γῆρας ἕψοι, ein namenloses Alter brüten, in namenl. Alter hinbrüten. Dissen macht aufmerksam auf die Häufung: ἀνώνυμον, ἐν σκότῳ, μάταν, ἁπάντων καλῶν ἄμμορος.
V. 85. πρᾶξιν, Gelingen. Hom. Il. 24, 524. Od. 10, 202.

ὡς ἔννεπεν· οὐδ' ἀκράντοις ἐφάψατ' ὧν ἔπεπι. τὸν μὲν
                    ἀγάλλων θεός
ἔδωκεν δίφρον τε χρύσεον πτεροῖσίν τ' ἀκάμαντας ἵππους.

ἔλεν δ' Οἰνομάου βίαν παρθένον τε σύνευνον·   [στρ. δ'.
τέκε τε λαγέτας ἓξ ἀρεταῖσι μεμαότας υἱούς.
νῦν δ' ἐν αἱμακουρίαις   90
ἀγλααῖσι μέμικται,
Ἀλφεοῦ πόρῳ κλιθείς,
τύμβον ἀμφίπολον ἔχων πολυξενωτάτῳ παρὰ βωμῷ.
    τὸ δὲ κλέος
τηλόθεν δέδορκε τᾶν Ὀλυμπιάδων ἐν δρόμοις
Πέλοπος, ἵνα ταχυτὰς ποδῶν ἐρίζεται   95
ἀκμαί τ' ἰσχύος θρασύπονοι·
ὁ νικῶν δὲ λοιπὸν ἀμφὶ βίοτον
ἔχει μελιτόεσσαν εὐδίαν

V. 88. ἔλεν, in zweifacher Bedeutung = καθεῖλε (Hom. Il. 11, 738.) und ἔλαβε.

V. 89. Die sechs Söhne des P. und der Hipp. werden verschieden angegeben; ein Scholiast nennt: Atreus, Thyestes, Pittheus, Alkathoos, Pleisthenes, Chrysippos. — μεμαότας haben die besten Codd., andere μεμαλότας, werth den Tugenden, welches Dissen annimmt. Dagegen bemerkt Rauchenstein, dass Pindar abstracte Substantive nicht, wie Spätere, im Plural zu personificiren pflegte.

V. 90. „Jetzt aber wird er in Olympia verehrt mit Blutspenden." Man opferte ihm einen schwarzen Widder. Paus. 5, 13, 2. — μιγνύναι ἔν, eine bei P. öfter vorkommende Constr. statt des einfachen Dativs. cf. V. 22. — κλιθεὶς πόρῳ, liegend an. Hom. Il. 5, 709.

V. 93. Das Pelopium, ein Tempel des P. mit einem heiligen Bezirk, in dem auch sein Grab, befand sich in der Altis in der Nähe des Altars des Zeus, an dem die Fremden vorzugsweise opferten; daher παρὰ βωμῷ πολυξενωτάτῳ. Pausan. 5, 13, 1 u. 5.

V. 93. τὸ δὲ κλέος etc. Mit diesen Worten wendet sich der Dichter wieder zur Gegenwart, die er nach V. 23. verlassen hat, und eröffnet sich die Rückkehr zum gegenwärtigen Siege bis V. 100. Man denke bei κλέος weder an den Ruhm des Pelops, noch an den des Hieron: denn die Sätze bis V. 100. sind ohne Beziehung auf bestimmte Personen ausgesprochen. Man verbinde κλέος mit ἐν δρόμοις, der in der ol. Rennbahn des Pelops erlangte Ruhm. Zu δρόμοις gehören zwei Genit., Πέλοπος (die Bahn, worin Pelops gesiegt) und Ὀλυμπιάδων (wie Pyth. 1, 82. Πυθιάδος ἐν δρόμῳ).

V. 96. πάλαι καὶ παγκράτια καὶ πυγμαί. Schol.

ἀέθλων γ' ἕνεκεν. τὸ δ' αἰεὶ παράμερον ἐσλόν   [ἀντ. δ'.
100 ὕπατον ἔρχεται παντὶ βροτῷ. ἐμὲ δὲ στεφανῶσαι
κεῖνον ἱππίῳ νόμῳ
Αἰοληΐδι μολπᾷ
χρή· πέποιθα δὲ ξένον
μή τιν' ἀμφότερα καλῶν τε μᾶλλον ἴδριν ἢ δύναμιν
                                            κυριώτερον
105 τῶν γε νῦν κλυταῖσι δαιδαλωσέμεν ὕμνων πτυχαῖς.
θεὸς ἐπίτροπος ἐὼν τεαῖσι μήδεται
ἔχων τοῦτο κᾶδος, Ἱέρων,
μερίμναισιν· εἰ δὲ μὴ ταχὺ λίποι,
ἔτι γλυκυτέραν κεν ἔλπομαι

V. 99. ἀέθλων γ' ἕνεκεν, „soviel wenigstens (γέ) die Wettkämpfe verschaffen können." πολλάκις μέντοι εἴωθε δι' ἑτέρας συμφορᾶς λυπεῖσθαι. Sch. „Doch das Glück, das man einmal hat und das nicht genommen werden kann, ist das beste."

V. 101. ἱππίῳ νόμῳ. Es gab aus älterer Zeit einen νόμος ἵππιος, ἁρμάτιος, ein Pferdekampflied, Wagenkampflied; danach benennt jetzt P. diese seine Ode, in der die Rede ist von dem Wagenkampfe des Pelops und dem Siege des Hieron mit dem Rennpferde.

V. 104. μᾶλλον ἴδριν. cf. Ol. 2, 93. — τέ — ἤ, so Hom. Il. 2, 289. ἤ — τί. — ἀμφότερα bereitet adverbialiter die beiden Comparative vor. ἀμφότερον, Il. 4, 60. 3, 179. — καλῶν ἴδρις, dem Schönen vertraut. Boeckh versteht darunter die Vertrautheit mit den musischen Künsten; καλά wird aber hier eine weitere Bedeutung haben, gleichwie V. 84.

V. 105. ὕμνων πτυχαί sind sehr verschieden erklärt worden. Die Einen denken an die Falten eines Gewandes, Andere an die Thäler und Schluchten eines Gebirges, mit denen P. sein Lied vergleiche. Wir folgen der Erklärung Boeckhs, der damit die kunstvollen Verschlingungen des Numerus, der Harmonie, des Tanzes bezeichnet glaubt.

V. 106 ff. Verbinde: θεὸς ἐπίτροπος ἐὼν τεαῖσι μερίμναισιν. μήδεται steht absolut und wird erklärt und verstärkt durch ἔχων τοῦτο κᾶδος, welches der Schol. umschreibt: εἰς τοῦτο σπουδάζων. — μέριμναι sind die Sorgen um Schönes und Ruhmvolles (Ol. 2, 54.), hier aber bezeichnen sie speciell die Sorgen des Hieron um Wettkämpfe.

109. Zu γλυκυτέραν denke μέριμναν. Hieron gedachte bei den nächsten Spielen mit einem Viergespann zu kämpfen. Die Sorge darum ist zu einer süssen geworden, sobald seine Wünsche in Erfüllung gegangen sind, wenn er siegt, süsser als die bisherigen, weil ein Sieg mit dem Viergespann der glänzendste ist. Hieron gewann wirklich bei den folgenden Spielen zu Ol. einen solchen Sieg.

[ἐπ. δ΄.
σὺν ἅρματι θοῷ κλεΐζειν, ἐπίκουρον εὑρὼν ὁδὸν λόγων,   110
παρ' εὐδείελον ἐλθὼν Κρόνιον. ἐμοὶ μὲν ὧν
Μοῖσα καρτερώτατον βέλος ἀλκᾷ τρέφει·
ἐπ' ἄλλοισι δ' ἄλλοι μεγάλοι. τὸ δ' ἔσχατον κορυφοῦται
βασιλεῦσι. μηκέτι πάπταινε πόρσιον.
εἴη σέ τε τοῦτον ὑψοῦ χρόνον πατεῖν, ἐμέ τε τοσσάδε   115
νικαφόροις
ὁμιλεῖν, πρόφαντον σοφίᾳ καθ' Ἕλλανας ἐόντα παντᾶ.

V. 110. σὺν ἅρματι verbindet Dissen mit γλυκυτέραν, wie νίκα ἅρματι, ἵπποις und Nem. 10, 48. σὺν ποδῶν σθένει νικᾶσαι. — ἐπίκουρον, ein hülfreiches Lied, insofern es den Ruhm des Siegers erhöht und verbreitet.
V. 111. βέλος. cf. Ol. 2, 89. Die Gedanken des Dichters werden verglichen mit dem vom Bogen geschnellten Pfeile; das Ziel ist der Gepriesene. — ἀλκᾷ verb. mit καρτερώτατον. Ol. 13, 53. πυκνότατον παλάμαις.
V. 113. ἐπί, weil in μεγάλοι der Begriff des sich Rühmens liegt.
V. 114. Siehe zu Ol. 5, 24.
V. 115. εἴη. cf. Pyth. 1, 29. εἴη, Ζεῦ, τὶν εἴη ἀνδάνειν. — τοῦτον χρόνον, die Zeit dieses Lebens. — τοσσάδε. Hermann: „τοσσάδε bezieht sich, wie νικαφόρος zeigt, auf die Siege. Und möge ich jedesmal den Siegern (so oft sie siegen: er denkt an Hieron) mit meinem Gesange zur Seite stehn."

9. Ol. II.

Diese grossartige Ode ist gedichtet auf einen Sieg, welchen Theron, der Sohn des Aenesidemos, Tyrann von Akragas, Ol. 76, 1. v. Chr. 476. davongetragen hatte, und wurde in dem Palaste des Tyrannen beim Gastmahle gesungen. Theron, ein Mann von grossen Tugenden, der nach seinem Tode sogar als Heros verehrt ward, gehörte zu dem Geschlechte der Emmeniden, das seinen Ursprung von Thersandros, dem Sohne des Polynikes, herleitete, also den Kadmos und Oedipus zu seinen Ahnen zählte. Dieses Geschlecht war nach manchen Wechselfällen des Schicksals endlich nach Gela in Sicilien gewandert und von da nach Akragas, wo sie bald zu hohem Ansehen gelangten und Theron Ol. 73, 1. v. Chr. 488. die Tyrannis gewann. Im Anfange dieses Jahres aber hatten sich seine nahen Verwandten Kapys und Hippokrates, denen er viel Gutes erzeigt, in Verbindung mit den Himerensern gegen ihn empört, zu einer Zeit, wo ihm zugleich ein Krieg mit Hieron von Syrakus drohte. Theron wandte jedoch die Gefahr glücklich ab; er söhnte sich mit Hieron aus und schlug die Empörer bei Himera. Die Stadt selbst wurde eingenommen.

Inhalt. V. 1—11. Das Prooemium enthält die Veranlassung des Gedichts und das Lob des Theron wie seiner Ahnen, welche, nachdem sie vieles gelitten, in Sicilien zu hohem Glücke gelangten. — V. 12—22. Möge Zeus auch dem folgenden Geschlechte gewogen sein. Zwar kann Geschehenes nicht ungeschehen gemacht werden; doch das Leid erstirbt, wenn die Moira empor das hohe Glück sendet. — V. 22—30. Dies beweist das Schicksal der Kadmostöchter Semele und Ino, die nach grossem Leid zu Göttinnen erhoben wurden. — V. 30—47 u. 48—52. Ungewiss ist des Menschen Loos und **voll Wechsel**. Dies zeigt sich in dem Schicksal des Laios, Oedipus, Polynikes, Thersandros; nach grossem Unglück erwuchs dem Hause neues Heil in dem tapferen Thersandros, von welchem Theron stammt, der glückliche Sieger in Wettkämpfen. Der Sieg aber verscheucht das Leid. — V. 53—83. Reichthum mit Tugend gepaart treibt die Seele an, nach Schönem zu streben und Gutes zu thun. Wer den Reichthum so verwendet, dem ist er ein heller Stern, ein wahres Licht; ein solcher Mann weiss auch, welches Loos nach dem Tode die Guten und die Schlechten erwartet, und lebt danach. Dreimal hat der Mensch auf Erden und jenseits zu leben; wer in der Unterwelt gesündigt, erleidet auf der Oberwelt die Strafe; wer hier gefrevelt, wird unter der Erde gestraft (V. 57—60); die Guten jedoch haben ein glückliches Leben in der Unterwelt (V. 61—67). Wer aber dreimal unsträflich hier und dort gewandelt, der gelangt zu den Inseln der Seligen (V. 68 ff.). Nach einer längeren Beschreibung des Lebens auf diesen Inseln wendet sich der Dichter rasch zur Gegenwart: V. 83—100. Viele schnellen Pfeile habe ich im Köcher, tönend dem Verständigen. Einen nehme ich hervor und schleudere ihn nach Akragas und singe den Theron, den grossmüthigen Wohlthäter. Doch der Ueberdruss der Wohlthaten erzeugt in den Empfängern Neid und Schmähung, gegen das Recht, denn wie Sand am Meere sind die Freuden, die jener Andern bereitete.

Diese kleineren Theile ordnen sich zu grösseren Gruppen zusammen, so dass das Ganze in zwei Haupttheile zerfällt, von denen der erste über den Wechsel von Glück und Unglück in früherer Zeit handelt (bis V. 47.), der zweite über das Glück, welches den Guten dereinst erwartet (V. 56—83). Das Lob des Siegers aber ist so vertheilt, dass es an drei Stellen auftritt: im Prooemium, im Schluss und zwischen jenen Haupttheilen (V. 48 ff.). Der Grundgedanke, der das Ganze durchzieht, lässt sich in dem kurzen Satze ausdrücken: **In dem Leben der Menschen herrscht ein grosser Wechsel des Schicksals, aber den Guten erwartet der Lohn seiner Thaten.** Der erste Theil dieses Satzes hat sich bewährt in dem Geschicke des Emmenidengeschlechtes (V. 8—11.) und seiner Ahnen, bei den Kadmostöchtern und in dem Hause des Oedipus. Doch wird überall in diesen Beispielen hervorgehoben, dass unter der Leitung einer gütigen Gottheit auf Unglück wieder neues Glück folgte. Dasselbe erkennt man auch in dem Geschicke des Theron; nach der Empörung seiner nächsten Verwandten und nach drohendem Kriege von

aussen ist er zu neuem Glücke gelangt und zu dem glänzenden Ruhme
dieses Sieges. In dem Abschnitte des Gedichtes, welcher diesen Theil des
Hauptgedankens behandelt, sind die Erzählungen oft durch allgemeine
Sätze unterbrochen, welche auf den Grundgedanken zurückführen, eine
äussere Nachahmung des Wechsels des Geschicks; in dem zweiten Theile
dagegen fliesst die Rede ruhig und ohne Unterbrechung weiter und ergeht
sich absichtlich in einer weiten Beschreibung des Lebens auf den Seligen
Inseln, um in dem tugendhaften Theron die Hoffnung dereinstiger Seligkeit nach dem Tode zu erwecken. (Nach Rauchenst. Commentt. Pind. II.
p. 17 ff.).

ΘΗΡΩΝΙ ΑΚΡΑΓΑΝΤΙΝΩι
ΑΡΜΑΤΙ.

Strophae.

Epodi.

'Αναξιφόρμιγγες ὕμνοι,   [στρ. α.
τίνα θεόν, τίν' ἥρωα, τίνα δ' ἄνδρα κελαδήσομεν;
ἤτοι Πίσα μὲν Διός· 'Ολυμπιάδα δ' ἔστασεν Ἡρακλέης
ἀκρόθινα πολέμου·

V. 1. ἀναξιφόρμιγγες ὕμνοι. ἕπονται γὰρ τοῖς ὕμνοις αἱ φόρμιγγες.
Sch. cf. Pratin. bei Athen. 14. p. 617. D. τὰν ἀοιδὰν κατέστασε
Πιερὶς βασίλειαν, ὁ δ' αὐλὸς ὕστερον χορευέτω· καὶ γὰρ ἔσθ' ὑπηρέτας.
V. 2. θεόν — ἥρωα — ἄνδρα. cf. Horat. Carm. 1, 12. In V. 3 ff.
folgt die Antwort nebst den Gründen.
V. 4. ἀκρόθινα = ἀκροθίνια. Herakles setzte nach dem glücklichen
Kriege gegen Augeas die ol. Spiele ein und opferte dabei den
12 Göttern zu Ol. das Beste von der Beute. cf. zu Ol. 5, 5.
3, 14 ff. Zeus und Herakles konnten wegen ihrer Beziehung zu
den ol. Spielen hier leicht eingeführt werden; sie haben aber in
der Zusammenstellung mit Theron noch eine andere, mehr verdeckte Bedeutung: Zeus ist der erste der Götter, Herakles der
erste der Heroen und Theron —?

5   Θήρωνα δὲ τετραορίας ἕνεκα νικαφόρου
    γεγωνητέον, ὅπι δίκαιον ξένων, ἔρεισμ' Ἀκράγαντος,
    εὐωνύμων τε πατέρων ἄωτον ὀρθόπολιν·

    καμόντες οἳ πολλὰ θυμῷ   [ἀντ. α'.
    ἱερὸν ἔσχον οἴκημα ποταμοῦ, Σικελίας τ' ἔσαν
10 ὀφθαλμός, αἰὼν τ' ἔφεπε μόρσιμος, πλοῦτόν τε καὶ
                                    χάριν ἄγων
    γνησίαις ἐπ' ἀρεταῖς.
    ἀλλ' ὦ Κρόνιε παῖ Ῥέας, ἕδος Ὀλύμπου νέμων
    ἀέθλων τε κορυφὰν πόρον τ' Ἀλφεοῦ, ἰανθεὶς ἀοιδαῖς
    εὔφρων ἄρουραν ἔτι πατρίαν σφίσιν κόμισον
15 λοιπῷ γένει. τῶν δὲ πεπραγμένων   [ἐπ. α'.
    ἐν δίκᾳ τε καὶ παρὰ δίκαν ἀποίητον οὐδ' ἄν

V. 5. Neben der Gastfreundschaft des Th. wird seine Tapferkeit hervorgehoben in: ἔρεισμ' Ἀκράγαντος (ἕρκος Ἀχαιῶν. Hom. Il. 7, 211. Schol.). Er hatte durch den Sieg bei Himera am Tage der salaminischen Schlacht seine Vaterstadt und die Griechen Siciliens vor der Herrschaft der Karthager bewahrt (Herod. 7, 165.) und in diesem Jahre den Kapys und Hippokrates, von denen Akragas nichts Gutes zu erwarten hatte, besiegt. Durch diese Tugenden bringt er die Stadt zur Blüthe und ist eine Zierde seiner Väter.

V. 8—11. In diesen Versen klingt schon der Hauptgedanke, der in der Folge in Beispielen ausgeführt wird, präludirend an. cf. Ol. 1, 25. Das Unangenehme wird übrigens nur leise angedeutet, während das Erfreuliche in volltönenden Versen erklingt. Ebenso V. 25—27.

V. 9. ἔσχον, sie nahmen in Besitz den Wohnsitz am Flusse Akragas. οἴκημα ποταμοῦ = οἰκ. ποτάμιον. cf. Pyth. 6, 6. ποταμία Ἀκράγας. Eur. Phoen. 852. πύργοι διδύμων ποταμῶν. Med. 851. ἱερῶν ποταμῶν πόλις.

V. 10. Die Emmeniden wurden das Licht Siciliens, nachdem das Glück sich zu ihren Tugenden gesellt hatte. Der Satz αἰών τε ff. sollte als Nebensatz folgen, doch liebt P. wie Homer den Hauptsatz. cf. Ol. 5, 8. αἰὼν μόρσιμος, ein vom Schicksal bestimmtes glückliches Loos. Der Schol. vergl. H. Il. 3, 182. ὦ μάκαρ Ἀτρείδη, μοιρηγενές, ὀλβιόδαιμον.

V. 12. Κρόνιε παῖ Ῥέας. Diese beiden Götter sind hier und V. 76. genannt wegen ihres Cultus zu Olympia. cf. zu Ol. 5, 17.

V. 13. ἀέθλων κορυφάν. cf. Ol. 1. in.

V. 14. σφίσιν, den im Vorhergehenden genannten früheren Emmeniden. „Erhalte ihnen zu lieb dem folgenden Geschlechte etc." cf. Ol. 8, 83. κόσμον, ὅν σφι Ζεὺς γένει ὤπασε.

V. 15—17. „Die Zeit, obwohl sie alles hervorbringt (ὁ πάντων πατήρ), kann das Vergangene, wenn es sich einmal vollendet hat (τέλος),

χρόνος ὁ πάντων πατὴρ δύναιτο θέμεν ἔργων τέλος·
λάθα δὲ πότμῳ σὺν εὐδαίμονι γένοιτ' ἄν.
ἐσλῶν γὰρ ὑπὸ χαρμάτων πῆμα θνάσκει
παλίγκοτον δαμασθέν,   20

ὅταν θεοῦ Μοῖρα πέμπῃ   [στρ. β΄.
ἀνεκὰς ὄλβον ὑψηλόν. ἕπεται δὲ λόγος εὐθρόνοις
Κάδμοιο κούραις, ἔπαθον αἳ μεγάλα, πένθος δ' ἐπίτνει βαρύ
κρεσσόνων πρὸς ἀγαθῶν.
ζώει μὲν ἐν Ὀλυμπίοις ἀποθανοῖσα βρόμῳ   25
κεραυνοῦ τανυέθειρα Σεμέλα, φιλεῖ δέ μιν Παλλὰς αἰεί
καὶ Ζεὺς πατὴρ μάλα, φιλεῖ δὲ παῖς ὁ κισσοφόρος.

λέγοντι δ' ἐν καὶ θαλάσσᾳ   [ἀντ. β΄.
μετὰ κόραισι Νηρῆος ἁλίαις βίοτον ἄφθιτον
Ἰνοῖ τετάχθαι τὸν ὅλον ἀμφὶ χρόνον. ἤτοι βροτῶν γε 30
                                          κέκριται
πεῖρας οὔ τι θανάτου,
οὐδ' ἀσύχιμον ἀμέραν ὁπότε, παῖδ' ἀελίου,
ἀτειρεῖ σὺν ἀγαθῷ τελευτάσομεν· ῥοαὶ δ' ἄλλοτ' ἄλλαι
εὐθυμιᾶν τε μετὰ καὶ πόνων ἐς ἄνδρας ἔβαν.

nicht wieder vernichten." cf. H. Il. 9, 249. Verb.: τέλος ἔργων τῶν ἐν δίκᾳ τε καὶ παρὰ δίκαν πεπραγμένων. In den Worten ἔργων τῶν ἐν δίκᾳ τε καὶ παρὰ δίκαν (mit Recht oder Unrecht, um die Handlung als moralische zu bezeichnen) wiegt der Begriff παρὰ δίκαν vor. Der Dichter stellt neben παρὰ δίκαν das Entgegengesetzte ἐν δίκᾳ und gibt so dem Satze eine allgemeinere Bedeutung. cf. Ol. 3, 44. σοφοῖς κάσοφοις. Er denkt bei diesen allgemeinen Sätzen an die jüngsten in der Einleitung erwähnten Widerwärtigkeiten in dem Hause des Theron.

V. 20. παλίγκοτον, *recrudescens*, Dissen. cf. V. 37. παλιντράπελον πῆμα.

V. 21. Das Bild ist hergenommen von einem Rade. cf. Tibull. 1, 5, 70. *Versatur celeri fors levis orbe rotae.*

V. 24. ἕπεται. ἐπ' αὐτῶν ἁρμόζει. Sch. Thiersch: „es bewährt sich des Wortes Sinn an K. Jungfrauen." Des Kadmos Töchter: Semele (Ovid. Met. 3, 253 ff.), Ino (Hom. Od. 5, 333. Ovid. Met. 4, 416 ff.), Autonoe, Agaue.

V. 26. Pallas wird vorzugsweise genannt, weil sie zu den Schutzgottheiten von Akr. gehört; ihren Cultus hatten mit dem des Zeus die Vorfahren des Th. von Rhodos nach Gela und von da nach Akr. gebracht.

V. 30 ff. „Des Menschen Loos ist ungewiss und wechselvoll." οὐ κέκριται, ist nicht gewiss. cf. Theogn. 381. No. 22.

V. 33. ῥοαί, cf. Nem. 11, 46.

35 οὕτω δὲ Μοῖρ', ἅ τε πατρώϊον   [ἐπ. β´.
   τῶνδ' ἔχει τὸν εὔφρονα πότμον, θεόρτῳ σὺν ὄλβῳ
   ἐπί τι καὶ πῆμ' ἄγει παλιντράπελον ἄλλῳ χρόνῳ·
   ἐξ οὗπερ ἔκτεινε Λᾷον μόριμος υἱός
   συναντόμενος, ἐν δὲ Πυθῶνι χρησθέν
40 παλαίφατον τέλεσσεν.

   ἰδοῖσα δ' ὀξεῖ' Ἐρινύς   [στρ. γ´.
   ἔπεφνέ οἱ σὺν ἀλλαλοφονίᾳ γένος ἀρήϊον·
   λείφθη δὲ Θέρσανδρος ἐριπέντι Πολυνείκει, νέοις ἐν ἀέθλοις
   ἐν μάχαις τε πολέμου
45 τιμώμενος, Ἀδραστιδᾶν θάλος ἀρωγὸν δόμοις·
   ὅθεν σπέρματος ἔχοντα ῥίζαν πρέπει τὸν Αἰνησιδάμου
   ἐγκωμίων τε μελέων λυρᾶν τε τυγχανέμεν.

   Ὀλυμπίᾳ μὲν γὰρ αὐτός   [ἀντ. γ´.
   γέρας ἔδεκτο, Πυθῶνι δ' ὁμόκλαρον ἐς ἀδελφεόν
50 Ἰσθμοῖ τε κοιναὶ Χάριτες ἄνθεα τεθρίππων δυωδεκαδρόμων
   ἄγαγον. τὸ δὲ τυχεῖν

V. 36. τῶνδε, der Emmeniden. ἔχει, sie hat in ihrer Gewalt, lenkt. Der Dichter hebt absichtlich nur die erfreuliche Seite in dem Wechselgeschick der Emm. hervor. s. zu V. 8—11.

V. 37. παλιντράπελον, wiederkehrendes Leid; es ist zu denken an die in dem Geschlechte oft wiederkehrende Zwietracht, die auch kürzlich noch in der Familie des Th. sich gezeigt.

V. 41. ὀξεῖα verb. mit ἰδοῖσα. ὀξέως βλέπουσα. Sch.

V. 43. Thersandros, Sohn des Polynikes von der Tochter des Adrastos Argeia, wurde nach dem Epigonenkriege, an dem er selbst theilnahm, als König von Theben eingesetzt und kam darauf in dem Kriege gegen Troia um. Homer erwähnt ihn nicht. — νέοις ἐν ἀέθλοις statt νέων ἐν ἀέθλοις. cf. Eur. Med. 48. νέα φροντίς. Soph. Trach. 53. γνώμαισι δούλαις.

V. 45. θάλος ἀρωγόν, Erhaltungsspross. Hartung. — Die Adrastiden, nicht die Kadmiden werden hier genannt, damit auch der zweite hohre Stammvater, auf den Theron sein Geschlecht zurückführt, der Heros Adrastos, nicht unerwähnt bleibe.

V. 46. Es liegt der Gedanke zu Grunde, dass der von Thers. abstammende Theron dieselben rühmlichen Eigenschaften habe wie jener.

V. 49. Die Siege des Xenokrates, des Bruders von Th., werden erwähnt, weil des letzteren Glück noch durch das seines nächsten Verwandten vergrössert wird; der Ruhm ist ein gemeinsamer für das Haus. — ὁμόκλαρον, von gleichem Loose, gleichem Erbe, im Gegensatz zu Stiefgeschwistern.

V. 50. ἄνθεα, Siegeskränze. — δυωδεκαδρόμων. cf. Ol. 3, 33.

V. 51. τὸ τυχεῖν = τὸ νικῆσαι.

πειρώμενον ἀγωνίας παραλύει δυσφρονᾶν.
ὁ μὰν πλοῦτος ἀρεταῖς δεδαιδαλμένος φέρει τῶν τε
          καὶ τῶν
καιρόν, βαθεῖαν ὑπέχων μέριμναν ἀγροτέραν,
                 [ἐπ. γ΄.
ἀστὴρ ἀρίζηλος, ἐτυμώτατον   55
ἀνδρὶ φέγγος· εὖ δέ μιν ἔχων τις οἶδεν τὸ μέλλον,
ὅτι θανόντων μὲν ἐνθάδ᾽ αὐτίς ἀπάλαμνοι φρένες
ποινὰς ἔτισαν, τὰ δ᾽ ἐν τᾷδε Διὸς ἀρχᾷ
ἀλιτρὰ κατὰ γᾶς δικάζει τις ἐχθρᾷ
λόγον φράσαις ἀνάγκᾳ.   60

ἴσον δὲ νύκτεσσιν αἰεί,   [στρ. δ΄.

V. 52. δυσφρόνη = δυσφροσύνη; ebenso εὐφρόνη und ἀφρόνη für εὐφροσύνη und ἀφροσύνη.
V. 53. „Ein mit Tugenden geschmückter Reichthum bringt Zeitigung von dem und jenem Grossen und Schönen, indem er ein eifriges Streben nach hohen Dingen und schönen Thaten in die Seele legt." — ὑπέχων, ὑποτιθείς. Sch. cf. Ol. 1, 19. — ἀγροτέραν μέρ., jagendes, mit Eifer verfolgendes Streben nach hohen Dingen. cf. Ol. 1, 108. — Die Tugenden des Theron haben sich in seinem edlen Streben und in seinem Siege in den Wettkämpfen bewährt (s. Ol. 3, 43.). In sofern schliesst sich V. 53. an das Vorhergehende an; zugleich aber macht er den Uebergang zu dem Folgenden (V. 56 ff.), wo jedoch die ἀρεταί ganz besonders hervortreten. Hier wird die Vielheit der Tugenden zusammengefasst in der religiösen Gesinnung und dem das ganze Thun und Denken bestimmenden Glauben an ein Jenseits und eine Vergeltung nach dem Tode. „Wer πλοῦτον ἀρεταῖς δεδαίδαλ᾽-μένον (μίν) besitzt, wer seinen Reichthum auf tugendhafte Weise gebrauchet, der kennt wohl das Zukünftige, der weiss, was ihn nach dem Tode erwartet."
V. 57—60. In V. 57 ff. erwartet man sogleich die Beschreibung des glücklichen Looses der Tugendhaften nach dem Tode; aber der Dichter stellt dem Loose des Guten das des Schlechten gegenüber und setzt dieses voran in den Worten: ὅτι θανόντων bis V. 60., und zwar wegen der Fülle der Gedanken so, dass diese Worte unabhängig von dem in V. 61. folgenden Gegensatze dastehn und V. 61., der noch von ὅτι abhängig sein sollte, einen neuen Hauptsatz beginnt. Die Verbindung der Sätze müsste sein: οἶδεν, ὅτι ἀπάλαμνοι μὲν —, ἐσλοὶ δὲ etc., „er weiss, dass, während der Frevler bestraft wird, der Gute jenseits seinen Lohn empfängt."
V. 57. αὖτις nach Rauchenstein für αὐτίχ᾽. Es stehen sich entgegen: θανόντων μὲν ἀπαλ. φρένες und τὰ δὲ ἐν τᾷδε Διὸς ἀρχᾷ ἀλιτρά, ferner ἐνθάδε (hier auf Erden, zu verb. mit ποινὰς ἔτισαν) und κατὰ γᾶς. „Wer in der Unterwelt gesündigt, wird auf Erden gestraft; wer gesündigt auf Erden, den trifft die Strafe in der Unterwelt."
V. 61—67. Zustand der Guten in der Unterwelt. Diese Partie ist aus

ἴσα δ' ἐν ἀμέραις ἅλιον ἔχοντες ἀπονέστερον
ἐσλοὶ δέκονται βίοτον, οὐ χθόνα ταράσσοντες ἐν χερὸς
  ἀκμᾷ
οὐδὲ πόντιον ὕδωρ
65 κεινὰν παρὰ δίαιταν· ἀλλὰ παρὰ μὲν τιμίοις
θεῶν, οἵτινες ἔχαιρον εὐορκίαις, ἄδακρυν νέμονται
αἰῶνα· τοὶ δ' ἀπροσόρατον ὀκχέοντι πόνον.

ὅσοι δ' ἐτόλμασαν ἐστρὶς [ἀντ. δ'.
ἑκατέρωθι μείναντες ἀπὸ πάμπαν ἀδίκων ἔχειν
70 ψυχάν, ἔτειλαν Διὸς ὁδὸν παρὰ Κρόνου τύρσιν· ἔνθα
  μακάρων
νάσος ὠκεανίδες
αὖραι περιπνέοισιν, ἄνθεμα δὲ χρυσοῦ φλέγει,
τὰ μὲν χερσόθεν ἀπ' ἀγλαῶν δενδρέων, ὕδωρ δ' ἄλλα
  φέρβει,
ὅρμοισι τῶν χέρας ἀναπλέκοντι καὶ κεφαλάς

leicht begreiflichen Gründen ausführlicher als die über die Strafen der Bösen. — „Die Guten haben Tag und Nacht in der Unterwelt die Sonne gleichmässig;" doch ist dies eine andere Sonne als die in der Oberwelt. Ihr Zustand ist ein Freisein von Mühen und Leid, ein Zustand der Ruhe und Erholung, durchaus nicht gleich dem später beschriebenen Leben auf den Seligen Inseln. Pindar scheint einen Unterschied anzunehmen zwischen Elysium und Seligen Inseln, so dass unter diesem Orte der Guten in der Unterwelt Elysium zu verstehen wäre.

V. 65. παρὰ — δίαιταν, um spärlichen Erwerb. — τιμίοις θεῶν = τιμίοις θεοῖς, Hades und Persephone. Persephone heisst öfter πολύτιμος.

V. 66. οἵτινες, die ἐσλοί, V. 63., ihnen entgegengesetzt τοὶ δέ, die Schlechten.

V. 68—83. „Wer aber dreimal unsträflich den Kreislauf durch Ober- und Unterwelt durchwandelt hat, gelangt zum höchsten Glück auf den Seligen Inseln." In diesem Abschnitte kommt manches aus orphisch-pythagoreischer Lehre vor.

V. 70. Διὸς ὁδός scheint der Weg zu sein, den Zeus wandelt, wenn er sich in die Gesellschaft der Seligen oder zu seinem mit ihm ausgesöhnten Vater auf den Seligen Inseln begibt; oder ist es der Weg, auf dem Zeus selbst die Seligen hinüberführt? Die Burg des Kronos ist auf den Seligen Inseln.

V. 71. νάσος = νάσους. Siehe die Schilderung des Elysiums Hom. Od. 4, 563.

V. 72—75. ἄνθεμα ff. Dissen erkennt in dieser Stelle einen Vergleich mit der Sitte bei den Wettspielen, dass dem Sieger von dem Schiedsrichter der Siegeskranz zuerkannt wird. So ist hier der Sieger der, welcher nach dreimaligem Kreislauf durch Ober- und

βουλαῖς ἐν ὀρθαῖσι 'Ραδαμάνθυος. [ἐπ. δ. · 75
ὅν πατὴρ ἔχει πᾳῖς ὁ Γᾶς ἑτοῖμον πάρεδρον,
πόσις ἀκάντων 'Ρέας ὑπέρτατον ἐχοίσας θρόνον.
Πηλεύς τε καὶ Κάδμος ἐν τοῖσιν ἀλέγονται·
'Αχιλλέα τ' ἔνεικ', ἐπεὶ Ζηνὸς ἦτορ
λιταῖς ἔπεισε, μάτηρ· 80

ὅς Ἕκτορ' ἔσφαλε, Τροίας [στρ. ε'.
ἄμαχον ἀστραβῆ κίονα, Κύκνον τε θανάτῳ πόρεν,
'Αοῦς τε παῖδ' Αἰθίοπα. πολλά μοι ὑπ' ἀγκῶνος ὠκέα
βέλη

Unterwelt endlich des Lebens auf den Seligen Inseln theilhaftig wird, die Schiedsrichter sind Kronos und Rhadamanthys (V. 75. 76.); wie bei den Kampfspielen erkennen sie den Siegern Kränze zu, und zwar von goldenen Blumen. Zugleich aber liegt in dieser Schilderung die Vorstellung eines in steter Heiterkeit und ununterbrochenem Festgelage prangenden Daseins. — κεφαλάς, Conjectur von Boeckh, die meisten Codd. haben στεφάνοις; dann ist ὅρμοισι καὶ στεφάνοις wie ἓν διὰ δυοῖν für ὅρμοις στεφάνων. Bergk vermuthet ἀναπλέκοντ' ἐϋστεφάνοις. — τὰ μέν — ἄλλα. cf. zu Ol. 12, 6.

V. 76. παῖς ὁ Γᾶς, Kronos.

V. 78. Kadmos wird hier genannt, weil er Stammvater des Theron ist, Peleus aber und Achilleus (cf. Skol. 1, 7.), weil sie sich durch dieselben Tugenden, wie Th., auszeichneten. Th. ist gastfrei und tapfer (V. 6.); in der ersten Eigenschaft gleicht er dem Peleus, der bei Homer (Il. 9, 480. 16, 574. 23, 89.) als gastfrei gerühmt wird und auch bei Pindar ein ἀνὴρ ὅτι δίκαιος ξείνων ist. Dem Achilleus gleicht Th. in der Tapferkeit, er kämpfte gleich ihm gegen die Feinde der Hellenen. Achilleus verdiente wohl durch seine Tapferkeit das Elysium; allein er war ein zum Zorn geneigter Mann, der im Zorn sich Ungerechtes erlaubte, er entsprach daher nicht ganz der Forderung V. 68. Deswegen musste seine Mutter für ihn bitten.

V. 82. Kyknos, Sohn des Poseidon und der Kalyke, König von Kolonae in Troas, dem Homer unbekannt. Ovid. M. 12, 51 ff.

V. 83. Der äthiopische Sohn der Eos (und des Tithonos), Memnon. In der Ilias wird er nicht erwähnt, dagegen zweimal in der Odyssee: 4, 188. 11, 522.

V. 83 ff. Der Dichter hat in der vorhergehenden Schilderung durchblicken lassen, dass Th. wegen seiner Tugend einst mit den Heroen im Elysium vereint werden würde. Diese Andeutungen sind für die Verständigen verständlich, für sie hat er genug gesagt. Daher bricht er jetzt mit den Worten πολλά μοι — συνετοῖσιν in rascher Wendung ab, um sich gegen den Schluss hin mit V. 89. wieder zu Th. zu wenden. Er lobt nochmals seine Tugend, kraft deren er einst ein seliges Loos zu erwarten hat. In dem Anfange dieses Abschnitts tritt aber noch ein

ἔνδον ἐντὶ φαρέτρας
65 φωνάεντα συνετοῖσιν· ἐς δὲ τὸ πᾶν ἑρμηνέων
χατίζει. σοφὸς ὁ πολλὰ εἰδὼς φυᾷ· μαθόντες δὲ λάβροι
παγγλωσσίᾳ, κόρακες ὣς, ἄκραντα γαρύετον

Διὸς πρὸς ὄρνιχα θεῖον.   [ἀντ. ε΄.
ἔπεχε νῦν σκοπῷ τόξον, ἄγε θυμέ, τίνα βάλλομεν
90 ἐκ μαλθακᾶς αὖτε φρενὸς εὐκλέας ὀϊστοὺς ἱέντες; ἐπί τοι
Ἀκράγαντι τανύσαις·
αὐδάσομαι ἐνόρκιον λόγον ἀλαθεῖ νόῳ,
τεκεῖν μή τιν' ἑκατόν γε ἐτέων πόλιν φίλοις ἄνδρα μᾶλλον
εὐεργέταν πραπίσιν ἀφθονέστερόν τε χέρα

Nebengedanke ein. Schilderungen, wie die vorhergehende, mit dunkelen Beziehungen und dem Anschein nach nicht zur Sache gehörig, wurden, wie manche andern Eigenschaften der Poesie des P., von andern Dichtern, seinen Nebenbuhlern und Neidern, getadelt. Gegen diese wendet er sich nun mit schneidendem Spott und starkem Selbstgefühl. Die ganze Stelle hat von vorn herein etwas Erregtes und Heftiges. „Weise ist, wer von Natur vieles weiss (wer von Natur ein Dichter ist, ist ein wahrer Dichter); die aber die Dichtkunst angelernt haben, schwatzen Eiteles in unbändiger Schwatzhaftigkeit, wie Raben gegen des Zeus göttlichen Vogel." Das Anstössige des Eigenlobs wird gemildert durch die allgemeine Haltung des Gedankens und durch die Anwendung des Vergleichs. Wer die beiden (γαρύετον) Angegriffenen sind, ist nicht bestimmt zu sagen; doch ist die Angabe des Scholiasten wahrscheinlich, dass es Simonides und Bakchylides seien, die sich damals in Syrakus bei Hieron aufhielten. Von Pindar und seinen Neidern ist hernach ein leichter Uebergang zu Theron und seinen Feinden.

V. 83. βέλη. cf. Ol. 1, 112. Isthm. 4, 46. πολλὰ μὲν ἀρτιεπὴς γλῶσσά μοι τοξεύματ' ἔχει περὶ κείνων κελαρύσαι.

V. 85. ἐς τὸ πᾶν, insgemein, für den grossen Haufen.

V. 88. P. liebt es, sich in Rücksicht auf den hohen und schnellen Flug seiner Begeisterung mit dem Adler zu vergleichen. cf. Nem. 3, 80. „Spät zwar schick ich mein Lied," — ἔστι δ' αἰετὸς ὠκὺς ἐν ποτανοῖς, ὃς ἔλαβεν αἶψα, τηλόθε μεταμαιόμενος, δαφοινὸν ἄγραν ποσίν· χραπέτει δὲ χολοιοὶ ταπεινὰ νέμονται.

V. 89. βάλλομεν. Indicat., wo man einen Conjunct. erwartet. Eurip. Iph. Aul. 16. στείχομεν εἴσω. Plat. Rep. 5. p. 461. E. ἢ πῶς ποιοῦμεν;

V. 90. ἐκ μαλθακᾶς φρενός, aus wohlwollender Seele; eben hat er einige feindliche Geschosse gegen seine Widersacher geschleudert. Wegen dieses Gegensatzes steht auch εὐκλέας und αὖτε.

V. 93. πόλιν, sc. Akragas, nicht zu verb. mit τινά.

Θήρωνος. ἀλλ' αἶνον ἐπέβα κόρος   [ἐπ. ε'.   95
οὐ δίκᾳ συναντόμενος, ἀλλὰ μάργων ὑπ' ἀνδρῶν,
τὸ λαλαγῆσαι θέλων κρύφον τε θέμεν ἐσλῶν καλοῖς
ἔργοις. ἐπεὶ ψάμμος ἀριθμὸν περιπέφευγεν·
ἐκεῖνος ὅσα χάρματ' ἄλλοις ἔθηκεν,
τίς ἂν φράσαι δύναιτο;   100

V. 95. κόρος, die Sättigung an der Fülle der Wohlthaten und daraus entspringender Hass. ἀλλὰ τὸν ἔπαινον κόρος ἐπέβη καὶ ὕβρις ἄδικος. Sch. — V. 95 u. 96. gehen, wie V. 98—100. speciell auf Th. und seine Feinde, welche, uneingedenk seiner Wohlthaten, Verrath gegen ihn gesponnen hatten.

V. 97. τὸ λαλαγῆσαι, abhängig von θέλων. cf. Soph. O. C. 442. τὸ δρᾶν οὐκ ἐθέλησαν. Eurip. Iph. Aul. τὸ σιγᾶν οὐ σθένω.

V. 98. ἐπεί geht zurück auf οὐ δίκᾳ. — ὥσπερ ἡ ψάμμος οὐκ ἂν ἀριθμῷ περιληφθείη, οὕτως ἀμέτρητος Θήρων ταῖς εὐποιίαις. Sch.

10. Ol. III.

Diese Ode, wie Ol. II., auf den Sieg des Theron Ol. 76. v. Chr. 476. gedichtet, wurde in dem Dioskurion zu Akragas an dem den Dioskuren geheiligten Feste der Theoxenien gesungen. Die Dioskuren oder Tyndariden, Kastor und Polydeukes, sind vorzugsweise Beschützer der Gastfreundschaft (φιλόξεινοι); als solche hatten sie die Theoxenia eingesetzt, ein Fest, an dem sie alle Götter bewirtheten. Dieses Fest wurde auch zu Akragas gefeiert, wohin der Cult der Dioskuren durch die Emmeniden gebracht worden war. Die Emmeniden betheiligten sich auch in der Folge vor allen andern an diesem Cult (V. 39 ff.). Nach Erlangung seines Sieges bringt Th. den Dioskuren, welche, nebst Herakles Vorsteher der ol. Spiele (V. 36), ihm den Sieg verschafft hatten (V. 39.), zum Dank an ihrem Feste den gewonnenen Olivenkranz dar. Darum werden vor allen die Dioskuren in diesem Gedichte verherrlicht, und wird die Verpflanzung des Oelbaums nach Olympia durch Herakles erzählt. Dieses Festlied ist wahrscheinlich früher vorgetragen als das vorhergehende, weil es Pflicht war, früher den Göttern öffentlich den gebührenden Dank zu bringen, als im Hause das Siegesfest zu feiern.

Die Composition des Gedichts ist einfach. Den Mittelpunkt bildet die Erzählung von der Verpflanzung des Oelbaums nach Olympia, dessen Zweig Th. gewonnen hat und jetzt den Dioskuren weiht (V. 6—34.). In dem Proömium spricht er aus, dass die Feier des ol. Sieges mit der der Theoxenien verbunden werde; derselbe Gedanke kehrt wieder in V. 34—41. Zum Schlusse folgt die beliebte Mahnung an Th., sich in seinem Glücke nicht zu überheben.

ΘΗΡΩΝΙ ΑΚΡΑΓΑΝΤΙΝΩι
ΕΙΣ ΘΕΟΞΕΝΙΑ.

Strophae.

```
   ⏑‿⏑⏑‿‿⏑‿‿⏑⏑‿⏑⏑⌇
  ‿⏑⏑‿⏑⏑‿‿⏑⌇
  ‿⏑⏑‿⏑⏑‿‿⏑‿‿⏑⏑‿⏑⏑⌇
  ‿⏑‿‿⏑‿‿⏑‿‿⏑⏑‿⏑⏑‿‿⏑⌇
5  ⏑‿‿⏑‿‿⏑‿⌣
```

Epodi.

```
   ⏑‿‿⏑‿‿⏑⏑‿⏑⏑⌇
   ⏑‿‿⏑⏑‿⏑⏑‿‿⏑‿‿⏑⌇
   ⏑⏑‿⏑⏑‿‿⏑⏑‿‿⏑⌇
   ⏑⏑‿⏑⏑‿‿⏑‿⏒⏑⏑‿⏑⏑⌇
5  ⏑‿‿⏑‿‿⏑‿⌣
```

[στρ. α΄.

Τυνδαρίδαις τε φιλοξείνοις ἁδεῖν καλλιπλοκάμῳ θ' Ἑλένᾳ
κλεινὰν Ἀκράγαντα γεραίρων εὔχομαι,
Θήρωνος Ὀλυμπιονίκαν ὕμνον ὀρθώσαις, ἀκαμαντοπόδων
ἵππων ἄωτον. Μοῖσα δ' οὕτω τοι παρέστα μοι νεοσίγαλον εὑρόντι τρόπον
5 Δωρίῳ φωνὰν ἐναρμόξαι πεδίλῳ

[ἀντ. α΄.

ἀγλαόκωμον. ἐπεὶ χαίταισι μὲν ζευχθέντες ἔπι στέφανοι
πράσσοντί με τοῦτο θεόδματον χρέος,
φόρμιγγά τε ποικιλόγαρυν καὶ βοὰν αὐλῶν ἐπέων τε θέσιν
Αἰνησιδάμου παιδὶ συμμῖξαι πρεπόντως, ἅ τε Πίσα με
γεγωνεῖν· τᾶς ἄπο

V. 1. ἁδεῖν, äol. für ἁδεῖν. — Helena, die Schwester der Dioskuren, wahrscheinlich mit diesen zu Akr. verehrt.

V. 3. ὕμνον ὀρθώσαις. Das Bild ist hergenommen von der Errichtung einer Siegessäule mit dem Namen des Siegers am Orte der Wettkämpfe, oder von der Aufstellung einer Statue des Siegers.

V. 4. Von οὕτω hängt ab ἐναρμόξαι. — νεοσίγαλον τρόπον, νεοποίκιλον ὕμνον. Sch. Dissen vermuthet, dass P. an die jetzt von ihm zum erstenmal behandelte, aus dem Mythenkreis der Eleer genommene Sage von der Anpflanzung des Oelbaums denke. — πεδίλῳ = ῥυθμῷ.

V. 6—34. Die Verpflanzung des Oelbaums nach Olympia, eingeleitet durch die Kränze, mit denen bei der Festfeier Sieger und Theilnehmer des Festes geschmückt sind.

V. 7. πράσσειν, vom Einfordern der Schuld. — ἀπαιτοῦσί με τὸν θεοκατασκεύαστον ὕμνον, τὸν ἐκ Μουσῶν. Sch.

V. 8. ἐπέων θέσιν, cf. Sol. 1, 2. κόσμον ἐπέων — θέμενος.

V. 9. συμμῖξαι. Das Bild ist hergenommen von einem Mischtrank. Nem. 3, 76. heisst es von einem Siegeslied: ἐγὼ τόδε τοι πέμπω

θεύμοροι νίσσοντ' ἐπ' ἀνθρώπους ἀοιδαί, 10

ᾧ τινι, κραίνων ἐφετμὰς Ἡρακλέος προτέρας, [ἐπ. α´.
ἀτρεκὴς Ἑλλανοδίκας βλεφάρων Αἰτωλὸς ἀνὴρ ὑψόθεν
ἀμφὶ κόμαισι βάλῃ γλαυκόχροα κόσμον ἐλαίας. τάν ποτε
Ἴστρου ἀπὸ σκιαρᾶν παγᾶν ἔνεικεν Ἀμφιτρυωνιάδας,
μνᾶμα τῶν Οὐλυμπίᾳ κάλλιστον ἀέθλων, 15
[στρ. β´.
δᾶμον Ὑπερβορέων πείσαις Ἀπόλλωνος θεράποντα λόγῳ,
πιστὰ φρονέων, Διὸς Ἄλτει πανδόκῳ
δοῦναι σκιαρόν τε φύτευμα ξυνὸν ἀνθρώποις στέφανόν τ'
ἀρετᾶν.
ἤδη γὰρ αὐτῷ, πατρὶ μὲν βωμῶν ἁγισθέντων, διχόμηνις
ὅλον χρυσάρματος
ἑσπέρας ὀφθαλμὸν ἀντέφλεξε Μήνα, 20
[ἀντ. β´.
καὶ μεγάλων ἀέθλων ἁγνὰν κρίσιν καὶ πενταετηρίδ' ἁμᾶ
θῆκε ζαθέοις ἐπὶ κρημνοῖς Ἀλφεοῦ.

μεμιγμένον μέλι λευκῷ σὺν γάλακτι, — πόμ' ἀοίδιμον etc. — ἅ τε
Π. με γεγωνεῖν (τέ entspricht dem μέν), ἅ τε Π. πράσσει με χρέος
γεγωνεῖν.

V. 10. ἀνθρώπους, ᾧτινι. cf. Ol. 1, 82. Hom. Il. 16, 621. Od. 21, 293. 313.
V. 12. Oxylos, der mit den Doriern in den Peloponnes einfiel, liess sich mit seinen Aetolern in Elis nieder; daher heissen die Eleer die Aetoler. Aus diesen wurden die Kampfrichter (Ἑλλανοδίκαι, weil nur Hellenen in den Spielen kämpfen durften) erwählt, die nach der alten Anordnung des Herakles, der die Spiele gestiftet (Ol. 5, 5. 2, 4.), den Sieg zuerkannten.
V. 13. γλαυκόχροα. γλαυκός häufiges Beiwort des Oelbaums wegen seiner weissgrünen Blätter. Soph. O. C. 701. Eur. Iph. T. 1070.
V. 14. Istros im Lande der Hyperboreer, der frommen Verehrer des Apollon und der Artemis, jenseits des Boreas (V. 26—31.).
V. 16. πείσαις λόγῳ. Nicht durch Gewalt, wie sonst Herakles wohl pflegte, oder durch List kam er in Besitz des Oelbaums, sondern durch gütliche Uebereinkunft.
V. 17. πιστὰ φρονέων, φιλικῶς διανοούμενος. Schol.
V. 19 ff. „Schon waren die olymp. Spiele von H. eingesetzt und einmal gehalten und ihre fünfjährige Wiederkehr bestimmt." Dissen vermuthet, dass P. in der mythischen Zeit zwei Tage für das olymp. Fest angenommen habe, und zwar den ersten, den Tag des Vollmonds, für die Opfer (schon hatte ihm, nachdem er dem Vater geopfert, der Mond sein volles Antlitz entgegengestrahlt), den folgenden für die Spiele. Ueber die spätere Zeit s. Anm. zu Ol. 5, 5.
V. 20. ἑσπέρας, Abends.
V. 22. θῆκε, Subject Herakles.

ἀλλ' οὐ καλὰ δένδρε' ἔθαλλεν χῶρος ἐν βάσσαις Κρονίου
Πέλοπος.
τούτων ἔδοξεν γυμνὸς αὐτῷ κᾶπος ὀξείαις ὑπακουέμεν
αὐγαῖς ἁλίου.
25 δὴ τότ' ἐς γαῖαν πορεύειν θυμὸς ὥρμα
Ἰστρίαν νιν· ἔνθα Λατοῦς ἱπποσόα θυγάτηρ   [ἐπ. β'.
δέξατ' ἐλθόντ' Ἀρκαδίας ἀπὸ δειρᾶν καὶ πολυγνάμπτων
μυχῶν,
εὖτέ μιν ἀγγελίαις Εὐρυσθέος ἔντυ' ἀνάγκα πατρόθεν
χρυσόκερων ἔλαφον θήλειαν ἄξονθ', ἄν ποτε Ταϋγέτα
30 ἀντιθεῖσ' Ὀρθωσίᾳ ἔγραψεν ἱράν.
[στρ. γ'.
τὰν μεθέπων ἴδε καὶ κείναν χθόνα πνοιαῖς ὄπιθεν Βορέα
ψυχροῦ. τόθι δένδρεα θαύμαινε σταθείς.
τῶν νιν γλυκὺς ἵμερος ἔσχεν δωδεκάγναμπτον περὶ τέρμα
δρόμου
ἵππων φυτεῦσαι. καί νυν ἐς ταύταν ἑορτὰν ἵλαος ἀντι-
θέοισιν νίσσεται
35 σὺν βαθυζώνου διδύμνοις παισὶ Λήδας.
[ἀντ. γ'.
τοῖς γὰρ ἐπέτραπεν Οὐλυμπόνδ' ἰὼν θαητὸν ἀγῶνα νέμειν

V. 23. ἀλλά entspr. dem μέν in V. 19. — Verb. χῶρος Πέλοπος ἐν β.
Κρονίου.
V. 25. θυμὸς ὥρμα πορεύειν νιν, sein Geist dachte daran,
ihn zu führen in den Theil des istrischen Landes (an die
Quellen des I.), wo ihn vordem Art. aufgenommen hatte, als
er die arkadische Hindin verfolgte (Apollod. 2, 5, 3.).
V. 26. ἱπποσόα. Artemis liebte wasserreiche Gegenden, wo das Pferd
vorzüglich gedeiht. Daher das Beiwort, welches übrigens hier
besonders mit Rücksicht auf die Kampfspiele gewählt ist.
V. 28. ἔντυε. Theogn. 196. No. 9. — ἀνάγκα πατρόθεν, der vom
Vater Zeus ihm auferlegte Zwang. Hom. Il. 19, 96 ff.
V. 29. χρυσόκερων. Auch Anakreon und andere Dichter geben dem
weiblichen Hirsche Hörner. — Ταϋγέτα, Tochter des Atlas. —
ἀντιθεῖσα — ἱράν. λέγεται ὅτι, ἡνίκα Ἡρ. παρέσχεν αὐτὴν
Εὐρυσθεῖ, τότε εὑρέθη ἐπὶ τοῦ τραχήλου αὐτῆς τετραμμένον· Ταϋ-
γέτη ἱερὰν ἀνέθηκεν Ἀρτέμιδι. Sch. — Ὀρθωσία, Artemis.
V. 33. Mit diesem V. kehrt P. zu V. 25. zurück.
V. 34—45. Der Dichter wendet sich wieder zu dem Feste der Theoxenien und dem Siege des Th. Herakles, der Stifter und Schir-
mer der Olympien, der den Oelbaum nach Ol. gebracht, kommt
heute mit den Dioskuren zu der Doppelfeier.

ἀνδρῶν τ' ἀρετᾶς πέρι καὶ ῥιμφαρμάτου
διφρηλασίας. ἐμὲ δ' ὦν πᾶς θυμὸς ὀτρύνει φάμεν Ἐμμε-
νίδαις
Θήρωνί τ' ἐλθεῖν κῦδος εὐίππων διδόντων Τυνδαριδᾶν,
ὅτι πλείσταισι βροτῶν
ξεινίαις αὐτοὺς ἐποίχονται τραπέζαις, 40

εὐσεβεῖ γνώμᾳ φυλάσσοντες μακάρων τελετάς. [ἐπ. γ'.
εἰ δ' ἀριστεύει μὲν ὕδωρ, κτεάνων δὲ χρυσὸς αἰδοιέ-
στατον·
νῦν γε πρὸς ἐσχατιὰν Θήρων ἀρεταῖσιν ἱκάνων ἅπτεται
οἴκοθεν Ἡρακλέος σταλᾶν. τὸ πόρσω δ' ἔστι σοφοῖς
ἄβατον
κἀσόφοις. οὔ μιν διώξω· κεινὸς εἴην. 45

V. 42. cf. Ol. 1. in. „Wie das Wasser das Beste ist unter den natürlichen Dingen, das Gold unter dem Besitz, so hat Th. jetzt den
glänzendsten der Siege, einen olympischen, errungen und hat
dadurch die Säulen des Herakles erreicht." Diese gelten bei P.
oft als Bild für das äusserste Ziel menschlichen Glückes. Es gab
ein Sprüchwort: τὰ πέρα Γαδείρων οὐ περατά.

V. 44. οἴκοθεν, von Hause aus (vom Heerde der Väter, Hum-
boldt) gelangte Th. bis zu den Säulen des H. (die Länge des
Weges bis zum Ziele). — σοφοῖς κἀσόφοις. cf. zu Ol. 2, 16.

V. 45. οὔ μιν διώξω, statt den Th. direct zu mahnen, wendet sich
der Dichter auf eine feine Weise an sich selbst. — εἴην, siehe
zu Ol. 10, 21.

11. Pyth. I.

Hieron, der König von Syrakus, erlangte den Sieg, auf welchen diese grossartigste und erhabenste Lied aller Zeiten gedichtet ist, in der 29. Pythiade, d. i. Ol. 76. 3. v. Chr. 474, und liess bei der Verkündigung des Sieges die Stadt Aetna als seinen Wohnsitz ausrufen. Diese Stadt hatte er zwei Jahre vorher an der Stelle von Katana, dessen Bürger er nach Leontion verpflanzt hatte, neu gegründet und seinem Sohne Deinomenes übergeben, der sie nach dorischer Verfassung regieren sollte. In demselben Jahre, wo Hieron diesen pythischen Sieg gewann, schlug er in blutiger Schlacht die Hetrusker bei Kyme; Ol. 75, 1. v. Chr. 480. hatte er in einer noch berühmteren Schlacht mit seinem Bruder Gelon die Karthager bei Himera geschlagen. So ist dieser König mit ruhmreichen Siegen gekrönt, aber er leidet an einer schmerzhaften Krankheit (am Steine) — Das Lied wurde bei einem Festmahle zu Aetna gesungen.

Inhalt. V. 1-28. Anruf der Phorminx, des gemeinsamen Besitzes Apollons und der Musen; sie herrscht bei den heiteren Festen, selbst über die Götter übt sie ihre Gewalt, über die Majestät des Zeus und den kriegerischen Sinn des Ares (V. 1—12.). Aber was Zeus nicht liebt, das schaudert zurück vor den Tönen der Musen auf der Erde, im Meere und unter der Erde, wie der Götterfeind Typhon, der, von Zeus bewältigt, jetzt unter Sicilien bis hinauf nach den Küsten Kymes ausgestreckt liegt, auf qualvollem Lager belastet von dem Aetna, aus dem er furchtbare Flammen ausspeit. — V. 29—42. Uebergang zu dem Siege des Hieron und der Stadt Aetna, als deren Bürger Hieron sich zu Pytho hatte ausrufen lassen. Möge es gelingen, Zeus, dir zu gefallen, der du den Berg Aetna in Obhut hast, nach dem die neue Stadt benannt ist. Zeus möge sie schützen und er nebst Apollon nach dieser ersten Ehre ihr noch weitere Ehren zu Theil werden lassen. Von den Göttern ja kommt den Sterblichen alle Weisheit, Kraft und Tugend. — V. 42—57. Jenen Mann nun (den von den Göttern gesegneten Hieron) gedenke ich zu loben. Brächte doch die ganze Folgezeit so ihm Segen und Vergessen der Noth; dann würde er sich seiner einstigen Tapferkeit in ruhmreichen Kriegen erinnern. Jetzt freilich zog er zum Kampfe gegen die Tyrrhener aus, krank wie Philoktetes, als er, durch die stolzen Atriden von Lemnos geholt, Troia besiegte. Möge auch so den Hieron ein Gott hülfreich aufrichten. — V. 58—66. Auch Deinomenes soll des Sieges und des Siegesliedes sich erfreuen, dem sein Vater diese Stadt Aetna gegründet hat mit der Freiheit und den Satzungen guter dorischer Ordnung, in der die Herakliden immer bleiben wollen, wie die Spartaner, die speerberühmten. — V. 67—75. Möge, o Zeus, die Stadt Aetna sich stets des Glückes erfreuen, das Hieron ihr jetzt gegründet hat; möge sie unter Leitung des Hieron und seines Sohnes im Innern einträchtige Ruhe geniessen und durch ihre Kraft nach aussen Frieden, dass der Punier Ruhe halte und der Tyrrhener, da er vor Kyme das Verderben seiner Flotte erfahren. — V. 75—84. Bei Salamis erwarben die Athener Ruhm, bei Plataä die Spartaner, da die Meder erlagen, bei Himera Hieron und seine Brüder. Doch durch kurzes Lob entgeht man dem Tadel der Menschen und dem Neide der Bürger. — V. 85—100. Doch, Neid ist besser als Mitleid, höre nicht auf nach dem Schönen zu streben: sei gerecht als Regent, sei wahrhaft, sei freigebig und mildthätig, wenn du süsse Nachrede liebst; des Kroisos liebreiche Tugend wird nicht vergessen, vom grausamen Phalaris geht verabscheuende Sage, ihn feiert nicht ein liebliches Lied. Wer Wohlergehen und guten Ruf vereinigt, hat den höchsten Preis.

Der Sieger Hieron hatte zwei Jahre vor diesem pythischen Siege die Stadt Aetna gegründet und hat sie bei Verkündigung seines Sieges zu Delphi als seinen Wohnsitz, als Siegerin ausrufen lassen. Das Siegesfest, zu welchem diese Ode bestimmt ist, wird zu Aetna gefeiert. Bei einer neu gegründeten Stadt tritt der Gedanke an Ordnung und Gesetz, an Eintracht und Ruhe, wodurch das Wohl der Bürger bedingt ist, besonders in den Vordergrund, und es liegt für den Dichter, der der neuen Stadt und ihrem Gründer zu Ehren ein Lied singt, nahe, diesen Begriff der gesetzlichen Ordnung und Harmonie für den Hauptgedanken seines Gedichtes zu verwenden. Dieser Hauptgedanke, der zwar nirgends direct ausgesprochen wird, aber als Grundlage des ganzen Gedichtes überall hervorblickt, ist: die Harmonie, die schöne Ruhe der Ordnung in der Natur, im sittlichen Leben und im Staate ist dem Zeus lieb und steht unter seinem Schutze; die rohe und wilde, der Ordnung widerstrebende Gewalt schlägt er. — Zeus, der als Aitnaios auf dem Berge Aetna waltet (V. 30.) und gewiss in der neu gegründeten Stadt eine besondere Verehrung genoss, ist der Gründer und höchste Hüter der Ordnung; der Aetna selbst erinnert an diese seine Eigenschaft. Nachdem er nach Besiegung der rohen Titanen die neue Ordnung der Welt gegründet hatte, da erhob sich gegen ihn und die olympischen Götter das wilde Ungeheuer Typhon und drohte wieder alles zu zerstören; aber die mächtige Hand des Gottes überwältigte ihn und fesselte ihn unter der Erde; er liegt unter Sicilien und dem Aetna bis hinauf zu den Küsten von Kyme. Das wilde Toben des Aetna ist ein Zeichen seiner Qual und seiner ohnmächtigen Wuth. Nach der Beschreibung der aus der nächsten Nähe von der Stadt Aetna hergenommenen grossartigen Naturerscheinung, worin der Gläubige die Strafe jenes Ungeheuers und die Macht des höchsten Gottes aller Ordnung erkennt, ruft der Dichter gleichsam erschreckt und erschüttert aus: Möge es gelingen, Zeus, dir zu gefallen (V. 29.)! Worte, welche sich auf alle erstrecken, die sich an der Feier betheiligten, auf Hieron und Deinomenes, und besonders auch auf die Stadt, die an dem Fusse jenes Berges liegt. Hieron aber ist ein Mann, der dem Zeus vor allen wohlgefällt und von ihm gesegnet ist; er ist gleichsam ein Heros im Dienste des Zeus auf Erden, der mit weisem Sinn gesetzliche Ordnung gegründet hat und erhält, wie man in seinen Anordnungen in Aetna erkennen kann, und der zugleich mit gewaltiger Hand die Feinde der Ordnung, die wilde Fluth der übermüthigen Barbaren gebrochen hat. Wie im Osten Athen und Sparta gegen die Perser, so hat Hieron im Westen gegen deren Bundesgenossen, die Karthager und Tyrrhener, das geordnete und gesittete Leben, die Bildung Griechenlands geschützt. Die Karthager warf er bei Himera, die Tyrrhener bei Kyme nieder, an denselben Stellen, wo der von Zeus darniedergeworfene Typhon gefesselt liegt. So wirkt Hieron im Dienste des Zeus auf eine dem Gotte wohlgefällige Weise. Auch die am Schlusse folgenden Ermahnungen an denselben, in dem Streben nach Schönem und Hohem fortzufahren (V. 86.), Gerechtigkeit zu üben und Wahrhaftigkeit und milde Freigebigkeit, königliche Tugenden, die zur Ruhe und Eintracht und zur Wohlfahrt des Staates beitragen, beruhen, sowie die an verschiedenen Stellen eingestreuten Bitten für die neue Stadt (V.29 ff.67ff.), auf demselben oben angeführten Grundgedanken.

Dass neben Zeus auch Apollon (V. 39.) für die neue Stadt angefleht wird, beruht nicht bloss auf dem Umstande, dass der Sieg des Hieron und

der Stadt Aetna bei seinem Heiligthum zu Delphi errungen ist, und auf
seiner Beziehung zu den Musen und der Musik (s. unten), sondern auch
darauf, dass Apollon zu Pytho der Verkünder des Willens seines Vaters
ist und so durch Vermittlung seines Orakels die Ordnung des Zeus in der
Menschenwelt hat einführen helfen, dass namentlich die dorischen Gesetze,
nach denen ja auch die neue Stadt geordnet ist, an dem delphischen
Apollon ihren Begründer und Schützer haben. Ja man könnte in dem
Verhältnisse des Hieron zu seinem Sohne Deinomenes, dem er Aetna
übergeben hat, um sie nach dorischen Gesetzen zu regieren, eine Parallele finden zu dem Verhältnisse des Zeus zu seinem Sohne Apollon.

Auch der Eingang des Liedes, wo von dem Nächstliegenden ausgegangen wird, von der Phorminx, wird getragen von dem Hauptgedanken.
Die Phorminx, ein gemeinsamer Besitz Apollons und der Musen, die Schöpferin
der schönen Harmonie, die Führerin geregelter Festesfreude, ist gleichsam
ein Symbol aller Ordnung und ist dem Zeus lieb und allen, die mit ihm
in Zusammenhang sind, alles Rohe und Gesetzlose aber widerstreitet ihr;
sie preiset die, welche, dem Zeus wohlgefällig, nach Edlem und Schönem
streben, doch Unholde, wie Phalaris (V. 95.), bleiben ihr fern. Dieser Gedanke am Schlusse des Liedes leitet auf den Anfang zurück. (Vergl.
Rauchenst. zur Einleitung in Pindars Siegeslieder p. 143 ff.)

ΙΕΡΩΝΙ ΑΙΤΝΑΙΩι
ΑΡΜΑΤΙ.

Strophae.

```
      ‒∪‒‒‒‒∪‒‒∪∪‒∪∪×
      ‒∪‒‒‒‒∪∪‒‒∪‒‒‒∪∪‒∪∪‒‒∪
    ×‒‒∪‒‒‒∪×
      ‒∪∪‒∪∪‒⏑‒∪‒‒∪‒‒‒∪∪‒∪∪‒
  5   ‒∪‒‒‒‒∪‒‒‒∪×
      ‒∪∪‒∪∪‒‒∪‒‒‒∪∪‒∪∪‒‒‒∪∪‒∪∪‒‒∪‒‒
```

Epodi.

```
      ‒∪∪‒∪∪‒‒‒∪‒‒‒∪×
      ‒∪∪‒∪∪‒⏑‒∪‒‒‒∪∪‒∪∪×
      ‒∪‒‒‒∪‒‒‒∪‒⏖×
      ‒‒∪∪‒∪∪‒‒‒∪×
  5   ⏖∪‒‒‒∪‒∪∪‒‒‒∪‒
      ‒∪‒‒∪‒∪∪‒‒
      ⏖∪‒‒‒∪‒‒‒∪‒‒‒∪∪‒∪∪×
      ∪∪‒‒∪∪‒⏖∪‒‒‒∪‒‒
```

Χρυσέα φόρμιγξ, Ἀπόλλωνος καὶ ἰοπλοκάμων   [στρ. α΄.

V. 1. Die Construction der ersten Verse ist anakoluth. Auf die Anrede
der Leier, an welche sich τᾶς ἀκούει etc. relativisch anschliesst,
müsste als Hauptsatz folgen der Inhalt von V. 5 ff.; da aber die

σύνδικον Μοισᾶν κτέανον, τᾶς ἀκούει μὲν βάσις, ἀγλαίας
                                                    ἀρχά,
πείθονται δ' ἀοιδοὶ σάμασιν,
ἀγησιχόρων ὁπόταν προοιμίων ἀμβολὰς τεύχῃς ἐλελι-
                                                    ζομένα·
καὶ τὸν αἰχματὰν κεραυνὸν σβεννύεις   5
ἀεναόυ πυρός. εὕδει δ' ἀνὰ σκάπτῳ Διὸς αἰετός, ὠκεῖαν
                    πτέρυγ' ἀμφοτέρωθεν χαλάξαις,

ἀρχὸς οἰωνῶν, κελαινῶπιν δ' ἐπί οἱ νεφέλαν   [ἀντ. α.
ἀγκύλῳ κρατί, γλεφάρων ἁδὺ κλαΐστρον, κατέχευας· ὁ
                                        δὲ κνώσσων
ὑγρὸν νῶτον αἰωρεῖ, τεαῖς
ῥιπαῖσι κατασχόμενος. καὶ γὰρ βιατὰς Ἄρης, τραχεῖαν   10
                    ἄνευθε λιπών

relative Construction mit πείθονται δέ etc. in die demonstrative übergeht, so beginnt mit V. 5. eine neue Construction. — 'Απόλλωνος καὶ M. κτέανον, da das Citherspiel des Apollon von dem Gesange der Musen begleitet zu werden pflegt (κίθαρις καὶ ἀοιδή).

V. 2. τᾶς ἀκούει etc., wie auch jetzt bei diesem Festmahl. Solche Feste, heiteres Mahl mit Musik, Gesang und Chortanz, wurden von Menschen sowohl wie von Göttern gefeiert; doch tritt im Fortschritte des Lieds (V. 5.) besonders der Gedanke an ein Göttermahl hervor, wie sie Hom. Il. 1, 603. Hymn. in Ap. Pyth. 4—28. beschrieben werden. Apollon spielt die Phorminx, während die Musen singen und allein oder mit andern Göttern den Reigen tanzen; dann wird selbst der hohe Zeus und der wilde Ares von den süssen Tönen ergriffen.

βάσις, Tanzschritt. — ἀγλαία, die glänzende Festesfreude.

V. 3. σάμασιν, welche die Phorminx mit ihren Tönen gibt. — ἀοιδοί, nicht die Dichter, sondern die Sänger, die das Chorlied singen.

V. 4. ἀμβολὰς τεύχειν, ἀναβάλλεσθαι, s. Theokr. 6, 20. — προοίμιον. nicht das dem Gesange vorausgehende Vorspiel der Phorminx, sondern die musikalische Begleitung des Eingangs des Liedes.

V. 5. Statt von einer Wirkung der Töne auf den erhabenen Zeus selbst zu sprechen, wählt der Dichter Attribute desselben, Blitz und Adler. — αἰχματάς, adjectivisch, spitz, scharf, wie die Lanze.

V. 6. Die Zeus-Statue des Phidias zu Olympia trug den Adler auf dem Scepter.

V. 8. ἀγκύλῳ κρατί, Hom. Od. 19, 538. αἰετὸς ἀγκυλοχείλης.

V. 10. ῥιπαῖς, Geschosse oder Strahlen (Töne). Jede lebhafte Wirkung wird von den Alten Pfeil oder Strahl genannt. — καὶ γὰρ (natürlich), denn auch.

ἐγχέων ἀχμάν, ἰαίνει καρδίαν
κώματι, κῆλα δὲ καὶ δαιμόνων θέλγει φρένας, ἀμφί τε
Λατοΐδα σοφίᾳ βαθυκόλπων τε Μοισᾶν.

ὅσσα δὲ μὴ πεφίληκε Ζεύς, ἀτύζονται βοάν   [ἐπ. α΄.
Πιερίδων ἀΐοντα, γᾶν τε καὶ πόντον κατ' ἀμαιμάχετον,
15 ὅς τ' ἐν αἰνᾷ Ταρτάρῳ κεῖται, θεῶν πολέμιος,
Τυφὼς ἑκατοντακάρανος· τόν ποτε
Κιλίκιον θρέψεν πολυώνυμον ἄντρον· νῦν γε μάν
ταί θ' ὑπὲρ Κύμας ἁλιερκέες ὄχθαι
Σικελία τ' αὐτοῦ πιέζει στέρνα λαχνάεντα· κίων δ' οὐρανία συνέχει,
20 νιφόεσσ' Αἴτνα, πάνετες χιόνος ὀξείας τιθήνα·

τᾶς ἐρεύγονται μὲν ἀπλάτου πυρὸς ἁγνόταται   [στρ. β΄.
ἐκ μυχῶν παγαί· ποταμοὶ δ' ἁμέραισιν μὲν προχέοντι
ῥόον καπνοῦ
αἴθων'· ἀλλ' ἐν ὄρφναισιν πέτρας
φοίνισσα κυλινδομένα φλὸξ ἐς βαθεῖαν φέρει πόντου πλάκα
σὺν πατάγῳ.
25 κεῖνο δ' Ἁφαίστοιο κρουνοὺς ἑρπετόν
δεινοτάτους ἀναπέμπει· τέρας μὲν θαυμάσιον προσιδέσθαι,
θαῦμα δὲ καὶ παριόντων ἀκοῦσαι,

V. 12. κώματι, Schol. θέλγματι, so dass das Herz gleichsam in süssen
    Schlummer sinkt. — κῆλα, cf. V. 44. Ol. 1, 112. — Die Worte
    ἀμφί τε Λατοΐδα σοφίᾳ βαθ. τε Μοισᾶν weisen auf V. 1. zurück.
V. 14 f. κατὰ γᾶν καὶ πόντον — ἐν Ταρτάρῳ, auf der Erde, im
    Meere und unter der Erde.
V. 16. Τυφώς, s. Hes. Theog. 820 ff. — ἑκατοντακάρανος, Hes. l. l.
    ἐκ δὲ οἱ ὤμων ἦν ἑκατὸν κεφαλαὶ ὄφιος, δεινοῖο δράκοντος. —
    Κιλίκιον ἄντρον, im Lande der Arimer, Hom. Il. 2, 781 ff.
V. 17. πολυώνυμον, πολυθρύλητον. Schol.
V. 18. Die Gegenden um Kyme sind vulkanisch.
V. 19. κίων οὐρανία, wie Atlas.
V. 21. Vgl. die Beschreibung eines Ausbruches des Aetna bei Virgil. Aen.
    3, 571 ff. Von Ol. 75, 2. an hatte der Aetna mehrere Jahre lang
    gewüthet. — ἁγνόταται, rein, hell.
V. 22. ποταμοί, die aus dem Berge ausgegossenen und an dessen
    Seiten hinabfliessenden Feuerströme; dagegen V. 24. φοίνισσα
    φλόξ die aus dem Krater aufsteigende Feuersäule.
V. 24. σὺν πατάγῳ, mit Nachdruck ans Ende gesetzt.
V. 26. τέρας μέν — ἀκοῦσαι, „wunderbar für die Vorüberziehenden
    die ausgeworfenen Feuerströme zu sehen, und wunderbar auch

οἶον Αἴτνας ἐν μελαμφύλλοις δέδεται κορυφαῖς   [ἀντ. β΄.
καὶ πέδῳ, στρωμνὰ δὲ χαράσσοισ' ἅπαν νῶτον ποτικεκλι-
            μένον κεντεῖ.
εἴη, Ζεῦ, τὶν εἴη ἀνδάνειν,
ὃς τοῦτ' ἐφέπεις ὄρος, εὐκάρποιο γαίας μέτωπον, τοῦ μὲν   30
            ἐπωνυμίαν
κλεινὸς οἰκιστὴρ ἐκύδανεν πόλιν
γείτονα, Πυθιάδος δ' ἐν δρόμῳ κάρυξ ἀνέειπέ νιν ἀγγέλ-
            λων Ἱέρωνος ὑπὲρ καλλινίκου

ἅρμασι. ναυσιφορήτοις δ' ἀνδράσι πρῶτα χάρις   [ἐπ. β΄.
ἐς πλόον ἀρχομένοις πομπαῖον ἐλθεῖν οὖρον· ἐοικότα γάρ,
καὶ τελευτᾷ φερτέρου νόστου τυχεῖν. ὁ δὲ λόγος   35
ταύταις ἐπὶ συντυχίαις δόξαν φέρει
λοιπὸν ἔσσεσθαι στεφάνοισί νιν ἵπποις τε κλυτάν
καὶ σὺν εὐφώνοις θαλίαις ὀνομαστάν.
Λύκιε καὶ Δάλου ἀνάσσων Φοῖβε, Παρνασοῦ τε κράναν
            Κασταλίαν φιλέων,
ἐθελήσαις ταῦτα νόῳ τιθέμεν εὐανδρόν τε χώραν.   40

das Krachen des Berges zu hören." παριόντων gehört zu dem ersten und dem zweiten Theile: θαυμάσιον μὲν τέρας παριόντων προσιδέσθαι, θαῦμα δὲ καὶ ἀκοῦσαι; es ist aber erst zu dem zweiten Theile gesetzt, weil sich eher θαῦμα παριόντων verbinden lässt, als τέρας θαυμάσιον παριόντων (hierbei wäre nämlich besser παριοῦσι gesagt). — θαυμάσιον τέρας ist gleich θαῦμα; von diesem Begriffe hängt einestheils παριόντων ab: θαῦμα παριόντων, anderntheils προσιδέσθαι und ἀκοῦσαι: θαῦμα καὶ προσιδέσθαι καὶ ἀκοῦσαι.

V. 27. Typhon liegt zwischen dem Gipfel und dem Grunde des Berges, ἐνδέδεται.

V. 30. Ζεὺς Αἰτναῖος, cf. Ol. 4, 6.

V. 32. Πυθιάδος ἐν δρόμῳ, cf. Ol. 1, 94. — ὑπὲρ Ἱέρωνος, im Namen, im Auftrage des H.

V. 34. ἐς πλόον verb. mit πομπαῖον ἐλθεῖν οὖρον, bei ἀρχομένοις aber ist der Begriff τοῦ πλοῦ noch einmal zu ergänzen.

V. 35. ὁ δὲ λόγος, dieser Satz, diese Wahrheit, cf. Ol. 2, 22. — δόξα, Vermuthung, Erwartung.

V. 36. συντυχίαι, der erste Sieg.

V. 37. νίν, die Stadt Aetna.

V. 40. ἐθελήσαις ταῦτα νόῳ τιθέμεν εὐανδρόν τε τιθέμεν χώραν. — νόῳ τιθέμεν, wie das homerische ἐν φρεσὶ θέσθαι, Od. 4, 729.; das Activ hat Pindar gesetzt wegen εὐανδρόν τε χώραν.

ἐκ θεῶν γὰρ μαχαναὶ πᾶσαι βροτέαις ἀρε αῖς,   [στρ. γ´.
καὶ σοφοὶ καὶ χερσὶ βιαταὶ περίγλωσσοί τ' ἔφυν. ἄνδρα
                                                    δ' ἐγὼ κεῖνον
αἰνῆσαι μενοινῶν ἔλπομαι
μὴ χαλκοπάρᾳον ἄκονθ' ὡσείτ' ἀγῶνος βαλεῖν ἔξω πα-
                                                    λάμᾳ δονέων,
45 μακρὰ δὲ ῥίψαις ἀμεύσασθ' ἀντίους.
εἰ γὰρ ὁ πᾶς χρόνος ὄλβον μὲν οὕτω καὶ κτεάνων δόσιν
                        εὐθύνοι, καμάτων δ' ἐπίλασιν παράσχοι.

ἦ κεν ἀμνάσειεν, οἵαις ἐν πολέμοισι μάχαις   [ἀντ. γ´.
τλάμονι ψυχᾷ παρέμειν', ἀνίχ' εὑρίσκοντο θεῶν παλάμαις
                                                    τιμάν,
οἵαν οὔτις Ἑλλάνων δρέπει,
50 πλούτου στεφάνωμ' ἀγέρωχον. νῦν γε μὰν τὰν Φιλοκτή-
                                                    ταο δίκαν ἐφέπων
ἐστρατεύθη· σὺν δ' ἀνάγκᾳ μὴ φίλον

V. 41. μαχαναὶ πᾶσαι, alles Vermögen.

V. 41 u. 42. dienen als Uebergang zu dem Lobe des Hieron. Auch H. hat das Vermögen zu grossen Thaten und zum Erweis seiner Tugenden durch die Huld der Götter. s. V. 48. εὑρίσκοντο θεῶν παλάμαις.

V. 44. ἄκοντα βαλεῖν, cf. Ol. 2, 89. — ἔξω ἀγῶνος = παρὰ σκοπόν. — Κατὰ σκοπὸν δοκῶ βαλεῖν τοὺς ὕμνους καὶ ἄξιον ὄντα τὸν Ἱέρωνα ἀνυμνεῖν. Schol.

V. 46. ὁ πᾶς χρόνος, alle Folgezeit. — οὕτω, sic, ut precor. — εὐθύνοι, auf gradem, richtigem Gange ihn erhalten, ἐπ' εὐθείας ἀγάγοι. Schol. — καμάτων, seiner Krankheit.

V. 47. ἦ κεν ἀμνάσειεν schliesst sich ans Vorhergehende an: dann würde sie ihn erinnern.

V. 48. Mit τλάμονι ψυχᾷ scheint der Dichter zugleich andeuten zu wollen, dass H. auch in seiner Krankheit τλάμονα ψυχάν bewähren möge. — τιμήν de imperio dici nemo nescit. Id vero partum et amplificatum multis bellis erat, subactis Siciliae urbibus, nuper etiam Catanaeis fusisque Carthaginiensibus, ac nuperrime Hetruscis. Boeckh.

V. 50. νῦν γε μάν etc. geht auf die Schlacht bei Kyme.

V. 51. σὺν δ' ἀνάγκᾳ etc. „durch die Noth getrieben, schmeichelt auch ein Stolzer dem, der nicht sein Freund ist." Der sprüchwörtliche Satz ist von den Cumanern zu verstehen, die bei dem Angriff der Hetrusker den Hieron um Hülfe ansprachen. So holten die Achäer und die stolzen Atriden den von ihnen gekränkten und vernachlässigten Philoktetes (Ποίαντος υἱόν) in der Noth zur Hülfe herbei. — μὴ φίλον, die Freistaaten waren eifersüchtig auf die wachsende Macht der Tyrannen.

καί τις ἐὼν μεγαλάνωρ ἔσανεν. φαντὶ δὲ Λαμνόθεν ἕλκει
τειρόμενον μετανάσσοντας ἐλθεῖν
ἥρωας ἀντιθέους Ποίαντος υἱὸν τοξόταν· [ἐπ. γ΄.
ὃς Πριάμοιο πόλιν πέρσεν, τελεύτασέν τε πόνους Δαναοῖς,
ἀσθενεῖ μὲν χρωτὶ βαίνων, ἀλλὰ μοιρίδιον ἦν. 55
οὕτω δ' Ἱέρωνι θεὸς ὀρθωτὴρ πέλοι
τὸν προσέρποντα χρόνον, ὧν ἔραται, καιρὸν διδούς.
Μοῖσα, καὶ πὰρ Δεινομένει κελαδῆσαι
πίθεό μοι ποινὰν τεθρίππων. χάρμα δ' οὐκ ἀλλότριον
νικαφορία πατέρος.
ἄγ' ἔπειτ' Αἴτνας βασιλεῖ φίλιον ἐξεύρωμεν ὕμνον· 60
τῷ πόλιν κείναν θεοδμάτῳ σὺν ἐλευθερίᾳ [στρ. δ΄.
Ὑλλίδος στάθμας Ἱέρων ἐν νόμοις ἔκτισσ'. ἐθέλοντι δὲ
Παμφύλου
καὶ μὰν Ἡρακλειδᾶν ἔκγονοι
ὄχθαις ὕπο Ταϋγέτου ναίοντες αἰεὶ μένειν τεθμοῖσιν ἐν
Αἰγιμιοῦ
Δωρίοις. ἔσχον δ' Ἀμύκλας ὄλβιοι, 65

V. 54. τελεύτασεν πόνους Δαναοῖς ist besonders zu betonen; dem entspricht V. 75 'Ελλάδ' ἐξέλκων β. δουλίας.
V. 55. ἀλλὰ μοιρίδιον ἦν, dass nämlich der am Körper Kranke doch von den Stolzen um Hülfe angerufen wurde und die Starken besiegte.
V. 56. οὕτω δ' Ἱέρωνι etc., wie dem Philoktet, der vor Troia siegte und gesundete.
V. 57. καιρόν, Genuss.
V. 60. ἔπειτα, demnach, drum.
V. 62 ff. Die νόμοι Ὑλλίδος στάθμας und τεθμοὶ Αἰγιμιοῦ sind die guten alten dorischen Gesetze, die auf Hyllos oder Aigimios zurückgeführt werden. — Aigimios, der alte Dorerkönig im Pindos, Zeitgenosse des Herakles, war Vater des Pamphylos und Dymas und adoptirte den ältesten Sohn des Herakles, Hyllos, von dem die Herakliden sich ableiten. Nach diesen drei Söhnen des Aig. sind die drei dorischen Phylen, Hylleer, Pamphylen und Dymanen benannt. Die Einwohner von Aetna waren Dorier (aus Gela, Megara, Syrakus, dem Peloponnes) und erhielten darum auch dorische Gesetze. Die Dorier, namentlich die Spartaner, ὄχθαις ὕπο Ταϋγέτου ναίοντες, hingen fest an ihren alten Institutionen. Diese Gesetze hatten ihrem Volke Kraft gegeben, so dass sie mit dem Speere neue Wohnsitze sich erobern konnten (ἔσχον Ἀμύκλας etc.).
V. 65. Amyklae wohl deswegen besonders genannt, weil von dort viele Colonisten nach Aetna kamen.

Πινδόθεν ὀρνύμενοι, λευκοπώλων Τυνδαριδᾶν βαθύδοξοι
γείτονες, ὧν κλέος ἄνθησεν αἰχμᾶς.

Ζεῦ τέλει', αἰεὶ δὲ τοιαύταν Ἀμένα παρ' ὕδωρ   [ἀντ. δ.
αἶσαν ἀστοῖς καὶ βασιλεῦσιν διακρίνειν ἔτυμον λόγον ἀνθρώπων.
σύν τοι τίν κεν ἁγητὴρ ἀνήρ,
70 υἱῷ τ' ἐπιτελλόμενος, δᾶμον γεραίρων τράποι σύμφωνον
ἐς ἀσυχίαν.
λίσσομαι νεῦσον, Κρονίων, ἅμερον
ὄφρα κατ' οἶκον ὁ Φοίνιξ ὁ Τυρσανῶν τ' ἀλαλατὸς ἔχῃ,
ναυσίστονον ὕβριν ἰδὼν τὰν πρὸ Κύμας·

οἷα Συρακοσίων ἀρχῷ δαμασθέντες πάθον,   [ἐπ. δ'.
ὠκυπόρων ἀπὸ ναῶν ὅς σφιν ἐν πόντῳ βάλεθ' ἁλικίαν,
75 Ἑλλάδ' ἐξέλκων βαρείας δουλίας. ἀρέομαι
πὰρ μὲν Σαλαμῖνος Ἀθαναίων χάριν
μισθόν, ἐν Σπάρτᾳ δ' ἐρέω πρὸ Κιθαιρῶνος μάχαν,

V. 66. γείτονες Τυνδαριδᾶν, Therapnä in der Nähe von Amyklä war der Hauptsitz der Dioskuren, deren Cult vielleicht auch nach Aetna übertragen war. — ὧν, der Dorier.

V. 67. „Gib, dass die Rede der Menschen mit Wahrheit stets solches Glück der Stadt Aetnä zutheile." — Amenas, Fluss bei Aetna.

V. 69. σὺν τίν, durch deine Hülfe. — ἁγητὴρ ἀνήρ (αὐτὸς) υἱῷ τ' ἐπιτελλόμενος.

V. 72. Verb. κατέχῃ οἶκον ἅμερον. — Φοίνιξ, Karthager. — Τυρσανῶν ἀλαλατός, Τυρσηνοὶ ἀλαλάζοντες, das Heer der Tyrrhener, wohl mit dem Nebenbegriff barbarischer Rohheit, cf. Hom. II. 3, 1. ff. — ἰδών, auf ἀλαλατός bezogen, eine kühne Construction. — ναυσίστονος ὕβρις, die jammervolle Schmach, Niederlage der Schiffe.

V. 73 u. 74. beziehen sich noch auf die Schlacht bei Kyme.

V. 75. Ἑλλάδα, hier das griechische Land in Italien und Sicilien, Grossgriechenland.

V. 75—80. Auf die Erwähnung der Schlacht bei Kyme folgt die der noch berühmteren Schlacht bei Himera Der Glanz dieses Sieges tritt besonders dadurch hervor, dass er den berühmten Siegen bei Salamis und Platäa, wodurch Griechenland von der Gefahr der Barbarenherrschaft befreit wurde, als gleichbedeutend an die Seite gestellt wird. Bei solcher Zusammenstellung bedarf es nicht vieler Worte; daraus erklärt sich das V. 81. Folgende.

ἀρέομαι etc. Den bei Salamis erworbenen Ruhm (χάριν, cf. Ol. 1, 18.) der Athener will ich zu preisen übernehmen, so dass dieser Preis ihres Sieges ihr gebührender Lohn ist, d. i. ich will lohnend preisen den Sieg der Athener bei Salamis. ἀρέομαι μισθόν und ἐρέω und ὕμνον τελέσαις enthalten ähnliche Begriffe.

V. 77. πρὸ Κιθ. μάχαν, die Schlacht bei Platää, das am Fusse des Kithäron lag.

ταῖσι Μήδειοι κάμον ἀγκυλότοξοι,
παρὰ δὲ τὰν εὔυδρον ἀκτὰν Ἱμέρα παίδεσσιν ὕμνον Δει-
νομένευς τελέσαις,
τὸν ἐδέξαντ' ἀμφ' ἀρετᾷ, πολεμίων ἀνδρῶν καμόντων. 80
καιρὸν εἰ φθέγξαιο, πολλῶν πείρατα συντανύσαις   [στρ. ε'.
ἐν βραχεῖ, μείων ἕπεται μῶμος ἀνθρώπων. ἀπὸ γὰρ
κόρος ἀμβλύνει
αἰανὴς ταχείας ἐλπίδας·
ἀστῶν δ' ἀκοὰ κρύφιον θυμὸν βαρύνει μάλιστ' ἐσλοῖσιν
ἐπ' ἀλλοτρίοις.
ἀλλ' ὅμως, κρέσσων γὰρ οἰκτιρμοῦ φθόνος,   85
μὴ παρίει καλά. νώμα δικαίῳ πηδαλίῳ στρατόν· ἀψευδεῖ δὲ πρὸς ἄκμονι χάλκευε γλῶσσαν.
εἴ τι καὶ φλαῦρον παραιθύσσει, μέγα τοι φέρεται   [ἀντ. ε'.

V. 78. ταῖσι, sc. μάχαις, denn χάρις vertritt den Begriff von μάχη.
V. 79. ὕμνον τελέσαις παίδεσσι Δεινομένους, τὸν ἐδέξαντο παρὰ τὰν ἀκτὰν Ἱμέρα. Das Partic. τελέσαις ist abhängig von ἀρέομαι und ἐρέω: „Die Athener soll man preisen wegen des Sieges bei Salamis, in Sparta singen die Schl. an Kithäron, indem man aber zugleich wegen der Thaten am Himeras des Dein. Söhnen Lob zollt." Durch diese Verbindung entsteht der Sinn: wenn man Sal. und Plat. preist, muss man auch Himera preisen. — V. 79. δὲ steht, um den Gegensatz der Orte zu bezeichnen. — Deinomenes ist hier der Vater des Hieron, Gelon, Polyzelos und Thrasybulos.
V. 80. ἐδέξαντο, sie erwarben, verdienten sich.
V. 81. καιρόν = κατὰ καιρόν — πολλῶν πείρατα, cf. Virg. Aen. 1, 342. *summa sequar fastigia rerum*.
V. 82. ἀπὸ γὰρ κόρος — ἀλλοτρίοις, überhaupt ist allzugrosses Lob unangenehm, am unangenehmsten aber das Lob eines Mitbürgers.
V. 83. ταχείας ἐλπίδας, die gleichsam zum Ende eilenden Gedanken der Hörer.
V. 84. ἀστῶν ἀκοά, *publice apud cives audita laus*. Boeckh.
V. 85. ἀλλ' ὅμως μὴ παρίει καλά enthält den Uebergang zu dem letzten Theile, den Ermahnungen an Hieron: „Obgleich das Lob Neid erweckt, höre nicht auf durch edle Thaten dir Lob zu erwerben."
V. 86. στρατόν, das Volk. cf. Ol. 5. 12. 10, 17. — ἀψευδεῖ πρὸς ἄκμονι, auf dem Ambos der Wahrheit.
V. 87. enthält den Grund zum Vorhergehenden. „Sei gerecht, sei wahr und aufrichtig; denn wenn auch etwas Geringes (ein milder, vorsichtiger Ausdruck) von dir ausgeht, so gilt es doch für etwas Grosses, da es von dir kommt." φησὶ δὲ μεγάλα εἶναι τὰ τῶν ἀρχόντων ἁμαρτήματα, κἂν εὐτελῆ τυγχάνῃ. εἰ καὶ τι οὖν εὐτελὲς ἁμάρτῃς, καὶ τοῦτο μέγιστον ἔσται. Schol. — παραιθύσσει (intransit.) ist wohl durch das vorausgehende Bild hervorgerufen, da es eigentlich von dem Sprühen der Funken gebraucht wird. — παρά, neben Anderm — Gutem.

πὰρ σέθεν. πολλῶν ταμίας ἐσσί· πολλοὶ μάρτυρες ἀμφοτέροις πιστοί.
εὐανθεῖ δ' ἐν ὀργᾷ παρμένων,
90 εἴπερ τι φιλεῖς ἀκοὰν ἀδεῖαν αἰεὶ κλύειν, μὴ κάμνε λίαν
δαπάναις·
ἐξίει δ' ὥσπερ κυβερνάτας ἀνήρ
ἱστίον ἀνεμόεν. μὴ δολωθῇς, ὦ φίλ', ἐϋτραπέλοις κέρδεσσ'·
ὀπιθόμβροτον αὔχημα δόξας

οἷον ἀποιχομένων ἀνδρῶν δίαιταν μανύει   [ἐπ. ε'.
καὶ λογίοις καὶ ἀοιδοῖς. οὐ φθίνει Κροίσου φιλόφρων
ἀρετά·
95 τὸν δὲ ταύρῳ χαλκέῳ καυτῆρα νηλέα νόον
ἐχθρὰ Φάλαριν κατέχει παντᾷ φάτις,
οὐδέ μιν φόρμιγγες ὑπωρόφιαι κοινωνίαν
μαλθακὰν παίδων ὀάροισι δέχονται.
τὸ δὲ παθεῖν εὖ πρῶτον ἀέθλων· εὖ δ' ἀκούειν δευτέρα
μοῖρ'· ἀμφοτέροισι δ' ἀνήρ
100 ὅς ἂν ἐγκύρσῃ καὶ ἕλῃ, στέφανον ὕψιστον δέδεκται.

V. 88. πολλῶν ταμίας ἐσσί enthält wieder den Grund für das Nächstvorhergehende. — ἀμφοτέροις, für beides, das Rechte und Wahre und andrerseit das Flasche und Schlechte.
V. 89—92. sei freigebig und mildthätig. — εὐανθεῖ ἐν ὀργᾷ παρμένων, „bleibe deinem edlen Wesen treu." — ὀργή, διάνοια, τρόπος.
V. 91. „Ziehe auf das Segel der Freigebigkeit," d. i. sei freigebig in vollem Masse. cf. Isthm. 2, 39. οὐδέ ποτε ξενίαν οὖρος ἐμπνεύσαις ὑπόστειλ' ἱστίον ἀμφὶ τράπεζαν.
V. 92 ff. „Lass dich nicht von Schmeichlern berücken, denn der Nachruhm allein richtet über das Leben der Hingeschiedenen." — εὐτράπελα κέρδεα, die auf eigenen Gewinn gerichteten listigen Schmeichelreden.
V. 94. λόγιοι, Geschichtschreiber.
V. 94 ff. Das Beispiel des Kroisos bezieht sich besonders auf die oben empfohlene Freigebigkeit, das des Phalaris mahnt ab von grausamer Ungerechtigkeit.
V. 95. Phalaris, Tyrann von Akragas 570-554 v. Chr., war berüchtigt wegen seiner ungerechten Erpressungen und unmenschlichen Mordlust. Man erzählte sich, dass er in einem ebernen Stier, den der athenische Erzgiesser Perillos ihm gefertigt, Menschen habe verbrennen lassen, wobei denn durch das Schreien der Gequälten ein stierähnliches Gebrüll entstand. — Φάλαρις νηλὴς νόον καυτὴρ ταύρῳ.
V. 99 u. 100. cf. Solon 10, 3.

12. Pyth. IV.

Diese grösste aller pindarischen Oden ist verfasst auf einen Pyth. 31. Ol. 78, 3. v. Chr. 466. zu Delphi errungenen Wagensieg des Arkesilaos IV., Herrschers von Kyrene, und wurde gesungen bei einem Festmahle in dem Hause des Fürsten. Arkesilaos stammte von dem Argonauten Euphemos, einem Minyer aus Panopeus am Kephissos in Phokis, aber zu Taenaron sesshaft (V. 44 ff.), der bei der Rückkehr der Argonauten zu Lemnos mit Malache oder Maliche den Leukophanes gezeugt hatte. Leukophanes zog mit anderen zu Lemnos erzeugten Söhnen der minyeischen Argonauten nach Lakonika, und von da ging Sesamos oder Samos, im vierten Gliede von Euphemos abstammend, zur Zeit des Einfalls der Dorier in den Peloponnes mit der von Theras geführten Minyercolonie nach der Insel Thera hinüber, welche früher Kalliste hiess. Von Thera aus gründete um Ol. 37. v. Chr. 632. Battos oder Aristoteles, von Euphemos an der siebzehnte dieses Geschlechtes, auf Geheiss des delphischen Orakels die Stadt Kyrene. Von Battos stammte im achten Gliede Arkesilaos IV. — Pindar hat nun nach seiner Weise die Familienverhältnisse des Siegers und die damit zusammenhängende Gründungssage Kyrenes besprochen, und da diese in der Argonautensage ruht, so ist auch ein grosser Theil dieser Sage in den Kreis der Erzählung hineingezogen.

Der mythische Theil der Ode geht von V. 1—262.; von da an bis zu Ende folgen directe Bitten und Rathschläge an den König. Den mythischen Theil kann man zunächst in zwei Abschnitte theilen: I. V. 1—67. die Gründungssage von Kryrene im engeren Sinn. II. 68—262. die Argonautenfahrt, in welche jene Gründungssage von Kyrene zum Theil hineinfällt.

I. V. 1—67.

1) V. 1—8. Nach kurzer Einleitung wird das Thema vorausgeschickt, dass Battos auf Apollons Geheiss und mit dem Willen des Zeus die Colonie nach Libyen führte. Daran schliesst sich unmittelbar die Weissagung der die Argonauten begleitenden Medea bei Thera V. 9—56., welche mehrere Partien zerfällt: 2) V. (9) 13—23. sie weissagt, dass von Thera aus Kyrene gegründet werden würde, anknüpfend (V. 19.) an die am Tritonsee in Libyen dem Euphemos mit dem Willen des Zeus eingehändigte Erdscholle. — 3) V. 24—37. Als nämlich die Argonauten auf ihrer Rückkehr (durch den Phasis, den östlichen Ocean, das erythräische Meer und die libysche Wüste) am Ausfluss des Tritonsees eben vom Ufer abstossen wollten, nahte sich dem Schiffe ein Gott in Menschengestalt und lud die Argonauten gastlich zu sich ein; da aber die Anker schon gelichtet waren und der Gott ihre Eile erkannte, so nahm er eine Scholle vom Boden auf und reichte sie dem ihm zunächst befindlichen Euphemos. — 4) V. 38—56. Aber gegen die Warnung der Medea wurde die Scholle nicht genugsam bewacht und fiel bei Thera ins Meer. Wenn, so spricht Medea, Euphemos die Scholle glücklich nach Taenaron gebracht hätte, so wäre von seinen

Nachkommen im vierten Gliede Kyrene direct vom Peloponnes aus gegründet worden, zur Zeit, wo die Achäer aus dem Peloponnes auswandern werden. Nun aber wird die Gründung durch Söhne fremder Weiber (der Lemnierinnen) und von Thera aus geschehen, und zwar unter Führung des Battos auf Apollons Geheiss. — An die Weissagung der Medea schliesst sich dann 5) V. 59—67. die Erwähnung des Dichters, wie Battos, als er zu Delphi wegen seiner misstönenden Stimme den Gott befragte, geheissen wird Kyrene zu gründen. Von Battos aber stammt im achten Gliede Arkesilaos ab, dem jetzt Apollon Ruhm zu Pytho gab. — So führt dieser Schluss zum Anfang des Gedichtes zurück, wie auch schon der Schluss von der Rede der Medea auf das im Anfang hingestellte Thema zurückging. Der erste vorzugsweise auf die Gründung Kyrenes bezügliche Theil wird in einem grösseren Kreise von dem zweiten Theile umschlossen:

II. V. 68—262.

Dieser Theil erzählt die Argonautensage, in welche jener Inhalt des ersten Theils verwebt ist, aber wird abgeschlossen durch die Erzählung von dem Ursprunge des Geschlechts der kyrenäischen Herrscher zu Lemnos, worauf die Erwähnung von der Gründung Kyrenes wieder zu den Gedanken des ersten Theils zurückführt. Die Erzählung der Argonautenfahrt kann man folgendermassen zerlegen:

1) Veranlassung der Fahrt: V. 68—167. (68—78. 78—85. 86—94. 94—119. 120—131. 132—168.) — 2) Zurüstung zur Fahrt und die Fahrt selbst: V. 169—212. (169—187. 188—202. 203—212.) — 3) Die Ereignisse in Kolchis: V. 212—246. (212—223. 224—231. 232—246.) — 4) Hierauf erwähnt der Dichter in wenigen Versen die Gewinnung des Vliesses und die Rückkehr der Argonauten, um nach Lemnos und wieder auf das Geschlecht des Euphemos zu kommen: V. 247—262.

Bei der Erzählung von der Zurüstung zur Fahrt, von der Fahrt selbst und von den Ereignissen in Kolchis sucht der Dichter vor allem den Gedanken herauszukehren, dass dieses ganze Unternehmen unter dem besonderen Schutze der Götter steht; überhaupt aber wird durch den ganzen mythischen Theil der Ode von V. 1—262. gezeigt, wie nach dem Willen und auf Verstalten der Götter bei der von den Göttern unterstützten Argonautenfahrt der Grund zu dem glänzenden Geschlechte der Herrscher von Kyrene gelegt wird, wie die Gründung der blühenden Stadt Kyrene, schon zu jener Zeit vorausbestimmt, in der Folge durch die Leitung göttlichen Geschickes zur Ausführung kommt. Ueber diese von den Göttern gesegnete Stadt herrscht durch Fügung der Götter ein von ihnen geliebtes kluges Fürstengeschlecht, jetzt Arkesilaos, dem die Gunst Apollons den durch dieses Lied verherrlichten Sieg verliehen hat. Dem so durch die Götter begünstigten Herrscher eines blühenden Staates werden dann in dem dritten Theile

III. V. 263—299.

noch weise Rathschläge gegeben, wie er seinen Staat regieren soll, und zwar spricht der Dichter V. 263—276. im allgemeinen mit Bezug auf den kyrenäischen Staat, von V. 277. bis zu Ende aber mit Bezug auf den Kyrenäer Damophilos. Hier müssen wir nun noch einen Nebenzweck des Dichters zur Sprache bringen.

Arkesilaos war zwar ein kühner, kriegerischer, mit manchen Herrschertugenden begabter Fürst, aber er hatte einen harten, unbeugsamen Sinn, so dass die Bürgerschaft mit seiner Regierung nicht zufrieden war und er vor nicht langer Zeit eine Empörung mit Strenge hatte niederwerfen müssen. Von den bei diesem Aufruhr Betheiligten war ein junger Mann Namens Damophilos, ein Verwandter des Fürsten, von diesem in die Verbannung getrieben worden und lebte zu Theben, wohin ihn, wie es scheint, Verwandtschaft mit dem dortigen Aegidengeschlechte, zu dem Pindar selbst gehört, gezogen hatte. Pindar sucht nun in diesem Liede, das er vielleicht auf Veranlassung des Damophilos gedichtet, den Arkesilaos zur Milde zu bewegen und namentlich zu dem Entschlusse, dass er dem Damophilos wieder die Rückkehr in sein Vaterland gestattet. Dies letztere thut er nun theils durch männlich offene und rückhaltslose Zusprache gegen das Ende des Gedichtes hin, theils durch feine Beziehungen in der Erzählung des Mythus.

Besonders sind in dem Verhältnisse des Iason zu Pelias Beziehungen auf Damophilos und Arkesilaos niedergelegt, weshalb auch die Scenen, in denen der jugendliche Iason, das mythische Gegenbild des Damophilos, zum erstenmal in die Welt und dem Pelias gegenüber tritt (V. 71—168.), so weitläufig und mit solchem Aufwand der Kunst behandelt sind. Diese jugendliche Heldengestalt des Iason, wie sie uns Pindar vor Augen stellt, ist ein Meisterwerk der Poesie. Schön und kräftig wie Apollon und Ares, gewaltig wie die Aloaden, tritt er furchtlos unter das Volk auf dem Markte zu Iolkos; offen und frei und, was man anfangs von dieser jugendlich kecken Erscheinung nicht erwartet hätte, mit sanften Worten und verständiger Mässigung spricht er bei all seinem Rechte zu dem Usurpator Pelias auf dem Markte sowohl als auch später in dessen Palaste, als er die ihm gebührende Herrschaft zurückfordert. Doch muss man sich hüten die Verhältnisse zwischen Iason und Pelias bis ins Einzelne für Damophilos und Arkesilaos auszudeuten. Dass Härte gegen die Verbannten zum Unheil für den Urheber der Verbannung ausschlagen könne, hat wohl der Dichter in jener Geschichte des Iason andeuten wollen, aber durch die Ungleichheit, die doch in vieler Beziehung zwischen dem Verhältniss des Arkesilaos zu Damophilos und dem des Pelias zu Iason herrscht, hat eben der Dichter eine allzu nahe und für Arkesilaos empfindliche Parallelisirung vermieden.

Man hat die vorliegende Ode wegen ihrer ausgedehnten Behandlung eines mythischen Stoffes mit Unrecht für ein episches Gedicht erklären wollen. Das Gedicht ist lyrisch, nicht bloss deswegen, weil es in lyrischen Massen abgefasst ist und einen lyrischen Eingang und Abschluss hat, sondern auch, weil die Behandlung des mythischen Stoffes, obgleich sie sich vielfach epischer Mittel bedient, durchaus lyrischen Charakter trägt.

Der Mythus wird überall für die gegenwärtigen Zwecke des Dichters verwendet. Ohne Rücksicht auf die Zeitfolge werden die einzelnen Theile unter einander künstlich verflochten und auf einen Endpunkt hingeführt auf Kyrene und sein Herrschergeschlecht; anstatt dass der Stoff auf epische Weise ohne alle Rücksicht auf ausser ihm liegende Zwecke in ruhigem Flusse und in gleichmässiger Ausführlichkeit sich darlegt, wird nach den Zwecken des Dichters die eine Partie des Mythus in breiter Entfaltung vorgeführt, während andre Partien nur leise berührt oder ganz übersprungen sind. (Vergl. Rauchenstein, p. 101 ff.).

ΑΡΚΕΣΙΛΑι ΚΥΡΗΝΑΙΩι
ΑΡΜΑΤΙ.

Strophae.

```
 ⏑⏑   ⏑⏑ ⏑⏑ ×
 ⏑⏑   ⏑⏑ ⏑⏑   ⏑⏑   ⏑⏑ ⏑⏑ ×
 ⏑⏑   ⏑⏑ ⏑⏑   ⏑⏑   ⏑⏑ ‒
 ⏑⏑ ‒ ⏑⏑ ‒ ⏑⏑ ‒ ⏑ ‒
5 ⏑⏑ ‒ ⏑⏑ ‒ ⏑ ‒ ⏑ ×
 ⏑ ‒ ⏑ ‒ ⏑⏑ ‒ ⏑⏑ ‒ ⏑⏑ ×
 ⏑ ‒ ⏑ ‒ ⏑ ‒ ⏑ ×
 ⏑ ‒ ⏑ ‒ ‒
```

Epodi.

```
 ⏑ ‒ ⏑⏑ ‒ ⏑⏑ ‒ ⏑ ‒ ⏑ ×
 ⏑ ‒ ⏑⏑ ‒ ⏑ ‒ ⏑⏑ ‒ ⏑⏑ ×
 ⏑ ‒ ⏑ ‒ ⏑⏑ ‒ ⏑⏑ ×
 ⏑ ‒ ⏑ ‒ ⏑ ‒ ⏑⏑ ‒ ⏑⏑ ×
5 ‒ ⏑⏑ ‒ ⏑⏑ ‒ ⏑ ‒
 ⏑ ‒ ⏑ ‒ ⏑⏑ ×
 ⏑ ‒ ‒ ⏑⏑ ‒ ⏑⏑ ‒ ⏑ ‒ ⏑ ‒ ‒
```

Σάμερον μὲν χρή σε παρ' ἀνδρὶ φίλῳ [στρ. α΄.
στᾶμεν, εὐίππου βασιλῆι Κυράνας, ὄφρα κωμάζοντι σὺν
    Ἀρκεσίλᾳ,
Μοῖσα, Λατοίδαισιν ὀφειλόμενον Πυθῶνί τ' αὔξῃς οὖρον
    ὕμνων,
ἔνθα ποτὲ χρυσέων Διὸς αἰητῶν πάρεδρος

V. 3. Λατοίδαισιν, Apollon und Artemis, beide zu Delphi geehrt; doch herrscht der Gedanke an Apollon vor.

V. 4. χρυσέων Δ. αἰητῶν πάρεδρος, ἐστι, die Pythia. In der Cella des delphischen Tempels vor dem Adyton mit dem Dreifusse, von dem herab die Pythia weissagte, befand sich das Bild des Erdnabels (ὀμφαλός) aus weissem Marmor mit den auf beiden Seiten stehenden goldenen Bildern der Adler, welche einst, von

οὐκ ἀποδάμου Ἀπόλλωνος τυχόντος ἱρέα
χρῆσεν οἰκιστῆρα Βάττον καρποφόρου Λιβύας, ἱεράν
νᾶσον ὡς ἤδη λιπὼν κτίσσειεν εὐάρματον
πόλιν ἐν ἀργάεντι μαστῷ,

καὶ τὸ Μηδείας ἔπος ἀγκομίσαιθ᾽   [ἀντ. α΄.
ἑβδόμᾳ καὶ σὺν δεκάτᾳ γενεᾷ Θήραιον, Αἴητα τό ποτε
ζαμενής
παῖς ἀπέπνευσ᾽ ἀθανάτου στόματος, δέσποινα Κόλχων.
εἶπε δ᾽ οὕτως
ἡμιθέοισιν Ἰάσονος αἰχματᾶο ναύταις·
Κέκλυτε, παῖδες ὑπερθύμων τε φωτῶν καὶ θεῶν·
φαμὶ γὰρ τᾶσδ᾽ ἐξ ἁλιπλάκτου ποτὲ γᾶς Ἐπάφοιο κόραν
ἀστέων ῥίζαν φυτεύσεσθαι μελησίμβροτον
Διὸς ἐν Ἄμμωνος θεμέθλοις.

den entgegengesetzten Enden der Erde von Zeus ausgesendet, an diesem vermeintlichen Mittelpunkte der Erde zusammengetroffen sein sollten. In Wahrheit bezeichnen die Adler die Herrschaft des Zeus über dies Orakel, wo Apollon nur der Prophet seines Vaters ist. Unsere Stelle sagt: unter der Obhut des Zeus verkündete Pythia im Beisein des Apollon, — sie verkündete also sicherlich wahr.

V. 5. οὐκ ἀποδάμου, zu Delphi glaubte man, Apollon gehe mit dem Beginn des Winters in ferne Lande, zu den Hyperboreern (ἀποδημία) und kehre im Frühling zurück (ἐπιδημία).

V. 6. οἰκιστῆρα, prädicativ. explicirt durch ὡς κτίσσειεν. cf. Hom. Od. 1, 87. νόστον, ὥς κε νέηται. — καρποφόρου. Kyrenaïka war, verschieden von den umliegenden Ländern, reich bewässert und sehr fruchtbar.

V. 7. νᾶσον, Thera.

V. 8. ἀργάεντι μαστῷ. Kyrene lag auf einer aus Kalkstein bestehenden Höhe.

V. 9. ἀγκομίσαιτο, in Erfüllung brächte. — ἔπος Θήραιον, das bei Thera gesprochene.

V. 10. ζαμενής, muthig.

V. 11. ἀθανάτου. Medea, durch Aietes Enkelin des Helios und Tochter der Okeanine Idyia (Hes. Theog. 956 ff.), ward unsterblich und erhielt göttliche Verehrung.

V. 14—16. „Die Göttin Libye wird von Thera aus in Libyen Kyrene gründen, die Mutterstadt vieler Colonien."

V. 14. Ἐπάφοιο κόραν, die Göttin Libye, wonach das Land genannt sein soll.

V. 15. ἀστέων ῥίζαν, Kyrene, von dem viele Städte in Kyrenaïka gegründet wurden, wie Apollonia, Hesperis (später Berenike), Taucheira (sp. Arsinoe), Barka.

V. 16. Διὸς ἐν Ἀ. θεμέθλοις, in Libyen.

[ἐπ. α.

ἀντὶ δελφίνων δ' ἐλαχυπτερύγων ἵππους ἀμείψαντες θοάς,
ἀνία τ' ἀντ' ἐρετμᾶν δίφρους τε νωμάσοισιν ἀελλόποδας.
κεῖνος ὄρνις ἐκτελευτάσει μεγαλᾶν πολίων
20 ματρόπολιν Θήραν γενέσθαι, τόν ποτε Τριτωνίδος ἐν
προχοαῖς
λίμνας θεῷ ἀνέρι εἰδομένῳ γαῖαν διδόντι
ξείνια πρῴραθεν Εὔφαμος καταβάς
δέξατ'· αἴσιον δ' ἐπί οἱ Κρονίων Ζεὺς πατὴρ ἔκλαγξε
βροντάν·

ἁνίκ' ἄγκυραν ποτὶ χαλκόγενυν [στρ. β'.
25 ναΐ κρημνάντων ἐπέτοσσε, θοᾶς Ἀργοῦς χαλινόν. δώδεκα
δὲ πρότερον
ἁμέρας ἐξ Ὠκεανοῦ φέρομεν νώτων ὕπερ γαίας ἐρήμων
εἰνάλιον δόρυ, μήδεσιν ἀνσπάσσαντες ἁμοῖς.
τουτάκι δ' οἰοπόλος δαίμων ἐπῆλθεν, φαιδίμαν
ἀνδρὸς αἰδοίου πρόσοψιν θηκάμενος· φιλίων δ' ἐπέων
30 ἄρχετο, ξείνοις ἅτ' ἐλθόντεσσιν εὐεργέται
δεῖπν' ἐπαγγέλλοντι πρῶτον.

ἀλλὰ γὰρ νόστου πρόφασις γλυκεροῦ [ἀντ. β'.
κώλυεν μεῖναι. φάτο δ' Εὐρύπυλος Γαιαόχου παῖς ἀφθίτου Ἐννοσίδα

V. 17 u. 18. Statt Fischfang und Schifffahrt, wie in Thera, werden die Einwohner Rossezucht treiben; s. V. 2. εὔιππος Κυράνα, und V. 7. εὐάρματον πόλιν.

V. 19. ὄρνις, augurium, näml. die Erdscholle. Man könnte den Satz durch γάρ einleiten.

V. 21. γαῖαν, Erdscholle. Erde (und Wasser) war Symbol des Landes und der Herrschaft über dasselbe. — θεῷ εἰδομ. ἀνέρι, Triton in der Gestalt des Eurypylos; s. V. 33.

V. 22. πρῴραθεν, Euphemos hatte als Unterstenermann der Argo (πρῳράτης, πρῳρεύς) seinen Sitz auf dem Vordertheile des Schiffes.

V. 23. αἴσιον — βροντάν, wie eine Parenthese zu betrachten.

V. 24. ἐπέτοσσε (θεὸς ἡμῶν) ποτικρημνάντων ἄγκυραν ναΐ. Sie wollten eben abfahren.

V. 26. νώτων ὑπὲρ γ. ἐρήμων, durch die libysche Wüste.

V. 27. μήδεσιν ἁμοῖς, auf meinen Rath.

V. 30—32. Der Gott wollte sie gastlich bewirthen, doch sie hatten zum Bleiben keine Zeit.

V. 32. πρόφασις ist nicht immer ein leerer Vorwand.

V. 33. Eurypylos, Euaimons Sohn oder des Poseidon, aus Ormenion

ἔμμεναι· γίγνωσκε δ' ἐπειγομένους· ἂν δ' εὐθὺς ἁρπά-
ξαις ἀρούρας
δεξιτερᾷ προτυχὸν ξένιον μάστευσε δοῦναι.   35
οὐδ' ἀπίθησέ ἰν, ἀλλ' ἥρως ἐπ' ἀκταῖσιν θορών
χειρί οἱ χεῖρ' ἀντερείσαις δέξατο βώλακα δαιμονίαν.
πεύθομαι δ' αὐτὰν κατακλυσθεῖσαν ἐκ δούρατος
ἐναλίᾳ βᾶμεν σὺν ἅλμᾳ
[ἐπ. β'.
ἑσπέρας, ὑγρῷ πελάγει σπομέναν. ἦ μάν νιν ὤτρυνον   40
θαμά
λυσιπόνοις θεραπόντεσσιν φυλάξαι· τῶν δ' ἐλάθοντο φρένες·
καί νυν ἐν τᾷδ' ἄφθιτον νάσῳ κέχυται Λιβύας
εὐρυχόρου σπέρμα πρίν ὥρας. εἰ γὰρ οἴκοι νιν βάλε πὰρ
χθόνιον
Ἀίδα στόμα, Ταίναρον εἰς ἱερὰν Εὔφαμος ἐλθών,
υἱὸς ἱππάρχου Ποσειδάωνος ἄναξ,   45
τόν ποτ' Εὐρώπα Τιτυοῦ θυγάτηρ τίκτε Καφισοῦ πὰρ'
ὄχθαις·

τετράτων παίδων κ' ἐπιγεινομένων   [στρ. γ'.
αἷμά οἱ κείναν λάβε σὺν Δαναοῖς εὐρεῖαν ἄπειρον. τότε
γὰρ μεγάλας
ἐξανίστανται Λακεδαίμονος Ἀργείου τε κόλπου καὶ Μυ-
κηνᾶν.

in der Nähe von Iolkos (Il. 2. 734 ff.), wurde von der Sage nach Libyen versetzt und zum König des dortigen Landes gemacht.

V. 35. Das Aufnehmen der Scholle war unvorbereitet; ebenso empfängt zufällig Euphemos die Scholle, weil er eben als πρῳρεύς dem Gotte sich am nächsten befindet. Gewöhnlich sind solche *omina* zufällig und ohne Absicht.

V. 36. ἀπίθησε sc. Euphemos. — ἰν, dor. Dativ für οἱ, wie ἐμίν, τίν.

V. 37. δαιμονίαν, *fatalem*, weil ein Geschick an sie geknüpft ist.

V. 43. πρίν ὥρας, vor der Zeit.

V. 44. Ἀίδα στόμα. Zu Tänaron befand sich bekanntlich ein Eingang zum Hades.

V. 45. Poseidon wurde zu Kyrene von den Nachkommen des Euphemos hoch verehrt; es ist aber natürlich, dass die Nachkommen des ἵππαρχος Ποσειδῶν selbst Freunde der Rossezucht sind.

V. 48. σὺν Δαναοῖς, den von den Doriern aus dem Peloponnes vertriebenen Achäern.

V. 49. ἐξανίστανται (sc. Δαναοί), Praesens propheticum.

50 νῦν γε μὲν ἀλλοδαπᾶν κριτὸν εὑρήσει γυναικῶν
ἐν λέχεσιν γένος, οἵ κεν τάνδε σὺν τιμᾷ θεῶν
νᾶσον ἐλθόντες τέκωνται φῶτα κελαινεφέων πεδίων
δεσπόταν· τὸν μὲν πολυχρύσῳ ποτ' ἐν δώματι
Φοῖβος ἀμνάσει θέμισσιν

55 Πύθιον ναὸν καταβάντα χρόνῳ   [ἀντ. γ'.
ὑστέρῳ νάεσσι πολεῖς ἀγαγεῖν Νείλοιο πρὸς πῖον τέμενος
    Κρονίδα.
ταί ῥα Μηδείας ἐπέων στίχες. ἔπταξαν δ' ἀκίνητοι σιωπᾷ
ἥρωες ἀντίθεοι πυκινὰν μῆτιν κλύοντες.
ὦ μάκαρ υἱὲ Πολυμνάστου, σὲ δ' ἐν τούτῳ λόγῳ
60 χρησμὸς ὤρθωσεν μελίσσας Δελφίδος αὐτομάτῳ κελάδῳ·
ἅ σε χαίρειν ἐστρὶς αὐδάσαισα πεπρωμένον
βασιλέ' ἄμφανεν Κυράνᾳ,

    [ἐπ. γ'.
δυσθρόου φωνᾶς ἀνακρινόμενον, ποινά τίς ἔσται πρὸς θεῶν.

V. 50. ἀλλοδαπᾶν γυναικῶν, der Lemnierinnen, V. 251 ff. — Minyer aus Lemnos, unter denen das Geschlecht des Euphemos, kamen, von den Pelasgern vertrieben, nach Lakonika; wie die Sage erzählt, gingen die Söhne der Argonauten von Lemnos nach Lak., um ihre Väter zu suchen. Sie wohnten dort, bis sie unter Theras nach Thera zogen; unten ihnen war Samos, der Ahn des Battos.

V. 51. σὺν τιμᾷ θεῶν, unter Begünstigung, durch die Gunst der G.

V. 52. κελαινεφέων, wegen der häufigen Regen, die das Land fruchtbar machten.

V. 56. Νείλοιο πρὸς πῖον τ. Κρονίδα, „zu dem beim Nil liegenden heiligen Lande des Kroniden, des Zeus Ammon." τέμενος Κρον. bezeichnet dasselbe, was V. 16. Διὸς Ἄμμωνος θέμεθλα. Libyen umfasste nach älterem Sprachgebrauch auch das ägyptische Delta.

V. 57. ἐπέων στίχες, στιχομυθία (Schol.), die Rede der M. Zeile für Zeile, Wort für Wort, also genau und ausführlich angegeben.

V. 59. υἱὲ Πολ., Battos. — ἐν τούτῳ λόγῳ, mit dieser Weissagung der Medea übereinstimmend.

V. 60. μέλισσα Δελφίς. Pythia. Die Biene galt als reines und heiliges Thier, und darum wurde μέλισσα Benennung der Priesterinnen. — αὐτομάτῳ κελάδῳ. οὐκ ἠρωτήθη γὰρ παρὰ τοῦ Βάττου περὶ τῆς ἀποικίας, ἀλλὰ περὶ τῆς φωνῆς. Schol.

K. 63. Battos fragte das Orakel, wie er von seiner misstönenden Stimme befreit werden könne. ποινά, λύσις. Schol. — Battos oder Aristoteles sollte eine heisere Stimme gehabt oder gestammelt haben. Wahrscheinlich entstand die Fabel wegen des Gleichklanges von Βάττος und βατταρίζειν; nach Herod. 4, 155. war βάττος ein libysches Wort, gleich βασιλεύς.

ἦ μάλα δὴ μετὰ καὶ νῦν, ὥτε φοινικανθέμου ἦρος ἀκμᾷ,
παισὶ τούτοις ὄγδοον θάλλει μέρος Ἀρκεσίλας· 65
τῷ μὲν Ἀπόλλων ἅ τε Πυθὼ κῦδος ἐξ ἀμφικτιόνων ἔπορεν
ἱπποδρομίας. ἀπὸ δ᾽ αὐτὸν ἐγὼ Μοίσαισι δώσω
καὶ τὸ πάγχρυσον νάκος κριοῦ· μετὰ γὰρ
κεῖνο πλευσάντων Μινυᾶν, θεόπομποί σφισιν τιμαὶ φύ-
τευθεν.
τίς γὰρ ἀρχὰ δέξατο ναυτιλίας; [στρ. δ´. 70
τίς δὲ κίνδυνος κρατεροῖς ἀδάμαντος δῆσεν ἅλοις; θέσ-
φατον ἦν Πελίαν
ἐξ ἀγαυῶν Αἰολιδᾶν θανέμεν χείρεσσιν ἢ βουλαῖς ἀκάμπτοις.
ἦλθε δέ οἱ κρυόεν πυκινῷ μάντευμα θυμῷ,
πὰρ μέσον ὀμφαλὸν εὐδένδροιο ῥηθὲν ματέρος·
τὸν μονοκρήπιδα πάντως ἐν φυλακᾷ σχεθέμεν μεγάλᾳ, 75
εὖτ᾽ ἂν αἰπεινῶν ἀπὸ σταθμῶν ἐς εὐδείελον
χθόνα μόλῃ κλειτᾶς Ἰωλκοῦ,
ξεῖνος αἴτ᾽ ὦν ἀστός. ὁ δ᾽ ἄρα χρόνῳ [ἀντ. δ´.

V. 64. μετά, Adverb. — ἦρος ἀκμᾷ geht sowohl auf das Glück als auf die Jugend des Arkesilaos.
V. 65. παισὶ τούτοις, diesem Geschlechte des Battos. — ὄγδοον μέρος, das achte Glied, so dass Battos mitgezählt ist.
V. 66. ἐξ ἀμφικτιόνων, von den Amphikt. her, durch die A., als Kampfrichter bei den pyth. Spielen. ἀμφικτίονες, die Umwohnenden (κτίω, κτίζω), die ursprünglich auch in delphischen Inschriften vorkommende Schreibart statt des gew. ἀμφικτύονες.
V. 69. Μινυᾶν. Dem Minyerstamme war die Argonautensage eigen, und ursprünglich nahmen nur Minyer an der Fahrt Theil; deshalb werden auch später, obgleich Helden aller Stämme hinzugekommen sind, die Argonauten Minyer genannt.
V. 70. Epischer Anfang wie Il. 1, 8. — δέξατο αὐτούς, nahmen sie in ihre Gewalt, wurde ihnen.
V. 71. τίς δὲ κίνδυνος — ἅλοις; „in welche unentrinnbare Gefahr kamen sie?" Die erste Frage wird beantwortet von V. 71—167., die zweite V. 207—246., nachdem von V. 168. an die Zurüstung zur Fahrt eingeschoben worden ist.
V. 72. Αἰολιδᾶν. Des Aiolos Sohn war Kretheus, Herrscher in Iolkos. V. des Aison, dessen Sohn Iason. Od. 11, 237. 258. Pelias war Halbbruder des Aison und hatte diesem die Herrschaft von Iolkos entrissen, s. zu V. 136. — ἀκάμπτοις, unüberwindlich.
V. 74. ὀμφαλόν, s. zu V. 4. — ματέρος, der Erde.
V. 78. ὁ δέ, Iason.

ἵκετ' αἰχμαῖσιν διδύμαισιν ἀνὴρ ἔκπαγλος· ἐσθὰς δ' ἀμ-
φότερόν νιν ἔχεν,
80 ἅ τε Μαγνήτων ἐπιχώριος ἁρμόζοισα θαητοῖσι γυίοις,
ἀμφὶ δὲ παρδαλέᾳ στέγετο φρίσσοντας ὄμβρους·
οὐδὲ κομᾶν πλόκαμοι κερθέντες ᾤχοντ' ἀγλαοί,
ἀλλ' ἅπαν νῶτον καταΐθυσσον. τάχα δ' εὐθὺς ἰὼν σφε-
τέρας
ἐστάθη γνώμας ἀταρμύκτοιο πειρώμενος
85 ἐν ἀγορᾷ πλήθοντος ὄχλου.

[ἐπ. δ΄.

τὸν μὲν οὐ γίγνωσκον· ὀπιζομένων δ' ἔμπας τις εἶπεν
καὶ τόδε·
Οὔτι που οὗτος Ἀπόλλων, οὐδὲ μὰν χαλκάρματός ἐστι
πόσις
Ἀφροδίτας· ἐν δὲ Νάξῳ φαντὶ θανεῖν λιπαρᾷ
Ἰφιμεδείας παῖδας, Ὦτον καὶ σέ, τολμάεις Ἐφιάλτα ἄναξ.
90 καὶ μὰν Τιτυὸν βέλος Ἀρτέμιδος θήρευσε κραιπνόν,
ἐξ ἀνικάτου φαρέτρας ὀρνύμενον,
ὄφρα τις τᾶν ἐν δυνατῷ φιλοτάτων ἐπιψαύειν ἔραται.

τοὶ μὲν ἀλλάλοισιν ἀμειβόμενοι [στρ. ε΄.
γάρυον τοιαῦτ'· ἀνὰ δ' ἡμιόνοις ξεστᾷ τ' ἀπήνᾳ προτροπάδαν Πελίας
95 ἵκετο σπεύδων· τάφε δ' αὐτίκα παπτάναις ἀρίγνωτον πέ-
διλον
δεξιτερῷ μόνον ἀμφὶ ποδί. κλέπτων δὲ θυμῷ
δεῖμα προσέννεπε· Ποίαν γαῖαν, ὦ ξεῖν', εὔχεαι

V. 79. αἰχμαῖσιν διδύμαισι, nach Art homerischer Helden. Od. 1, 256.
— ἀμφότερον, s. Ol. 1, 104.
V. 80. Μαγνήτων. Iason ist bei dem Magneten Cheiron erzogen. Die
Magneten trugen abweichend von griech. Sitte anschliessende
Kleidung.
V. 86. cf. Il. 6, 459. Soph. Ai. 500. — ἔμπας, obschon sie ihn nicht
kannten.
V. 88. Die riesigen Söhne der Iphimedeia und des Aloeus, die Oloaden,
waren zugleich durch Schönheit ausgezeichnet, Od. 11, 310. Ihre
Gräber zeigte man auf Naxos, wo sie als culturverbreitende Hel-
den verehrt wurden.
V. 90. Den Riesen Tityos erlegte Artemis, weil er, von Liebe getrieben,
deren Mutter Leto angegriffen hatte. Od. 11, 576 ff.
V. 94. προτροπάδαν, sine hominum respectu, ut tyranni solent. Dissen.

πατρίδ' ἔμμεν; καὶ τίς ἀνθρώπων σε χαμαιγενέων πολιᾶς
ἐξανῆκεν γαστρός; ἐχθίστοισι μὴ ψεύδεσιν
καταμιάναις εἰπὲ γένναν. 100

τὸν δὲ θαρσήσαις ἀγανοῖσι λόγοις [ἀντ. ε'.
ὧδ' ἀμείφθη· Φαμὶ διδασκαλίαν Χείρωνος οἴσειν. ἄν-
τροθε γὰρ νέομαι
πὰρ Χαριχλοῦς καὶ Φιλύρας, ἵνα Κενταύρου με κοῦραι
θρέψαν ἁγναί.
εἴκοσι δ' ἐκτελέσαις ἐνιαυτοὺς οὔτε ἔργον
οὔτ' ἔπος εὐτράπελον κείνοισιν εἰπὼν ἱκόμαν 105
οἴκαδ', ἀρχὰν ἀγκομίζων πατρὸς ἐμοῦ, βασιλευομέναν
οὐ κατ' αἶσαν, τάν ποτε Ζεὺς ὤπασεν λαγέτᾳ
Αἰόλῳ καὶ παισὶ τιμάν.

[ἐπ. ε'.
πεύθομαι γάρ νιν Πελίαν ἄθεμιν λευκαῖς πιθήσαντα φρασίν
ἁμετέρων ἀποσυλᾶσαι βιαίως ἀρχεδικᾶν τοκέων· 110
τοί μ', ἐπεὶ πάμπρωτον εἶδον φέγγος, ὑπερφιάλου
ἁγεμόνος δείσαντες ὕβριν, κᾶδος ὡσείτε φθιμένου δνοφερόν

V. 98. τίς σε πολιᾶς ἐξ. γαστρός; „welches Weib gebar dich in
spätem Alter?" so dass er ein τηλύγετος, ein Gegenstand zärt-
licher Sorge seiner Eltern, den jetzt erst die Mutter von sich
entlassen hat. Pelias hat in diese Worte Spott und Verachtung
legen wollen, um seine Furcht zu verbergen und den Umstehen-
den, die den Jüngling anstaunen, zu zeigen, dass er in ihm nichts
Furchtbares sehe. Auch in den folgenden Worten: „Besudle dein
edles Geschlecht nicht durch Lügen" liegt Ironie, sowie in ἐχθίστοισι eine Drohung. — Hartung schreibt σκοτίας f. πολιᾶς.
V. 101. Auf die stolze Anrede des P. antwortet Iason ἀγανοῖσι λόγοις.
V. 102. οἴσειν hat Präsensbedeutung. „Ich denke, dass ich die Unter-
weisung des Cheiron mitbringe", so dass er sich also Lug und Trug
fern hält. Cheiron, δικαιότατος Κενταύρων (Il. 11, 932.), Sohn
des Kronos, der Lehrer der berühmtesten Helden des Alterthums,
wohnte in einer Höhle des Pelion; Chariklo ist seine Gemahlin,
Philyra seine Mutter; von seinen Töchtern ist ausgezeichnet
Endeŕs als Gemahlin des Aiakos, Mutter des Peleus und Telamon.
In solcher Umgebung konnte Iason nichts Schlimmes lernen.
V. 105. εὐτράπελος, Gegentheil von schlicht und ehrlich. — οὔτε ἔργον
οὔτ' ἔπος εἰπών, Zeugma.
V. 106. ἀγκομίζων, Praesens conatus. — βασιλευομέναν οὐ κατ' αἶσαν,
wird erklärt durch den folgenden Satz mit γάρ.
V. 108. Αἰόλῳ καὶ παισί, s. zu V. 72.
V. 109. λευκαὶ φρένες (im Gegensatz von μέλαιναι, tief), auf der Ober-
fläche befindlich, oberflächlich, d. h. leichtsinnig, ohne Vernunft und ohne Rücksicht auf Recht leicht und rasch zu-
fahrend. Die Metapher ist hergenommen von tiefem Wasser,
das in der Tiefe dunkel, auf der Oberfläche hell ist.

ἐν δώμασι θηκάμενοι, μίγα κωκυτῷ γυναικῶν
κρύβδα πέμπον σπαργάνοις ἐν πορφυρέοις,
115 νυκτὶ κοινάσαντες ὁδόν, Κρονίδᾳ δὲ τράφεν Χείρωνι δῶκαν.
ἀλλὰ τούτων μὲν κεφάλαια λόγων [στρ. ς'.
ἴστε. λευκίππων δὲ δόμους πατέρων, κεδνοὶ πολῖται,
φράσσατέ μοι σαφέως·
Αἴσονος γὰρ παῖς, ἐπιχώριος οὐ ξείναν ἱκοίμαν γαῖαν
ἄλλων.
Φὴρ δέ με θεῖος Ἰάσονα κικλήσκων προσηύδα.
120 ὣς φάτο. τὸν μὲν ἐσελθόντ' ἔγνον ὀφθαλμοὶ πατρός·
ἐκ δ' ἄρ' αὐτοῦ πομφόλυξαν δάκρυα γηραλέων γλεφάρων·
ἃν πέρι ψυχὰν ἐπεὶ γάθησεν, ἐξαίρετον
γόνον ἰδὼν κάλλιστον ἀνδρῶν.
καὶ κασίγνητοί σφισιν ἀμφότεροι [ἀντ. ς'.
125 ἤλυθον κείνου γε κατὰ κλέος· ἐγγὺς μὲν Φέρης κράναν
Ὑπερῇδα λιπών,
ἐκ δὲ Μεσσάνας Ἀμυθάν· ταχέως δ' Ἄδματος ἷκεν καὶ
Μέλαμπος
εὐμενέοντες ἀνεψιόν. ἐν δαιτὸς δὲ μοίρᾳ
μειλιχίοισι λόγοις αὐτοὺς Ἰάσων δέγμενος,
ξείνι' ἁρμόζοντα τεύχων, πᾶσαν ἐν εὐφροσύναν τάνυεν,
130 ἀθρόαις πέντε δραπὼν νύκτεσσιν ἔν θ' ἁμέραις
ἱερὸν εὐζωᾶς ἄωτον.

[ἐπ. ς'.
ἀλλ' ἐν ἕκτᾳ πάντα, λόγον θέμενος σπουδαῖον, ἐξ ἀρχᾶς ἀνὴρ

V. 119. Φὴρ (= θήρ), Bezeichnung der halbthierischen Kentauren (Il. 1, 268. 2, 743.), unter denen aber Cheiron, aus dem Zustande roher Natürlichkeit herausgetreten, sich durch Weisheit und höhere Erkenntniss auszeichnet.
V. 124. κασίγνητοι, die Brüder des Aison, Pheres, Herrscher in dem Iolkos benachbarten Pherae, und Amythaon, Gründer des messenischen Pylos (Od. 11, 258., s. su V. 136.); des ersten Sohn ist Admetos, Sohn des Amythaon ist Melampos. Der hypereische Quell ist zu Pherae.
V. 125. κατὰ κλέος κείνου, auf das Gerücht von Iason.
V. 128. ἀνεψιόν abhängig von ἷκεν. — ἐν δαιτὸς μοίρᾳ, bei dem gemeinschaftlichen Mahle.
V. 129. ἐντανύειν τι, intendere aliquid, etwas bis zu einem hohen Grade spannen und steigern, etwas mit Eifer treiben.
V. 131. ἱερόν, ein heiteres Mahl, das mit Opfern und Spenden und Gebeten verbunden war, entbehrte der Gegenwart der Götter nicht.

συγγενέσιν παρεκοινᾶθ'. οἱ δ' ἐπέσποντ'. αἶψα δ' ἀπὸ κλισιᾶν
ὦρτο σὺν κείνοισι. καί ῥ' ἦλθον Πελία μέγαρον·
ἐσσύμενοι δ' εἴσω κατέσταν. τῶν δ' ἀκούσαις αὐτὸς 135
ὑπαντίασεν
Τυροῦς ἐρασιπλοκάμου γενεά· πραῢν δ' Ἰάσων
μαλθακᾷ φωνᾷ ποτιστάζων ὄαρον
βάλλετο κρηπῖδα σοφῶν ἐπέων· Παῖ Ποσειδᾶνος Πετραίου,

ἐντὶ μὲν θνατῶν φρένες ὠκύτεραι [στρ. ζ'.
κέρδος αἰνῆσαι πρὸ δίκας δόλιον, τραχεῖαν ἑρπόντων πρὸς 140
ἐπίβδαν ὅμως·
ἀλλ' ἐμὲ χρὴ καὶ σὲ θεμισσαμένους ὀργὰς ὑφαίνειν λοιπὸν ὄλβον.
εἰδότι τοι ἐρέω· μία βοῦς Κρηθεῖ τε μάτηρ
καὶ Θρασυμήδεϊ Σαλμωνεῖ· τρίταισιν δ' ἐν γοναῖς
ἄμμες αὖ κείνων φυτευθέντες σθένος ἀελίου χρύσεον
λεύσσομεν. Μοῖραι δ' ἀφίσταντ', εἴ τις ἔχθρα πέλει 145
ὁμογόνοις, αἰδῶ καλύψαι.

οὐ πρέπει νῶ χαλκοτόροις ξίφεσιν [ἀντ. ζ'.
οὐδ' ἀκόντεσσιν μεγάλαν προγόνων τιμὰν δάσασθαι. μῆλά
τε γάρ τοι ἐγώ

V. 133. ἐπέσποντο, gaben ihm Beifall. — ἀπὸ κλισιᾶν, von den Sitzen.
V. 136. Τυρώ, Tochter des Salmoneus, eines Bruders von Kretheus, gebar dem Poseidon den Pelias und Neleus, später dem Kretheus Aison, Pheres und Amythaon. — πραῢν δ' Ἰάσων etc. cf. V. 101.
V. 138. βάλλετο κρηπῖδα, ἤρχετο. — Πετραῖος, Beiname des Poseidon in Thessalien, weil er durch einen Stoss seines Dreizacks das Felsenthal Tempe eröffnet haben soll.
V. 140. ὠκύτεραι κέρδος αἰνῆσαι ἢ δίκαν.
V. 142. μία βοῦς. μεταφορικῶς φησι μία βοῦς ἀντὶ τοῦ μία γυνή. Schol. Die Mutter beider ist Enarea, Gem. des Aiolos. — τρίταισιν ἐν γοναῖς. Salmoneus, Tyro, Pelias. Kretheus, Aison, Iason. s. zu V. 136.
V. 145. Μοῖραι δ' ἀφίσταντ' etc. „Die Moiren (auf denen der Segen des Hauses beruht) wenden sich ab, wenn Zwietracht unter den Familiengliedern die heilige Scheu (die Pietät in der Familie) verbirgt, d. i. beinahe verschwinden macht." Rauchenst. Dissen erklärt: „Wenn Zwietracht unter den Verwandten herrscht, so wenden sich die Moiren ab, um ihre Scham zu verbergen." Sie schämen sich dann im Namen der Verwandten.
V. 148. γάρ bezieht sich auf einen vorher zu supplirenden Satz, etwa: wir können solchen unziemlichen Streit vermeiden.

καὶ βοῶν ξανθὰς ἀγέλας ἀφίημ' ἀγρούς τε πάντας, τοὺς
   ἀπούραις
150 ἁμετέρων τοκέων νέμεαι, πλοῦτον πιαίνων·
κού με δονεῖ τεὸν οἶκον ταῦτα πορσαίνοντ' ἄγαν·
ἀλλὰ καὶ σκᾶπτον μόναρχον καὶ θρόνος, ᾧ ποτε Κρη-
   θεΐδας
ἐγκαθίζων ἱππόταις εὔθυνε λαοῖς δίκας.
τὰ μὲν ἄνευ ξυνᾶς ἀνίας
           [ἐπ. ζ'.
155 λῦσον ἄμμιν, μή τι νεώτερον ἐξ αὐτῶν ἀνασταίη κακόν.
ὣς ἄρ' ἔειπεν. ἀκᾶ δ' ἀνταγόρευσεν καὶ Πελίας· Ἔσομαι
   τοῖος. ἀλλ' ἤδη με γηραιὸν μέρος ἁλικίας
ἀμφιπολεῖ· σὸν δ' ἄνθος ἥβας ἄρτι κυμαίνει· δύνασαι
   δ' ἀφελεῖν
μᾶνιν χθονίων. κέλεται γὰρ ἑὰν ψυχὰν κομίξαι
160 Φρίξος ἐλθόντας πρὸς Αἰήτα θαλάμους,
δέρμα τε κριοῦ βαθύμαλλον ἄγειν, τῷ ποτ' ἐκ πόντου
   σαώθη

ἔκ τε ματρυιᾶς ἀθέων βελέων.   [στρ. η'.
ταῦτά μοι θαυμαστὸς ὄνειρος ἰὼν φωνεῖ. μεμάντευμαι
   δ' ἐπὶ Κασταλίᾳ,

V. 151. οὐκ ἀλγύνει με ταῦτα τὸν σὸν οἶκον αὔξοντα. Schol.

V. 152. ἀλλὰ σκᾶπτον καὶ θρόνος sc. δονεῖ με.

V. 154. ἄνευ ξυνᾶς ἀνίας Zwang würde beiden unlieb sein.

V. 155. νεώτερον, *gravius;* so heisst νεωτερίζειν: ungewöhnliche, harte Massregeln ergreifen. — ἀνασταίη, Conjunctiv; vergl. παραφθαίῃσι, Il. 10, 346. — Beachte die Mässigung des Iason im Drohen.

V. 159. κέλεται γάρ etc. Die Seelen der ausser Land Verstorbenen pflegte man aus dem fremden Lande zurückzuführen, indem man beim Abziehen von dem Orte ihres Todes sie dreimal anrief (Od. 9, 64.) und zur Fahrt in die Heimat einlud (ἀνάκλησις), wo ihnen dann ein Kenotaphion errichtet ward. — Pindar weicht durch diesen Auftrag, durch dessen Ausführung der Zorn der Unterirdischen gesühnt werden soll, von der gangbaren Sage ab, wonach Iason nur das goldene Vliess holen soll. Das Zurückbringen des Vliesses, das ein Schutz und Hort gegen den Zorn des Zeus Laphystios ist, durch Iason, den Heilenden und Versöhnenden (ἰάομαι), hat einen ähnlichen Sinn wie jene Zurückführung der Seele des Phrixos.

V. 162. ματρυιᾶς, Ino; Pindar nannte sie Demodike.

εἰ μετάλλατόν τι. καὶ ὡς τάχος ὀτρύνει με τεύχειν ναῒ
πομπάν.
τοῦτον ἄεθλον ἑκὼν τέλεσον· καί τοι μοναρχεῖν 165
καὶ βασιλευέμεν ὄμνυμι προήσειν. καρτερός
ὅρκος ἄμμιν μάρτυς ἔστω Ζεὺς ὁ γενέθλιος ἀμφοτέροις.
σύνθεσιν ταύταν ἐπαινήσαντες οἱ μὲν κρίθεν·
ἀτὰρ Ἰάσων αὐτὸς ἤδη

ὤρνυεν κάρυκας ἐόντα πλόον   [ἀντ. τ΄. 170
φαινέμεν παντᾶ. τάχα δὲ Κρονίδαο Ζηνὸς υἱοὶ τρεῖς
ἀκαμαντομάχαι
ἦλθον Ἀλκμήνας θ᾽ ἑλικοβλεφάρου Λήδας τε, δοιοὶ δ᾽
ὑψιχαῖται
ἀνέρες, Ἐννοσίδα γένος, αἰδεσθέντες ἀλκάν,
ἔκ τε Πύλου καὶ ἀπ᾽ ἄκρας Ταινάρου· τῶν μὲν κλέος
ἐσλὸν Εὐφάμου τ᾽ ἐκράνθη, σόν τε, Περικλύμεν᾽ εὐρυβία. 175
ἐξ Ἀπόλλωνος δὲ φορμικτὰς ἀοιδᾶν πατήρ
ἔμολεν, εὐαίνητος Ὀρφεύς.

V. 164. εἰ μετάλλατόν τι. εἰ ἐρευνητέον τι τούτων καὶ φροντιστέον, ὧν ὁ ὄνειρος καθ᾽ ὕπνους ὑπέθετο, τουτέστιν εἰ πρακτέον. Schol. Ein Traum kann auch falsch sein. Od. 19, 560 ff. — ὀτρύνει, sc. ὁ θεός.
V. 167. Ζεὺς ὁ γεν. ἀμφ. Hellen, der Vater des Aiolos, sollte nach Einigen Sohn des Zeus sein.
V. 171. Pindar nennt aus der Zahl der Argonauten nur wenige. Bei der Auswahl kann er bestimmt worden sein durch den Ruhm und die glänzende Abstammung der Helden, theils auch durch Beziehungen derselben zu Kyrene. Die Genannten, unter denen der Ahn der Herrscher von Kyrene, sind Söhne von Göttern, die besonders in Kyrene verehrt wurden, von Zeus, Poseidon, Apollon, Hermes und Herakles, und die Dioskuren wurden selbst in K. verehrt. Die Boreaden mag er zugefügt haben, um ihre Heimat, den fernen Norden, dem fernen Süden, Pylos und Taenaron entgegenzustellen und so durch die weite Ausdehnung der Länder, aus denen die theilnehmenden Göttersöhne sich sammeln, die Grösse und Wichtigkeit der Unternehmung hervortreten zu lassen. Den Dichterheros Orpheus konnte der Dichter nicht wohl übergehen; er hat ihm in der Gruppirung der Namen eine ausgezeichnete Stelle in der Mitte gegeben. Dass die Götter ihre Söhne schicken und Hera sie antreibt, zeigt, dass die Götter die Fahrt begünstigen.
V. 173. αἰδεσθέντες ἀλκάν. ἐντραπέντες ἣν εἶχον ἀλκὴν καταισχῦναι, εἰ μὴ ὑπακούσειαν τοῖς καλοῦσι. Schol. Cf. V. 185 ff. u. Ol. 1, 81 ff.
V. 175. Periklymenos aus Pylos, Sohn des Neleus und Enkel des Poseidon.
V. 176. ἐξ Ἀπόλλωνος, von Ap., seinem Vater, geschickt.

[ἐπ. η΄.

πέμπε δ' Ἑρμᾶς χρυσόραπις διδύμους υἱοὺς ἐπ' ἄτρυτον
    πόνον,
τὸν μὲν Ἐχίονα, κεχλάδοντας ἥβᾳ, τὸν δ' Ἔρυτον. τα-
    χέως δ'
180 ἀμφὶ Παγγαίου θέμεθλ' οἱ ναιετάοντες ἔβαν·
καὶ γὰρ ἑκὼν θυμῷ γελανεῖ θᾶσσον ἔντυνεν βασιλεὺς
    ἀνέμων
Ζήταν Κάλαΐν τε πατὴρ Βορέας, ἄνδρας πτεροῖσιν
νῶτα πεφρίκοντας ἄμφω πορφυρέοις.
τὸν δὲ παμπειθῆ γλυκὺν ἡμιθέοισιν πόθον ἔνδαιεν Ἥρα

185 ναὸς Ἀργοῦς, μή τινα λειπόμενον   [στρ. θ΄.
τὰν ἀκίνδυνον παρὰ ματρὶ μένειν αἰῶνα πέσσοντ', ἀλλ'
    ἐπὶ καὶ θανάτῳ
φάρμακον κάλλιστον ἑᾶς ἀρετᾶς ἄλιξιν εὑρέσθαι σὺν ἄλλοις.
ἐς δ' Ἰαωλκὸν ἐπεὶ κατέβα ναυτᾶν ἄωτος,
λέξατο πάντας ἐπαινήσαις Ἰάσων. καί ῥά οἱ
190 μάντις ὀρνίχεσσι καὶ κλάροισι θεοπροπέων ἱεροῖς
Μόψος ἄμβασε στρατὸν πρόφρων. ἐπεὶ δ' ἐμβόλου
κρέμασαν ἀγκύρας ὕπερθεν,

χρυσέαν χείρεσσι λαβὼν φιάλαν   [ἀντ. θ΄.
ἀρχὸς ἐν πρύμνᾳ πατέρ' Οὐρανιδᾶν ἐγχεικέραυνον Ζῆνα,
    καὶ ὠκυπόρους
195 κυμάτων ῥιπὰς ἀνέμων τ' ἐκάλει, νύκτας τε καὶ πόντου
    κελεύθους
ἄματά τ' εὔφρονα καὶ φιλίαν νόστοιο μοῖραν·

V. 179. Echion und Erytos aus Alope in Thessalien. — τὸν μὲν Ἐχίονα, κεχλάδοντας ἥβᾳ, τὸν δ' Ἐρ., ein σχῆμα Ἀλκμανικόν. cf. P. 5. 774. 20, 138. — Die Form κεχλάδοντας vergl. mit πεφρίκοντας V. 183. Perfectformen mit Präsensendungen, bei den lesbischen Dichtern gebräuchlich.

V. 185. μή τινα μένειν, dass keiner zurückbleiben wollte.

V. 187. φάρμακον ἀρεταῖς, Befriedigung ihres Thatendranges.

V. 191. Mopsos, Sohn des Ampyx aus Oichalia oder aus Titairon in Thessalien, Seher der Argonauten. — ἐπεὶ — ὕπερθεν. cf. V. 24.

V. 193. Spenden waren bei der Abfahrt einer Flotte gewöhnlich. Arrian. Anab. 1. 11. 6. Ἀλέξανδρον — λόγος κατέχει —, ἐπειδὴ κατὰ μέσον τὸν πόρον τοῦ Ἑλλησπόντου ἐγένετο, σφάξαντα ταῦρον τῷ Ποσειδῶνι καὶ Νηρηΐσι σπένδειν ἐκ χρυσῆς φιάλης ἐς τὸν πόντον. cf. Thuk. 6, 32.

ἐκ νεφέων δέ οἱ ἀντάϋσε βροντᾶς αἴσιον
φθέγμα· λαμπραὶ δ' ἦλθον ἀκτῖνες στεροπᾶς ἀπορη-
γνύμεναι.
ἀμπνοὰν δ' ἥρωες ἔστασαν θεοῦ σάμασιν
πιθόμενοι· κάρυξε δ' αὐτοῖς   200
                                                              [ἐπ. θ´.
ἐμβαλεῖν κώπαισι τερασκόπος ἀδείας ἐνίπτων ἐλπίδας·
εἰρεσία δ' ὑπεχώρησεν ταχειᾶν ἐκ παλαμᾶν ἄκορος.
σὺν Νότου δ' αὔραις ἐπ' Ἀξείνου στόμα πεμπόμενοι
ἤλυθον· ἔνθ' ἁγνὸν Ποσειδάωνος ἔσσαντ' εἰναλίου τέμενος,
φοίνισσα δὲ Θρηϊκίων ἀγέλα ταύρων ὑπᾶρχεν   205
καὶ νεόκτιστον λίθων βωμοῖο θέναρ.
ἐς δὲ κίνδυνον βαθὺν ἱέμενοι δεσπόταν λίσσοντο ναῶν,

συνδρόμων κινηθμὸν ἀμαιμάκετον   [στρ. ι´.
ἐκφυγεῖν πετρᾶν. δίδυμοι γὰρ ἔσαν ζωαί, κυλινδέσκοντό
                                  τε κραιπνότεραι
ἢ βαρυγδούπων ἀνέμων στίχες· ἀλλ' ἤδη τελευτὰν κεῖνος   210
                                                              αὐταῖς
ἡμιθέων πλόος ἄγαγεν. ἐς Φᾶσιν δ' ἔπειτεν
ἤλυθον· ἔνθα κελαινώπεσσι Κόλχοισιν βίαν

V. 199. ἀμπνοὰν ἔστασαν, ἀνέπνευσαν, sie bekamen Muth.
V. 204. Ἔνθα καὶ προχαθιερωμένον εὑρόντες βωμὸν ἔκτισαν καὶ αὐτοὶ Ποσειδῶνος τέμενος καὶ δεξάμενοι Θρηικοὺς ταύρους πυρροὺς τὴν χροιὰν ἱερούργησαν τῷ θεῷ. Schol. — Der Ort war die Anhöhe Hieron mit einem Hafen, der durch die Heiligkeit des Ortes auch später ein gemeinsamer Freihafen für alle Schiffer war, unmittelbar an der Mündung des Pontos auf bithynischer Seite. Der erwähnte Altar ist der des Zeus Urios, den die Söhne des Phrixos gestiftet haben sollten, nach alter Sage aber den zwölf Göttern geweiht, weshalb die Arg. auch dem Poseidon auf demselben opfern konnten. Stiere sind das gewöhnliche Opfer für Poseidon (Od. 3, 6. 178.). Das Erscheinen der Heerde war ein Zeichen, dass die Arg. hier opfern sollten; thrakisch heisst sie, weil die Bithyner thrakischen Stammes. Herod. 7, 75.

V. 207 ff. Der Dichter hebt aus der Hinfahrt nur die grösste Gefahr heraus. die Fahrt durch die Symplegaden; sie kommen durch Hülfe Poseidons glücklich hindurch.

V. 210. τελευτάν, gewählt mit Bezug auf ζωαί. Seit der Durchfahrt der Argo standen die Felsen still.

V. 212. βίαν μίξαν ist von einem Kampfe zu verstehen, obwohl die gewöhnliche Sage davon nichts berichtet. — Αἰήτᾳ παρ' αὐτῷ, h. e. *ad ipsam urbem progressi*. Dissen.

μίξαν Αἴητα παρ' αὐτῷ. πότνια δ' ὀξυτάτων βελέων
ποικίλαν ἴυγγα τετράκναμον Οὐλυμπόθεν
ἐν ἀλύτῳ ζεύξαισα κύκλῳ

μαινάδ' ὄρνιν Κυπρογένεια φέρεν   [ἀντ. ί .
πρῶτον ἀνθρώποισι, λιτάς τ' ἐπαοιδὰς ἐκδιδάσκησεν σοφὸν
Αἰσονίδαν·
ὄφρα Μηδείας τοκέων ἀφέλοιτ' αἰδῶ, ποθεινὰ δ' Ἑλλὰς
αὐτὰν
ἐν φρασὶ καιομέναν δονέοι μάστιγι Πειθοῦς.

καὶ τάχα πείρατ' ἀέθλων δείκνυεν πατρωίων·
σὺν δ' ἐλαίῳ φαρμακώσαις' ἀντίτομα στερεᾶν ὀδυνᾶν
δῶκε χρίεσθαι. καταίνησάν τε κοινὸν γάμον
γλυκὺν ἐν ἀλλάλοισι μῖξαι.
                                                     [ἐπ. ί .
ἀλλ' ὅτ' Αἰήτας ἀδαμάντινον ἐν μέσσοις ἄροτρον σκίμψατο
καὶ βόας, οἳ φλόγ' ἀπὸ ξανθᾶν γενύων πνέον καιομέ-
νοιο πυρός,
χαλκέαις δ' ὁπλαῖς ἀράσσεσκον χθόν' ἀμειβόμενοι·
τοὺς ἀγαγὼν ζεύγλᾳ πέλασσεν μοῦνος. ὀρθὰς δ' αὔλακας
ἐντανύσαις
ἤλαυν', ἀνὰ βωλακίας δ' ὀρόγυιαν σχίζε νῶτον.

V. 213 ff. Auch hier hilft eine Gottheit. Aphrodite gab zuerst den Menschen den Wendehals, das Sinnbild leidenschaftlicher, unruhig bewegter Liebe, mit den Füssen und den Flügeln (τετράκναμον) auf einen vierspeichigen Kreisel gespannt, und lehrte den Iason ihn unter Zaubersprüchen drehen, um die Liebe der Medea zu gewinnen. Dies war die Weise, wie bei den Alten Zauberinnen den Vogel gebrauchten, um durch magische Gewalt Jemanden zur Liebe zu entflammen. — Um die königliche Jungfrau zu vermögen die Eltern zu verlassen und dem Fremden zu folgen, bedurfte es besonderer Mittel: daraus erklärt sich auch bei dem Dichter der grosse Aufwand der Worte.

V. 217. λιτάς adjectivisch gebraucht.

V. 220. πείρατ' ἀέθλων, die Ausführung der Kämpfe.

V. 221. σὺν ἐλαίῳ φαρμ. ἀντίτομα ὀδυνᾶν, Kräuter, geschnitten und bereitet gegen die Schmerzen, mischte sie mit Oel zu einem φάρμακον.

V. 224. σκίμψατο ἄροτρον καὶ βόας, Zeugma. ὅτε Αἰήτης ἐν μέσοις τὸ ἀλ. κατέθηκεν ἄροτρον καὶ τοὺς βοῦς. Schol.

V. 227. πέλασσεν, sc. Aietes.

V. 228. ὀρόγυιαν, ein Klafter tief. — ἀνά verb. mit σχίζε.

γᾶς. έειπεν δ' ὧδε· Τοῦτ' ἔργον βασιλεύς,
ὅστις ἄρχει ναός, ἐμοὶ τελέσαις ἄφθιτον στρωμνὰν ἀγέσθω, 230
κῶας αἰγλᾶεν χρυσέῳ θυσάνῳ. [στρ. ιά.
ὣς ἄρ' αὐδάσαντος ἀπὸ κρόκεον ῥίψαις Ἰάσων εἶμα θεῷ
πίσυνος
εὔχετ' ἔργου· πῦρ δέ νιν οὐκ ἐόλει παμφαρμάκου ξείνας
ἐφετμαῖς.
σπασσάμενος δ' ἄροτρον, βοέους δήσαις ἀνάγκᾳ
ἔντεσιν αὐχένας ἐμβάλλων τ' ἐριπλεύρῳ φυᾷ 235
κέντρον αἰανὲς βιατὰς ἐξεπόντησ' ἐπιτακτὸν ἀνὴρ
μέτρον. ὕϊξεν δ' ἀφωνήτῳ περ ἔμπας ἄχει
δύνασιν Αἰήτας ἀγασθείς.

πρὸς δ' ἑταῖροι καρτερὸν ἄνδρα φίλας [ἀντ. ιά.
ὤρεγον χεῖρας, στεφάνοισί τέ μιν ποίας ἔρεπτον, μειλι- 240
χίοις τε λόγοις
ἀγαπάζοντ'. αὐτίκα δ' Ἀελίου θαυμαστὸς υἱὸς δέρμα
λαμπρόν
ἔννεπεν, ἔνθα νιν ἐκτάνυσαν Φρίξου μάχαιραι·
ἤλπετο δ' οὐκέτι οἱ κεῖνόν γε πράξασθαι πόνον.
κεῖτο γὰρ λόχμᾳ, δράκοντος δ' εἴχετο λαβροτάταν γενύων,
ὃς πάχει μάκει τε πεντηκόντορον ναῦν κράτει. 245
τέλεσαν ἂν πλαγαὶ σιδάρου.
[ἐπ. ιά.
μακρά μοι νεῖσθαι κατ' ἀμαξιτόν· ὥρα γὰρ συνάπτει·
καί τινα

V. 230. στρωμνάν, Schaffelle wurden als Unterbetten gebraucht.
V. 233. ἐόλει, Praes. ὀλέω, Nebenform von εἴλω. — ξείνας ἐφετμαῖς. Medea hatte ihn geheissen sich mit dem oben genannten Zaubermittel zu salben; auch soll sie ihm gerathen haben, damit das Feuer ihn nicht treffe, nicht gegen den Wind und also stets in einer Richtung zu pflügen.
V. 235. ἔντεα, das Geschirr des Pflugs.
V. 241. Ἀελίου υἱός, Aïetes.
V. 242. Φρίξου μάχαιραι, eine auffallende Kürze. Der Dichter will mit wenig Worten sagen, dass Phrixos das Fell (im Haine des Ares) ausbreitete, nachdem er den Widder (dem Zeus Phyxios) geopfert.
V. 244. δράκ. εἴχετο γενύων. Nach Pindar lag das Vliess auf der Erde und wurde von den Zähnen eines Drachen festgehalten, hing in dessen Zähnen.
V. 247. μακρά, zu weit.

οἶμον ἴσαμι βραχύν· πολλοῖσι δ' ἄγημαι σοφίας ἑτέροις.
κτεῖνε μὲν γλαυκῶπα τέχναις ποικιλόνωτον ὄφιν,
250 ὦ 'ρκεσίλα, κλέψεν τε Μήδειαν σὺν αὐτᾷ, τὰν Πελίαο
φόνον·
ἔν τ' Ὠκεανοῦ πελάγεσσι μίγεν πόντῳ τ' ἐρυθρῷ
Λαμνιᾶν τ' ἔθνει γυναικῶν ἀνδροφόνων·
ἔνθα καὶ γυίων ἀέθλοις ἐπεδείξαντ' ἀγῶν' ἐσθᾶτος ἀμφίς,

καὶ συνεύνασθεν. καὶ ἐν ἀλλοδαπαῖς [στρ. ιβ´.
255 σπέρμ' ἀρούραις τουτάκις ὑμετέρας ἀκτῖνος ὄλβου δέξατο
μοιρίδιον
ἆμαρ ἢ νύκτες. τόθι γὰρ γένος Εὐφάμου φυτευθὲν λοιπὸν αἰεί
τέλλετο· καὶ Λακεδαιμονίων μιχθέντες ἀνδρῶν
ἤθεσι τάν ποτε Καλλίσταν ἀπῴκησαν χρόνῳ
νᾶσον· ἔνθεν δ' ὔμμι Λατοίδας ἔπορεν Λιβύας πεδίον
260 σὺν θεῶν τιμαῖς ὀφέλλειν, ἄστυ χρυσοθρόνου
διανέμειν θεῖον Κυράνας

ὀρθόβουλον μῆτιν ἐφευρομένοις. [ἀντ. ιβ´.
γνῶθι νῦν τὰν Οἰδιπόδα σοφίαν. εἰ γάρ τις ὄζους ὀξυ-
τόμῳ πελέκει

V. 250. σὺν αὐτᾷ, mit ihrer eignen Hülfe. — τὰν Πελίαο φόνον, cf. Eurip. Eleg. V. 1. Πάρις οὐ γάμον, ἀλλά τιν' ἄ=σαν ἠγάγετο Ἑλέναν. — Medea rächte den Iason an Pelias, weil dieser in dessen Abwesenheit seine ganze Familie ausgerottet hatte.

V. 251. ἐν — μίγεν, sie kamen in die Fluth des Okeanos und zu den lemnischen Frauen, welche kurz vorher ihre ungetreuen Männer gemordet hatten (ἀνδροφόνων). Nach anderer Sage kamen sie auf der Hinfahrt nach Lemnos.

V. 253. s. zu Ol. 4, 19. — ἀμφίς = ἀμφί. Ein Gewand ist der Kampfpreis.

V. 254. „und sie vermählten sich. Da empfing in fremdem Lande der vom Schicksal bestimmte Tag (oder waren es die Stunden der Nacht?) den Samen eures Glücksstrahls." Die Erklärung im folgenden Satze.

V. 260. σὺν θεῶν τιμαῖς, cf. V. 51.

V. 261. Kyrene, die Nymphe der Stadt.

V. 262. Uebergang zu dem folgenden Theile.

V. 263. γνῶθι — σοφίαν, „lerne jetzt die Weisheit des Oidipus," d. h. zeige jetzt Weisheit im Lösen der Räthsel wie Oidipus. — In dem folgenden Räthsel bedeutet die Eiche den kyrenäischen Staat,

ἐξερείψῃ κεν μεγάλας δρυός, αἰσχύνῃ δέ οἱ θατὸν εἶδος·
καὶ φθινόκαρπος ἐοῖσα διδοῖ ψᾶφον περ' αὐτᾶς,   265
εἴ ποτε χειμέριον πῦρ ἐξίκηται λοίσθιον·
ἢ σὺν ὀρθαῖς κιόνεσσιν δεσποσύναισιν ἐρειδομένα
μόχθον ἄλλοις ἀμφέπει δύστανον ἐν τείχεσιν,
ἐὸν ἐρημώσαισα χῶρον.
                                                           [ἐπ. ιβ'.
ἐσσὶ δ' ἰατὴρ ἐπικαιρότατος, Παιάν τέ σοι τιμᾷ φάος.   270
χρὴ μαλακὰν χέρα προσβάλλοντα τρώμαν ἕλκεος ἀμφι-
                                                              πολεῖν.
ῥᾴδιον μὲν γὰρ πόλιν σεῖσαι καὶ ἀφαυροτέροις·
ἀλλ' ἐπὶ χώρας αὖτις ἕσσαι δυσπαλὲς δὴ γίγνεται, ἐξα-
                                                              πίνας
εἰ μὴ θεὸς ἀγεμόνεσσι κυβερνατὴρ γένηται.
τὶν δὲ τούτων ἐξυφαίνονται χάριτες.   275
τλᾶθι τᾶς εὐδαίμονος ἀμφὶ Κυράνας θέμεν σπουδὰν ἅπασαν.

τῶν δ' Ὁμήρου καὶ τόδε συνθέμενος   [στρ. ιγ'.
ῥῆμα πόρσυν'· ἄγγελον ἐσλὸν ἔφα τιμὰν μεγίσταν πρά-
                                                         γματι παντὶ φέρειν.
αὔξεται καὶ Μοῖσα δι' ἀγγελίας ὀρθᾶς. ἐπέγνω μὲν Κυράνα
καὶ τὸ κλεεννότατον μέγαρον Βάττου δικαιᾶν   280
Δαμοφίλου πραπίδων. κεῖνος γὰρ ἐν παισὶν νέος,

deren abgehauene Zweige die verbannten Edlen, das Feuer Empörung, der fremde Herrscherpalast, in dem die Eiche unter andere Säulen zu schmählichem Dienste aufgestellt wird, ein fremdes eroberndes Reich (wie Persien), dem das Volk sich in der Verzweiflung unterwirft.

V. 265. διδοῖ ψᾶφον περ' αὐτᾶς, sie gibt Zeugniss von ihrer Kraft.
V. 268. ἐρειδομένα, sich auf den Boden stemmend.
V. 270. „Du vermagst eine Krankheit des Staates zu heilen, und Apollon Paian, der heilende, gibt deinem Beginnen Erfolg." — Apollon ist ein Freund der Battiaden. — Παιάν σοι τιμᾷ φάος, ὁ Ἀπ. σοι τετίμηκε τὴν ζωήν. Schol.
V. 271. χρή, du musst daher.
V. 275. Dir wird durch die Götter die Gunst dieser Dinge zu Theil, das Glück den Staat heilen und fest gründen zu können; darum nimm es über dich: τλᾶθι.
V. 278. Hom. Il. 15, 207. ἄγγελον ἐσθλόν etc. „Ein guter Bote bringt jeglichem Werke die grösste Förderung. Auch die Muse fördert sich durch gute und gerechte Verkündigung." In der

ἐν δὲ βουλαῖς πρέσβυς ἐγκύρσαις ἑκατονταετεῖ βιοτᾷ.
ὀρφανίζει μὲν κακὰν γλῶσσαν φαεννᾶς ὀπός,
ἔμαθε δ' ὑβρίζοντα μισεῖν,

285 οὐκ ἐρίζων ἀντία τοῖς ἀγαθοῖς,   [ἀντ. ιγ´.
οὐδὲ μακύνων τέλος οὐδέν. ὁ γὰρ καιρὸς πρὸς ἀνθρώπων
            βραχὺ μέτρον ἔχει.
εὖ νιν ἔγνωκεν· θεράπων δέ οἱ, οὐ δράστας ὀπαδεῖ.
            φαντὶ δ' ἔμμεν
τοῦτ' ἀνιαρότατον, καλὰ γιγνώσκοντ' ἀνάγκᾳ
ἐκτὸς ἔχειν πόδα. καὶ μὰν κεῖνος Ἄτλας οὐρανῷ
290 προσπαλαίει νῦν γε πατρῴας ἀπὸ γᾶς ἀπό τε κτεάνων·
λῦσε δὲ Ζεὺς ἄφθιτος Τιτᾶνας. ἐν δὲ χρόνῳ
μεταβολαὶ λήξαντος οὔρου
                                              [ἐπ. ιγ´.
ἱστίων. ἀλλ' εὔχεται οὐλομέναν νοῦσον διαντλήσαις ποτέ
οἶκον ἰδεῖν, ἐπ' Ἀπόλλωνός τε κράνᾳ συμποσίας ἐφέπων

homerischen Stelle räth die von Zeus gesandte Botin Iris dem Poseidon zur Nachgiebigkeit, indem sie diesen darauf aufmerksam macht, dass er nach dem Familienrechte dem älteren Bruder gehorchen müsse. Durch diesen guten Rath ist sie eine gute Botin und erreicht den Zweck ihrer Sendung. So will auch jetzt die Muse dadurch, dass sie Gerechtes und Billiges räth und auf die Tugenden des Damophilos hinweist, ihren Zweck erreichen, dass Ark. nämlich dem Dam. verzeiht.

V. 283. lästernde Zungen macht er verstummen, er ist der Lästerung feind.

V. 286. ὁ γὰρ καιρός — ἔχει. „Eine gute Gelegenheit hat bei den Menschen ein kurzes Mass, sie geht schnell vorüber." Der Dichter will durch diese Worte zugleich dem Ark. einen Wink geben.

V. 287. εὖ νιν ἔγνωκεν, Dam. beobachtet wohl die rechte Gelegenheit. — θεράπων, οὐ δράστας ὀπαδεῖ. Zeugma. „Er geht ihr nach wie ein Diener, nicht wie ein Ausreisser wendet er sich von ihr ab." Damophilos wird also dem Ark. treffliche Dienste leisten können. — δράστης = δραπέτης.

V. 289. Ἄτλας, Damophilos ein zweiter Atlas. — Atlas hat neben seiner Last auch noch das harte Loos, am fernen Rande der Erde von den übrigen Göttern ausgeschlossen zu sein.

V. 290. νῦν γε, früher war er glücklich.

V. 291. λῦσε. Er konnte es ohne Gefahr, nachdem seine Herrschaft befestigt war; so kann auch jetzt Arkesilas den Damophilos in sein Reich zurückrufen.

V. 293. νοῦσον, die Verbannung und Ungnade des Fürsten.

V. 294. ἐπ' Ἀπ. κράνᾳ, die Quelle Kyre, um welche der ältere Theil der nach ihr genannten Stadt Kyrene lag.

θυμὸν ἐκδόσθαι πρὸς ἥβαν πολλάκις, ἔν τε σοφοῖς
δαιδαλέαν φόρμιγγα βαστάζων πολίταις ἀσυχίᾳ θιγέμεν,
μήτ' ὦν τινι πῆμα πορών, ἀπαθὴς δ' αὐτὸς πρὸς ἀστῶν.
καί κε μυθήσαιθ', ὁποίαν Ἀρχεσίλᾳ
εὖρε παγὰν ἀμβροσίων ἐπέων, πρόσφατον Θήβᾳ ξενωθείς.

V. 295. **θυμὸν ἐκδόσθαι πρὸς ἥβαν**, seinen Sinn der jugendlichen Freude hingeben, †βάν. Diese Verse sind mit Bezug auf das gegenwärtige Gastmahl, bei dem diese Ode gesungen wird, gesprochen. — **σοφοῖς**, der Musik und Poesie kundig.

V. 298. „dann möchte er auch wohl erzählen, welche Quelle göttlicher Lieder er dem Ark. gefunden, da er jüngst zu Theben der Gastfreundschaft genoss." Bei Pindar hat Dam. erwirkt, dass dem Ark. auch noch in Zukunft Lieder werden gedichtet werden.

IV.

IDYLLEN.

Die Idylle.

Theokritos. Bion. Moschos.

Die bukolische Dichtungsart, welche übrigens, genau genommen, nicht zur lyrischen Poesie gehört, ist der einzige neue Zweig, den in alexandrinischer Zeit die griechische Poesie noch getrieben hat. Der Erfinder und Vollender und, man darf sagen, der einzige Repräsentant derselben ist Theokritos aus Syrakus, blühend um Ol. 127. v. Chr. 272. Von seinen Lebensverhältnissen wissen wir wenig; er lebte theils in Alexandrien, von Ptolemaeos Philadelphos wegen seiner gelehrten und feinen Bildung begünstigt, theils in seiner Vaterstadt unter der Regierung von Hieron II. Lange vor ihm hatten die Hirten Siciliens auf ihren freundlichen Triften die bukolische Dichtung geübt in Wechsel- und Wettgesängen, in denen besonders die Liebe und der Tod des Daphnis, des Ideals der Hirten, besungen wurde. Daher galt auch dieser mythische Daphnis als der Erfinder des bukolischen Gesanges; auch nennt man Stesichoros als einen solchen, der μέλη βουκολικά gedichtet habe; allein zu einer eigenen Kunstform, die auf eine besondere Stellung in der Litteratur Anspruch machen kann, hat die bukolische Dichtungsart erst Theokrit erhoben. Indem er manche Eigenthümlichkeiten des unausgebildeten Hirtenliedes, wie die Form des symmetrischen Wettgesanges und die Intercalarverse, beibehielt, schilderte er das einfache Leben der Hirten seiner Heimat in Gedichten, welche Εἰδύλλια heissen, weil sie uns einzelne Scenen aus der Hirtenwelt wie kleine Bilder vor Augen führen. Doch beschränkte er sich in diesen Idyllen nicht bloss auf das Hirtenleben, sondern er wählte seine Scenen und Charaktere überhaupt aus dem Leben der niederen Stände, der Hirten, Fischer, Landleute, gemeinen Städter. Mit scharfer Beobachtungsgabe hat er das Leben und Treiben dieser Classen aufgefasst und naturgetreu mit heiterer Laune in oft derben Zügen und in lebhaften Farben gezeichnet, ohne jedoch ins Rohe und Gemeine zu verfallen. Die Griechen Siciliens besassen überhaupt die Gabe scharfsinniger Beobachtung und lebendiger Nachahmung und hatten eine ausgezeichnete Anlage zu Scherz und Witz. So hatte sich schon früh unter ihnen eine eigene Gattung von komischer Dichtung gebildet, die Mimen (Μῖμοι), kleine Schauspiele, in denen in scherzhafter Weise Charaktere und Scenen aus den niedern Kreisen des sicilischen Lebens dargestellt wurden. Der geniale Geist des Sophron aus Syrakus (c. Ol. 90. v. Chr. 420.) hat diese Dichtungsart zur höchsten Ausbildung gebracht; seine naturgetreuen Sittenzeichnungen voll bewegten, lustigen Lebens, denen auch die Bewunderung des Platon zu Theil ward, waren für Theokrit hohe Muster, nach denen er seine Darstellungsweise bildete. Id. 15., die gelungenste Idylle Theokrits, wird vorzugsweise von den Scholiasten als eine Nachahmung der Mimen des Sophron bezeichnet.

Theokrit zeichnet seine Lebensbilder auf kleinem, beschränktem Felde; aber innerhalb dieses engen Rahmens ist ein mannigfaltiges, bewegtes Leben. Seine Idyllen haben alle einen dramatischen Charakter. Die Personen treten selbstredend auf, im Gespräch oder im Wechselgesang, nur bisweilen durch einige Worte des Dichters eingeführt, und sind scharf und bestimmt gezeichnet; sie sind wirkliche Menschen von Fleisch und Blut, welche fühlen und reden und handeln, wie es der Stand ihrer Bildung und die Sitten ihrer Zeit mit sich bringen, ganz verschieden von den allegorischen Figuren in den Eclogen des Virgil und den sentimentalen leidenschaftslosen Kindern einer idealen Unschuldswelt, wie wir sie in Gessners Idyllen antreffen. Weil Theokrit volle Menschen mit bestimmtem Charakter auftreten lässt, darum kann er in seinen Idyllen auch Bewegung und Leben hervorrufen, das man bei unseren neueren Idyllendichtern vergebens sucht. Er zeichnet seine Bilder nach dem wirklichen Leben und erhebt sie nur in etwas über dasselbe durch poetische Auffassung und Darstellung. Ueberall ist er treu und wahr und anschaulich, und dabei einfach und natürlich; doch weiss sein feiner poetischer Sinn über diese gewöhnlichen Zustände und Verhältnisse einfacher Menschen in gemüthlicher Laune eine grosse Anmuth und Lieblichkeit auszugiessen. Die Schilderungen der seine Personen umgebenden Natur zeigen ein warmes Gefühl für die Schönheiten derselben und sind anschaulich, ohne breit und ermüdend zu sein. In seiner Sprache weiss Theokrit überall den rechten Volkston zu treffen; sie ist kräftig, einfach und klar. Der Dialect ist gemischt. Als Grundlage ist die Sprache seiner Heimat, der dorische Dialect in Sicilien, anzusehen; doch hat er ihn durch Aufnahme von Formen aus anderen Dialecten veredelt. Auch herrscht in einzelnen Gedichten je nach ihrem Stoffe und Charakter Verschiedenheit des Dialects.

Die Sammlung der dem Th. zugeschriebenen Gedichte enthält ausser 22 Epigrammen und dem Bruchstück eines Gedichtes Βερενίκη, 30 Stücke, die sämmtlich den Namen Idylle tragen. Ihre Aechtheit wird zum Theil bezweifelt; jedenfalls ist No. 30., ein Gedicht in Form der Anakreontea, nicht von Theokrit. Die theokritischen Gedichte sind von verschiedener Art; nur ein Theil derselben ist bukolisch-mimisch (z. B. Id. 1. 3. 6.), andere haben epischen Charakter (Id. 13.), eins ist rein lyrischer Art (Id. 28.).

Als Schüler und Nachahmer des Theokrit gilt sein Zeitgenosse Bion aus Smyrna, der seine späteren Jahre in Syrakus verlebte. Wir besitzen von ihm ein grösseres Gedicht Ἐπιτάφιος Ἀδώνιδος (No. 1.) und eine Anzahl kleinerer, zum Theil fragmentarischer Stücke. Als dessen Schüler wird angesehen Moschos aus Syrakus, ein jüngerer Zeitgenosse der beiden vorhergehenden, von welchem ausser einigen kleineren Dichtungen ein Ἐπιτάφιος Βίωνος und zwei grössere Idyllen epischen Inhalts und Charakters (Εὐρώπη und Μεγάρα) erhalten sind. Beide sind keine eigentlichen Bukoliker, wie Theokrit; sie ahmen diesen nur in dem Aeusseren der Darstellung nach. Man sucht in ihren Gedichten vergebens das dramatische Leben, die kräftige Einfachheit und Natürlichkeit der theokreteischen Muse; sie sind weich, sentimental, elegant, doch geht ihre Eleganz oft ins Gezierte über. Am besten gelingen ihnen die kleinen allegorischen Tändeleien erotischer Art, wie Bion No. 2 und 3.

Das Gedicht des Meleagros (s. I. p. 87.) auf den Frühling kann den Idyllen zugezählt werden.

Ueber den dorischen Dialect in den Bukolikern merke man sich im Voraus Folgendes:

Das gewöhnliche η wird wie bei den Aeoliern ᾱ, wo es aus α entstanden ist; es bleibt η, wo es aus ε entstanden ist: ἁδύ, λαψῇ (λήψῃ).

ου wird wie im Aeol. öfter ω. τῷ Πριήπω, ἐρίφως. Im Acc. Plur. wird durch die dem Dorier eigenthümliche Neigung die Endung zu verkürzen aus diesem ως öfter ος. cf. Pind. Ol. 2, 71.

αο und αω werden contrahirt in ᾱ. Bekannt ist der dor. Genit. Ἀτρείδα für Ἀτρείδαο. Genit. Pl. 1. Decl. τᾶν Νυμφᾶν. Part. Praes. Act. πεινάων = πεινᾶν (15, 148.), γελᾶν, γελᾶσα (1, 35.). βᾶμες für βῶμεν (15, 22.).

αε contrahirt in ῃ. ὁράε = ὁρῇ. ποθορῇ = προσορᾷ. λῇς von λάω (1, 12.).

ευ contrahirt in ευ. ἄλευμαι; ebenso die Partic. ποιολογεῦσα, καλεῦσα aus ποιολογέουσα.

ει wird verkürzt in ε in 2. Pers. Sing. Praes. Act. συρίσδες für συρίζεις und Inf. Praes. Act. συρίσδεν. So wird auch ἡμεῖς — ἁμές.

σ verwandelt sich oft in τ: φατί (φησί), προίητι; Pronom. 2. Pers. τύ, τέ, τοί etc. für σύ etc. In der 3. Plur. Act. hat sich die alte Endung ντι erhalten: μοχθίζοντι, φδήκαντι, φαντί, ποθεῦντι, ἐντί (εἰσί), ἴσαντι.

ν wird σ in 1. Pers. Plur. Act. λέγομες, ἐδοκεῦμες, ὦμες, δεδοίκαμες; auch ἦν wird so ἦς.

Ferner ist von dem Verbum zu merken, dass das Futur. nicht das einfache σ als Charakter hat, sondern σε, dass also überall die Endung des Futur. circumflectirt erscheint. ἑξῶ, ἑξεῖς, νομευσῶ, δωσῶ, ᾀσεῦμαι, κεισεῦμαι. Die Verba auf ζω bilden das Futur. auf ξῶ und Aor. I. Act. auf ξα. ἀγοράξω, καθίξας, καθίξῃ (1, 12. 51.). Bei Theokrit haben dieses ξ auch einige Verba, welche gewöhnlich im Praes. kein ζ haben: κλαξῶ (15, 43. 77.). Diese Form kommt von dem dor. Praes. κλάζω.

Ausserdem finden sich bei Theokrit häufig die äol. Endung des Part. fem. οισα (ἔχοισα) und die Auflösung des ζ in σδ. Aeolisch ist auch die Form ποθόρημι (6, 25.). Siehe Einl. zu Alkaios.

I. Theokritos.

1. Id. I.

Der Schafhirt Thyrsis bittet einen Ziegenhirten, der die Syrinx trefflich zu blasen versteht, auf derselben etwas vorzutragen. Dieser aber lehnt es ab, weil er den jetzt, in der Mittagszeit, ruhenden Pan durch den gellenden Ton der Syrinx in seinem Schlummer zu stören befürchtet, und fordert den im bukolischen Gesang geschickten Thyrsis auf, das Lied von den Leiden des Daphnis zu singen (daher die Ueberschrift θύρσις ἢ ᾠδή V. 61.): denn blosser Gesang stört die Ruhe nicht. Er bietet ihm als Preis seines Gesanges eine Ziege und einen mit kunstvollen Bildwerken geschmückten Becher, der V. 26—59. beschrieben wird. Hierauf singt Thyrsis das verlangte Hirtenlied von den Liebesleiden und dem Tode des Hirten Daphnis (V. 63—128.). Der Ziegenhirt, von dem schönen Liede entzückt, gibt dem Sänger gerne den versprochenen Lohn. Das Gedicht ist in der theokritischen Sammlung an den Anfang gestellt, weil es für eins der vorzüglichsten galt und nach dem Scholiasten der pindarische Spruch angewendet ist: ἀρχομένου δ' ἔργου πρόσωπον χρὴ θέμεν τηλαυγές. (Pind. Ol. 6, 3.)

ΘΥΡΣΙΣ Η ΩΙΔΗ.
ΘΥΡΣΙΣ.

Ἁδύ τι τὸ ψιθύρισμα καὶ ἁ πίτυς, αἰπόλε, τήνα
ἁ ποτὶ ταῖς παγαῖσι μελίσδεται, ἁδὺ δὲ καὶ τύ
συρίσδες· μετὰ Πᾶνα τὸ δεύτερον ἆθλον ἀποισῇ.
αἴκα τῆνος ἕλῃ κεραὸν τράγον, αἶγα τὺ λαψῇ·
αἴκα δ' αἶγα λάβῃ τῆνος γέρας, ἐς τὲ καταρρεῖ   5
ἁ χίμαρος· χιμάρῳ δὲ καλὸν κρέας, ἔστε κ' ἀμέλξῃς.

ΑΙΠΟΛΟΣ.

Ἅδιον, ὦ ποιμήν, τὸ τεὸν μέλος ἢ τὸ καταχὲς
τῆν' ἀπὸ τᾶς πέτρας καταλείβεται ὑψόθεν ὕδωρ.
αἴκα ταὶ Μοῖσαι τὰν οἰίδα δῶρον ἄγωνται,
ἄρνα τὺ σακίταν λαψῇ γέρας· αἰ δέ κ' ἀρέσκῃ   10
τήναις ἄρνα λαβεῖν, τὺ δὲ τὰν ὄϊν ὕστερον ἐξεῖς.

ΘΥΡΣΙΣ.

Λῇς ποτὶ τὰν Νυμφᾶν, λῇς, αἰπόλε, τεῖδε καθίξας,
συρίσδεν; τὰς δ' αἶγας ἐγὼν ἐν τῷδε νομευσῶ.

V. 1—3. Constr. καὶ ἁ πίτυς τήνα ἁ ποτὶ ταῖς παγαῖσι μελίσδεται ἁδύ τι τὸ ψιθύρισμα· ἁδὺ δὲ καὶ τὺ συρίσδες. Es entsprechen sich καὶ ἁ πίτυς und καὶ τύ. ἁδύ τι τὸ ψιθύρισμα ist Object zu μελίσδεται. Die Worte enthalten den Vergleich: ὡς ἡ πίτυς ἐκείνη ἡδύ ψ. μελίζεται, οὕτω καὶ σὺ ἡδύ συρίζεις, in selbständig neben einander stehenden Sätzen. cf. Pind. Ol. 1. in. 2, 98. Der Artikel bei ψιθύρισμα bezeichnet das wirklich vorhandene, ins Ohr fallende Säuseln: „Dieses Geflüster, das die Fichte dort am Quell herniedersäuselt, ist süss." „Das τί gibt dem Sinne etwas Magisches, etwas, das man nur fühlen, nicht aussprechen kann." Greverus. Vgl. Mosch. Id. 5, 8. ἁ πίτυς ἄδει.
V. 3. Pan, der Syrinxbläser, vgl. Hom. Hymn. in Pan. 16. Ovid. Met. 1, 690 ff.
V. 5. καταρρεῖ, Bion 1, 54. Horat. Carm. 1, 28, 28. tibi defluat aequo ab Jove.
V. 10. σακίταν. πηκῖται ἄρνες, οὓς οὐκέτι γάλακτος δεομένους οἱ νομεῖς τῶν μητέρων χωρίζοντες ἰδίᾳ βόσκουσι καὶ ἐν ἰδίῳ σηκῷ κλείουσιν. Schol.
V. 11. δέ im Nachsatz wie V. 24. cf. Hom. Il. 1, 137. 4, 261. 12. 245.
V. 12. τεῖδε für τῇδε. Bei den Doriern endigen die Adverbia des Ortes auf die Frage wo, bisweilen auch auf die Frage wohin, auf ει statt des gewöhnlichen ου. αὐτεῖ (15, 2.), τηνεῖ (11, 45.).
V. 13. ἐν τῷδε sc. χρόνῳ.

ΑΙΠΟΛΟΣ.

Οὐ θέμις, ὦ ποιμήν, τὸ μεσαμβρινόν, οὐ θέμις ἄμιν
15 συρίσδεν. τὸν Πᾶνα δεδοίκαμες· ἦ γὰρ ἀπ' ἄγρας
τανίκα κεκμακὼς ἀμπαύεται· ἔστι δὲ πικρός,
καί οἱ ἀεὶ δριμεῖα χολὰ ποτὶ ῥῖνα κάθηται.
ἀλλὰ τὺ γὰρ δή, Θύρσι, τὰ Δάφνιδος ἄλγε' ἀείδες
καὶ τᾶς βουκολικᾶς ἐπὶ τὸ πλέον ἵκεο μοίσας,
20 δεῦρ' ὑπὸ τὰν πτελέαν ἑσδώμεθα, τῶ τε Πριήπω
καὶ τᾶν Κρανιάδων κατεναντίον, ᾇπερ ὁ θῶκος
τῆνος ὁ ποιμενικὸς καὶ ταὶ δρύες. αἰ δέ κ' ἀείσῃς,
ὡς ὅκα τὸν Λιβύαθε ποτὶ Χρόμιν ᾆσας ἐρίσδων,
αἶγα δέ τοι δωσῶ διδυματόκον ἐς τρὶς ἀμέλξαι,
25 ἃ δύ' ἔχοισ' ἐρίφως ποταμέλγεται ἐς δύο πέλλας,
καὶ βαθὺ κισσύβιον κεκλυσμένον ἁδέϊ κηρῷ,

V. 14. Das Syrinxblasen könnte den ruhenden Pan wie eine Herausforderung reizen; Singen dagegen ist erlaubt.
V. 17. Die Nase galt als Sitz des Zornes. Od. 24, 318. Pers. Sat. 5, 91. *disce, sed ira cadat naso.*
V. 19. cf. 3, 47. Tyrt. 3, 43. ἀρετῆς εἰς ἄκρον ἱκέσθαι. — ἐπὶ τὸ πλέον, als Andere, also zu sehr hohem Grade.
V. 20. Bilder des Priapos (s. zu V. 80) in Gärten und Weinbergen, auch auf Weideplätzen.
V. 23. τὸν Λιβύαθε. Libyen war heerdenreich. Od. 4, 85. vgl. Id. 3, 5. ἐρίζων ποτὶ τὸν Χρ. — ὅκα für ὅτε, so πόκα, ἄλλοκα.
V. 24. Virg. Buc. 3, 30. — ἐς τρίς, dreimal des Tages. — διδυματόκον, ein stehendes Beiwort der Ziege (3, 34.), während δύ' ἔχ. ἐρίφως sich speciell auf die gegenwärtige Zeit bezieht: „obgleich sie zwei Böcklein nährt, so füllt sie doch täglich noch zwei Gelten mit Milch."
V. 26. Das grosse mit erhabener Arbeit gezierte hölzerne Trinkgeschirr (κισσύβιον, Od. 9, 346. 14, 78.) ist mit zwei Ohren versehen. Oben am Rande zieht sich ringsum ein Epheugeranke hin, an seinen Aestchen mit safranfarbenen Beerchen geschmückt, durchflochten mit Helichrysos. An dem Bauche auf beiden Seiten zwischen den Ohren sind die V. 32—54. beschriebenen Scenen abgebildet, und zwar so, dass auf der einen Seite sich das von zwei Männern umworbene, coquette Weib befindet, auf der andern eine Landschaft mit Meer und Felsengestade und Weingarten. In dieser Landschaft sind angebracht nach der einen Seite hin der alte Fischer, nach der andern (V. 44. τυτθὸν δ' ὅσσον ἄπωθεν) der Knabe und die Füchse. Die alten Dichter lieben solche Beschreibungen von erdachten Kunstwerken; bekannt ist die des Schildes des Achilleus bei Hom. Il. 18, 478 ff. Aehnlich beschreibt Hesiod den Schild des Herakles, Scut. Herc. 139 ff. Lateinische Dichter ahmen dies nach; siehe Virgil Aen. 5, 250. 6, 20. 8, 625. Ovid Met. 2, 5. 13, 682. Der Dichter befolgt natürlich in solchen Beschreibungen ganz andere Gesetze als der bildende Künstler. Dieser vermag nur einen Moment der Handlung darzustellen und wählt einen charakteristischen Moment, einen solchen, in dem sich die Hand-

ἀμφῶες νεοτευχές, ἔτι γλυφάνοιο ποτόσδον.
τῶ περὶ μὲν χείλη μαρύεται ὑψόθι κισσός,
κισσὸς ἑλιχρύσῳ κεκομημένος· ἁ δὲ κατ' αὐτό
καρπῷ ἕλιξ εἰλεῖται ἀγαλλομένα κροκόεντι.   30
ἔντοσθεν δὲ γυνά, τὶ θεῶν δαίδαλμα, τέτυκται,
ἀσκητὰ πέπλῳ τε καὶ ἄμπυκι. πὰρ δέ οἱ ἄνδρες
καλὸν ἐθειράζοντες ἀμοιβαδὶς ἄλλοθεν ἄλλος
νεικείους' ἐπέεσσι. τὰ δ' οὐ φρενὸς ἄπτεται αὐτᾶς·
ἀλλ' ὅκα μὲν τῆνον ποτιδέρκεται ἄνδρα γελᾶσα,   35
ἄλλοκα δ' αὖ ποτὶ τὸν ῥιπτεῖ νόον. οἱ δ' ὑπ' ἔρωτος
δηθὰ κυλοιδιόωντες ἐτώσια μοχθίζοντι.
τὼς δὲ μέτα γριπεύς τε γέρων πέτρα τε τέτυκται
λεπράς. ἐφ' ᾷ σπεύδων μέγα δίκτυον ἐς βόλον ἕλκει
ὁ πρέσβυς, κάμνοντι τὸ καρτερὸν ἀνδρὶ ἐοικώς.   40
φαίης κα γυίων νιν ὅσον σθένος ἐλλοπιεύειν·
ὧδέ οἱ ᾠδήκαντι κατ' αὐχένα πάντοθεν ἶνες
καὶ πολιῷ περ ἐόντι. τὸ δὲ σθένος ἄξιον ἅβας.
τυτθὸν δ' ὅσσον ἄπωθεν ἁλιτρύτοιο γέροντος
πυρραίαις σταφυλαῖσι καλὸν βέβριθεν ἀλωά,   45
τὰν ὀλίγος τις κῶρος ἐφ' αἱμασιαῖσι φυλάσσει

lung möglichst concentrirt: der Dichter dagegen tritt gleichsam als Erklärer an ein solches Kunstwerk heran, macht jeden fixirten Moment flüssig und erzählt die Handlung in ihrem Verlauf. — Das Gefäss ist innen mit süss duftendem Wachse gebohnt, damit es die Flüssigkeit nicht durchsickern lässt (vgl. Ovid. Met. 8, 671.); denn das Holz des Epheu ist sehr weich und porös. Aussen riecht das Geschirr noch nach dem Schnitzmesser.

V. 28. Vergl. Virg. Buc. 3, 38 ff.
V. 29. κεκομημένος, συμπεπλεγμένος. Schol. κομέομαι = κομάω, cf. Id. 4, 57. Callim. H. in Dian. 41. ὅρος κεκομημένον ὕλῃ.
V. 30. ἡ τοῦ κισσοῦ ἕλιξ εἰλεῖται ἀγαλλομένη τῷ οἰκείῳ καρπῷ τῷ κροκόεντι. Schol.
V. 31. ἔντοσθεν übersetzt Virg. Buc. 3, 40. mit *in medio*, in der Mitte, am Bauche des Bechers.
V. 33. ἐθειράζοντες, κόμην τρέφοντες· κομᾶν γὰρ καὶ ἐθειράζειν ταὐτό, πλὴν ὅτι τὸ μὲν κομᾶν ἐστὶ κοινόν, τὸ δὲ ἐθειράζειν ποιητικόν. Schol.
V. 39. δίκτυον ἐς βόλον ἕλκει. Die Worte sind nicht von dem Ziehen des Netzes durch die Wellen, von dem Einziehen zu verstehen, sondern der Fischer will eben das Netz auswerfen. Th. hatte die Verse des Hesiod, Scut. Herc. 213—15 vor Augen:
αὐτὰρ ἐπ' ἀκταῖς ἧστο ἀνὴρ ἁλιεὺς δεδοκημένος· εἶχε δὲ χερσὶν ἰχθύσιν ἀμφίβληστρον, ἀπορρίψοντι ἐοικώς.
V. 40. τὸ καρτερόν = καρτερῶς. cf. V. 45. 3, 3. 18.
V. 41. γυίων ὅσον σθένος sc. ἐστίν, mit allen seinen Kräften.
V. 44. τυτθὸν ὅσσον, nur ein wenig.
V. 45. cf. Hom. Il. 18, 561. πυρραῖος v. πυρρός, wie ἐρυθραῖος v. ἐρυθρός.

ἥμενος· ἀμφὶ δέ νιν δύ' ἀλώπεκες, ἁ μὲν ἀν' ὄρχως
φοιτῇ σινομένα τὰν τρώξιμον, ἁ δ' ἐπὶ πήρᾳ
πάντα δόλον κεύθοισα τὸ παιδίον οὐ πρὶν ἀνησεῖν
50 φατί, πρὶν ἢ ἀκράτιστον ἐπὶ ξηροῖσι καθίξῃ.
αὐτὰρ ὅγ' ἀνθερίκοισι καλὰν πλέκει ἀκριδοθήραν
σχοίνῳ ἐφαρμόσδων· μέλεται δέ οἱ οὔτε τι πήρας
οὔτε φυτῶν τοσσῆνον, ὅσον περὶ πλέγματι γαθεῖ.
παντᾷ δ' ἀμφὶ δέπας περιπέπταται ὑγρὸς ἄκανθος·
55 αἰολίχον τοι θᾶμα τέρας τέ τι θυμὸν ἀτύξαι.
τῷ μὲν ἐγὼ πορθμεῖ Καλυδωνίῳ αἶγά τ' ἔδωκα
ὦνον καὶ τυρόεντα μέγαν λευκοῖο γάλακτος·
οὐδέ τί πω ποτὶ χεῖλος ἐμὸν θίγεν, ἀλλ' ἔτι κεῖται
ἄχραντον. τῷ κά τυ μάλα πρόφρων ἀρεσαίμαν,
60 αἴκα μοι τὺ φίλος τὸν ἐφίμερον ὕμνον ἀείσαις.
κοὔτι τυ κερτομέω. πόταγ' ὠγαθέ· τὰν γὰρ ἀοιδάν
οὔτι πᾳ εἰς 'Αΐδαν γε τὸν ἐκλάθοντα φυλαξεῖς.

V. 49. πάντα δ. κεύθοισα, „allerlei heimliche List gegen den Ranzen im Sinne führend."
V. 50. Man erklärt: „bevor er ihm das Frühstück (welches in dem Ranzen ist) hat scheitern od. stranden machen (genommen hat)." cf. Thuk. 1, 109. τὰς ναῦς ἐπὶ ξηροῦ ἐποίησε. Anthol. Pal. 12, 145. ὁ γὰρ πάρος εἰς κενὸν ἡμῶν μόχθος ἐπὶ ξηροῖς ἐκκέχυτ' αἰγιαλοῖς. Oder: „bevor er sich das Frühstück aufs Trockene, in Sicherheit gebracht habe." ἀκράτιστος wird dann genommen für ἀκρατισμός, Frühstück. Aber die Worte τὸ παιδίον οὐ πρὶν ἀνησεῖν φατι, „er hat im Schilde den Knaben nicht eher loszulassen," verlangen zu ἐπὶ ξηροῖσι καθίξῃ als Object τὸ παιδίον. Der Ausdruck ἐπὶ ξ. καθ. ist verwandt mit ἐπ' οὐδεῖ καθίσσαι, Hom. Hymn. in Merc. 284. „einen aufs Pflaster setzen, ihn um alles bringen," und heisst: „einen aufs Trockene setzen." Dann muss in ἀκράτιστον ein Adjectiv stecken, das „ohne Frühstück" heisst. Wir vermuthen ἀνάριστον. Eberz übersetzt: „bis er den Frühstücklosen aufs Trockene habe gesetzet."
V. 54. In den vorhergehenden Versen sind die Scenen auf den beiden Seiten des Bechers beschrieben. παντᾷ ἀμφὶ δέπας bezeichnet nun ringsum um den Becher, und da um den Rand oben sich Epheu und Helichrysos liegt, so bleibt für den Akanthus nur der Raum unter jenen Scenen und an den beiden Ohren übrig. Der Akanthus läuft unter denselben her, so dass er zu den beiden Ohren sich hinaufzieht und also die beschriebenen Scenen von unten und von der Seite einschliesst. Virg. Buc. 3, 45. et molli circum est ansas amplexus acantho.
V. 55. αἰολίχον, ποικίλον, v. αἰόλος, wie πυρρίχος v. πυρρός. — θᾶμα, dor. f. θάημα, cf. V. 132. θᾶσαι v. θεάομαι.
V. 58. cf. Virg. Buc. 3, 43.
V. 59. τύ ist Accusativ.
V. 61. κοὔτι τυ κερτομέω, „wahrlich es ist kein Spott." Eberz.
V. 62. ἐκλάθοντα v. ἐκλήθειν, vergessen machen.

ΘΥΡΣΙΣ.
Ἄρχετε βουκολικᾶς, Μοῖσαι φίλαι, ἄρχετ' ἀοιδᾶς.
Θύρσις ὅδ' ὡξ Αἴτνας, καὶ Θύρσιος ἁδ' ἁ φωνά.
πεῖ ποκ' ἄρ' ἦσθ', ὅκα Δάφνις ἐτάκετο, πεῖ ποκα Νύμφαι; 65
ἢ κατὰ Πηνειῶ καλὰ τέμπεα, ἢ κατὰ Πίνδω;
οὐ γὰρ δὴ ποταμοῖο μέγαν ῥόον εἴχετ' Ἀνάπω,
οὐδ' Αἴτνας σκοπιάν, οὐδ' Ἄκιδος ἱερὸν ὕδωρ.
 ἄρχετε βουκολικᾶς, Μοῖσαι φίλαι, ἄρχετ' ἀοιδᾶς.
τῆνον μὰν θῶες, τῆνον λύκοι ὠρύσαντο, 70
τῆνον χὠκ δρυμοῖο λέων ἔκλαυσε θανόντα.
 ἄρχετε βουκολικᾶς, Μοῖσαι φίλαι, ἄρχετ' ἀοιδᾶς.
πολλαί οἱ πὰρ ποσσὶ βόες, πολλοὶ δέ τε ταῦροι,
πολλαὶ δ' αὖ δαμάλαι καὶ πόρτιες ὠδύραντο.
 ἄρχετε βουκολικᾶς, Μοῖσαι φίλαι, ἄρχετ' ἀοιδᾶς. 75
ἦνθ' Ἑρμᾶς πράτιστος ἀπ' ὤρεος, εἶπε δέ· Δάφνι,
τίς τυ κατατρύχει; τίνος, ὠγαθέ, τόσσον ἔρασσαι;
 ἄρχετε βουκολικᾶς, Μοῖσαι φίλαι, ἄρχετ' ἀοιδᾶς.

V. 63. **Lied von den Leiden und dem Tode des Daphnis.** Es ist hier um einige Verse gekürzt. — Daphnis war ein jugendlicher Hirt in Sicilien, ein Göttersohn und von den sicilischen Hirten wie ein Halbgott gefeiert und besungen. Theokrit spricht an mehreren Stellen von ihm; die Grundzüge der von ihm befolgten Fabel scheinen folgende gewesen zu sein. Daphnis war früher einer Nymphe, Nais, in treuer Liebe ergeben gewesen, und seit dieses Verhältniss gelöst war, entsagte er jeder anderen Liebe. Aphrodite und Eros versuchten vergebens ihre Macht an ihm; ein Mädchen, das nach dem Willen der Aphrodite Liebe in ihm erwecken soll und ihn selbst leidenschaftlich liebt, wird von ihm verschmäht und gemieden. Darüber erzürnt, beschliesst Aphrodite den Jüngling zu strafen; sie entzündete in ihm heftige Liebe zu einer Fremden (7, 73.), die er wohl nur flüchtig gesehen und nimmer erreichen kann. Indem er so ein Mädchen, das ihn liebt und das er lieben sollte, flieht, sucht er in verzehrender Sehnsucht eine Andere, die ihm versagt ist. Diese Sehnsucht bringt ihm den Tod. — ἄρχετε etc. cf. Virg. Buc. 8, 21. Man nennt solche öfter wiederkehrenden Verse, deren Gebrauch die Bukoliken von den alten Hirtenliedern überkommen haben, Schaltverse (*versus intercalares*). Man hat sie bisher bei den griech. Bukolikern als an den Anfang der einzelnen Strophen gehörig angesehen, nach Ahrens dienen sie als Ephymnia zum Abschluss der Strophen, so dass also der Vers bloss das erstemal ein Prohymnium wäre.
V. 65. cf. Virg. Buc. 10, 9 ff.
V. 67. **Anapos**, Fluss, südlich von Syrakus ins Meer fliessend. — Der **Akis** entsprang an den nördlichen Abhängen des Aetna und floss östlich ins Meer.
V. 70. τῆνον θῶες, cf. Bion 1, 18. Virg. Buc. 10, 27.
V. 76. **Hermes**, als Hirtengott Vater des Daphnis.

ἦνθον τοὶ βοῦται, τοὶ ποιμένες αἰπόλοι ἦνθον·
80 πάντες ἀντρώτων, τί πάθοι κακόν. ἦνθ' ὁ Πρίηπος
κἦφα· Δάφνι τάλαν, τί τὺ τάκεαι; ἁ δ' ἔτι κώρα
πάσας ἀνὰ κράνας, πάντ' ἄλσεα ποσσὶ φορεῖται
ζατεῦσ'· ἆ δύσερώς τις ἄγαν καὶ ἀμήχανος ἐσσί.
ἄρχετε βουκολικᾶς, Μοῖσαι φίλαι, ἄρχετ' ἀοιδᾶς.
85 τὼς δ' οὐδὲν ποτελέξαθ' ὁ βουκόλος, ἀλλὰ τὸν αὑτῶ
ἄνυε πικρὸν ἔρωτα, καὶ ἐς τέλος ἄνυε μοίρας.
ἄρχετε βουκολικᾶς, Μοῖσαι φίλαι, ἄρχετ' ἀοιδᾶς.
ἦνθέ γε μὰν ἁδεῖα καὶ ἁ Κύπρις γελόωσα,
λάθρα μὲν γελόωσα, βαρὺν δ' ἀνὰ θυμὸν ἔχοισα,
90 κεῖπε· τύ θην τὸν Ἔρωτα κατ' εὔχεο, Δάφνι, λυγίζειν·
ἦρ' οὐκ αὐτὸς Ἔρωτος ὑπ' ἀργαλέω ἐλυγίχθης;
ἄρχετε βουκολικᾶς, Μοῖσαι, πάλιν ἄρχετ' ἀοιδᾶς.
τὰν δ' ἄρα χὤ Δάφνις ποταμείβετο· Κύπρι βαρεῖα,
Κύπρι νεμεσσατά, Κύπρι θνατοῖσιν ἀπεχθής·
95 ἤδη γὰρ φράσδῃ πάντ' ἄλιον ἄμμι δεδυκεῖν;
Δάφνις κἠν Ἀΐδα κακὸν ἔσσεται ἄλγος Ἔρωτι.
ἄρχετε βουκολικᾶς, Μοῖσαι, πάλιν ἄρχετ' ἀοιδᾶς.
ὦ λύκοι, ὦ θῶες, ὦ ἀν' ὤρεα φωλάδες ἄρκτοι,
χαίρεθ'· ὁ βουκόλος ὔμιν ἐγὼ Δάφνις οὐκέτ' ἀν' ὕλαν,
100 οὐκέτ' ἀνὰ δρυμώς, οὐκ ἄλσεα. χαῖρ' Ἀρέθοισα
καὶ ποταμοί, τοὶ χεῖτε καλὸν κατὰ Θύμβριδος ὕδωρ.
ἄρχετε βουκολικᾶς, Μοῖσαι, πάλιν ἄρχετ' ἀοιδᾶς.
Δάφνις ἐγὼν ὅδε τῆνος ὁ τὰς βόας ὧδε νομεύων,
Δάφνις ὁ τὼς ταύρως καὶ πόρτιας ὧδε ποτίσδων.
105 ἄρχετε βουκολικᾶς, Μοῖσαι, πάλιν ἄρχετ' ἀοιδᾶς.

V. 79. cf. Virg. Buc. 10, 19 ff.
V. 80. Priapos, ein Gott ländlicher Fruchtbarkeit und zugleich Hirtengott von sehr sinnlicher Natur. Das Mädchen, von dem er spricht, ist das ihn Daphnis liebende, aber von ihm verschmähte. Priapos kennt die wahre Ursache von dem Leiden des Daphnis nicht; er setzt voraus, dass dieser, von Liebe zu jenem Mädchen gequält, zu blöde sei sich ihr zu nähern.
V. 82. πάσας, s. zu Id. 3, 2.
V. 86. Soph. Ai. 925. ἔμελλες ἐξανύσσειν κακὰν μοῖραν ἀπειρεσίων πόνων.
V. 89. ἀνέχοισα (auf der Oberfläche) zeigend.
V. 90. καταλυγίζειν.
V. 95. δεδυκεῖν = δεδυκέναι.
V. 100. Arethusa, die berühmte Quelle zu Syrakus. — Thymbris soll nach den Scholien ein Fluss Siciliens sein, nach Servius ad Virg. Aen. 3, 500. fossa circa Syracusas, wahrscheinlicher ein Berg.
V. 103. cf. Virg. Buc. 5, 43.

ὠ Πὰν Πάν, εἴτ' ἐσσὶ κατ' ὤρεα μακρὰ Λυκαίω,
εἴτε τύγ' ἀμφιπολεῖς μέγα Μαίναλον, ἔνθ' ἐπὶ νᾶσον
τὰν Σικελάν, Ἑλίκας δὲ λίπ' ἠρίον αἰπύ τε σᾶμα
τῆνο Λυκαονίδαο, τὸ καὶ μακάρεσσιν ἀγατόν.
λήγετε βουκολικᾶς, Μοῖσαι, ἴτε λήγετ' ἀοιδᾶς. 110
ἔνθ' ὦναξ καὶ τάνδε φέρευ πακτοῖο μελίπνουν
ἐκ κηρῶ σύριγγα καλάν, περὶ χεῖλος ἐλικτάν·
ἦ γὰρ ἐγὼν ὑπ' ἔρωτος ἐς Ἄιδος ἔλκομαι ἤδη.
λήγετε βουκολικᾶς, Μοῖσαι, ἴτε λήγετ' ἀοιδᾶς.
νῦν δ' ἴα μὲν φορέοιτε βάτοι, φορέοιτε δ' ἄκανθαι, 115
ἁ δὲ καλὰ νάρκισσος ἐπ' ἀρκεύθοισι κομάσαι·
πάντα δ' ἔναλλα γένοιντο, καὶ ἁ πίτυς ὄχνας ἐνείκαι,
Δάφνις ἐπεὶ θνάσκει, καὶ τὰς κύνας ὤλαφος ἕλκοι,
κἠξ ὀρέων τοὶ σκῶπες ἀηδόσι δαρίσαιντο.
. λήγετε βουκολικᾶς, Μοῖσαι, ἴτε λήγετ' ἀοιδᾶς. 120
χὠ μὲν τόσσ' εἰπὼν ἀνεπαύσατο· τὸν δ' Ἀφροδίτα
ἤθελ' ἀνορθῶσαι· τά γε μὰν λίνα πάντα λελοίπη
ἐκ Μοιρᾶν, χὠ Δάφνις ἔβα ῥόον. ἔκλυσε δίνα
τὸν Μοίσαις φίλον ἄνδρα, τὸν οὐ Νύμφαισιν ἀπεχθῆ.
λήγετε βουκολικᾶς, Μοῖσαι, ἴτε λήγετ' ἀοιδᾶς. 125
καὶ τὺ δίδου τὰν αἶγα τό τε σκύφος, ὥς κεν ἀμέλξας

V. 106 ff. Pan, der arkadische Hirtengott, wurde besonders auf und an
dem mänalischen und lykäischen Gebirge in Arkadien verehrt.
V. 107. εἴτε τύγ', oder auch.
V. 108. Helike = Kallisto, eine Tochter des arkad. Königs Lykaon,
von Zeus Mutter des Arkas, von Hera oder Zeus in eine Bärin
verwandelt, von Artemis erschossen, als der grosse Bär unter die
Gestirne versetzt. Die Arkader zeigten nicht ferne von dem Mai-
nalon auf einem Hügel ihr Grab mit einem Tempel der Artemis
Kalliste. Paus. 8. 35, 7. — Λυκαονίδης ist Arkas, der Enkel
des Lykaon, der auf dem Mainalos begraben war.
V. 110. cf. Virg. Buc. 8, 61.
V. 111. Pan hatte den Daphnis das Blasen der Syrinx gelehrt.
V. 115. cf. Virg. Buc. 8, 52 ff. „Diese Worte sollen eher die letzte Wirkung des Leidens auf den mehr und mehr bewegten Hörer, als
das Gefühl des Daphnis selbst ausdrücken, nämlich die innere
Zerrissenheit durch das Eine, wodurch alles andere gleichgültig
wird und die Natur sich immerhin ganz verkehren möchte." Welcker.
V. 121. Aphrodite wollte nicht den Tod des Daphnis.
V. 123. Nach Servius zu Virg. Buc. 5, 20. liess Hermes an der Stelle,
wo Daphnis starb, eine Quelle entstehen, an welcher die Sicilier
jährlich ein Opfer brachten. Unsere Stelle scheint so zu verstehen zu sein, dass D. in eine Quelle zerfloss. ἔβα ῥόον,
wie τρέχειν τὸν ἡμίονον, muli instar currere. Gewöhnlich erklärt
man ῥόος als Acheron; das folgende ἔκλυσε δίνα scheint dagegen
zu sein.

σπείσω ταῖς Μοίσαις. ὦ χαίρετε πολλάκι, Μοῖσαι,
χαίρετ', ἐγὼ δ' ὑμιν καὶ ἐς ὕστερον ἅδιον ἀσῶ.

ΑΙΠΟΛΟΣ.

Πλῆρές τοι μέλιτος τὸ καλὸν στόμα, Θύρσι, γένοιτο,
130 πλῆρές τοι σχαδόνων, καὶ ἀπ' Αἰγίλω ἰσχάδα τρώγοις
ἀδεῖαν, τέττιγος ἐπεὶ τύγα φέρτερον ᾄδεις.
ἠνίδε τοι τὸ δέπας· θᾶσαι φίλος, ὡς καλὸν ὄσδει·
Ὡρᾶν πεπλύσθαι νιν ἐπὶ κράναισι δοκησεῖς.
ὧδ' ἴθι Κισσαίθα, τὺ δ' ἄμελγέ νιν· αἱ δὲ χίμαιραι,
135 οὐ μὴ σκιρτασεῖτε, μὴ ὁ τράγος ὑμιν ἀναστῇ.

V. 130. ἰσχὰς ἀπ' Αἰγίλω. cf. V. 23. τὸν Λιβύαθε Χρόμιν. Aigilos, ein attischer Demos, gewöhnlich Aigilia genannt, durch seine Feigen berühmt.
V. 131. cf. Hom. Il. 3, 150 ff. Anakreont. 6. τύγα = σύγε, wie ἔγωγα.
V. 132. θᾶσαι. Die Verba der Sinne werden im Griechischen wie in anderen Sprachen oft vertauscht. Soph. El. 1410. ἰδού, μάλ' αὖ θροεῖ τις. Od. 17, 545. 18, 11.
V. 133. Die Horen vermochten allen Dingen Schönheit und Reiz zu geben, gleich den Chariten.
V. 134. Κισσαίθα, Name der Ziege.

---

2. Id. III.

Ein Ziegenhirt geht, nachdem er seine Heerde dem Tityros zu weiden übergeben, vor die Grotte seiner Geliebten, die ihm in letzter Zeit untreu geworden, und sucht ihre Liebe durch Geschenke, Bitten und Drohen wiederzugewinnen Als ihm dies nicht gelingt, versucht er sie durch ein Lied zu erweichen; allein er merkt bald, dass alles umsonst ist. V. 1—5. dienen als Einleitung und werden gesprochen, während sich der Hirte von seiner Heerde zur Grotte des Mädchens begibt. Von V. 6. an befindet er sich vor der Grotte und singt der Geliebten bis V. 36. ein improvisirtes Lied. Nachdem er V. 37—39. mit sich selbst geredet, setzt er seinen Gesang fort V. 40—51. Die letzten drei Verse gehören nicht mehr zu dem Liede. Die Verse 6—54. sind zu kleinen Strophen geordnet, so dass die drei ersten (6—11.) aus Distichen, die folgenden, mit Ausschluss von V. 24, aus Tristichen bestehen. Man vergl. die Nachahmung Virg. Buc. 2. und die παρακλαυσίθυρα Horat. Od. 3, 10. Ovid. Amor. 1, 6. Propert. 1, 16, 17 ff.

ΑΙΠΟΛΟΣ Η ΑΜΑΡΥΛΛΙΣ Η ΚΩΜΑΣΤΗΣ.

Κωμάσδω ποτὶ τὰν Ἀμαρυλλίδα, ταὶ δέ μοι αἶγες
βόσκονται κατ' ὄρος, καὶ ὁ Τίτυρος αὐτὰς ἐλαύνει.
Τίτυρ' ἐμὶν τὸ καλὸν πεφιλημένε, βόσκε τὰς αἶγας

V. 1. κωμάσδω, ich gehe, um der A. ein Ständchen zu bringen.
V. 2. αὐτὰς und V. 3. τάς. Der Accus. Plur. 1. Decl. wird von den Doriern öfter verkürzt, wie auch der Accus. Plur. 2. Decl.
V. 3. ἐμὶν dor. für ἐμοί, wie τὶν für τοί V. 33. τὸ καλόν siehe 1, 40. Man vergl. die Nachahmung Virg. Buc. 9, 23.

καὶ ποτὶ τὰν κράναν ἄγε, Τίτυρε, καὶ τὸν ἐνόρχαν,
τὸν Λιβυκὸν κνάκωνα φυλάσσεο, μή τυ κορύψῃ.

ὦ χαρίεσσ' Ἀμαρυλλί, τί μ' οὐκέτι τοῦτο κατ' ἄντρον
παρκύπτοισα καλεῖς τὸν ἐρωτύλον; ἦ ῥά με μισεῖς;
ἦ ῥά γέ τοι σιμὸς καταφαίνομαι ἐγγύθεν εἶμεν,
νύμφα, καὶ προγένειος; ἀπάγξασθαί με ποιησεῖς.
ἠνίδε τοι δέκα μᾶλα φέρω· τηνῶθε καθεῖλον,
ὦ μ' ἐκέλευ καθελεῖν τύ· καὶ αὔριον ἄλλα τοι οἰσῶ.

θᾶσαι μὰν θυμαλγὲς ἐμὸν ἄχος· αἴθε γενοίμαν
ἁ βομβεῦσα μέλισσα καὶ ἐς τεὸν ἄντρον ἱκοίμαν
τὸν κισσὸν διαδὺς καὶ τὰν πτέριν, ᾇ τυ πυκάσδει.
νῦν ἔγνων τὸν Ἔρωτα· βαρὺς θεός· ἦ ῥα λεαίνας
μαζὸν ἐθήλαζε, δρυμῷ τέ νιν ἔτραφε μάτηρ,
ὅς με κατασμύχων καὶ ἐς ὀστίον ἄχρις ἰάπτει.

ὦ τὸ καλὸν ποθορῶσα, τὸ πᾶν λίπος· ὦ κυάνοφρυ
νύμφα, πρόσπτυξαί με τὸν αἰπόλον, ὥς τυ φιλήσω.
ἔστι καὶ ἐν κενεοῖσι φιλήμασιν ἁδέα τέρψις.

τὸν στέφανον τῖλαί με καὶ αὐτίκα λεπτὰ ποιησεῖς,

V. 4. ἐνόρχαν, den Bock.
V. 5. S. Id. 1, 23.
V. 9. προγένειος, mit vorstehendem Kinn, an welchem ein langer Bart hängt. Schol. προμήκης τὴν γενειάδα. Virg. Buc. 8, 34. *promissaque barba.* — σιμὸς καὶ προγένειος, wie hässliche Satyrn, welche die Züge des Bocks an sich tragen. — Virg. Buc. 2, 7. *mori me denique coges.*
V. 10. Virg. Buc. 3, 71.
μᾶλα, Aepfel, worunter die Griechen auch Quitten, Granaten, Pfirsiche, Pomeranzen, Citronen begriffen, waren bei den Griechen wie auch bei manchen anderen Völkern ein Zeichen der Liebe; Aepfel schenken, mit Aepfeln werfen, Aepfel mit einander essen war eine Liebesbezeugung, cf. Id. 6, 6. Plat. Ep. 2. — τηνῶθε, von dort, ὦ, von wo, so V. 25. τηνῶ, ὦ. Bei den Doriern endigten die Adverbia des Orts auf die Frage woher auf ein circumflectirtes ω. πῶ = πόθεν, αὐτῶ = αὐτόθεν.
V. 12. In der vierten Arsis des Hexameters ist die letzte Sylbe von Wörtern mit zwei kurzen Sylben auch ohne Position bisweilen lang gebraucht. Il. 1, 51. Od. 4, 62.
V. 14. πτέρις. Das Farrenkraut erreicht in südlichen Gegenden die Höhe eines Mannes.
V. 15. cf. Virg. Buc. 8, 43. Aen. 4, 367. — Il. 16, 33.
V. 18. λίπος, Benennung der Geliebten, wie 11, 39. μελίμαλον. 20, 44. ἁδύς, der Geliebte. „Strahlend im Glanz", Eberz.
V. 19. τὸν αἰπόλον, deinen Geishirten.
V. 20. Sprichwörtlich.
V. 21. λεπτὰ τῖλαι, klein reissen, in kleine Stücke zerreissen, wie Hom. Od. 12, 388. τυτθὰ κεάσαιμι, kleinspalten. Il. 20, 497. λεπτὰ γενέσθαι.

τόν τοι ἐγών, Ἀμαρυλλὶ φίλα, κίσθοιο φυλάσσω
ἀμπλέξας καλύκεσσι καὶ εὐόδμοισι σελίνοις. —
ὤ μοι ἐγών, τί πάθω; ἁ δύσσοος, οὐχ ὑπακούεις;
25 τὰν βαίταν ἀποδὺς ἐς κύματα τηνῶ ἁλεῦμαι,
ὥπερ τὼς θύννως σκοπιάζεται Ὄλπις ὁ γριπεύς·
καἴκα δὴ ἀποθάνω, τό γε μὰν τεῒν ἁδὺ τέτυκται.
ἔγνων πρᾶν, ὅκα μοι μεμναμένῳ, εἰ φιλέεις με,
οὐδὲ τὸ τηλέφιλον ποτεμάξατο τὸ κλατάγημα,
30 ἀλλ' αὔτως ὁμαλῶ ποτὶ πάχεος ἐξεμαράνθη.
εἶπε καὶ ἁ γραία τἀλαθέα κοσκινόμαντις,
ἁ πρᾶν ποιολογεῦσα Παραιβάτις, ὥνεκ' ἐγὼ μέν

V. 22. Verbinde καλύκεσσι κίσθοιο. κάλυκες sind hier die den Rosen ähnlichen, aber geruchlosen Blüthen des κίσθος. — ἀναπλέκω, winden.
V. 24. der aus kurzen Ausrufungen besteht (cf. Il. 11, 404.) und einen von den übrigen Versen ganz verschiedenen Charakter hat, unterbricht den Gang der Strophen. Der Hirte hat vergebens geschmeichelt und geklagt und gedroht, seine Aepfel und sein Kranz machen keinen Eindruck; da bricht er in die verzweifelten Worte aus: ὤ μοι ἐγών, τί πάθω; u. s. w. und kommt dann zu der äussersten Drohung, dass er sich ins Meer stürzen will. Doch da er erst sein Kleid ausziehen will, so brauchen wir nicht zu befürchten, dass er ins Wasser springen wird, so wenig, als wir V. 9. glauben, dass er sich erhängen werde.
V. 25. ff. Virg. Buc. 8, 59 f. *Praeceps aerii specula de montis in undas deferar; extremum hoc munus morientis habeto.* — „Die Thunfischer nehmen ihren Stand auf Felsen am Ufer des Meeres, um das Thier zu beobachten. cf. 21, 41. εἶδον ἐμαυτὸν ἐν πέτρᾳ βεβαῶτα, καθεζόμενος δ' ἐδόκευον ἰχθύας, ἐκ καλάμων δὲ πλάνον κατέσειον ἐδωδάν. Noch jetzt fängt man in Italien die Thunfische so, dass einer der Fischer beständig lauert und, wenn sich die Fische durch die offen gelasssenen Eingänge der Netze begeben haben, diese geschlossen und die Thiere weiter getrieben werden." Moerike.
V. 27. τεῒν, Dat. von σύ. Conjectur Bergks statt des handschriftlichen τεόν.
V. 28. ἔγνων πρᾶν, „neulich erkannte ich dieses," nämlich dass dir mein Tod angenehm sei. — μοι μεμναμένῳ, „als ich gedachte, ob du mich liebtest, und dies untersuchen wollte."
V. 29. ποτεμάξατο, προσήνεγκεν, ἀπέδωκεν, ἀπετέλεσεν, das Fernlieb gab mir nicht den klatschenden Ton. — τηλέφιλον, Fernlieb, wohl nicht eine bestimmte Pflanze, sondern jedes grössere Blumenblatt, z. B. von einer Rose, dem Mohn (Id. 11, 57), das als Liebesorakel so gebraucht werden konnte, dass man das Blatt mit 3 Fingern schlauchartig fasste und gegen den Arm stiess; wenn es zerspringend klatschte, so war dies ein gutes Zeichen.
V. 31. κοσκινόμαντις. Man hängte das Sieb an einen oder mehrere Fäden auf oder stellte es auf eine Scheere und weissagte aus dem Stillstehen und der Bewegung desselben. Wenn man z. B. einen Dieb entdecken wollte, so nannte man eine Anzahl Namen; bei wessen Namen das Sieb sich bewegte, der galt für den Dieb. Auf ähnliche Weise wird man die Verliebte entdeckt haben.
V. 32. ποιολογέω, Kräuter sammeln.

τίν ὅλος ἔγκειμαι, τὸ δέ μευ λόγον οὐδένα ποιῇ.
ἦ μάν τοι λευκὰν διδυματόκον αἶγα φυλάσσω,
τάν με καὶ ἁ Μέρμνωνος Ἐριθακὶς ἁ μελανόχρως 35
αἰτεῖ, καὶ δωσῶ οἱ, ἐπεὶ τύ μοι ἐνδιαθρύπτῃ.
ἄλλεται ὀφθαλμός μευ ὁ δεξιός· ἦ ῥά γ' ἰδησῶ
αὐτάν; ᾀσεῦμαι ποτὶ τὰν πίτυν ὧδ' ἀποκλινθείς,
καί κ' ἔμ' ἴσως ποτίδοι, ἐπεὶ οὐκ ἀδαμαντίνα ἐστίν·
Ἱππομένης ὅκα δὴ τὰν παρθένον ἤθελε γᾶμαι, 40
μᾶλ' ἐνὶ χερσὶν ἑλὼν δρόμον ἄνυεν· ἁ δ' Ἀταλάντα
ὡς ἴδεν, ὡς ἐμάνη, ὡς εἰς βαθὺν ἅλατ' ἔρωτα.
τὰν ἀγέλαν χὼ μάντις ἀπ' Ὄθρυος ἆγε Μελάμπους
ἐς Πύλον· ἁ δὲ Βίαντος ἐν ἀγκοίνῃσιν ἐκλίνθη,
μάτηρ ἁ χαρίεσσα περίφρονος Ἀλφεσιβοίης. 45
τὰν δὲ καλὰν Κυθέρειαν ἐν ὤρεσι μῆλα νομεύων
οὐχ οὕτως ὥδωνις ἐπὶ πλέον ἄγαγε λύσσας,

V. 34. Virg. Buc. 2, 40 ff. Während der Erinnerungen in V. 28—33. hat sich der Liebende wieder etwas gesammelt und macht V. 34 ff. ein neues, grösseres Anerbieten, zugleich aber sucht er die Eifersucht der Geliebten zu erwecken. Er nennt die gebräunte Erithakis, um die spröde Amaryllis zu reizen, dass sie der hässlichen Nebenbuhlerin nicht den Vorzug lasse. Da auch dies nicht wirkt, so sollte er an allem Erfolg verzweifeln, aber ein glückliches Omen, das Zucken des rechten Auges (V. 37. das des linken hatte üble Vorbedeutung), erregt neue Hoffnung, so dass er versucht durch einen Gesang die Spröde zu erweichen.
V. 37. ἰδησῶ Futur, von ἰδεῖν gebildet.
V. 40. Das Lied enthält Beispiele von erhörter, glücklicher Liebe. — Die Geschichte von der böotischen Atalante, welche im Wettlauf von Hippomenes, dem Sohne des Megareus aus Onchestos, besiegt ward mit Hülfe der Aepfel der Aphrodite, siehe Ovid. Met. 10, 565 ff.
V. 41. μᾶλ' ἐν χερσὶν ἑλών Auch der Hirte hat Aepfel in den Händen.
V. 42. ὡς ἴδεν, ὡς ἐμάνη, wie sie ihn sah, so raste sie. Id. 2, 82. χὠς ἴδον, ὡς ἐμάνην, ὥς μοι πυρὶ θυμὸς ἰάφθη. cf. Virg. Buc. 8, 41. ut vidi, ut perii, ut me malus abstulit error. Diese Construction dient zur Bezeichnung einer schnellen Folge und ist entstanden aus dem gleichbedeutenden Homerischen: ὡς — ὥς, Il. 14, 294. ὡς δ' ἴδεν, ὥς μιν ἔρως πυκινὰς φρένας ἀμφεκάλυψεν. 19, 16. 20, 424 Aehnliche Verbindungen sind ὅσον — ὅσον für ὅσον — τόσον Id. 4, 39.
V. 43. Neleus in Pylos wollte seine Tochter Pero nur dem zur Gemahlin geben, der ihm die Rinder des Iphiklos, die in Thessalien streng bewacht wurden, als Brautgabe brächte. Melampus, der Weissager, holte sie für seinen Bruder Bias, der dadurch die Pero gewann. Od. 11, 281 ff. 15. 225 ff.
V. 45. Ἀλφεσιβοίης, sonst Anaxibia, die Gemahlin des Pelias. Apoll.1,9,10.
V. 46. Ueber Adonis siehe Einl. zu Id. 15.
V. 47. S. zu Id. 1. 19.

ωστ' ουδε φθίμενόν νιν άτερ μαζοΐο τίθητι;
ζαλωτός μεν εμιν ο τον άτροπον ύπνον ιαύων
50 'Ενδυμίων, ζαλώ δέ,· φίλα γύναι, 'Ιασίωνα,
ος τοσσήν' εκύρησεν, οσ' ου πευσεΐσθε βέβαλοι.
αλγέω τάν κεφαλάν, τίν δ' ου μέλει. ουκέτ' αείδω,
κεισεύμαι δε πεσών, και τοι λύκοι ώδέ μ' έδονται.
ως μέλι τοι γλυκύ τούτο κατά βρόχθοιο γένοιτο.

V. 49. Die Liebe des Endymion, des Hirten auf dem karischen Gebirge Latmos, und der Selene ist bekannt. cf. 20, 37.
V. 50. Iasion siehe zu Scol. 3. Hom. Od. 5, 125. Diese Liebe des Iasion und der Demeter war ein Gegenstand der Mysterien.
V. 51. Der Sänger bricht ab, da sein Gesang ja doch nichts hilft.
V. 53. Il. 24, 642. λαυκανίης καθέηκα.

3. Id. IV.

Korydon weidet dem Hirten Aigon, der mit dem berühmten Athleten Milon von Kroton (c 510 v. Chr.) nach Olympia gezogen ist, um dort als Faustkämpfer aufzutreten, als Miethling die Rinder. Battos, ein Ziegenhirt (V. 39.), stösst zu ihm und sucht ihn in einem Gespräche über das Vieh und über den Herrn zu necken und aufzuziehen, bis er durch die Erwähnung der jüngst verstorbenen, von ihm geliebten Amaryllis und die gutmüthige Theilnahme Korydons umgestimmt wird und dem Korydon, dessen Rinder während ihres Gesprächs in eine nahe Oelpflanzung eingebrochen sind, das Vieh zurücktreiben hilft. Dabei aber sticht er sich einen Dorn in den Fuss, den ihm Korydon herauszieht. Das Gespräch erhält Leben und Interesse durch die Verschiedenheit beider Hirten. Battos scheint ein guter Kopf und ist ein neckischer Spötter, ohne jedoch bösartig zu sein. Er, der Geishirt, ist ärgerlich darüber, dass Korydon zum Rinderhirten erhoben ist, welches die angesehenste Classe unter den Hirten ist, und reibt sich aus Neid an dem gutmüthigen und beschränkten Korydon, der seine Sticheleien nicht versteht oder doch nicht übel nimmt. Der Ort der Handlung ist in der Nähe von Kroton. Virg. Buc. 3. enthält manche Nachbildungen dieses Idylls.

ΝΟΜΕΙΣ.

ΒΑΤΤΟΣ.

Ειπέ μοι, ώ Κορύδων, τίνος αι βόες; ήρα Φιλώνδα;

ΚΟΡΥΔΩΝ.

ούκ, αλλ' Αίγωνος· βόσκειν δέ μοι αυτάς έδωκεν.

V. 1. cf. Virg. Buc. 3, 1 ff.

ΒΑΤΤΟΣ.
ἦ πᾴ ψε κρύβδαν τὰ ποθέσπερα πάσας ἀμέλγεις;
ΚΟΡΥΔΩΝ.
ἀλλ' ὁ γέρων ὑφίητι τὰ μοσχία κἠμὲ φυλάσσει.
ΒΑΤΤΟΣ.
αὐτὸς δ' ἐς τίν' ἄφαντος ὁ βουκόλος ᾤχετο χώραν; 5
ΚΟΡΥΔΩΝ.
οὐκ ἄκουσας; ἄγων νιν ἐπ' Ἀλφεὸν ᾤχετο Μίλων.
ΒΑΤΤΟΣ.
καὶ πόκα τῆνος ἔλαιον ἐν ὀφθαλμοῖσιν ὀπώπει;
ΚΟΡΥΔΩΝ.
φαντί νιν Ἡρακλῆι βίην καὶ κάρτος ἐρίσδειν.
ΒΑΤΤΟΣ.
κἦμ' ἔφαθ' ἁ μάτηρ Πολυδεύκεος εἶμεν ἀμείνω.
ΚΟΡΥΔΩΝ.
κᾤχετ' ἔχων σκαπάναν τε καὶ εἴκατι τουτόθε μᾶλα. 10
ΒΑΤΤΟΣ.
πείσαι κα Μίλων καὶ τὼς λύκος αὐτίκα λυσσῆν.
ΚΟΡΥΔΩΝ.
ταὶ δαμάλαι δ' αὐτὸν μυκώμεναι αἶδε ποθεῦντι.
ΒΑΤΤΟΣ.
δειλαῖαί δ' αὗται, τὸν βουκόλον ὡς κακὸν εὗρον.
ΚΟΡΥΔΩΝ.
ἦ μὰν δειλαῖαί γε, καὶ οὐκέτι λῶντι νέμεσθαι.

V. 3. ψέ, dor. = σφέ = αὐτάς.
V. 4. Wenn der Alte, der Vater des Aigon, nicht selbst die Kälber an ihren Müttern saufen liesse, könnte Korydon, im Fall er sie heimlich melkte, sagen, die Kälber hätten die Kühe ausgesogen.
V. 6. ἐπ' Ἀλφειόν, zu den Spielen nach Olympia.
V. 7. Die Athleten salbten sich bekanntlich mit Oel. Battos bezweifelt, dass Aigon sich je mit gymnastischen Künsten abgegeben.
V. 8. 9. cf. Virg. Buc. 5, 8. 9.
V. 9. Polydeukes war der berühmteste Faustkämpfer der mythischen Zeit.
V. 10. Die Athleten übten sich in Olympia 30 Tage lang vor der Feier der Spiele. Für diese lange Zeit hat sich Aigon mit hinlänglicher Kost versehen. Zu den Vorübungen der Athleten gehörte auch, dass sie, um die oberen Theile des Körpers zu stärken, den Sand in der Palästra schaufelten; darum hat sich Aigon einen Spaten mitgenommen.
V. 11. τώς = ὡς. „Milon, der den Aigon schon bestimmt hat, 20 Schafe aus der Heerde mitzunehmen, bringt ihn gewiss noch dazu, gleich Wölfen zu wüthen, d. i. in die Heerde zu fallen und sie gänzlich zu vernichten." Eberz. Der Spötter denkt hierbei auch an die Gefrässigkeit des Athleten Aigon.
V. 13. τὸν βουκόλον ist zweideutig.

ΒΑΤΤΟΣ.
15 τήνας μὲν δή τοι τᾶς πόρτιος αὐτὰ λέλειπται
τὤστια. μὴ πρώκας σιτίζεται ὥσπερ ὁ τέττιξ;
ΚΟΡΥΔΩΝ.
οὐ Δᾶν, ἀλλ' ὅκα μέν νιν ἐπ' Αἰσάροιο νομεύω
καὶ μαλακῶ χόρτοιο καλὰν κώμυθα δίδωμι,
ἄλλοκα δὲ σκαίρει τὸ βαθύσκιον ἀμφὶ Λάτυμνον.
ΒΑΤΤΟΣ.
20 λεπτὸς μὰν χὠ ταῦρος ὁ πυρρίχος. αἴθε λάχοιεν
τοὶ τῶ Λαμπριάδα τοὶ δαμόται, ὅκκα θύωντι
τᾷ Ἥρᾳ, τοιόνδε· κακογράσμων γὰρ ὁ δᾶμος.
ΚΟΡΥΔΩΝ.
καὶ μὰν ἐς Στομάλιμνον ἐλαύνεται ἔς τε τὰ Φύσκω,
καὶ ποτὶ τὸν Νάαιθον, ὁπεῖ καλὰ πάντα φύοντι,
25 αἰγίπυρος καὶ κνύζα καὶ εὐώδης μελίτεια.
ΒΑΤΤΟΣ.
φεῦ φεῦ, βασεῦνται καὶ ταὶ βόες, ὦ τάλαν Αἴγων,
εἰς Ἀίδαν, ὅκα καὶ τὺ κακὰς ἠράσσαο νίκας,
χἀ σύριγξ εὐρῶτι παλύνεται, ἄν ποκ' ἐπάξα.
ΚΟΡΥΔΩΝ.
οὐ τήνα γ', οὐ Νύμφας, ἐπεὶ ποτὶ Πῖσαν ἀφέρπων
30 δῶρον ἐμίν νιν ἔλειπεν· ἐγὼ δέ τις εἰμὶ μελικτάς,
κεὖ μὲν τὰ Γλαύκας ἀγκρούομαι, εὖ δὲ τὰ Πύρρω.

V. 15. cf. Virg. Buc. 3, 102. — αὐτά = μόνα. Id. 11, 12. zeigt, wie das Wort zu dieser Bedeutung kommen konnte.
V. 16. ὥσπερ ὁ τέττιξ. cf. Anakreont. 6.
V. 17. 19. Aisaros, Fluss (Strabo 6, 262. Liv. 24, 3.), und Latymnos, Berg bei Kroton.
V. 20. Lampriades ist unbekannt; der Demos des Lamp., welchem hier B. etwas anhängen will. scheint ein Demos von Kroton zu sein, wo Hera sehr verehrt wurde. Vielleicht wird an ein Opfer der Hera auf dem Vorgebirge Lakinion (s. V. 33) gedacht. Die einzelnen Phylen und Demen, welche bei solchen Festen ihre Opfer darbrachten, suchten sich durch gutes Aussehen ihrer Opferthiere zu überbieten. Aber der Demos des L. ist filzig, κακογράσμων, hungerleidig.
V. 23. Physkos, nach d. Scholien Berg bei Kroton; Eberz vermuthet in ihm einen Fluss. Fritsche den Besitzer eines Weideplatzes.
V. 24 Nauaithos, Fluss bei Kroton; woher sein Name, s. Strab. 6, 262.
V. 28. ἐπάξα aus ἐπάξαο = ἐπήξω.
V. 30. τίς, vgl. zu Id. 11, 72.
V. 31. ἡ Γλαύκα. Νία τὸ γένος, κρουματοποιός, γέγονε δὲ ἐπὶ Πτολεμαίου τοῦ Φιλαδέλφου. ὁ δὲ Πύρρος Ἐρυθραῖος ἢ Λέσβιος μελῶν ποιητής (Schol.); auch dieser war Zeitgenosse Theokrits.

αἰνέω τάν τε Κρότωνα· καλὰ πόλις ἅ τε Ζάκυνθος
καὶ τὸ ποταῷον τὸ Λακίνιον, εἴπερ ὁ πύκτας
Αἴγων ὀγδώκοντα μόνος κατεδαίσατο μάζας.
τηνεῖ καὶ τὸν ταῦρον ἀπ' ὤρεος ἄγε πιάξας 35
τᾶς ὁπλᾶς κτ͂δωκ' Ἀμαρυλλίδι, ταὶ δὲ γυναῖκες
μαχρὸν ἀνάϋσαν, χὠ βουκόλος ἐξεγέλασσεν.

ΒΑΤΤΟΣ.

ὦ χαρίεσσ' Ἀμαρυλλί, μόνας σέθεν οὐδὲ θανοίσας
λασεύμεσθ'· ὅσον αἶγες ἐμὶν φίλαι, ὅσσον ἀπέσβης.
αἰαῖ τῶ σκληρῶ μάλα δαίμονος, ὅς με λελόγχει. 40

ΚΟΡΥΔΩΝ.

θαρσεῖν χρή, φίλε Βάττε. τάχ' αὔριον ἔσσετ' ἄμεινον.
ἐλπίδες ἐν ζωοῖσιν, ἀνέλπιστοι δὲ θανόντες.
χὠ Ζεὺς ἄλλοκα μὲν πέλει αἴθριος, ἄλλοκα δ' ὕει.

V. 32. Man hat geglaubt, dass in diesem Verse die Anfänge zweier Lieder auf Kroton und auf Zakynthos, welche Kor. vorzutragen verstände, enthalten seien; Andre erklären die Worte für anakoluthisch statt: Αἰνέω τάν τε Κρότωνα τάν τε Ζάκυνθον καὶ τὸ Λακίνιον. Zakynthos kann nicht die Stadt auf der gleichnamigen Insel sein, sondern muss in der Nähe von Lakinion liegen; man vermuthet, es sei ein Stadttheil von Kroton oder Kroton selbst (Κρότων καὶ Ζάκυνθος ἡ αὐτή. Schol.). Wahrscheinlich hat Hartung richtig geändert: Κέχυνθος; dies ist ein Vorgebirg und eine Stadt an der östlichen Küste von Bruttium südlich von Lakinion.

V. 33. Das Vorgebirg Lakinion mit dem Tempel der Hera Lakinia lag in der Nähe von Kroton (Liv. 24, 3.). Hier versammelten sich sämmtliche italiotische Griechen zu einer Panegyris, wo wahrscheinlich auch musische und gymnische Wettkämpfe stattfanden.

V. 34. Der Scholiast bemerkt zu diesem Verse, man weiss nicht, ob im Scherz oder im Ernst: ὡς ἔοικε, διὰ τὴν ἀδηφαγίαν ὁ Μίλων τὸν Αἴγωνα ἐπὶ ἄθλησιν προτέτραπται.

V. 35. ὁ Θεόκριτος τὰ περὶ τοῦ Μιλησίου ἀθλητοῦ Ἀστυάνακτος ἱστορούμενα εἰς Αἴγωνα μετήνεγκε. φασὶ γὰρ τοῦτον Ἴσθμια νικήσαντα καὶ οἴκοι παραγενόμενον ἐκ τῆς ἰδίας ἀγέλης τοῦ μεγίστου λαβέσθαι βοὸς καὶ μὴ ἀνεῖναι, ἕως ὁ ταῦρος ἐλευθερῶν τὸ σῶμα τῇ βίᾳ κατέλιπε τὴν ὁπλὴν ἐν τῇ χειρὶ αὐτοῦ. Schol. Von einem Titormos Aelian Var. Hist. 12, 22. Τίτορμος ἐπὶ τὴν ἀγέλην ἦλθε, καὶ στὰς ἐν μέσῳ τὸν μέγιστον ταῦρον ἄγριον ὄντα λαμβάνει τοῦ ποδός, καὶ ὁ μὲν ἀποδρᾶναι ἐσπευδεν, οὐ μὴν ἐδύνατο. παριόντα δὲ ἕτερον τῇ ἑτέρᾳ χειρὶ συναρπάσας τοῦ ποδὸς ὁμοίως εἶχεν. Vgl. über Milon Cic. Cat. mai. 10. — Aigon mag selbst dem Korydon die Geschichte von seinen Heldenthaten aufgebunden haben.

V. 39. ὅσον — ὅσσον, s. zu Id. 3, 42. ὅσον αἶγες ἐμοὶ φίλαι, τοσοῦτον σύ μοι φίλη ἀπέσβης, ἤγουν ἀπέθανες.

V. 41—43. Wie kommt der dumme Korydon zu diesen schönen Aussprüchen? — cf. Horat. Od. 2, 10, 15 ff.

ΒΑΤΤΟΣ.

θαρσέω. βάλλε κάτωθε τὰ μοσχία· τὰς γὰρ ἐλαίας
45 τὸν θαλλὸν τρώγοντι, τὰ δύσσοα. σίτθ᾽ ὁ Λέπαργος.

ΚΟΡΥΔΩΝ.

σίτθ᾽ ἁ Κυμαίθα ποτὶ τὸν λόφον· οὐκ ἐσακούεις;
ἡξῶ, ναὶ τὸν Πᾶνα, κακὸν τέλος αὐτίκα δωσῶν,
εἰ μὴ ἄπει τουτῶθεν. ἴδ᾽ αὖ πάλιν ἅδε ποθέρπει.
πεῖ θήν μοι ῥοικὸν τὸ λαγωβόλον, ὥς τυ πατάξω.

ΒΑΤΤΟΣ.

50 θᾶσαί μ᾽, ὦ Κορύδων, ποτ᾽ τῶ Διός· ἁ γὰρ ἄκανθα
ἀρμοῖ μ᾽ ὧδ᾽ ἐπάταξ᾽ ὑπὸ τὸ σφυρόν. ὡς δὲ βαθεῖαι·
τἀτρακτυλλίδες ἐντί. κακῶς ἁ πόρτις ὄλοιτο·
ἐς ταύταν ἐτύπην χασμεύμενος. ἦρά ἑ λεύσσεις;

ΚΟΡΥΔΩΝ.

ναὶ ναί, τοῖς ὀνύχεσσιν ἔχω τί νιν· ἅδε καὶ αὐτά.

ΒΑΤΤΟΣ.

55 ὁσσίχον ἐστὶ τὸ τύμμα καὶ ἁλίκον ἄνδρα δαμάζει.

ΚΟΡΥΔΩΝ.

εἰς ὄρος ὄκχ᾽ ἔρπῃς, μὴ ἀνάλιπος ἔρχεο, Βάττε·
ἐν γὰρ ὄρει ῥάμνοι τε καὶ ἀσπάλαθοι κομέονται.

V. 51. βαθεῖαι, „gar zu gedeihlich wuchert das Distelgewächs." Voss.
V. 55. δεικτικῶς ἐμφαίνει τό τε μέγεθος τοῦ ἀνδρὸς καὶ τὴν σμικρότητα τῆς ἀκάνθης. Schol. cf. Anakreont. 16.
V. 58. κομέονται, s. Id. 1, 29.

4. Id. VI.

Zwei Hirten, Daphnis und Damoetas, stellen im Wechselgesange scherzend die Liebe des Kyklopen Polyphemos zu der Meernymphe Galatea dar. Siehe Id. 11. Damoetas repräsentirt den Polyphem; Daphnis macht ihn in seinem Liede aufmerksam, wie die verliebte Nymphe ihn, den kalten Kyklopen, durch neckisches Spiel zur Liebe zu reizen suche. In dem antwortenden Liede des Damoetas erklärt darauf Polyphem, stolz und im Vertrauen auf seine Schönheit, er stelle sich absichtlich kalt und gleichgültig, um ihre Liebe zur höchsten Gluth anzufachen und sie zu zwingen, endlich den Wünschen seines Herzens nachzugeben.

ΒΟΥΚΟΛΙΑΣΤΑΙ.

Δαμοίτας χώ Δάφνις ὁ βουκόλος εἰς ἕνα χῶρον
τὰν ἀγέλαν ποχ', Ἄρατε, συνάγαγον· ἧς δ' ὃ μὲν αὐτῶν
πυρρός, ᾦ δ' ἡμιγένειος· ἐπὶ κράναν δέ τιν' ἄμφω
ἑζόμενοι θέρεος μέσῳ ἄματι τοιάδ' ἄειδον.
πρᾶτός δ' ἄρξατο Δάφνις, ἐπεὶ καὶ πρᾶτος ἔρισδεν. 5

Βάλλει τοι, Πολύφαμε, τὸ ποίμνιον ἁ Γαλάτεια
μάλοισιν, δυσέρωτα τὸν αἰπόλον ἄνδρα καλεῦσα·
καὶ τύ νιν οὐ ποθόρῃσθα, τάλαν, τάλαν, ἀλλὰ κάθησαι
ἀδέα συρίσδων. πάλιν ἄδ', ἴδε, τὰν κύνα βάλλει,
ἅ τοι τᾶν ὀίων ἕπεται σκοπός· ἃ δὲ βαῦσδει 10
εἰς ἅλα δερχομένα, τὰ δέ νιν καλὰ κύματα φαίνει
ἄσυχα παφλάζοντα ἐπ' αἰγιαλοῖο θέοισαν.
φράζεο, μὴ τᾶς παιδὸς ἐπὶ κνάμῃσιν ὀρούσῃ
ἐξ ἁλὸς ἐρχομένας, κατὰ δὲ χρόα καλὸν ἀμύξῃ.
ἃ δὲ καὶ αὐτόθε τοι διαθρύπτεται, ὡς ἀπ' ἀκάνθας 15
ταὶ καπυραὶ χαῖται, τὸ καλὸν θέρος ἁνίκα φρύγει·
καὶ φεύγει φιλέοντα καὶ οὐ φιλέοντα διώκει,
καὶ τὸν ἀπὸ γραμμᾶς κινεῖ λίθον· ἦ γὰρ ἔρωτι
πολλάκις, ὦ Πολύφαμε, τὰ μὴ καλὰ καλὰ πέφανται.

V. 1 u. 2. Virg. Buc. 7, 2.
V. 2. Aratos, der bekannte Dichter aus Soli, ein Freund des Theokrit.
V. 3. πυρρός, ὁ ἄρτι γνοάζων τὸ γένειον (Schol.), jünger ! als der ἡμι-
γένειος. cf. zu Id. 15, 130.
V. 5. πρᾶτος für πρῶτος.
V. 6. S. zu 3, 10. und Plat. Ep. 2.
V. 7. Geishirt nennt G. den Polyphem, obgleich er ein Schafhirt ist
(V. 10.), absichtlich, um ihn zu schelten und zu necken; denn
der Geishirt ist verachtet.
V.11. νίν, den Hund.
V.12. παχλάζοντα ἐπί, der Hiatus an dieser Stelle des Verses öfter,
auch bei Homer, Il. 5, 898.
V.15. Das Unbeständige des Kokettirens wird verglichen mit dem un-
stäten Umherfliegen des haarigen Distelsamens. — καὶ αὐτόθε,
„auch von dem Meere aus" im Gegensatze zu den vorhergehenden Worten: ἐξ ἁλὸς ἐρχομένας.
V.17. ist nähere Explication von V. 15 u. 16. — cf. Sappho 1, 21.
V.18. τὸν — λίθον, den Stein von der Linie bewegen, d. h.
das Aeusserste versuchen. Das Sprüchwort: τὸν ἀφ' ἱερᾶς
oder τὸν ἀπὸ γραμμᾶς κινεῖν sc. λίθον, ist von einem Spiel, das
πεττεία hiess, hergenommen. Auf einer Tafel waren zehn Linien
gezogen, von denen jeder der beiden Spieler fünf mit ebenso vielen
Steinchen erbielt. In der Mitte zwischen diesen Linien war eine
elfte gezogen, welche die heilige hiess und auf welche man nur,
wenn man aufs Aeusserste getrieben war, den Stein rückte.

20 Τῷ δ' ἐπὶ Δαμοίτας ἀνεβάλλετο καὶ τάδ' ἄειδεν·
εἶδον, ναὶ τὸν Πᾶνα, τὸ ποίμνιον ἁνίκ' ἔβαλλε,
κοὔτι λάθ', οὔ, τὸν ἐμὸν τὸν ἕνα γλυκύν, ᾧ ποθορῷμι
ἐς τέλος, αὐτὰρ ὁ μάντις ὁ Τήλεμος ἔχθρ' ἀγορεύων
ἐχθρὰ φέροιτο ποτ' οἶκον, ὅπως τεκέεσσι φυλάσσοι.
25 ἀλλὰ καὶ αὐτὸς ἐγὼ κνίζων πάλιν οὐ ποθόρημι,
ἀλλ' ἄλλαν τινά φαμι γυναῖκ' ἔχεν· ἁ δ' ἄἰοισα
ζαλοῖ μ', ὢ Παιάν, καὶ τάκεται, ἐκ δὲ θαλάσσας
οἰστρεῖ παπταίνοισα ποτ' ἄντρα τε καὶ ποτὶ ποίμνας.
σίξα δ' ὑλακτεῖν νιν καὶ τᾷ κυνί· καὶ γὰρ ὅκ' ἤρων
30 αὐτᾶς, ἐκνυζεῖτο ποτ' ἰσχία ῥύγχος ἔχοισα.
ταῦτα δ' ἴσως ἐσορῶσα ποιεῦντά με πολλάκι πεμψεῖ
ἄγγελον. αὐτὰρ ἐγὼ κλᾳσῶ θύρας, ἔστε κ' ὀμόσσῃ
αὐτά μοι στορεσεῖν καλὰ δέμνια τᾶσδ' ἐπὶ νάσω.
καὶ γὰρ θην οὐδ' εἶδος ἔχω κακόν, ὥς με λέγοντι.
35 ἦ γὰρ πρᾶν ἐς πόντον ἐσέδρακον, ἦς δὲ γαλάνα,
καὶ καλὰ μὲν τὰ γένεια, καλὰ δέ μευ ἁ μία κώρα,
ὡς παρ' ἐμὶν κέκριται, κατεφαίνετο, τῶν δέ τ' ὀδόντων
λευκοτέραν αὐγὰν Παρίας ὑπέφαινε λίθοιο.
ὡς μὴ βασκανθῶ δέ, τρὶς εἰς ἐμὸν ἔπτυσα κόλπον·
40 ταῦτα γὰρ ἁ γραία με Κοτυταρὶς ἐξεδίδαξεν.

V. 20. ἀνεβάλλετο ἀείδεν, cf. Od. 1, 155. 8, 266.
V. 22. τὸν ἕνα γλυκύν sc. ὀφθαλμόν.
V. 23. ἐς τέλος, bis ans Ende meines Lebens. — Der Seher Telemos hatte dem Polyphem geweissagt, dass er von Odysseus geblendet werden würde. Hom. Od. 9, 508 ff. Polyphem wünscht dem Seher für die unheilvolle Verkündigung selbst Unheil. Die Stelle ist nachgebildet Hom. Od. 2, 178.
V. 27. Warum wird grade Päan angerufen?
V. 29. Damit erklärt Polyphem V. 10.
V. 29. σίξα, ich hetzte, v. σίττω (vgl. σίττα, 4, 46.) od. σίζω, ist Conjectur von Rubnken: „sibilo canem incitavi, ut eam allatraret tanquam inimicam, quam antea adulabatur ut amicam." Ruhnken schreibt aber τὰν κύνα.
V. 34. cf. Virg. Buc. 2, 25. Ovid. Met. 13, 840.
V. 39. Beachte den Conjunctiv nach dem Aor. ἔπτυσα. Man hatte den Aberglauben, wenn Einer sich schön fand oder seine Schönheit lobte, habe er zu befürchten, dass ihm böse, neidische Menschen etwas anthäten und ihn durch bösen Blick, böses Wort oder irgend eine andere Zauberei hässlich machten. Eine solche unheilvolle Einwirkung suchte man dadurch abzuhalten, dass man sich dreimal in den Busen spuckte. cf. 20, 11. ποιοῦσι καὶ μέχρι τοῦ νῦν μάλιστα τοῦτο αἱ γυναῖκες, τὸ νεμεσητὸν ἐκτρεπόμεναι. Schol.

Τόσσ' εἰπὼν τὸν Δάφνιν ὁ Δαμοίτας ἐφίλησεν,
χὠ μὲν τῷ σύριγγ', ὃ δὲ τῷ καλὸν αὐλὸν ἔδωκεν.
αὔλει Δαμοίτας, σύρισδε δὲ Δάφνις ὁ βούτας,
ὠρχεῦντ' ἐν μαλακᾷ ταὶ πόρτιες αὐτίκα ποίᾳ.
νίκη μὰν οὐδάλλος, ἀνήσσατοι δ' ἐγένοντο.   45

V. 45. οὐδάλλος für οὐδέτερος.

---

5. Id. VII.

Simichidas erzählt, wie er mit Eukritos und Amyntas aufs Land zu zwei Freunden, Phrasidamos und Antigenes, gewandert sei, um bei ihnen das Erntefest zu feiern. Bis V. 131. wird der Weg zu den Freunden beschrieben, darauf die Feier des Festes. Unterwegs stossen die Wanderer auf einen als Dichter bekannten Ziegenhirten Lykidas (V. 11.) der auf des Simichidas Aufforderung ein Lied singt von seiner Liebe zu dem Knaben Ageanax (V. 52—89.), worauf Simichidas ein Lied folgen lässt von der unglücklichen Liebe seines Freundes Aratos zu dem schönen Philinos (V. 96—127.). — Die Scholiasten des Theokrit, und ihnen folgend die meisten späteren Erklärer, haben angenommen, dass unter der Person des Simichidas Theokrit selbst zu verstehen sei, und haben, verleitet durch V. 4 ff., die Handlung des Gedichtes auf die Insel Kos verlegt. Man vermuthet, Theokrit habe, als er in seinen Jünglingsjahren eine Zeitlang zu Kos verweilte und dort den Unterricht des Dichters Philetas von Kos genoss, durch dieses Idyll seinen dortigen Freunden ein ehrendes Denkmal der Dankbarkeit setzen wollen. Was die Scholiasten über die in dem Gedichte vorkommenden Oertlichkeiten sagen, sind leere Vermuthungen. Der Ort der Handlung ist Lukanien, die V. 2. genannte Stadt ist Velia, eine Colonie der Phokaeer, in deren Nähe der Fluss Hales (V. 1.) fliesst. Nicht weit davon ist Buxentum, das bei den Griechen Πυξοῦς oder Πυξίς heisst, Theokrit nennt es V. 130. Πύξα. Dass Nachkommen eines alten koischen Heros, Phrasidamos und Antigenes, in Grossgriechenland wohnen, darf nicht befremden. Als zur Zeit des syrakusischen Tyrannen Gelon (c. 480 v. Chr.) der koische König Kadmos nach Niederlegung seiner Herrschaft sich nach Sicilien begab und sich in Zankle niederliess (Herod. 7, 164.), haben höchst wahrscheinlich noch manche andere Koer mit ihm ihre Heimat verlassen und in Sicilien und dem benachbarten Italien neue Wohnsitze gefunden. Unter ihnen mögen auch die Vorfahren des Phrasidamos und Antigenes gewesen sein. Hiermit fällt also auch die obige Ansicht von der Bestimmung des Gedichtes; ob aber Theokrit unter Simichidas sich selbst oder einen andern hat verstanden wissen wollen, ist für den Inhalt des Gedichtes gleichgültig. — Virgil hat Buc. 9. dieses Idyll vor Augen.

ΘΑΛΥΣΙΑ.

Ἧς χρόνος ἁνίκ' ἐγώ τε καὶ Εὔκριτος ἐς τὸν Ἄλεντα
εἵρπομες ἐκ πόλιος, σὺν καὶ τρίτος ἅμιν Ἀμύντας.
τᾷ Δηοῖ γὰρ ἔτευχε θαλύσια καὶ Φρασίδαμος
κἀντιγένης, δύο τέκνα Λυκωρέος, εἴ τί περ ἐσθλόν
5 λαῶν, τῶ δ' ἔτ' ἄνωθεν ἀπὸ Κλυτίας τε καὶ αὐτῶ
Χάλκωνος, Βούριναν ὃς ἐκ ποδὸς ἄνυσε κράναν
εὖ γ' ἐνερεισάμενος πέτρᾳ γόνυ· ταὶ δὲ παρ' αὐτάν
αἴγειροι πτελέαι τε ἐΰσκιον ἄλσος ὕφαινον,
χλωροῖσιν πετάλοισι κατηρεφέες κομόωσαι.
10 κοὔπω τὰν μεσάταν ὁδὸν ἄνυμες, οὐδὲ τὸ σᾶμα
ἅμιν τὸ Βρασίλα ἀνεφαίνετο, καί τιν' ὁδίταν
ἐσθλὸν σὺν Μοίσαισι Κυδωνικὸν εὕρομες ἄνδρα,
οὔνομα μὲν Λυκίδαν, ἧς δ' αἰπόλος, οὐδέ κέ τίς μιν
ἠγνοίησεν ἰδών, ἐπεὶ αἰπόλῳ ἔξοχ' ἐῴκει.
15 ἐκ μὲν γὰρ λασίοιο δασύτριχος εἶχε τράγοιο
κνακὸν δέρμ' ὤμοισι νέας ταμίσοιο ποτόσδον,
ἀμφὶ δὲ οἱ στήθεσσι γέρων ἐσφίγγετο πέπλος

V. 3. Δηώ (die Suchende), Name der Getreidegöttin Demeter. Die Thalysien, zu Athen Ἁλῷα, Tennenfest, genannt, waren ein ländliches Erntefest, der Demeter, der Kora und Dionysos wegen des von ihnen geschenkten Segens unter grosser Lustbarkeit durch Opfer und Schmäuse gefeiert.
V. 4. εἴ τί περ ἐσθλὸν λαῶν, zu vergleichen mit der bekannten Redensart: ὅτι περ ὄφελος.
V. 5. τῶ ἄνωθεν, zu vergl. mit (ἰέναι) τοῦ πρόσω.
V. 6. Chalkon scheint identisch mit Chalkodon, der den Herakles bei seiner nächtlichen Landung auf Kos verwundete. Apollod. 2, 7, 1. Der Scholiast sagt, Klytia, Tochter des Merops, sei die Mutter des Chalkon von dem koischen König Eurypylos, der bei jener Landung von Herakles getödtet wird; nach des Eurypylos Tode sei Chalkon König geworden. Klytia und Eurypylos sollen die Demeter auf ihren Irren in Kos aufgenommen haben. — Burina, Quelle auf Kos. — ἐκ ποδός statim ex pedis ictu.
V. 10. cf. Virg. Buc. 9, 59. — Die Begräbnissstätten waren oft an den Landstrassen; Grabmäler konnten daher leicht zur Bezeichnung der Weglängen gebraucht werden. — Brasilas ist weiter nicht bekannt.
V. 11. καί τιν' ὁδίταν etc. Nachsatz.
V. 12. σὺν Μοίσαισι, mit Hülfe, durch den Beistand der Musen, cf. Pind. Ol. 14, 5. Meleagr. 12, 3. — Κυδωνικός, aus Kydonia in Kreta. Auch in Kreta blühte das bukolische Lied, s. Kallimach. 3.
V. 16. τάμισος gebraucht der Hirte, um die Milch gerinnen zu machen, 11, 66.
V. 17. γέρων πέπλος. γέρων adjectivischer Begriff, cf. Od. 22, 184. σάκος γέρον.

ζωστῆρι πλακερῷ, ῥοικὰν δ' ἔχεν ἀγριελαίω
δεξιτερᾷ κορύναν. καί μ' ἀτρέμας εἶπε σεσαρὼς
ὄμματι μειδιόωντι, γέλως δέ οἱ εἴχετο χείλευς· 20
  Σιμιχίδα, πᾷ δὴ τὺ μεσαμέριον πόδας ἕλκεις,
ἁνίκα δὴ καὶ σαῦρος ἐν αἱμασιαῖσι καθεύδει,
οὐδ' ἐπιτυμβίδιαι κορυδαλλίδες ἠλαίνοντι;
ἦ μετὰ δαῖτ' ἄκλητος ἐπείγεαι; ἦ τινος ἀστῶν
λανὸν ἔπι θρώσκεις; ὥς τοι ποσὶ νισσομένοιο 25
πᾶσα λίθος πταίοισα ποτ' ἀρβυλίδεσσιν ἀείδει.
  τὸν δ' ἐγὼ ἀμείφθην· Λυκίδα φίλε, φαντί τυ πάντες
ἔμμεν συρικτὰν μέγ' ὑπείροχον ἔν τε νομεῦσιν
ἔν τ' ἀμητήρεσσι. τὸ δὴ μάλα θυμὸν ἰαίνει
ἁμέτερον· καί τοι κατ' ἐμὸν νόον ἰσοφαρίζειν 30
ἔλπομαι. ἁ δ' ὁδὸς ἅδε θαλυσιάς· ἦ γὰρ ἑταῖροι
ἀνέρες εὐπέπλῳ Δαμάτερι δαῖτα τελεῦντι
ὄλβω ἀπαρχόμενοι· μάλα γάρ σφισι πίονι μέτρῳ
ἁ δαίμων εὔκριθον ἀνεπλήρωσεν ἀλωάν.
ἀλλ' ἄγε δή — ξυνὰ γὰρ ὁδός, ξυνὰ δὲ καὶ ἀώς — 35
βουκολιασδώμεσθα· τάχ' ὥτερος ἄλλον ὀνασεῖ.
καὶ γὰρ ἐγὼν Μοισᾶν καπυρὸν στόμα, κἠμὲ λέγοντι
πάντες ἀοιδὸν ἄριστον· ἐγὼ δέ τις οὐ ταχυπειθής,
οὐ Δᾶν· οὐ γάρ πω κατ' ἐμὸν νόον οὔτε τὸν ἐσθλὸν
Σικελίδαν νίκημι τὸν ἐκ Σάμω οὔτε Φιλητᾶν 40
ἀείδων, βάτραχος δὲ ποτ' ἀκρίδας ὥς τις ἐρίσδω.
  ὡς ἐφάμαν ἐπίταδες· ὁ δ' αἰπόλος ἁδὺ γελάσσας,
τάν τοι, ἔφα, κορύναν δωρύττομαι, οὕνεκεν ἐσσί

V. 21. cf. Virg. Buc. 9, 1.
V. 22. cf. Virg. Buc. 2, 8 f.
V. 26. ἀείδει, tönt. Er hat einen starken Schritt, besonders für die heisse Mittagszeit.
V. 32. εὐπέπλῳ, Demeter wird gewöhnlich in langem Gewande dargestellt.
V. 33. ὄλβος, der reiche Ertrag der Ernte. Demeter heisst Ὀλβιοδῶτις.
V. 35. cf. Virg. Buc. 9, 64. — ἀώς, bezeichnet hier den Tag. So sind auch die Göttinnen Eos und Hemera identisch geworden.
V. 36. ἄλλον, cf. Id. 6, 45.
V. 37. cf. Virg. Buc. 9, 32 ff.
V. 40. Σικελίδαν, der Epigrammen- und Hymnendichter Asklepiades von Samos (s. Epigramme No. XVI.), nach seinem Vater Sikelidas also genannt, Zeitgenosse und wahrscheinlich Freund Theokrits. — Philetas von Kos, Lehrer des Theokrit, s. Einl. z. Elegie.

πᾶν ἐπ' ἀλαθείᾳ πεπλασμένον ἐκ Διὸς ἔρνος.
45 ὥς μοι καὶ τέκτων μέγ' ἀπέχθεται, ὅστις ἐρευνῇ
ἶσον ὄρευς κορυφᾷ τελέσαι δόμον εὐρυμέδοντος,
καὶ Μοισᾶν ὄρνιχες, ὅσοι ποτὶ Χῖον ἀοιδόν
ἀντία κοκκύζοντες ἐτώσια μοχθίζοντι.
ἀλλ' ἄγε βουκολικὰς ταχέως ἀρχώμεθ' ἀοιδᾶς,
50 Σιμιχίδα· κἠγὼ μέν — ὄρη φίλος, εἴ τοι ἀρέσκει
τοῦθ' ὅτι πρᾶν ἐν ὄρει τὸ μελύδριον ἐξεπόνασα.

Ἔσσεται Ἀγεάνακτι καλὸς πλόος ἐς Μυτιλάναν,
χὤταν ἐφ' ἑσπερίοις ἐρίφοις νότος ὑγρὰ διώκῃ
κύματα, χὠρίων ὅτ' ἐπ' Ὠκεανῷ πόδας ἴσχει,
55 αἴκεν τὸν Λυκίδαν ὀπτώμενον ἐξ Ἀφροδίτας
ῥύσηται· θερμὸς γὰρ ἔρως αὐτῷ με καταίθει.
χἀλκυόνες στορεσεῦντι τὰ κύματα τάν τε θάλασσαν,
τόν τε νότον τόν τ' εὖρον, ὃς ἔσχατα φυκία κινεῖ·
ἀλκυόνες, γλαυκαῖς Νηρηίσι ταὶ τὰ μάλιστα
60 ὀρνίθων ἐφίληθεν, ὅσαις τέ περ ἐξ ἁλὸς ἄγρα.
Ἀγεάνακτι πλόον διζημένῳ ἐς Μυτιλάναν

V. 44. πᾶν ἐπ' ἀλαθείᾳ πεπλ., ganz für die Wahrheit gemacht. ὅτι φιλαλήθης πέφυκας. Schol. — ἔρνος, cf. Id. 28, 7. χαρίτων ἱερὸν φύτον.
V. 46. Pind. Nem. 2, 19. ὑψιμέδοντι Παρνασῷ.
V. 47. Μοισᾶν ὄρνιχες, Dichter; cf. Horat. Od. 1, 6, 2. *Maeonii carminis ales.* Pind. Ol. 2, 87. — Χῖον ἀοιδόν, Homer; s. Simonid. Eleg. 1, 2. — Theokrit hat wohl hier Dichter seiner Zeit im Auge, welche grössere epische Stoffe mit homerischer Kunst zu behandeln suchten, ein Beginnen, das die Einsichtsvolleren unter den damaligen Dichtern, wie Philetas, Kallimachos und auch Theokrit, als ungeeignet erkannten.
V. 50. κἠγὼ μέν sc. ἄρξομαι, ᾄσομαι. Das Abbrechen der Rede beruht auf einer gewissen Bescheidenheit.
V. 52—89. Lied des Lykidas. Er wünscht seinem Geliebten Ageanax eine glückliche Fahrt nach Mytilene. — ἔσσεται, Futur statt Imperativs. Soph. Ai. 573.
V. 53. ἐφ' ἑσπερίοις ἐρίφοις, „beim Sinken der Böckchen". Eberz., οἱ ἔριφοι, *hoedi*, zwei Sterne im linken Arme des Fuhrmanns (Erichthonios), bei deren Aufgang und besonders bei deren Untergang (Anfang October) gefährliche Stürme wehten. *pluviales hoedi*, Virg. Aen. 9, 668. cf. Georg. 1, 205.
V. 54. Χὠρίων, καὶ ὁ Ὠρίων, s. zu Anakreont. 1, 8. Wenn Orion sich zum Untergange neigt, was im November um Tagesanbruch geschieht, so scheint das Sternbild mit den Füssen auf dem Ocean zu stehen.
V. 57. Wenn die Eisvögel brüten, ist das Meer ohne Sturm und Gefahr. cf. Ov. Met. 11. 745 ff. — στορεσεῦντι τὰ κύματα, cf. Hom. Od. 3, 158. Virg. Buc. 9, 57. *stratum silet aequor*.
V. 58. Notos und Euros, seit Homer gewöhnlich zusammen genannt, Il. 2, 145. cf. Virg. Aen. 1, 84.

ὥρια πάντα γένοιτο, καὶ εὔπλοος ὅρμον ἵκοιτο.
κἠγὼ τῆνο κατ' ἆμαρ ἀνήτινον ἢ ῥοδόεντα
ἢ καὶ λευκοίων στέφανον περὶ κρατὶ φυλάσσων
τὸν Πτελεατικὸν οἶνον ἀπὸ κρατῆρος ἀφυξῶ 65
πὰρ πυρὶ κεκλιμένος, κύαμον δέ τις ἐν πυρὶ φρυξεῖ.
χά στιβὰς ἐσσεῖται πεπυκασμένα ἔστ' ἐπὶ πᾶχυν
κνύζᾳ τ' ἀσφοδέλῳ τε πολυγνάμπτῳ τε σελίνῳ.
καὶ πίομαι μαλακῶς μεμναμένος Ἀγεάνακτος
αὐταῖς ἐν κυλίκεσσι καὶ ἐς τρύγα χεῖλος ἐρείδων. 70
αὐλησεῦντι δέ μοι δύο ποιμένες, εἷς μὲν Ἀχαρνεύς,
εἷς δὲ Λυκωπίτας· ὁ δὲ Τίτυρος ἐγγύθεν ᾀσεῖ,
ὡς ποκα τᾶς ξενέας ἠράσσατο Δάφνις ὁ βούτας,
χὠς ὄρος ἀμφ' ἐπονεῖτο, καὶ ὡς δρύες αὐτὸν ἐθρήνευν,
Ἱμέρα αἵτε φύοντι παρ' ὄχθῃσιν ποταμοῖο 75
εὖτε χιὼν ὥς τις κατετάκετο μακρὸν ὑφ' Αἷμον
ἢ Ἄθω ἢ Ῥοδόπαν ἢ Καύκασον ἐσχατόωντα.
ᾀσεῖ δ', ὡς ποχ' ἔδεκτο τὸν αἰπόλον εὐρέα λάρναξ

V. 63. τῆνο κατ' ἆμαρ, wo A. glücklich ankommt.
V. 64. φυλάσσων, φέρων, *gerens*. Id. 2, 120. μῆλα μὲν ἐν κόλποισι Διωνύσοιο φυλάσσων. cf. Id. 3, 22.
V. 65. Der Ort, wo der Πτελεατικὸς οἶνος wächst, ist nicht sicher. Nach dem Scholiasten war er zwischen Ephesos und Milet; Ephesos soll Πτελέα geheissen haben.
V. 66. κύαμον φρυξεῖ, geröstete Bohnen waren ein Reizmittel zum Trinken.
V. 67. ἔστ' ἐπὶ πᾶχυν, armhoch.
V. 68. „Theils weiche und kühlende, theils wohlriechende Kräuter." Eberz.
V. 69. μαλακῶς, ἡδέως, ἐν ἀναπαύσει. Schol. behaglich.
V. 70. ἐνερειδῶν χεῖλος αὐταῖς κυλίκεσσι. — αὐταῖς κυλ., fest an die Becher. — καὶ ἐς τρύγα, Archiloch. 4.
V. 71. cf. Virg. Buc. 5, 72.
V. 72. Lykope, Stadt in Aetolien.
V. 73. S. zu Id. 1, 63.
V. 74. cf. Bion 1, 32. Virg. Buc. 10, 13 ff.
V. 75. Id. 1, 67. ist der Schauplatz der Leiden des Daphnis die Gegend um den Aetna. Aber auch um den Himeras müssen die Sagen von Daphnis local gewesen sein; dort zeigte man bei Kephaloidion einen Stein, in welchen Daphnis verwandelt sein sollte. Stesichoros, der den Daphnis zuerst in die Poesie eingeführt hat, war von Himera.
V. 76. τις, etwa. — cf. Od. 19, 205.
V. 78. τὸν αἰπόλον, „den bekannten und berühmten". — Komatas war Gegenstand des Hirtenliedes. Τίς αἰπόλος καλούμενος Κομάτας τοῦ οἰκείου δεσπότου θρέμματα νέμων ἐν Σικελίᾳ ἐν τῷ ὄρει τῆς Θουρίας ἔθυε συγνάκις ταῖς Μούσαις. ὁ δὲ δεσπότης αὐτοῦ δυσχεράνας κατέκλεισεν αὐτὸν εἰς λάρνακα ξυλίνην, πειράζων, εἰ σώσειαν αὐτὸν αἱ Μοῦσαι. δύο δὲ μηνῶν διελθόντων παραγενόμενος καὶ ἀνοίξας ζῶντα μὲν αὐτὸν εὗρε, πλήρη δὲ καὶ λάρνακα κηρίων. Schol.

ζωὸν ἐόντα κακῇσιν ἀτασθαλίῃσιν ἄνακτος,
80 ὥς τέ νιν αἱ σιμαὶ λειμωνόθε φέρβον ἰοῖσαι
κέδρον ἐς ἁδεῖαν μαλακοῖς ἄνθεσσι μέλισσαι,
οὕνεκά οἱ γλυκὺ Μοῖσα κατὰ στόματος χέε νέκταρ.
ὦ μακαριστὲ Κομᾶτα, τύ θην τάδε τερπνὰ πεπόνθης,
καὶ τὺ κατεκλάσθης ἐς λάρνακα, καὶ τὺ μελισσᾶν
85 κηρία φερβόμενος ἔτος ὥριον ἐξεπόνασας.
αἴθ' ἐπ' ἐμεῦ ζωοῖς ἐναρίθμιος ὤφελες εἶμεν,
ὥς τοι ἐγὼν ἐνόμευον ἀν' ὤρεα τὰς καλὰς αἶγας
φωνᾶς εἰσαΐων, τὺ δ' ὑπὸ δρυσὶν ἢ ὑπὸ πεύκαις
ἁδὺ μελισδόμενος κατεκέκλισο, θεῖε Κομᾶτα.
90 Χὼ μὲν τόσσ' εἰπὼν ἀπεπαύσατο· τὸν δὲ μετ' αὖτις
κἠγὼν τοῖ' ἐφάμαν· Λυκίδα φίλε, πολλὰ μὲν ἄλλα
Νύμφαι κἠμὲ δίδαξαν ἀν' ὤρεα βουκολέοντα
ἐσθλά, τά που καὶ Ζηνὸς ἐπὶ θρόνον ἄγαγε φάμα·
ἀλλὰ τόγ' ἐκ πάντων μέγ' ὑπείροχον, ᾧ τυ γεραίρειν
95 ἀρξεῦμ'· ἀλλ' ὑπάκουσον, ἐπεὶ φίλος ἔπλεο Μοίσαις.
Σιμιχίδᾳ μὲν Ἔρωτες ἐπέπταρον· ἦ γὰρ ὁ δειλός
τόσσον ἐρῶ Μυρτοῦς, ὅσον εἴαρος αἶγες ἐρᾶντι.
ὥρατος δ' ὁ τὰ πάντα φιλαίτατος ἀνέρι τήνῳ
παιδὸς ὑπὸ σπλάγχνοισιν ἔχει πόθον. οἶδεν Ἄριστις,
100 ἐσθλὸς ἀνήρ, μέγ' ἄριστος, ὃν οὐδέ κεν αὐτὸς ἀείδειν
Φοῖβος σὺν φόρμιγγι παρὰ τριπόδεσσι μεγαίροι,
ὡς ἐκ παιδὸς Ἄρατος ὑπ' ὀστέον αἴθετ' ἔρωτι.
τόν μοι, Πάν, Ὁμόλας ἐρατὸν πέδον ὅστε λέλογχας,

V. 81. κέδρον, τὴν λάρνακα, ἥτις ἦν ἀπὸ κέδρου κατεσκευασμένη. — ἁδεῖαν, wegen des lieblichen Geruchs des Cedernholzes. cf. V. 133. Id. 1, 27.
V. 82. „Weil er ein süsser Sänger war." Vgl. Hes. Theog. 81 ff.
V. 85. ἔτος ὥριον, die Frühlingszeit des Jahres, ὥρα.
V. 86. ἐπ' ἐμεῦ, zu meiner Zeit.
V. 92. Νύμφαι. Die Nymphen begeistern auch zum Gesange wie die Musen. Die Musen waren ursprünglich Quellnymphen.
V. 96—127. Lied des Simichidas von der unglücklichen Liebe des Aratos. Der Dichter Aratos aus Soloi, Zeitgenosse und Freund des Theokrit, ist der gelehrte, auch von den Römern hochgehaltene Verfasser der noch erhaltenen Φαινόμενα καὶ Διοσημεῖα, welche Cicero übersetzt hat. — Das Niesen galt als eine glückliche Vorbedeutung, Od. 17, 545. — Simichidas selbst ist in der Liebe glücklich; wie ist daher ὁ δειλός aufzufassen?
V. 100. Selbst Apollon, der ausgezeichnete Kenner der Musik und Dichtkunst, würde ihn für würdig halten zu Delphi in den musischen Wettkämpfen aufzutreten. — Die τρίποδες sind die Dreifüsse in dem Tempel des Apollon zu Delphi.
V. 103. Pan, der Syrinxbläser ist den Dichtern hold. — Homolos oder Homole ist ein Berg Thessaliens.

ἄκλητον κείνοιο φίλας ἐς χεῖρας ἐρείσαις,
εἴτε Φιλῖνος ἄρ' ἐστὶν ὁ μαλθακὸς εἴτε τις ἄλλος. 105
καί μὲν ταῦτ' ἔρδοις, ὦ Πὰν φίλε, μὴ τί τυ παῖδες
Ἀρκαδικοὶ σκίλλαισιν ὑπὸ πλευράς τε καὶ ὤμως
τανίκα μαστίσδοιεν, ὅτε κρέα τυτθὰ παρείη·
εἰ δ' ἄλλως νεύσαις, κατὰ μὲν χρόα πάντ' ὀνύχεσσι
δακνόμενος κνάσαιο καὶ ἐν κνίδαισι καθεύδοις, 110
εἴης δ' Ἠδωνῶν μὲν ἐν ὤρεσι χείματι μέσσῳ
Ἕβρον πὰρ ποταμὸν τετραμμένον ἐγγύθεν ἄρκτω,
ἐν δὲ θέρει πυμάτοισι παρ' Αἰθιόπεσσι νομεύοις
πέτρᾳ ὕπο Βλεμύων, ὅθεν οὐκέτι Νεῖλος ὁρατός.
ὑμὲς δ' Ὑετίδος καὶ Βυβλίδος ἁδὺ λιπόντες 115
νᾶμα καὶ Οἰκεῦντα, ξανθᾶς ἕδος αἰπὺ Διώνας,
ὦ μάλοισιν Ἔρωτες ἐρευθομένοισιν ὁμοῖοι,
βάλλετέ μοι τόξοισι τὸν ἱμερόεντα Φιλῖνον,
βάλλετ', ἐπεὶ τὸν ξεῖνον ὁ δύσμορος οὐκ ἐλεεῖ μευ.
καὶ δὴ μὰν ἀπίοιο πεπαίτερος, αἱ δὲ γυναῖκες 120
„αἰαῖ," φαντί, „Φιλῖνε, τό τοι καλὸν ἄνθος ἀπορρεῖ."
μηκέτι τοι φρουρέωμες ἐπὶ προθύροισιν, Ἄρατε,
μηδὲ πόδας τρίβωμες· ὁ δ' ὄρθριος ἄλλον ἀλέκτωρ
κοκκύζων νάρκῃσιν ἀνιαρῇσι διδοίη,
εἷς δ' ἀπὸ τᾶσδε, φέριστε, μολὼν ἄγχοιτο παλαίστρας. 125

V. 104. ἐς χεῖρας ἐρείσαις, εἰς χεῖρας ἄγων ἐμβάλοις. Schol.
V. 106. Ἑορτὴ φασιν ἐτελεῖτο ἐν τῇ Ἀρκαδίᾳ, ἐν ᾗ οἱ παῖδες τὸν Πᾶνα σκίλλαις ἔτυπτον, ὅτε οἱ χορηγοὶ λεπτὸν ἱερεῖον ἔθυον καὶ μὴ ἱκανὸν τοῖς ἐσθίουσιν. Schol.
V. 111. cf. Virg. Buc. 10, 65 ff. — Die Edoner, ein thrakisches Volk, das aber nicht am Hebros wohnte, bezeichnen hier überhaupt die Thraker. Ebenso ist die Angabe des Wohnorts der Blemyes, eines libyschen Volkes, geographisch ungenau; sie gelten hier als ein im äussersten, heissesten Süden, jenseit der Quellen des Nil wohnendes Volk.
V. 115. Hyetis und Byblis, Quellen bei Milet, wo Aphrodite hoch verehrt ward, cf. Id. 28, 4.
V. 116. Οἰκοῦς, Stadt in Karien. mit einem Heiligthum der Aphrodite.
V. 119. τὸν ξεῖνόν μευ. meinen Gastfreund Aratos.
V. 120. Philinos ist schon überreif, und seine Schönheit ist im Abnehmen; darum —.
V. 122. ἐπὶ προθύροισιν sc. Φιλίνου.
V. 123. ὁ δ' ὄρθριος etc. „ein Andrer mag bis zum frühen Morgen vor des Phil. Hause in der Kälte Wache halten." Propert. 1, 16, 23. *me mediae noctes, me sidera prona incentem frigidaque Eoo me dolet aura gelu.*
V. 125. εἷς, irgend ein Rivale des Aratos. — παλαίστρα, Kampfplatz, ein Ort der Mühen und Plagen.

ἁμὶν δ' ἀσυχία τε μέλοι γραία τε παρείη,
ἅτις ἐπιφθύζοισα τὰ μὴ καλὰ νόσφιν ἐρύκοι.
Τόσσ' ἐφάμαν· ὁ δέ μοι τὸ λαγωβόλον ἁδὺ γελάσσας
ὡς πάρος ἐκ Μοισᾶν ξεινήιον ὤπασεν εἶμεν.
130 χὣ μὲν ἀποκλίνας ἐπ' ἀριστερὰ τὰν ἐπὶ Πύξας
εἶρπ' ὁδόν, αὐτὰρ ἐγώ τε καὶ Εὔκριτος ἐς Φρασιδάμω
στραφθέντες χὣ καλὸς Ἀμύντιχος ἔν τε βαθείαις
ἁδείας σχοίνοιο χαμευνίσιν ἐκλίνθημες
ἔν τε νεοτμάτοισι γεγαθότες οἰναρέησι.
135 πολλαὶ δ' ἁμὶν ὕπερθε κατὰ κρατὸς δονέοντο
αἴγειροι πτελέαι τε· τὸ δ' ἐγγύθεν ἱερὸν ὕδωρ
Νυμφᾶν ἐξ ἄντροιο κατειβόμενον κελάρυζε.
τοὶ δὲ ποτὶ σκιεραῖς ὁροδαμνίσιν αἰθαλίωνες
τέττιγες λαλαγεῦντες ἔχον πόνον· ἁ δ' ὀλολυγών
140 τηλόθεν ἐν πυκινῇσι βάτων τρύζεσκεν ἀκάνθαις.
ἄειδον κόρυδοι καὶ ἀκανθίδες, ἔστενε τρυγών,
πωτῶντο ξουθαὶ περὶ πίδακας ἀμφὶ μέλισσαι.
πάντ' ὦσδεν θέρεος μάλα πίονος, ὦσδε δ' ὀπώρας.
ὄχναι μὲν πὰρ ποσσί, περὶ πλευρῇσι δὲ μᾶλα
145 δαψιλέως ἁμὶν ἐκυλίνδετο· τοὶ δ' ἐκέχυντο
ὄρπακες βραβύλοισι καταβρίθοντες ἔραζε·
τετράενες δὲ πίθων ἀπελύετο κρατὸς ἄλειφαρ.
Νύμφαι Κασταλίδες Παρνάσσιον αἶπος ἔχοισαι,
ἦρά γέ πᾳ τοιόνδε Φόλω κατὰ λάινον ἄντρον
150 κρατῆρ' Ἡρακλῆι γέρων ἐστάσατο Χείρων;
ἦρά γέ πᾳ τῆνον τὸν ποιμένα τὸν ποτ' Ἀνάπῳ,
τὸν κρατερὸν Πολύφαμον, ὃς ὤρεσι νᾶας ἔβαλλεν,
τοῖον νέκταρ ἔπεισε κατ' αὔλια ποσσὶ χορεῦσαι,

V. 127. ἐπιφθύζοισα, s. zu Id. 6, 39.
V. 132. Ἀμύντιχος, schmeichelndes Diminutiv von Ἀμύντας, s. V. 2.
V. 144. cf. Virg. Buc. 7, 54.
V. 147. ἄλειφαρ, Pech, womit die Weinkrüge verklebt sind. cf. Horat. Carm. 3, 8, 9. *hic dies corticem adstrictum pice demovebit amphorae.*
V. 149. S. zu Stesich. Fr. 3. Theokrit hat hier Cheiron an die Stelle des Pholos gesetzt. Cheiron soll den Wein kredenzt haben.
V. 151. Anapos, s. Id. 1, 67.
V. 152. ὃς ὤρεσι νᾶας ἔβαλλε. s. Hom. Od. 9, 481. — τοῖον νέκταρ, Od. 9, 357 ff.
V. 153. Der Dithyrambendichter und Musiker Philoxenos (c. 400 v. Chr.) hatte den Polyphem in einem Dithyrambos Κύκλωψ ἢ Γαλάτεια tanzend eingeführt.

οἷον δὴ τόκα πῶμα διεκρανάσατε, Νύμφαι,
βωμῷ πὰρ Δάματρος ἀλωάδος; ἆς ἐπὶ σωρῷ 155
αὖτις ἐγὼ πάξαιμι μέγα πτύον, ἇ δὲ γελάσσαι
δράγματα καὶ μάχωνας ἐν ἀμφοτέρῃσιν ἔχοισα.

V. 154. Die Nymphen haben mit kühlem Quellwasser den Trunk gemischt.
V. 155 ff. „Möge ich später wiederum ein solches Fest feiern." Das Fest wird auf dem Felde gefeiert, wo das Korn ausgedroschen liegt.
V. 157. Demeter trug gewöhnlich Aehren und Mohn als Symbole der Fruchtbarkeit in den Händen.

6. Id. XI.

Der ungeschlachte, wilde Menschenfresser Polyphemos, wie wir ihn aus dem 9ten Buche der Odyssee kennen, von der Leidenschaft der zarten Liebe ergriffen, aber geflohen und verachtet von der Geliebten, der schönen Meernymphe Galatea, die in ihren Wellen ausser dem Bereiche des tollen Liebhabers ist, ist für die Poesie ein sehr komischer und ergötzlicher Gegenstand, der von mehreren Dichtern des Alterthums (S. zu 7, 153) behandelt wurde. cf. Ovid. Met. 13, 738—897. Theokrit stellt den Kyklopen in diesem Gedichte dar, wie er, von blinder, alles vergessender Liebe beherrscht, auf einem Felsen am Meere sitzt und sanft, wie ein Lamm, ein gar zartes, schmeichelndes Liebeslied an die Geliebte richtet. Findet er durch seine Klagen und Versprechungen auch keine Erhörung, so erreicht er doch durch die Kunst der Musen wenigstens das, dass er die Gluth seines Herzens aussingen und die Liebe beschwichtigen kann, eine Krankheit, von der ihn keines Arztes Kunst zu befreien vermocht hätte. Das Idyll ist an Nikias gerichtet, einen Arzt in Milet, der zugleich Dichter ist und in engem Freundschaftsverhältniss zu Theokrit steht. Siehe Id. 13 u. 28.

ΚΥΚΛΩΨ.

Οὐδὲν πὸτ τὸν ἔρωτα πεφύκει φάρμακον ἄλλο,
Νικία, οὔτ' ἔγχριστον, ἐμὶν δοκεῖ, οὔτ' ἐπίπαστον,
ἢ ταὶ Πιερίδες· κοῦφον δέ τι τοῦτο καὶ ἁδὺ
γίνετ' ἐπ' ἀνθρώπως, εὑρεῖν δ' οὐ ῥᾴδιόν ἐστι.
γινώσκειν δ' οἶμαί τυ καλῶς ἰατρὸν ἐόντα 5
καὶ ταῖς ἐννέα δὴ πεφιλημένον ἔξοχα Μοίσαις.
οὕτω γῶν ῥᾷστα διᾶγ' ὁ Κύκλωψ ὁ παρ' ἁμίν,
ὡρχαῖος Πολύφαμος, ὅκ' ἤρατο τᾶς Γαλατείας,
ἄρτι γενειάσδων περὶ τὸ στόμα τὼς κροτάφως τε.

V. 7. οὕτω, mit Hülfe der Pieriden. — ὁ παρ' ἁμίν, unser Landsmann.

10 ἤρατο δ' οὐ μάλοις οὐδὲ ῥόδῳ οὐδὲ κικίννοις,
ἀλλ' ὀρθαῖς μανίαις, ἁγεῖτο δὲ πάντα πάρεργα.
πολλάκι ταὶ ὄϊες ποτὶ τωὔλιον αὐταὶ ἀπῆνθον
χλωρᾶς ἐκ βοτάνας· ὁ δὲ τὰν Γαλάτειαν ἀείδων
αὐτῶ ἀπ' ἀϊόνος κατετάκετο φυκιοέσσας
15 ἐξ ἀοῦς, ἔχθιστον ἔχων ὑποκάρδιον ἕλκος,
Κύπριδος ἐκ μεγάλας τό οἱ ἥπατι πᾶξε βέλεμνον.
ἀλλὰ τὸ φάρμακον εὗρε, καθεζόμενος δ' ἐπὶ πέτρας
ὑψηλᾶς ἐς πόντον ὁρῶν ἄειδε τοιαῦτα.
Ὦ λευκὰ Γαλάτεια, τί τὸν φιλέοντ' ἀποβάλλῃ;
20 λευκοτέρα πακτᾶς ποτιδεῖν, ἁπαλωτέρα ἀρνός,
μόσχω γαυροτέρα, φιαρωτέρα ὄμφακος ὠμᾶς.
φοιτῇς δ' αὐθ' οὕτως, ὄκκα γλυκὺς ὕπνος ἔχῃ με,
οἴχῃ δ' εὐθὺς ἰοῖσ', ὄκκα γλυκὺς ὕπνος ἀνῇ με,
φεύγεις δ' ὥσπερ ὄϊς πολιὸν λύκον ἀθρήσασα.

V. 10. Rosen, Aepfel, Locken, die gewöhnlichen Geschenke unter Liebenden. cf. 3, 10.
V. 11. ὀρθαῖς μανίαις, wie ὀρθοῖς ὄμμασι, „mit stierer Wuth". — πάντα, seine gewöhnlichen Geschäfte. Der folgende Vers dient zur Erklärung dieses Satzes.
V. 12. ἀπῆνθον für ἀπῆλθον. V. 26. 63. 64. — cf. Virg. Buc. 4, 21.
V. 14. αὐτῶ, Adverb. Siehe zu 3, 10. Hom. Il. 19. 77. Od. 21, 420.
V. 16. ἧπαρ, Sitz der Leidenschaften. cf. Id. 13, 71.
V. 17. τὸ φάρμακον. Man beachte den Artikel.
V. 19 ff. Das Lied des Polyphem theile ein: 1) 19—29. 2) 30—53. 3) 54—66. 4) 67—72 u. 72—79. 1) Ich liebe dich, du aber fliehst mich. 2) 30—53. sucht er die Nymphe durch verschiedene Gründe zu veranlassen ihre Flucht aufzugeben und zu ihm zu kommen; die Hässlichkeit (30—33.) ist wohl auch zum Theil zu beseitigen (50—53.). 3) Aber sie kommt nicht, darum: ὤμοι etc. Wenn sie nicht zu ihm kommt, so muss er wohl in das Meer zu ihr. Doch das ist schwer, darum wieder V. 63: ἐξένθοις etc. 4) Doch alles Bitten ist vergebens; nach kurzem Zornesausbruch gegen die Mutter, die seine Werbung nicht unterstützt, kommt er zur Vernunft und weiss sich zu trösten. — No. 2 ist der wichtigste Theil und darum ungefähr doppelt so gross als die übrigen. Man kann diese Abtheilung wieder folgendermassen theilen: 30—33. 34—41. 42—49. 50—53.
V. 19. Virg. Buc, 7, 37 f. Ov. Met. 13, 789 ff.
V. 20. Die Vergleiche sind aus dem beschränkten Kreise des Hirtenlebens Polyphems genommen. Auch Trauben haben die Kyklopen in ihrem Lande. V. 46. Hom. Od. 9, 357.
V. 21. φιαρωτέρα, „praller als unreife Trauben."
V. 22 ff. Erklärung von ἀποβάλλεσθαι V. 19. αὐθ' für αὖθι in der Bedeutung hierher. — οὕτως (dor. für οὕτως, weil der Dorier im Genit. plur. 2. Decl. τούτων accentuirt), ohne weiteres, auf der Stelle.

ἠράσθην μὲν ἔγωγα τεοῦς, κόρα, ἀνίκα πρᾶτον
ἦνθες ἐμᾷ σὺν ματρὶ θέλοισ' ὑακίνθινα φύλλα
ἐξ ὄρεος δρέψασθαι, ἐγὼ δ' ὁδὸν ἁγεμόνευον.
παύσασθαι δ' ἐσιδών τυ καὶ ὕστερον οὐδ' ἔτι πᾳ νῦν
ἐκ τήνω δύναμαι· τὶν δ' οὐ μέλει, οὐ μὰ Δί' οὐδέν.
γινώσκω, χαρίεσσα κόρα, τίνος ὥνεκα φεύγεις·
ὥνεκά μοι λασία μὲν ὀφρῦς ἐπὶ παντὶ μετώπῳ
ἐξ ὠτὸς τέταται ποτὶ θὥτερον ὡς μία μακρά,
εἷς δ' ὀφθαλμὸς ὕπεστι, πλατεῖα δὲ ῥὶς ἐπὶ χείλει.
ἀλλ' οὗτος τοιοῦτος ἐὼν βοτὰ χίλια βόσκω,
κἠκ τούτων τὸ κράτιστον ἀμελγόμενος γάλα πίνω·
τυρὸς δ' οὐ λείπει μ' οὔτ' ἐν θέρει οὔτ' ἐν ὀπώρᾳ,
οὐ χειμῶνος ἄκρω· ταρσοὶ δ' ὑπεραχθέες αἰεί.
συρίσδεν δ' ὡς οὔτις ἐπίσταμαι ὧδε Κυκλώπων,
τίν, τὸ φίλον μελίμαλον, ἁμᾷ κἠμαυτὸν ἀείδων
πολλάκι νυκτὸς ἀωρί. τράφω δέ τοι ἕνδεκα νεβρώς
πάσας μαννοφόρως καὶ σκύμνως τέσσαρας ἄρκτων.
ἀλλ' ἀφίκευ τύ ποθ' ἁμέ, καὶ ἐξεῖς οὐδὲν ἔλασσον,
τὰν γλαυκὰν δὲ θάλασσαν ἔα ποτὶ χέρσον ὀρεχθεῖν·
ἅδιον ἐν τὥντρῳ παρ' ἐμὶν τὰν νύκτα διαξεῖς.
ἐντὶ δάφναι τηνεῖ, ἐντὶ ῥάδιναὶ κυπάρισσοι,
ἔστι μέλας κισσός, ἔστ' ἄμπελος ἁ γλυκύκαρπος,
ἔστι ψυχρὸν ὕδωρ, τό μοι ἁ πολυδένδρεος Αἴτνα
λευκᾶς ἐκ χιόνος ποτὸν ἀμβρόσιον προΐητι.
τίς κα τῶνδε θάλασσαν ἔχειν καὶ κύμαθ' ἕλοιτο;

V. 25. ἠράσθην, „ich gewann dich lieb". — τεοῦς Genit. von σύ.
V. 26. Hom. Od. 1, 71. Thoosa ist auch eine Meernymphe. cf. Virg.
Buc. 8, 37. — φύλλα cf. Antipat. 6, 2.
V. 31. Polyphem schildert sehr naiv seine eigene Hässlichkeit; doch
glaubt er, werde sie aufgewogen durch seinen Reichthum und
seine musische Kunst.
V. 34. cf. Virg. Buc. 2, 19 ff. Ov. Met. 13, 821 ff.
V. 37. Hom. Od. 9, 219.
V. 39. τίν. hier Accusat. wie V 55. 68.
V. 40. ἕνδεκα νεβρώς, elf ist zuviel, — ein bäurisches Anerbieten.
Auch mögen die vier jungen Bären der zarten Nymphe nicht ge-
fallen. cf. Ov. Met. 13, 831 ff.
V. 41. Ahrens schreibt μανοφόρως, d. i. mondtragend, die auf der
Stirne eine mondförmige Blässe haben, Blässkälber.
V. 42. ἁμέ = ἡμᾶς. — οὐδὲν ἔλασσον sc. ἢ ἐν θαλάσσῃ.
V. 45. Aehnlich stellt Virg. Buc. 9, 39—43. die Schönheit der Land-
schaft dem Meere entgegen.
V. 49. τῶνδε. wegen des Comparativbegriffs in ἕλοιτο.

50 αἰ δέ τοι αὐτὸς ἐγὼν δοκέω λασιώτερος εἶμεν,
ἐντὶ δρυὸς ξύλα μοι καὶ ὑπὸ σποδῷ ἀκάματον πῦρ·
καιόμενος δ' ὑπὸ τεῦς καὶ τὰν ψυχὰν ἀνεχοίμαν
καὶ τὸν ἕν' ὀφθαλμόν, τῶ μοι γλυκερώτερον οὐδέν.
ὤμοι, ὅτ' οὐκ ἔτεκέν μ' ἁ μάτηρ βράγχι' ἔχοντα,
55 ὡς κατέδυν ποτὶ τὶν καὶ τὰν χέρα τευς ἐφίλησα,
αἰ μὴ τὸ στόμ' ἔλης· ἔφερον δέ τοι ἢ κρίνα λευκά
ἢ μάκων' ἁπαλὰν ἐρυθρὰ παταγώνι' ἔχοισαν.
ἀλλὰ τὰ μὲν θέρεος, τὰ δὲ γίνεται ἐν χειμῶνι,
ὤστ' οὐκ' ἄν τοι ταῦτα φέρειν ἅμα πάντ' ἐδυνάθην.
60 νῦν μάν, ὦ κόριον, νῦν αὐτῶ νεῖν γε μαθεῦμαι,
αἴ τίς κα σὺν ναῒ πλέων ξένος ὧδ' ἀφίκηται,
ὡς εἰδῶ, τί ποθ' ἁδὺ κατοικεῖν τὸν βυθὸν ὑμίν.
ἐξένθοις, Γαλάτεια, καὶ ἐξενθοῖσα λάθοιο
ὥσπερ ἐγὼν νῦν ὧδε καθήμενος οἴκαδ' ἀπενθεῖν·
65 ποιμαίνειν δ' ἐθέλοις σὺν ἐμὶν ἅμα καὶ γάλ' ἀμέλγειν
καὶ τυρὸν πᾶξαι τάμισον δριμεῖαν ἐνεῖσα.
ἁ μάτηρ ἀδικεῖ με μόνα, καὶ μέμφομαι αὐτᾷ·
οὐδὲν πήποχ' ὅλως ποτὶ τὶν φίλον εἶπεν ὑπέρ μευ,
καὶ ταῦτ' ἆμαρ ἐπ' ἆμαρ ὁρῶσά με λεπτύνοντα.
70 φασῶ τὰν κεφαλὰν καὶ τὼς πόδας ἀμφοτέρως μευ
σφύζειν, ὡς ἀνιαθῇ, ἐπεὶ κἠγὼν ἀνιῶμαι.
ὦ Κύκλωψ Κύκλωψ, πᾷ τὰς φρένας ἐκπεπότασαι;
αἴθ' ἐνθὼν ταλάρως τε πλέκοις καὶ θαλλὸν ἀμάσας

V. 50. αὐτός, im Gegensatz zu den vorher erwähnten Dingen.
V. 51. Wenn das struppige Haar ihr nicht gefällt, so mag sie es absengen.
V. 52. τεῦς, Genit. von σύ. V. 55. — Verb. καιόμενος ἀνεχοίμην.
V. 55. ὡς κατέδυν. Der Absichtssatz mit Indicativ eines histor. Tempus bei einer der Wirklichkeit nicht entsprechenden Voraussetzung.
V. 57. πλαταγώνια, siehe Id. 3, 29.
V. 59. Er brächte gewiss ganze Läste. s. zu V. 40.
V. 60. αὐτῶ, auf der Stelle. — μαθεῦμαι, μαθοῦμαι, sonst μαθήσομαι.
V. 63. cf. Ov. Met. 13, ~38.
V. 65. cf. Virg. Buc. 2, 28 ff
V. 66. ἐνεῖσα, in die Milch, damit sie gerinne.
V. 67. Der Kyklop recurrirt öfter knabenhaft auf die Mutter.
V. 71. σφύζειν, von fieberhaftem Schmerz.
V. 72. Virg. Buc. 2. 69. Il. 24, 201. ὦ μοι, πῇ δή τοι φρένες οἴχονθ'.
V. 73. τάλαρος, Käsekorb, wie Hom. Od. 9, 247. — αἴθ' — τάχα, cf. Il. 22, 41 f.

ταῖς ἄρνεσσι φέροις, τάχα κα πολὺ μᾶλλον ἔχοις νῶν.
τὰν παρεοῖσαν ἄμελγε. τί τὸν φεύγοντα διώκεις; 75
εὑρησεῖς Γαλάτειαν ἴσως καὶ καλλίον' ἄλλαν.
πολλαὶ συμπαίσδεν με κόραι τὰν νύκτα κέλονται,
κιχλίζοντι δὲ πᾶσαι, ἐπεί κ' αὐταῖς ὑπακούσω.
δῆλον ὅτ' ἐν τᾷ γᾷ κἠγὼν τὶς φαίνομαι εἶμεν.
  Οὕτω τοι Πολύφαμος ἐποίμαινεν τὸν ἔρωτα 80
μουσίσδων, ῥᾷον δὲ διᾶγ' ἢ εἰ χρυσὸν ἔδωκεν.

V. 75. τὰν παρεοῖσαν sc. αἶγα oder ὄϊν, bukolisches Sprüchwort. „Melke das Schaf, das du hast". Auch der folgende Satz ist Sprüchwort. Der Schol. führt einen Vers. des Hesiod an:
  Νήπιος, ὅστις ἕτοιμα λιπὼν ἀνέτοιμα διώκει.
V. 79. τὶς, ein Mann von Bedeutung, „auch ich scheine etwas im Lande zu sein, zu gelten." Vgl. 4, 30.
V. 80. ἐποίμαινεν, μετεχειρίζετο, ἐθεράπευε. Schol. cf. Pind. Ol. 10, 9.
V. 81. ῥᾷον διᾶγε, s. V. 7. — εἰ χρυσὸν ἔδωκεν, nämlich dem Arzte. Der Arzt kann die Liebeskrankheit nicht vertreiben; so sagt der Dichter scherzhaft mit Rücksicht auf die Kunst des Nikias; vergl. den Eingang des Idylls.

7. Id. XIII.

Das Gedicht enthält einen epischen Stoff, den Raub des Hylas, der auch von Apollon. Rhod. Arg. 1, 1207 ff. und Orph. Argon. 5, 632 ff. behandelt ist. Der Knabe Hylas (Waldkind), Sohn des Dryoperkönigs Theiodamas, Liebling des Herakles, begleitete diesen auf dem Argonautenzuge; aber in Mysien wurde er, als er bei einer Landung von Herakles ausgeschickt worden war um Wasser zu holen, von den Nymphen eines Quells in die Fluth hinabgezogen. Während Herakles ihn suchte, fuhr die Argo weiter. Das Rufen des Namens Hylas, das auch in unserm Idyll erwähnt wird (V. 58.), ist ein Hauptzug der Sage. Noch in später Zeit feierten die Einwohner von Prusias ein Fest, wobei sie an der Quelle, in welcher der Knabe verschwunden sein sollte, opferten und auf den Bergen und in den Wäldern umherschweifend seinen Namen riefen. Aus diesem Brauch ist die Sage entstanden. In unserem Gedichte ist die erotische Seite des Mythus hervorgekehrt, die reine Liebe des Herakles zu dem Knaben, den er, wie nach dorischer Sitte (siehe Einl. zu Theognis), sich als Liebling erkoren hat. Man verkennt auch in diesem epischen Stoff die idyllische Färbung nicht (V. 10—13. 25. 31. ff. 40 ff.).

ΥΛΑΣ.

Οὐχ ἁμὶν τὸν Ἔρωτα μόνοις ἔτεχ', ὡς ἐδοκεῦμες,
Νικία, ᾧτινι τοῦτο θεῶν ποκὰ τέκνον ἔγεντο·
οὐχ ἁμὶν τὰ καλὰ πράτοις καλὰ φαίνεται εἶμεν,
οἳ θνατοὶ πελόμεσθα, τὸ δ' αὔριον οὐκ ἐσορῶμες·
5 ἀλλὰ καὶ ὠμφιτρύωνος ὁ χαλκεοκάρδιος υἱός,
ὃς τὸν λῖν ὑπέμεινε τὸν ἄγριον, ἤρατο παιδός,
τοῦ χαρίεντος Ὕλα, τοῦ τὰν πλοκαμῖδα φορεῦντος,
καί νιν πάντ' ἐδίδαξε πατὴρ ὡσεὶ φίλον υἱέα,
ὅσσα μαθὼν ἀγαθὸς καὶ ἀοίδιμος αὐτὸς ἔγεντο·
10 χωρὶς δ' οὐδέποχ' ἦς, οὔτ' εἰ μέσον ἆμαρ ὄροιτο,
οὔτ' ἄρ' ὅχ' ἁ λεύκιππος ἀνατρέχοι ἐς Διὸς Ἀώς,
οὐδ' ὁπόκ' ὀρτάλιχοι μινυροὶ ποτὶ κοῖτον ὁρῷεν,
σεισαμένας πτερὰ ματρὸς ἐπ' αἰθαλόεντι πεταύρῳ,
ὡς αὐτῷ κατὰ θυμὸν ὁ παῖς πεποναμένος εἴη,
15 αὐτῷ δ' εὖ ἕλκων ἐς ἀλαθινὸν ἄνδρ' ἀποβαίη.
ἀλλ' ὅτε τὸ χρύσειον ἔπλει μετὰ κῶας Ἰήσων
Αἰσονίδας, οἱ δ' αὐτῷ ἀριστῆες συνέποντο
πασᾶν ἐκ πολίων προλελεγμένοι, ὧν ὄφελός τι,
ἵκετο χὠ ταλαεργὸς ἀνὴρ ἐς ἀφειὸν Ἰωλκόν,
20 Ἀλκμήνης υἱὸς Μιδεάτιδος ἡρωίνης.
σὺν δ' αὐτῷ κατέβαινεν Ὕλας εὔεδρον ἐς Ἀργώ,

Man kann das Gedicht folgendermassen zerlegen: 1) V. 1—15. 2) 16—23. 3) 25—35. 4) 36—52. 5) 53—65. 6) 66—75.

V. 2. Nikias, s. Einl. zu Id. 11. Die Abkunft des Eros ist in der Mythologie nicht festgestellt. cf. Meleag. Ep. 1, 5.

V. 8. πατὴρ ὡσεὶ φίλον υἱέα. cf. Theognis 1049. No. 37.

V. 11. Ἠὼς λεύκιππος, bei Aeschyl. Pers. 384. heisst sic λευκόπωλος. Bei Homer. hat die Göttin ein Zweigespann. Od. 23, 244. — ἐς Διός. cf. Hom. Il. 2, 48. Ἠὼς προσεβήσατο μακρὸν Ὄλυμπον. cf. Od. 3, 1.

V. 14. πεποναμένος εἴη, übertragen von der mühevollen und sorgfältigen Ausarbeitung eines Kunstwerkes. cf. Eurip. Iph. Aul. 182. Χείρων ἐξεπόνασεν Ἀχιλλῆα. — κατὰ θυμόν, nach Wunsch.

V. 15. Wenn εὖ ἕλκων richtig, so ist das Bild wohl hergenommen von den Stieren am Pfluge, die eine gerade Furche zum Ziele ziehen, oder die gleichen Schritt mit einander halten. Is. Voss: εὖ εἴκων, in omnibus morigerus. D. Heinsius: εὖ ἥκων, wohlgerathe[n, gediehen.

V. 19. Iolkos, die reiche Stadt der Schifffahrt und Handel treibenden Minyer, war der Sammelplatz der Argonauten.

V. 20. Ἀλκμ. Μιδεᾶτις von Midea in Argolis. Ihr Vater Elektryon - heisst König von Mykenae oder auch von Midea (Pausan. 2, 25, 8.).

ἅτις κυανεᾶν οὐχ ἥψατο συνδρομάδων ναῦς,
ἀλλὰ διεξάϊξε, βαθὺν δ' εἰσέδραμε Φᾶσιν,
[αἰετὸς ὣς μέγα λαῖτμα, ἀφ' οὗ τότε χοιράδες ἔσταν.]
ἆμος δ' ἀντέλλοντι Πελειάδες, ἐσχατιαὶ δέ 25
ἄρνα νέον βόσκοντι, τετραμμένου εἴαρος ἤδη,
τᾶμος ναυτιλίας μιμνάσκετο θεῖος ἄωτος
ἡρώων, κοίλαν δὲ καθιδρυθέντες ἐς Ἀργώ
Ἑλλάσποντον ἵκοντο νότῳ τρίτον ἆμαρ ἀέντι,
εἴσω δ' ὅρμον ἔθεντο Προποντίδος, ἔνθα Κιανάν 30
αὔλακας εὐρύνοντι βόες τρίβοντες ἀρότρῳ.
ἐκβάντες δ' ἐπὶ θῖνα κατὰ ζυγὰ δαῖτα πένοντο
δειελινήν, πολλοὶ δὲ μίαν στορέσαντο χαμεύναν.
λειμὼν γάρ σφιν ἔκειτο, μέγα στιβάδεσσιν ὄνειαρ,
ἔνθεν βούτομον ὀξὺ βαθύν τ' ἐτάμοντο κύπειρον. 35
κὦχεθ' Ὕλας ὁ ξανθὸς ὕδωρ ἐπιδόρπιον οἰσῶν
αὐτῷ θ' Ἡρακλῆι καὶ ἀστεμφεῖ Τελαμῶνι,
οἳ μίαν ἀμφ' ἕταροι αἰεὶ δαίνυντο τράπεζαν,
χάλκεον ἄγγος ἔχων. τάχα δὲ κράναν ἐνόησεν
ἡμένῳ ἐν χώρῳ· περὶ δὲ θρύα πολλὰ πεφύκῃ, 40
κυάνεόν τε χελιδόνιον χλωρόν τ' ἀδίαντον
καὶ θάλλοντα σέλινα καὶ εἰλιτενὴς ἄγρωστις.
ὕδατι δ' ἐν μέσσῳ Νύμφαι χορὸν ἀρτίζοντο,
Νύμφαι ἀκοίμητοι, δειναὶ θεαὶ ἀγροιώταις,

V. 22. Zur Charakterisirung der Argo werden zwei Hauptpunkte aus ihrer Geschichte angeführt, ihre grösste Gefahr, die sie glücklich bestanden, und das erreichte Ziel. Ebenso Pind. Pyth. 4, 203 ff.
V. 24. ist ein Einschiebsel späterer Zeit.

V. 25. Der Aufgang der Pleiaden, Ende Aprils und Anfang Mais, bezeichnet den Anfang des Sommers und bringt günstiges Wetter zur Seefahrt. Die in südlichen Gegenden der Mehrzahl nach im November und December gebornen Lämmer wurden zu dieser Zeit von den Müttern getrennt und auf die entfernteren Triften getrieben.

V. 30. Verb. τρίβοντες ἀρότρῳ Κιανάν sc. γῆν. Die Stadt Kios in Mysien hiess später Prusias.

V. 32. κατὰ ζυγά, je zwei; auf jeder Ruderbank sassen zwei.

V. 37. Telamon, ein treuer Freund des Herakles, der diesen unter anderen auch nach Troja und gegen die Amazonen begleitete.

V. 44. ἀκοίμητοι, die Quellen schlafen und ruhen nie. — δειναί, παρόσον φόβον ἐσθ' ὅτε αὐτοῖς ἐγγενῶσί τε καὶ ἐπάγουσιν. Schol. Wer eine Nymphe gesehen, musste sterben oder ward wahnsinnig.

45 Εὐνείκα καὶ Μαλὶς ἔαρ θ' ὁρόωσα Νυχεία.
ἤτοι ὁ κοῦρος ἐπεῖχε ποτῷ πολυχανδέα κρωσσόν
βάψαι ἐπειγόμενος, ταὶ δ' ἐν χερὶ πᾶσαι ἔφυσαν·
πασάων γὰρ ἔρως ἁπαλὰς φρένας ἐξεσόβησεν
Ἀργείῳ ἐπὶ παιδί· κατήριπε δ' ἐς μέλαν ὕδωρ
50 ἀθρόος, ὡς ὅτε πυρσὸς ἀπ' οὐρανοῦ ἤριπεν ἀστήρ
ἀθρόος ἐν πόντῳ, ναύταις δέ τις εἶπεν ἑταίροις·
„κουφότερ', ὦ παῖδες, ποιεῖσθ' ὅπλα· πλευστικὸς οὖρος."
Νύμφαι μὲν σφετέροις ἐπὶ γούνασι κοῦρον ἔχοισαι
δακρυόεντ' ἀγανοῖσι παρεψύχοντ' ἐπέεσσιν·
55 Ἀμφιτρυωνιάδας δὲ ταρασσόμενος περὶ παιδί
ᾤχετο, Μαιωτιστὶ λαβὼν εὐκαμπέα τόξα
καὶ ῥόπαλον, τό οἱ αἰὲν ἐχάνδανε δεξιτερὴ χείρ.
τρὶς μὲν Ὕλαν ἄυσεν, ὅσον βαθὺς ἤρυγε λαιμός·
τρὶς δ' ἄρ' ὁ παῖς ὑπάκουσεν, ἀραιὰ δ' ἵκετο φωνά
60 ἐξ ὕδατος, παρεὼν δὲ μάλα σχεδὸν εἴδετο πόρρω.
ὡς δ' ὁπότ' ἠϋγένειος ἀπόπροθι λῖς ἐσακούσας
νεβροῦ φθεγξαμένας τις ἐν οὔρεσιν, ὠμοφάγος λῖς,
ἐξ εὐνᾶς ἔσπευσεν ἑτοιμοτάταν ἐπὶ δαῖτα,
Ἡρακλέης τοιοῦτος ἐν ἀτρίπτοισιν ἀκάνθαις
65 παῖδα ποθῶν δεδόνητο, πολὺν δ' ἐπελάμβανε χῶρον.
σχέτλιοι οἱ φιλέοντες, ἀλώμενος ὅσσ' ἐμόγησεν
οὔρεα καὶ δρυμούς, τὰ δ' Ἰήσονος ὕστερα πάντ' ἦς.
ναῦς γέμεν ἄρμεν' ἔχοισα μετάρσια τῶν παρεόντων,

V. 45. ἔαρ ὁρόωσα, wie πῦρ ὀφθαλμοῖσι δεδορκώς, Hom. Od. 19, 446.
Ἄρην δέρκεσθαι, φόβον βλέπειν, Aeschyl. Sept. c. Th. 53. 500.
V. 46. ποτόν, Quelle, Soph. Phil. 1461.
V. 47. ἐν χερὶ ἔφυσαν. Hom. Il. 6, 253.
V. 50. Ein fallender Stern am heiteren Himmel war den Schiffern ein Zeichen günstigen Wetters. Hom. Il. 4, 75. Beachte den malerischen Rhythmus des Verses, der, aus lauter Dactylen bestehend, das unaufhaltsame Fallen der Sternschnuppe darstellt.
V. 52. κουφότερα ποιεῖσθε, μετεωρίσατε. Schol. — πλευστικὸς οὖρος, ein gewöhnlicher Ausruf der Schiffer, cf. Soph. Phil. 855.
V. 53. μέν, während.
V. 56. Μαιωτιστί verb. mit εὐκαμπέα. Der Bogen war nach skythischer Art gekrümmt; die Skythen wohnten aber um den Mäotischen See. ἐχρῆτο δὲ Ἡρακλῆς τοῖς Σκυθικοῖς τόξοις, διδαχθεὶς παρά τινος Σκύθου Τευτάρου. Schol.
V. 58. cf. Hom. Il. 11, 462.
V. 68. u. 69. So schreibt Hermann die in den Codd. verdorbene Stelle

ἱστία δ' ἡμίθεοι μεσονύκτιον ἐξεπάειρον
'Ηρακλῆα μένοντες. ὃ δ' ᾇ πόδες ἆγον, ἐχώρει 70
μαινόμενος· χαλεπὸς γὰρ ἔσω θεὸς ἧπαρ ἄμυσσεν.
οὕτω μὲν κάλλιστος Ὕλας μακάρων ἀριθμεῖται·
'Ηρακλέα δ' ἥρωες ἐκερτόμεον λιποναύταν,
οὕνεκεν ἠρώησε τριαχοντάζυγον 'Αργώ·
πεζᾷ δ' εἰς Κόλχους τε καὶ ἄξενον ἵκετο Φᾶσιν. 75

und erklärt: *navis, omni apparatu instructa, plena erat iis, qui aderant: absentem autem Herculem quum usque ad mediam noctem* ('Hp. μεσονύκτιον) *exspectassent, vela dederunt.* Ahrens schreibt:
ναῦς μὰν ἄρμεν' ἔχοισα μεταρσία ἄπερ ἰόντων,
ἱστία δ' ἡμίθεοι μεσονύκτιον ἔστε καθεῖργον
'Hp μένοντες.

V. 75. Wohin sich Herakles, nachdem er von den Argonauten zurückgelassen worden, begeben habe, darüber finden sich verschiedene Angaben: nach Kolchis (hierin stimmt Theokrit mit Demaratos und Nikander), nach Argos (Apollodor), nach Lydien zur Omphale u. s. w.

8. Id. XV.

Adonis, ein asiatischer Gott, der in die griechische Religion und Mythologie als Halbgott aufgenommen worden ist, heisst bei den Griechen ein Königssohn von Kypros, Phönikien, Assyrien, welcher zum grossen Leide der ihn wegen seiner Schönheit heftig liebenden Aphrodite in jugendlichen Jahren auf der Jagd von einem Eber getödtet ward und nun nach dem Ausspruche des Zeus die eine Hälfte des Jahres in der Unterwelt bei Persephone zubringen musste, die andere Hälfte dagegen in der Welt des Lichtes bei Aphrodite weilte. Das Adonisfest oder die Adonien, welche über einen grossen Theil Asiens und auch Griechenland verbreitet waren, wurden zur Zeit der Ptolemaeer in Alexandrien mit der grössten Pracht gefeiert. Das Fest dauerte zwei Tage zur Zeit des Solstitiums am Ende des Juni; am ersten Tage feierte man das Wiederfinden (εὕρεσις) des verlorenen Adonis, seine Wiederkehr aus der Unterwelt, am zweiten unter Trauer und Klagen sein Verschwinden (ἀφανισμός), seine Rükkehr in den Hades. Dann wurde sein Bild von vornehmen Frauen unter Trauerceremonien zum Meere getragen und in die Wellen versenkt, eine Ceremonie, die der an andern Orten üblichen Bestattung des Adonis gleichkam. Theokrit beschreibt uns in dem vorliegenden Gedichte, wohl dem schönsten Idyll, das die Litteratur überhaupt aufzuweisen hat, die Festfeier des ersten Tages, wo Aphrodite mit dem aus der Unterwelt heraufgekommenen Adonis vereinigt ist. Der Dichter scheint das Fest eines bestimmten Jahres, wo die Königin Arsinoe, die Gemahlin und Schwester des Ptolemaeos Philadelphos, die Feier mit ganz besonderem Glanz und Aufwand veranstaltet hatte, vor Augen zu haben. In dem königlichen Palaste ist der zur Aphrodite zurück-

Εὐνείκα καὶ Μαλ[illegible]
ἦτοι ὁ κοῦρος ἐτ[illegible]
βάψαι ἐπειγόμεν[illegible]
πασᾶων γὰρ ἔρ[illegible]
Ἀργείῳ ἐπὶ π[illegible]
ἀθρόος, ὡς ὅ[illegible]
ἀθρόος ἐν π[illegible]
„κουφότερ',
Νύμφαι μ[illegible]
δακρυόεντ'
Ἀμφιτρυ[illegible]
ᾤχετο,
καὶ ῥό[illegible]
τρὶς μ[illegible]
τρὶς [illegible]
ἐξ ὕ[illegible]
ὡς [illegible]
νεβ[illegible]
ἐξ [illegible]
Η[illegible]
π[illegible]
σ[illegible]

[illegible] die Menge [illegible] herbeigeströmt ist, [illegible] Der Dichter führt uns [illegible] andern Stande und ge- [illegible] Leser nicht fremd; sie [illegible] Alexandrien gezogen und [illegible] Pracht in der Hofburg [illegible] der Praxinoa, um diese ver- [illegible] Praxinoa ist aber mit ihrer [illegible] dem die Frauen über nahe- [illegible] Abgange [illegible]. Mit V. 44 [illegible] begleiten, auf die Strasse in das [illegible] Begegnissen bis zur [illegible] mit Mühe eindrängen (66—77). Wie [illegible] jetzt in ihrer Verwunderung über die [illegible], und ein Fremder, die sie deswegen [illegible] (78—88). Endlich, als eine Sängerin sich [illegible] zu singen, schweigen [illegible] (—144). Nach Beendigung des Liedes [illegible] zu (145—149). Das Gedicht ist voll [illegible] der Mannigfaltigkeit der anschaulichsten Scenen [illegible] die Hauptsache, für den Mittelpunkt des Ganzen [illegible] weder in dem Hause der Praxinoa, noch [illegible] Die beiden Hauptpersonen sind trefflich [illegible] worauf auch ihr Name hindeutet, eine praktische, [illegible] sich nicht leicht von der Arbeit und dem Hause [illegible] und durch[illegible], aber Herz und Gefühl treten [illegible] auf dem rechten Fleck. Wegen dieser [illegible] Zunge sitzt auf dem [illegible] spielt die erste Rolle. Gorgo hat [illegible] überall vor und [illegible] milder und weiblicher geartet, [illegible] Stellung, sie ist [illegible] Herzens. Neugierde ist [illegible] ἐλ[illegible] aber [illegible] Herzens. [illegible] Zug. Das Lob des Königs und seiner Gemahlin [illegible] und feine [illegible] in das Gemälde eingewoben.

V. 4[illegible]
V.
V.
V.

ΣΥΡΑΚΟΣΙΑΙ Η ΑΔΩΝΙΑΖΟΥΣΑΙ.

[illegible] Πραξινόα; ΠΡΑΞΙΝΟΑ.
Γοργοῖ [illegible] ὡς χρόνῳ. ἔνδοι.
[illegible] δίφρον, Εὐνόα. [illegible] αὐτεῖ.
[illegible]', ὅπ καὶ νῦν [illegible]
[illegible] καὶ ποτίκρανον.

Gorgo tritt [illegible] der Praxinoa und fragt die [illegible] Hause sei. Prax. selbst hört die [illegible] Eunoa, ob die [illegible] Antwort zu. — ὡς χρόνῳ, wie spät! [illegible] und ruft ihr die [illegible] einen Stuhl; diese Bedeutung von [illegible] das lat. *videre*, Cic. Ep. [illegible] *ut prandium nobis videret*. ad Att. 5, 1.

ΓΟΡΓΩ.
ἔχει κάλλιστα.
ΠΡΑΞΙΝΟΑ.
καθίζευ.
ΓΟΡΓΩ.
ὦ τᾶς ἀλεμάτω ψυχᾶς· μόλις ὑμῖν ἐσώθην,
Πραξινόα. πολλῷ μὲν ὄχλῳ, πολλῶν δὲ τεθρίππων·
παντᾷ κρηπῖδες, παντᾷ χλαμυδηφόροι ἄνδρες·
ἁ δ' ὁδὸς ἄτρυτος· τὺ δ' ἑκαστέρω, ὦ ἔμ', ἀποικεῖς.
ΠΡΑΞΙΝΟΑ.
ταῦθ' ὁ πάραρος τῆνος· ἐπ' ἔσχατα γᾶς ἔλαβ' ἐνθών
ἰλεόν, οὐχ οἴκησιν, ὅπως μὴ γείτονες ὤμες
ἀλλάλαις, ποτ' ἔριν, φθονερὸν κακόν, αἰὲ ὁμοῖος.
ΓΟΡΓΩ.
μὴ λέγε τὸν τεὸν ἄνδρα, φίλα, Δίνωνα τοιαῦτα,
τῶ μιχκῶ παρεόντος· ὅρη, γύναι, ὡς ποθορῇ τυ.
θάρσει, Ζωπυρίων, γλυκερὸν τέχος· οὐ λέγει ἀπφῦν.
ΠΡΑΞΙΝΟΑ.
αἰσθάνεται τὸ βρέφος, ναὶ τὰν πότνιαν. καλὸς ἀπφῦς.
κέπφος μὰν τῆνος τὰ πρόαν — λέγομες δὲ πρόαν θην

V. 3. cf. Hom. Od. 19, 97. — ἔχει κάλλιστα, Höflichkeitsformel, mit der man für eine empfangene Dienstleistung dankt.

V. 4. ὦ τᾶς ἀλ. ψυχᾶς. Nachdem sich G. eben gesetzt hat, sagt sie tief aufseufzend: wie bin ich erschöpft! Auf ähnliche Weise stösst Oidipus in Soph. O. C. 202., nachdem er sich gesetzt, den Seufzer aus: ὦ μοι δύσφρονος ἄτας.

V. 6. κρηπῖδες gehören zur Tracht der Soldaten, welche hier selbst dadurch bezeichnet werden. — χλαμ. ἄνδρες, Reiter.

V. 8. Die beiden Frauen lästern sogleich über ihre abwesenden Ehemänner. — ταῦθ' ὁ πάρ. τῆνος, „ja das ist der verrückte Kerl (mein Mann)". — ἐπ' ἔσχατα γᾶς bezeichnet das äusserste Ende der Stadt.

V. 11. Δίνων von δίνος, Querkopf = πάραρος.

V. 12. μιχκός = μιχρός. Das Söhnchen der Praxinoa Zopyrion hat gemerkt, dass die Mutter über den Vater zürnt. — γύναι, freundliche Anrede; Voss: Schwesterchen.

V. 14. τὰν πότνιαν, Persephone. Bei dieser und ihrer Mutter Demeter pflegten die Frauen zu schwören, vor allen die Sicilierinnen, weil sie auf dieser Insel besonders verehrt wurden.

V. 15. Dinon sollte Nitron und Meertang kaufen, welche als Schminke gebraucht wurden, aber ihr zum Aerger bringt er Salz für die Haushaltung. — πρόαν = πρώαν.

gekehrte Adonis auf einem kostbaren Lager ausgestellt, und die Menge des Volkes, die von nah und fern zu diesem Feste herbeigeströmt ist, drängt sich herzu um die Herrlichkeit zu schauen. Der Dichter führt uns zwei befreundete syrakusische Frauen vor von niederem Stande und gewöhnlicher Bildung, doch wohlhabend und dem Luxus nicht fremd; sie sind mit ihren Männern für einige Zeit nach Alexandrien gezogen und wollen nun auch die von der Königin veranstaltete Pracht in der Hofburg sehen. Wir begleiten Gorgo zu dem Hause der Praxinoa, um diese verabredetermassen zu dem Gange abzuholen; Praxinoa ist aber mit ihrer Toilette noch nicht fertig, und so plaudern denn die Frauen über naheliegende Dinge bis V. 40, wo sie sich zum Abgange anschicken. Mit V. 44 treten sie, eine jede von einer Sklavin begleitet, auf die Strasse in das Volksgewühl und kommen nach verschiedenartigen Begegnissen bis zur Hofburg (V. 65.), in welche sie sich mit Mühe eindrängen (66—77). Wie bisher, so können sie natürlich auch jetzt in ihrer Verwunderung über die seltene Pracht das Plaudern nicht lassen, und ein Fremder, die sie deswegen anfährt, wird übel abgefertigt (78—95). Endlich, als eine Sängerin sich anschickt ein Lied auf den zurückgekehrten Adonis zu singen, schweigen sie und hören staunend zu (96—144). Nach Beendigung des Liedes schicken sie sich zur Heimkehr an (145—149). Das Gedicht ist voll Leben und Bewegung; bei der Mannigfaltigkeit der anschaulichsten Scenen vergisst man nirgends die Hauptsache, die den Mittelpunkt des Ganzen bildende Ausstellung des Adonis, weder in dem Hause der Praxinoa, noch in dem Gedränge der Strasse. Die beiden Hauptpersonen sind trefflich gezeichnet. Praxinoa ist, worauf auch ihr Name hindeutet, eine praktische, fleissige Hausfrau, die sich nicht leicht von der Arbeit und dem Hause trennen kann, energisch und durchgreifend, aber Herz und Gefühl treten zurück. Ihre scharfe Zunge sitzt auf dem rechten Fleck. Wegen dieser Eigenschaften tritt sie überall vor und spielt die erste Rolle. Gorgo hat eine mehr zurücktretende Stellung, sie ist milder und weiblicher geartet, lebhaft (Γοργώ = vivida, ἑλίκωψ), aber gefühlvollen Herzens. Neugierde ist an ihr ein hervortretender Zug. Das Lob des Königs und seiner Gemahlin ist auf eine geschickte und feine Weise in das Gemälde eingewoben.

ΣΥΡΑΚΟΣΙΑΙ Η ΑΔΩΝΙΑΖΟΥΣΑΙ.
ΓΟΡΓΩ.
Ἔνδοι Πραξινόα;
ΠΡΑΞΙΝΟΑ.
Γοργοῖ φίλα, ὡς χρόνῳ. ἔνδοι.
θαῦμ', ὅτι καὶ νῦν ἦνθες. ὅρη δίφρον, Εὐνόα. αὐτεῖ.
ἔμβαλε καὶ ποτίκρανον.

V. 1. Gorgo tritt eben in die Wohnung der Praxinoa und fragt die Magd Eunoa, ob die Herrin zu Hause sei. Prax. selbst hört die Frage und ruft ihr die Antwort zu. — ὡς χρόνῳ, wie spät!
V. 2. ὅρη δίφρον, sorge für einen Stuhl; diese Bedeutung von ὁρᾶν auch bei Homer, Od. 8, 443. Ebenso das lat. videre, Cic. Ep. ad Att. 5, 1. *Antecesserat Statius, ut prandium nobis videret.*

ΓΟΡΓΩ.
ἔχει κάλλιστα.
ΠΡΑΞΙΝΟΑ.
καθίζευ.
ΓΟΡΓΩ.
ὦ τᾶς ἀλεμάτω ψυχᾶς· μόλις ὑμῖν ἐσώθην,
Πραξινόα. πολλῷ μὲν ὄχλῳ, πολλῶν δὲ τεθρίππων·   5
παντᾷ κρηπῖδες, παντᾷ χλαμυδηφόροι ἄνδρες·
ἁ δ' ὁδὸς ἄτρυτος· τὺ δ' ἑκαστέρω, ὦ ἔμ', ἀποικεῖς.
ΠΡΑΞΙΝΟΑ.
ταῦθ' ὁ πάραρος τῆνος· ἐπ' ἔσχατα γᾶς ἔλαβ' ἐνθών
ἰλεόν, οὐκ οἴκησιν, ὅπως μὴ γείτονες ὦμες
ἀλλάλαις, ποτ' ἔριν, φθονερὸν κακόν, αἰὲν ὁμοῖος.   10
ΓΟΡΓΩ.
μὴ λέγε τὸν τεὸν ἄνδρα, φίλα, Δίνωνα τοιαῦτα,
τῶ μικκῶ παρεόντος· ὅρη, γύναι, ὡς ποθορῇ τυ.
θάρσει, Ζωπυρίων, γλυκερὸν τέκος· οὐ λέγει ἀπφῦν.
ΠΡΑΞΙΝΟΑ.
αἰσθάνεται τὸ βρέφος, ναὶ τὰν πότνιαν. καλὸς ἀπφῦς.
κέπφος μὰν τῆνος τὰ πρόαν — λέγομες δὲ πρόαν θην   15

V. 3. cf. Hom. Od. 19, 97. — ἔχει κάλλιστα, Höflichkeitsformel, mit der man für eine empfangene Dienstleistung dankt.

V. 4. ὦ τᾶς ἀλ. ψυχᾶς. Nachdem sich G. eben gesetzt hat, sagt sie tief aufseufzend: wie bin ich erschöpft! Auf ähnliche Weise stösst Oidipus in Soph. O. C. 202., nachdem er sich gesetzt, den Seufzer aus: ὦ μοι δύσφρονος ἄτας.

V. 6. κρηπῖδες gehören zur Tracht der Soldaten, welche hier selbst dadurch bezeichnet werden. — χλαμ. ἄνδρες, Reiter.

V. 8. Die beiden Frauen lästern sogleich über ihre abwesenden Ehemänner. — ταῦθ' ὁ πάρ. τῆνος, „ja das ist der verrückte Kerl (mein Mann)". — ἐπ' ἔσχατα γᾶς bezeichnet das äusserte Ende der Stadt.

V. 11. Δίνων von δῖνος, Querkopf = πάραρος.

V. 12. μικκός = μικρός. Das Söhnchen der Praxinoa Zopyrion hat gemerkt, dass die Mutter über den Vater zürnt. — γύναι, freundliche Anrede; Voss: Schwesterchen.

V. 14. τὰν πότνιαν, Persephone. Bei dieser und ihrer Mutter Demeter pflegten die Frauen zu schwören, vor allen die Sicilierinnen, weil sie auf dieser Insel besonders verehrt wurden.

V. 15. Dinon sollte Nitron und Meertang kaufen, welche als Schminke gebraucht wurden, aber ihr zum Aerger bringt er Salz für die Haushaltung. — πρόαν = πρώαν.

βάντα νίτρον καὶ φῦκος ἀπὸ σκανᾶς ἀγοράσθειν —
ηνθε φέρων ἅλας ἅμιν, ἀνὴρ τρισκαιδεκάπηχυς.
ΓΟΡΓΩ.
χώμὸς ταὐτᾷ ἔχει, φθόρος ἀργυρίω, Διοκλείδας·
ἑπταδράχμως κυνάδας, γραιᾶν ἀποτίλματα πηρᾶν,
20 πέντε πόκως ἔλαβ' ἐχθές, ἅπαν ῥύπον, ἔργον ἐπ' ἔργῳ.
ἀλλ' ἴθι τὠμπέχονον καὶ τὰν περονατρίδα λάζευ.
βᾶμες τῶ βασιλῆος ἐς ἀφνειῶ Πτολεμαίω
θασόμεναι τὸν Ἄδωνιν· ἀκούω χρῆμα καλόν τι
κοσμεῖν τὰν βασίλισσαν.
ΠΡΑΞΙΝΟΑ.
ἐν ὀλβίῳ ὄλβια πάντα.
25 ἠνίδ' ἐγών. εἶπαίς κεν ἰδοῖσα τὺ τῷ μὴ ἰδόντι.
ΓΟΡΓΩ.
ἕρπειν ὥρα κ' εἴη.
ΠΡΑΞΙΝΟΑ.
ἀεργοῖς αἰὲν ἑορτά.
Εὐνόα, αἶρε τὸ νᾶμα, καὶ ἐς μέσον, αἰνόθρυπτε,

V. 16. **ἀπὸ σκανᾶς,** ἐν ταῖς πανηγύρεσι σκηνὰς ἐποίουν οἱ πωλοῦντες. Schol.

V. 20. πόκος bezeichnet nicht ein Fell, sondern die abgeschorene Wolle eines Schafes. Id. 28, 12. Hom. Il. 12, 451. Iu ihrem Aerger setzt sie den Preis und die uneigentlichen Benennungen voran. (cf. V. 9.)

V. 25. „Was man gesehen hat, kann man Andern erzählen; wir wollen gehen, um selbst die Sache anzusehen." Die praktische Praxinoa gebraucht öfter Sprüchwörter.

V. 26. **ἀεργοῖς αἰὲν ἑορτά.** Sprüchwort; es ist die Antwort auf die Worte der zur Eile treibenden Gorgo. „Die Unthätigen haben immer Zeit, aber ich — etc." Nun macht sie sich mit Hast au die Toilette und spielt auf rohe Weise gegen die Sklavin die gebieterische Herrin.

V. 27 ff. Praxinoa war vorher mit Weben beschäftigt gewesen und befiehlt jetzt der Sklavin die zu dieser Arbeit nöthigen Sachen (νᾶμα = νῆμα, das Gewebe und was dazu gehört), zu nehmen und wegzuthun, — „und stelle mirs noch einmal so in den Weg!" sagt sie drohend, — „du Schläfrige; die Katzen (nämlich die Mägde) wollen immer weich liegen und schlafen". Die Sklavin thut der Praxinoa in ihrer Hast das Befohlene zu langsam; ehe sie den Auftrag vollendet hat, wird sie geheissen Wasser für die Herrin zum Waschen zu holen. Eunoa kommt durch das barsche Anfahren der Prax. in Verwirrung und bringt in ihrem Diensteifer zuerst die Seife. Darum ruft Prax. mit bitterem Spott: ἆ δὲ σμᾶμα φέρει. Doch hat sie ja auch die Seife nöthig — δὸς ὅμως. Nun bringt die Sklavin Wasser und giesst es der Herrin auf die Hände: doch da sie einmal ausser Fassung gebracht ist, so giesst

θὲς πάλιν· αἱ γαλέαι μαλακῶς χρῄζοντι καθεύδειν·
κινεῦ δή, φέρε θᾶσσον ὕδωρ. ὕδατος πρότερον δεῖ·
ἃ δὲ σμᾶμα φέρει. δὸς ὅμως· μὴ πουλύ, ἄπληστε· 30
ἔγχει ὕδωρ· δύστανε, τί μευ τὸ χιτώνιον ἄρδεις;
παῦέ ποχ'. οἷα θεοῖς ἐδόκει, τοιαῦτα νένιμμαι.
ἁ κλὰξ τᾶς μεγάλας πεῖ λάρνακος; ὧδε φέρ' αὐτάν.
ΓΟΡΓΩ.
Πραξινόα, μάλα τοι τὸ καταπτυχὲς ἐμπερόναμα
τοῦτο πρέπει· λέγε μοι, πόσσω κατέβα τοι ἀφ' ἱστῶ; 35
ΠΡΑΞΙΝΟΑ.
μὴ μνάσῃς, Γοργοῖ· πλέον ἀργυρίω καθαρῶ μνᾶν
ἢ δύο· τοῖς δ' ἔργοις καὶ τὰν ψυχὰν ποτέθηκα.
ΓΟΡΓΩ.
ἀλλὰ κατὰ γνώμαν ἀπέβα τοι τοῦτο.
ΠΡΑΞΙΝΟΑ.
κάλ' εἶπας.
τὠμπέχονον φέρε μοι καὶ τὰν θολίαν κατὰ κόσμον
ἀμφίθες. οὐκ ἀξῶ τυ, τέκνον· μορμώ, δάκνει ἵππος. 40
δάκρυ', ὅσσα θέλεις· χωλὸν δ' οὐ δεῖ τυ γενέσθαι.
ἔρπωμες. Φρυγία, τὸν μικκὸν παῖδε λαβοῖσα,
τὰν κύν' ἔσω κάλεσον, τὰν αὐλείαν ἀπόκλαξον. —
ὦ θεοί, ὅσσος ὄχλος. πῶς καί ποκα τοῦτο περᾶσαι
χρὴ τὸ κακόν; μύρμακες ἀνάριθμοι καὶ ἄμετροι. 45

sie zuviel aus: μὴ πουλύ, ἄπληστε! die Sklavin hält ein: ἔγχει ὕδωρ! sie giesst wieder hastig zu: δύστανε, τί — ἄρδεις! Endlich ist Prax. gewaschen, so gut es eben ging (οἷα θεοῖς ἐδόκει), und fordert den Schlüssel zu der Kiste, in der die noch zum Putze nöthigen Kleider aufbewahrt liegen.

V. 34. ἐμπερόναμα, dasselbe Kleid, welches V. 21. περονατρίς genannt ist.

V. 35. πόσσω, Genit. des Preises.

V. 36. μὴ μνάσῃς, „sprich mir nicht davon". — Die alexandrinische Mine war etwas grösser als die attische, etwa 44 fl.

V. 37. τὰν ψυχὰν ποτέθηκα, ich habe mein Leben darangesetzt.

V. 38. κάλ' εἶπας, du hast Recht.

V. 40. Endlich ist Prax. zum Weggehen bereit; aber der Kleine schreit der Mutter nach und will mit. Die Mutter schreckt ihn ab mit den Worten: μορμώ, δάκνει ἵππος — aber mit wenig Erfolg.

V. 41. χωλὸν δ' οὐ δεῖ τυ γενέσθαι. cf. V. 55.

V. 42. Phrygia, die zurückbleibende Magd.

V. 45. τὸ κακόν, das schreckliche Gedränge.

πολλά τοι, ὦ Πτολεμαῖε, πεποίηται καλὰ ἔργα,
ἐξ ὦ ἐν ἀθανάτοις ὁ τεκών· οὐδεὶς κακοεργός
δαλεῖται τὸν ἰόντα παρέρπων Αἰγυπτιστί,
οἷα πρὶν ἐξ ἀπάτας κεκροτημένοι ἄνδρες ἔπαισδον,
50 ἀλλάλοις ὁμαλοί, κακὰ παίγνια, πάντες ἕλειοι.
ἁδίστα Γοργοῖ, τί γενώμεθα; τοὶ πολεμισταί
ἵπποι τῶ βασιλῆος. ἄνερ φίλε, μή με πατήσῃς.
ὀρθὸς ἀνέστα ὁ πυρρός. ἴδ' ὡς ἄγριος. κυνοθαρσής
Εὐνόα, οὐ φευξῇ; διαχρησεῖται τὸν ἄγοντα.
55 ὠνάθην μεγάλως, ὅτι μοι τὸ βρέφος μένει ἔνδοι.
ΓΟΡΓΩ.
θάρσει, Πραξινόα· καὶ δὴ γεγενήμεθ' ὄπισθεν,
τοὶ δ' ἔβαν εἰς χώραν.
ΠΡΑΞΙΝΟΑ.
καὐτὰ συναγείρομαι ἤδη.
ἵππον καὶ τὸν ψυχρὸν ὄφιν τὰ μάλιστα δεδοίκω
ἐκ παιδός. σπεύδωμες· ὄχλος πολὺς ἁμὶν ἐπιρρεῖ.
ΓΟΡΓΩ.
60 ἐξ αὐλᾶς, ὦ μᾶτερ;
ΓΡΑΥΣ.
ἐγών, ὦ τέκνα.
ΓΟΡΓΩ.
παρενθεῖν
εὐμαρές;

V. 47. Ptolemaeos Philad. hatte seine Eltern Ptolemaeos Soter und Berenike unter die Götter versetzen lassen.
V. 48. Die Aegypter waren seit alter Zeit als verschmitzte Diebe und Betrüger berüchtigt. Aeschyl. Fragm. incert. 42. δεινοὶ πλέκειν τοι μηχανὰς Αἰγύπτιοι. Jetzt aber sind unter der trefflichen Regierung des Ptol. die Strassen sicher, so dass man auch im dichtesten Gedränge nichts zu befürchten hat.
V. 49. ἐξ ἀπάτας κεκροτ., aus Lug und Trug zusammengesetzt. — παίζειν, ein böses Spiel treiben, Schelmereien treiben, wie κακὰ παίγνια, böse Schelme.
V. 50. πάντες ἕλειοι, alle sind ohne Unterschied Sumpfbewohner. Die Bewohner der sumpfigen Niederung an der Nilmündung (ἕλειοι, Thuc. 1, 110.) waren vor allen Aegyptern übel berufen. Mit dem Ausdrucke verbindet sich im Munde der Praxinoa die Bedeutung des Widrigen und Unsauberen.
V. 51. πολεμισταὶ ἵπποι, Paradepferde, zu Wettkämpfen bestimmt.
V. 53. ὁ πυρρός sc. ἵππος.
V. 56. ὄπισθεν sc. ἵππων.
V. 57. τοὶ δ' ἔβαν εἰς χώραν, sie sind wieder in Ruhe und Ordnung gebracht.

ΓΡΑΥΣ.
ἐς Τροίαν πειρώμενοι ἤνθον Ἀχαιοί,
καλλίστα παίδων· πείρᾳ θην πάντα τελεῖται.
ΓΟΡΓΩ.
χρησμὼς ἁ πρεσβῦτις ἀπῴχετο θεσπίξασα.
ΠΡΑΞΙΝΟΑ.
πάντα γυναῖκες ἴσαντι, καὶ ὡς Ζεὺς ἠγάγεθ' Ἥρην.
ΓΟΡΓΩ.
θᾶσαι, Πραξινόα, περὶ τὰς θύρας ὅσσος ὅμιλος. 65
ΠΡΑΞΙΝΟΑ.
θεσπέσιος. — Γοργοῖ, δὸς τὰν χέρα μοι· λαβὲ καὶ τύ,
Εὐνόα, Εὐτυχίδος· πότεχ' αὐτᾷ, μή τι πλαναθῇς.
πᾶσαι ἅμ' εἰσένθωμες· ἀπρὶξ ἔχευ, Εὐνόα, ἁμῶν.
οἴμοι δειλαία, δίχα μευ τὸ θερίστριον ἤδη
ἔσχισται, Γοργοῖ. πὸτ τῶ Διός, εἴ τι γένοιο 70
εὐδαίμων, ὤνθρωπε, φυλάσσεο τὠμπέχονόν μευ.
ΞΕΝΟΣ.
οὐκ ἐπ' ἐμὶν μέν, ὅμως δὲ φυλάξομαι.
ΠΡΑΞΙΝΟΑ.
ἀθρόος ὄχλος.
ὠθεῦνθ' ὥσπερ ὕες.
ΞΕΝΟΣ.
θάρσει, γύναι· ἐν καλῷ εἰμές.
ΠΡΑΞΙΝΟΑ.
κεἰς ὥρας κἤπειτα, φίλ' ἀνδρῶν, ἐν καλῷ εἴης,
ἀμὲ περιστέλλων. χρηστῶ κοἰκτίρμονος ἀνδρός. 75
φλίβεται Εὐνόα ἅμιν· ἄγ' ὦ δειλὰ τύ, βιάζευ.
κάλλιστ'· ἔνδοι πᾶσαι, ὁ τὰν νυὸν εἶπ' ἀποκλάξας.

V. 64. „Die Frauen wissen alles, selbst die verborgensten Dinge, selbst wie Zeus die Hera entführte." Zeus hatte die Hera geraubt und sich ohne Wissen der Eltern und der übrigen Götter mit ihr vermählt. Vgl. Plaut. Trinum. 1, 2, 171. *sciunt, quod Juno fabulata est cum Jove.*
V. 67. Eutychis, die Sklavin der Gorgo.
V. 69. θερίστριον, dasselbe, was oben u. V. 71. ἀμπέχονον heisst.
V. 70. εἴ τι γένοιο εὐδαίμων, so wahr du glücklich sein willst.
V. 72. Ahrens schreibt: ὄχλος ἀθαρέως ὠθεῦνθ' ὥσπερ ὕες. (ἀθηρῶς = ἀκριβῶς.)
V. 73. θάρσει etc. Der Fremde hat den Frauen durch das Gedränge geholfen.
V. 74. κεἰς ὥρας κἤπειτα. cf. Horat. Carm. 1, 32, 2. *quod et hunc in annum vivat et plures.* Hom. Hymn. 26. in Bacch. V. 12. εἰς ὥρας — ἐκ δ' αὖθ' ὡράων εἰς τοὺς πολλοὺς ἐνιαυτούς.
V. 77. Sprüchwort, dessen Ursprung unbekannt.

ΓΟΡΓΩ.
Πραξινόα, πόταγ' ώδε. τὰ ποικίλα πρᾶτον ἄθρησον,
λεπτὰ καὶ ὡς χαρίεντα· θεῶν περονάματα φασεῖς.
ΠΡΑΞΙΝΟΑ.
80 πότνι' Ἀθαναία, ποῖαί σφ', ἐπόνασαν ἔριθοι,
ποῖοι ζωογράφοι τἀκριβέα γράμματ' ἔγραψαν.
ὡς ἔτυμ' ἐστάκαντι, καὶ ὡς ἔτυμ' ἐνδινεῦντι,
ἔμψυχ', οὐκ' ἐνυφαντά. σοφόν τοι χρῆμ' ὤνθρωπος.
αὐτὸς δ' ὡς θαητὸς ἐπ' ἀργυρέω κατάκειται
85 κλισμῷ, πρᾶτον ἴουλον ἀπὸ κροτάφων καταβάλλων,
ὁ τριφίλητος Ἄδων, ὃς κἠν Ἀχέροντι φιλεῖται.
ΕΤΕΡΟΣ ΞΕΝΟΣ.
παύσασθ', ὦ δύστανοι, ἀνάνυτα κωτίλλοισαι,
τρυγόνες. ἐκκναισεῦντι πλατειάσδοισαι ἅπαντα.
ΠΡΑΞΙΝΟΑ.
Μᾶ, πόθεν ὤνθρωπος; τί δὲ τίν, εἰ κωτίλαι εἰμές;
90 πασάμενος ἐπίτασσε· Συρακοσίαις ἐπιτάσσεις;

V. 78. τὰ ποικίλα, kunstreiche Gewebe. Es ist den Frauen eigen, zuerst nach solchen Dingen zu sehen. Aehnlich ist die Stelle Hom. Od. 7, 238., wo Arete den Odysseus sogleich fragt: τίς τοι τάδε εἵματ' ἔδωκεν; — λεπτὰ καὶ ὡς χαρίεντα, Il. 22, 511.
V. 79. Theokr. hatte Hom. Od. 10, 222 u. 223. vor Augen. περονάματα scheint falsch zu sein; man sucht dafür ein Wort, das dem ἔργα in der Hom. Stelle entspricht. Reiske: θεῶν περ νάματα. Valckenaer: θεάων νάματα. Ruhnken: θεῶν γε πονάματα. Hartung: θεάων ἐργματα.
V. 80. Athene angerufen als Ἐργάνη. cf, 28, 1.
V. 81. γράμματα, eingewirckte Figuren und Scenen. Il. 3, 125 ff. Cic. Verr. 4, 1. *nego ullam picturam neque in tabula neque in textili fuisse, quin conquisierit.*
V. 83. χρῆμα. cf. V. 145. Plat. Ion p. 534. B. κοῦφον χρῆμα ποιητής ἐστι καὶ πτηνὸν καὶ ἱερόν.
V. 84—86. scheinen der Gorgo zugetheilt werden zu müssen. Dann ist auch das folgende κωτίλλοισαι mehr begründet.
V. 87. Die beiden ξένοι in diesem Stücke stehen in einem Gegensatze zu einander in ihrem Auftreten und der ihnen zu Theil werdenden Abfertigung.
V. 88. τρυγόνες. Die Turteltaube war Sinnbild der Geschwätzigkeit. Τρυγών hiess die Amme des Asklepios. Paus. 8, 25, 6. — ἅπαντα ziehe zu πλατειάσδοισαι; dies gilt von dem breiten dorischen Dialekt.
V. 90. πασάμενος. „Kaufe dir einen Sklaven und befiehl ihm; wessen Herr du bist, dem befiehl" Sprüchwort. Plaut. Trinum. 4, 3, 54. *emere melius est, cui imperes.* Pers. 2, 4, 2. *emere oportet, quem tibi obedire velis.* — πασάμενος, ein Paeon primus ($-\cup\cup\cup$) im Anfang des Hexameters statt eines Choriambus, vgl. Il. 13, 558. Od. 13, 343.

ὡς εἰδῇς καὶ τοῦτο, Κορίνθιαι εἰμές ἄνωθεν,
ὣ καὶ ὁ Βελλεροφῶν· Πελοποννασιστὶ λαλεῦμες·
δωρίσδεν δ' ἔξεστι, δοκῶ, τοῖς Δωριέεσσι.
μὴ φύῃ, Μελιτῶδες, ὃς ἁμῶν καρτερὸς εἴη,
πλὰν ἑνός. οὐκ ἀλέγω. μή μοι κενεὰν ἀπομάξῃς. 95
ΓΟΡΓΩ.
σίγα, Πραξινόα· μέλλει τὸν Ἄδωνιν ἀείδειν
ἁ τᾶς Ἀργείας θυγάτηρ πολυϊδρις ἀοιδός,
ἅτις καὶ πέρυσιν τὸν ἰάλεμον ἀρίστευσε.
φθεγξεῖταί τι, σάφ' οἶδα, καλόν· διαθρύπτεται ἤδη.
ΓΥΝΗ ΑΟΙΔΟΣ.
δέσποιν', ἃ Γολγώς τε καὶ Ἰδάλιον ἐφίλησας 100
αἰπεινάν τ' Ἔρυκαν, χρυσῶπις δῖ' Ἀφροδίτα,
οἷόν τοι τὸν Ἄδωνιν ἀπ' ἀενάω Ἀχέροντος
μηνὶ δυωδεκάτῳ μαλακαὶ πόδας ἄγαγον Ὧραι.
βάρδισται μακάρων Ὧραι φίλαι, ἀλλὰ ποθεινοί
ἔρχονται πάντεσσι βροτοῖς αἰεί τι φορεῦσαι. 105
Κύπρι Διωναία, τὸ μὲν ἀθανάταν ἀπὸ θνατᾶς,

V. 91. cf. Virg. Buc. 3, 23, *si nescis, meus ille caper fuit.* — Syrakus war von dem Korinthier Archias gegründet, siehe zu Id. 28, 17.
V. 92. Die Korinthier und ihre Abkömmlinge waren auf ihren Heros Bellerophon eben so stolz, wie die Athener auf ihren Theseus.
V. 94. φύῃ, 3. sing. optat. des aor. II. ἔφυν. Manche Grammatiker wollen φυίη schreiben analog mit δυίη u. dgl. — Μελιτῶδες, Mellita, Beiname der Persephone. cf. V. 14. — καρτερὸν εἶναί τινος = κύριον εἶναί τινος.
V. 95. πλὰν ἑνός, ausser dem König Philadelphos. — μή μοι κ. ἀπομάξῃς, Sprüchwort, dessen Bedeutung dunkel ist. Man ergänzt gewöhnlich χοίνικα, streiche mir nicht den leeren Scheffel, nämlich mit dem Streichholz, und bezieht es auf solche, die vergebliche Dinge treiben, oder auf einen Herrn, der seinen Sklaven die tägliche Kost zu karg zumisst, so dass es hier bedeutete: „Du bist unser Herr nicht, lass dirs vergehen, uns befehlen zu wollen." „Kümmere dich um dich selbst."
V. 96. σίγα, ohne diese Mahnung würde Praxinoa sobald noch nicht geschwiegen haben.
V. 99. διαθρύπτεται, sie setzt sich schon in Positur, mit einer gewissen Affectation.
V. 100. Das Lied zerfällt in folgende Theile: 100—105. 106—111. 112—130. 131—135. 136—144. Der Haupttheil 112—130. kann wieder in mehrere Theile zerlegt werden. Golgi und Idalion, Städte in Kypros, der Aphrodite heilig, ebenso Stadt und Berg Eryx in Sicilien. cf. Catull. 64, 96. *quaeque regis Golgos quaeque Idalium frondosum.*
V. 103. μαλακαὶ πόδας. Die Horen wandeln leise dahin.
V. 105. Il. 21, 450. πολυγηθέες Ὧραι.

ὠνθρώπων ὡς μῦθος, ἐποίησας Βερενίκαν,
ἀμβροσίαν ἐς στῆθος ἀποστάξασα γυναικός·
τὶν δὲ χαριζομένα, πολυώνυμε καὶ πολύναε,
110 ἁ Βερενικεία θυγάτηρ Ἐλένῃ εἰκυῖα
Ἀρσινόα πάντεσσι καλοῖς ἀτιτάλλει Ἄδωνιν.
πὰρ μέν οἱ ὥρια κεῖται, ὅσα δρυὸς ἄκρα φέρονται,
πὰρ δ' ἀπαλοὶ κᾶποι πεφυλαγμένοι ἐν ταλαρίσκοις
ἀργυρέοις, Συρίω δὲ μύρω χρύσει' ἀλάβαστρα.
115 εἴδατα δ' ὅσσα γυναῖκες ἐπὶ πλαθανῶ πονέονται,
ἄνθεα μίσγοισαι λευκῷ παντοῖα μαλεύρῳ,
ὅσσα τ' ἀπὸ γλυκερῶ μέλιτος τά τ' ἐν ὑγρῷ ἐλαίῳ,
πάντ' αὐτῷ πετεεινὰ καὶ ἑρπετὰ τεῖδε πάρεστι.
χλωραὶ δὲ σκιάδες μαλακῷ βρίθοντες ἀνήθῳ
120 δέδμανθ'· οἱ δ' ἔτι κῶροι ὑπερπωτῶνται Ἔρωτες,
οἷοι ἀηδονιδῆες ἀεξομενᾶν ἐπὶ δένδρει
πωτῶνται πτερύγων πειρώμενοι ὄζον ἀπ' ὄζω.
ὢ ἔβενος, ὢ χρυσός, ὢ ἐκ λευκῶ ἐλέφαντος
αἰετοὶ οἰνοχόον Κρονίδᾳ Διὶ παῖδα φέροντες,
125 πορφύρεοι δὲ τάπητες ἄνω, μαλακώτεροι ὕπνω.

V. 109. χαριζομένα, zum Dank für das Vorhergehende.
V. 110. Βερενικεία θυγάτηρ. cf. 28, 9. Νικιάας ἀλόχω. Hom. Il. 2, 54. 5, 741. 13, 87. Pind. Ol. 2, 12. Virg. Aen. 3, 487.
V. 113. ἀπαλοὶ κῆποι, Gärten des Adonis. Man säete in kleine Scherben schnell aufsprossende und schnell verwelkende Pflanzen, ein Symbol für das Geschick des in erster Jugendblüthe hingestorbenen Adonis.
V. 116. μάλευρον = ἄλευρον.
V. 118. Das Gebackene aus verschiedenen Stoffen hatte die Gestalt von allerlei Thieren.
V. 119. βρίθοντες, nach den besten Codd. Bei Femin. steht bisweilen das Adjectiv und Particip. im Mascul. Hesiod. δαϊζομένοιο πόληος. Aeschyl. Agam. 573. λειμώνιαι δρόσοι, τιθέντες ἔνθρον τρίχα.
V. 123 und 124. können wohl nicht anders verstanden werden, als von dem Gestell des Lagers (κλισμός), das aus Ebenholz und Gold bestand. cf. Bion 1, 73. παγχρύσῳ κλιντῆρι. Hiermit streitet V. 84. ἐπ' ἀργυρέω κλισμῶ nicht, wenn man mit Jacobs annimmt, dass der κλισμός auf silbernen Füssen ruhte. Die Adler, welche Ganymed emportragen, scheinen an dem κλισμός oben, am Haupte des Liegenden angebracht zu sein. Auf dem Gestell (ἄνω, V. 125) liegen die purpurnen Decken ausgebreitet. Hermann nimmt an, dass Ganymedes aus Elfenbein, das Kleid desselben aus Gold, der Adler (er liest nämlich αἰετῶ — φέροντος) aus Ebenholz bestanden habe. — Ganymedes s. Id. 20, 40.
V. 125 u. 126. cf. Id, 5, 50. εἴρεα ὕπνω μαλακώτερα. Virg. Buc. 7, 45. *somno mollior herba.*

ἁ Μιλατὶς ἐρεῖ χὠ τὰν Σαμίαν καταβόσκων·
„ἔστρωται κλίνα τῷ ʽΑδώνιδι τῷ καλῷ ἁμά."
τὰν μὰν Κύπρις ἔχει, τὰν δ' ὁ ῥοδόπαχυς Ἄδωνις,
ὀκτωκαιδεκέτης ἢ ἐννεακαίδεχ' ὁ γαμβρός.
οὐ κεντεῖ τὸ φίλημ', ἔτι οἱ περὶ χείλεα πυρρά.   130
νῦν μὰν Κύπρις ἔχοισα τὸν αὐτᾶς χαιρέτω ἄνδρα·
ἀῶθεν δ' ἁμές νιν ἅμα δρόσῳ ἀθρόαι ἔξω
οἰσεῦμες ποτὶ κύματ' ἐπ' ἀϊόνι πτύοντα,
λύσασαι δὲ κόμαν καὶ ἐπὶ σφυρὰ κόλπον ἀνεῖσαι
στήθεσι φαινομένοις λιγυρᾶς ἀρξώμεθ' ἀοιδᾶς·   135
  „Ἕρπεις, ὦ φίλ' Ἄδωνι, καὶ ἐνθάδε κεἰς Ἀχέροντα
ἡμιθέων, ὥς φαντι, μονώτατος. οὔτ' Ἀγαμέμνων
τοῦτ' ἔπαθ', οὔτ' Αἴας ὁ μέγας βαρυμάνιος ἥρως,
οὔθ' Ἕκτωρ, Ἑκάβας ὁ γεραίτερος εἴκατι παίδων,
οὐ Πατροκλῆς, οὐ Πύρρος ἀπὸ Τροίας πάλιν ἐνθών,   140
οὔθ' οἱ ἔτι πρότερον Λαπίθαι καὶ Δευκαλίωνες,
οὐ Πελοπηιάδαι τε καὶ Ἄργεος ἄκρα Πελασγῶ.

V. 127. „Das Lager, welches dem A. gebreitet ist, ist unser", d. h. ist aus unserer Wolle gefertigt. Die Wolle von Samos u. Milet war ausgezeichnet.
V. 129. ἐννεακαίδεκα sc. ἐτῶν, das aus ὀκτωκαιδεκέτης leicht zu entnehmen.
V. 130. cf. 6, 3. Die Lippen sind ihm rings noch röthlich d. h. das Barthaar ist noch schwach und röthlich, noch nicht schwarz und stark, Martial. 11, 10.
  Jam mihi nigrescunt tonsa sudaria barba,
    et queritur labris puncta puella meis.
V. 134. ἐπὶ σφυρὰ κ. ἀνεῖσαι, den Busen des Gewandes nach Lösung des Gürtels herabfallen lassend, so dass das Gewand die Knöchel berührt: die Brust wird dadurch entblösst. Dies geschah bei grosser Trauer, wo man sich im Schmerze die Brust schlug. cf. Hom. Il. 22, 80. κόλπον ἀνιεμένη. Bion 1, 25.
V. 136—144. Das Lied, welches sie morgen singen wollen, wenn Adonis zum Meere getragen und der Persephone zurückgeschickt wird.
V. 139. Hom. Il. 24, 496. nennt 19 Söhne der Hekabe. Theokrit nimmt, dem Simonides folgend, die nahe runde Zahl.
V. 140. Pyrrhos, der als glorreicher Sieger von Troja heimkehrte.
V. 141. Lapithen. Hom. Il. 1, 260 ff. spricht von den Lapithen Peirithoos, Dryas u. s. w. als den tapferstern der Männer. — Δευκαλίωνες statt Δευκαλιωνίδαι, wie Ὑπερίων für Ὑπεριονίδης; die Söhne und Enkel des Deukalion, Hellen, Amphityon u. s. w. Andere nehmen an, Δευκαλίωνες stehe für den Singular Δευκαλίων, was dem Sprachgebrauche der Griechen nicht widerspricht.
V. 142. Πελοπηιάδαι, siehe zu Pind. Ol. 1, 89. — Ἄργεος ἄκρα, die ausgezeichnetsten von Argos. Eurip. Phoen. 433. Δαναῶν καὶ Μυκηναίων ἄκροι. ibid. 1251. Δαναϊδῶν ἄκροι. Der Gebrauch des Neutr. statt des Masc. kommt in solchen Verbindungen öfter

ἴλαθι νῦν, φίλ' Ἄδωνι, καὶ ἐς νέωτ' εὐθυμήσαις.
καὶ νῦν ἦνθες, Ἄδωνι, καὶ ὄκκ' ἀφίκῃ, φίλος ἡξεῖς.
ΓΟΡΓΩ.
145 Πραξινόα, τὶ χρῆμα σοφώτερον ἁ θήλεια·
ὀλβία, ὅσσα ἴσατι, πανολβία, ὡς γλυκὺ φωνεῖ.
ὥρα ὅμως κεἰς οἶκον· ἀνάριστος Διοκλείδας.
χώνὴρ ὄξος ἅπαν, πεινᾶντι δὲ μηδὲ ποτένθῃς.
χαῖρ', ὦ Ἄδων ἀγαπητέ, καὶ ἐς χαίροντας ἀφίκευ.

vor. Aeschyl. Eum. 482. ἀστῶν τῶν ἐμῶν τὰ βέλτατα. Herodot. 6, 100. τῶν Ἐρετριέων τὰ πρῶτα.

9. Id. XX.

Ein Rinderhirt war von einer Städterin, der er einen Kuss angeboten hatte, mit Spott und Verachtung zurückgewiesen worden, weil er ein hässlicher Hirte sei. Im Zorn über das Unrecht, das ihm geschehen, schildert er seine anerkannte Schönheit und zeigt durch Beispiele aus der Mythologie, dass sein Stand denn doch nicht so verachtet sei. — Das Ganze theile folgendermassen ein: 1) 1—18. 2) 19—32. 3) 32—45. Aus dem 2. Theil sieht man, dass der Hirte sich für einen besonders schönen Burschen hielt, und das mag ihm den Muth gegeben haben die Städterin um einen Kuss anzugehen. Der Zorn und der Schmerz um die Zurückweisung kehren am Schlusse eines jeden der 3 Theile wieder. Am Schlusse des ersten Theils weist τὸν χαρίεντα auf den Inhalt des zweiten, und am Schlusse des zweiten βουκόλος auf den Inhalt des dritten Theiles hin. Die Kritik hat nachgewiesen, dass dies Gedicht nicht von Theokrit stammt. Es mangelt ihm die männliche Kraft des Theokrit, der Rinderhirt ist zu weichlich gehalten, die Sprache weicht vielfach von der des Theokrit ab, viele Stellen theokritischer Gedichte sind nachgeahmt. Uebrigens ist das Gedicht nicht ohne Anmuth und ist mit Geschick componirt.

ΒΟΥΚΟΛΙΣΚΟΣ.

Εὐνείκα μ' ἐγέλασσε θέλοντά μιν ἁδὺ φιλῆσαι.
καί μ' ἐπικερτομέοισα τάδ' ἔννεπεν. Ἔρρ' ἀπ' ἐμεῖο.
βουκόλος ὢν ἐθέλεις με κύσαι, τάλαν; οὐ μεμάθηκα
ἀγροίκως φιλέειν, ἀλλ' ἀστικὰ χείλεα θλίβειν.
5 μὴ τύγε μευ κύσσῃς τὸ καλὸν στόμα μηδ' ἐν ὀνείροις.
οἷα βλέπεις· ὁπότ' αὖ λαλέεις, ὡς ἀστικὰ παίσδεις,
ὡς τρυφέρ' αἰκάλλεις. ὡς κωτίλα ῥήματα φράσδεις·
ὡς μαλακὸν τὸ γένειον ἔχεις, ὡς ἀδέα χαίταν.

V. 8. ἀδέα χαίταν; die Femininform ἡδύς auch einmal bei Homer, Od. 12, 369.

χείλεά τοι νοσέοντι, χέρες δέ τοι ἐντὶ μέλαιναι,
καὶ κακὸν ἐξόσδεις. ἀπ' ἐμεῦ φύγε, μή με μολύνῃς.
τοιάδε μυθίζοισα τρὶς εἰς ἑὸν ἔπτυσε κόλπον,
καί μ' ἀπὸ τᾶς κεφαλᾶς ποτὶ τὼ πόδε συνεχὲς εἶδε
χείλεσι μυχθίζοισα καὶ ὄμμασι λοξὰ βλέποισα,
καὶ πολὺ τᾷ μορφᾷ θηλύνετο, καί τι σεσαρὸς
καὶ σοβαρόν μ' ἐγέλασσεν. ἐμοὶ δ' ἄφαρ ἔζεσεν αἷμα,
καὶ χρόα φοινίχθην ὑπὸ τὤλγεος ὡς ῥόδον ἔρσᾳ.
χἃ μὲν ἔβα με λιποῖσα· φέρω δ' ὑποκάρδιον ὀργάν,
ὅττι με τὸν χαρίεντα κακὰ μωμήσαθ' ἑταίρα.
ποιμένες, εἴπατέ μοι τὸ κρήγυον· οὐ καλὸς ἐμμί;
ἆρά τις ἐξαπίνας με θεὸς βροτὸν ἄλλον ἔτευξεν;
καὶ γὰρ ἐμοὶ τὸ πάροιθεν ἐπάνθεεν ἁδὺς ἴουλος
ὡς κισσὸς ποτὶ πρέμνον, ἐμὰν δ' ἐπύκαζεν ὑπήναν,
χαῖται δ' οἷα σέλινα περὶ κροτάφοισι κέχυντο,
καὶ λευκὸν τὸ μέτωπον ἐπ' ὀφρύσι λάμπε μελαίναις·
ὄμματά μοι γλαυκᾶς χαροπώτερα πολλὸν Ἀθάνας,
καὶ δέμας αὖ πακτᾶς λιπαρώτερον, ἐκ στομάτων δέ
ἔρρεέ μοι φωνὰ γλυκερωτέρα ἢ μέλι κηρῶ.
ἁδὺ δέ μοι τὸ μέλισμα, καὶ ἢν σύριγγι μελίσδω,
κἢν αὐλῷ δονέω, κἢν δώνακι, κἢν πλαγιαύλῳ.
καὶ πᾶσαι καλόν με κατ' ὤρεα φαντὶ γυναῖκες,
καὶ πᾶσαί με φιλεῦντι· τὰ δ' ἀστικά μ' οὐκ ἐφίλησεν,
ἀλλ' ὅτι βουκόλος ἐμμί, παρέδραμεν. ἢ οὔποτ' ἀκούει,
χὠ καλὸς ὡς Διὸς υἱὸς ἐν ἄγκεσι πόρτιν ἔλαυνεν;
οὐκ ἔγνω δ', ὅτι Κύπρις ἐπ' ἀνέρι μήνατο βούτᾳ
καὶ Φρυγίοις ἐνόμευσεν ἐν ὤρεσι, καὺ τὸν Ἄδωνιν
ἐν δρυμοῖσι φίλησε καὶ ἐν δρυμοῖσιν ἔκλαυσεν.
Ἐνδυμίων δὲ τίς ἦν; οὐ βουκόλος; ὄντε Σελάνα

V. 11. Siehe zu 6, 39.
V. 18. ἑταίρα, Buhlerin.
V. 27. κηρός. für κηρίον.
V. 29. δονέω. cf. Pind. Nem. 7, 81. θρόον ὕμνων δόνει. Bion 1, 88.
V. 31. τὰ ἀστικά, das städtische Ding, wie τὰ παιδικά.
V. 33. ὁ καλὸς Δ. υἱός, Apollon; er weidete am Ida die Rinder des
 Laomedon (Il. 21. 448.), in Thessalien die Heerden des Admet.
V. 34. ἐπ' ἀνέρι βούτᾳ, Anchises.
V. 35. Adonis, siehe Id. 15.
V. 37. Zu dem in einer Grotte des karischen Berges Latmos in ewigem

βουκολέοντα φίλησεν, ἀπ' Οὐλύμπω δὲ μόλοισα
λάθριος ἂν νάπος ἦλθε καὶ εἰς ὁμὰ παιδὶ καθεῦδε.
40 καὶ τύ, Ῥέα, κλαίεις τὸν βουκόλον. οὐχὶ δὲ καὶ τύ,
ὦ Κρονίδα, διὰ παῖδα βοηνόμον ὄρνις ἐπλάγχθης;
Εὐνείκα δὲ μόνον τὸν βουκόλον οὐκ ἐφίλησεν,
ἁ Κυβέλας κρέσσων καὶ Κύπριδος ἠδὲ Σελάνας.
μηκέτι μηδ', ὦ Κύπρι, τὸν ἁδέα μήτε κατ' ἄστυ
45 μήτ' ἐν ὄρει φιλέοι, μούνη δ' ἀνὰ νύκτα καθεύδοι.

> Schlummer liegenden schönen Endymion (einem Sinnbilde des Schlafes), steigt Selene, die Freundin des Schlummers, allnächtlich herab, um ihn zu küssen und bei ihm zu ruhen.
> V. 40. Rhea Kybele liebte den phrygischen Hirten Atys, hatte aber seine Untreue zu beweinen.
> V. 41. παῖδα βοηνόμον, Ganymedes. s. Pind. Ol. 1. 43.
> V. 44. τὸν ἁδέα, den süssen Geliebten aus der Stadt, sagt der Hirte, im Gegensatz zu sich selbst, der ein hässlicher Hirte von der Städterin genannt worden war.

10. Id. XXVIII.

Dieses liebliche Gedicht ist rein lyrischer Art, in äolischem Dialect (über welchen man s. Einl. zu Alkaios) und choriambischem Vermasse: ⏓⏓‒⏑⏑‒‒⏑⏑‒‒⏑⏑‒⏑
Der Dichter, im Begriffe von Syrakus aus nach Milet zu seinem Freunde Nikias (s. Id. 11.) zu reisen, will der Gattin desselben, Namens Theugenis, einen elfenbeinernen Spinnrocken zum Geschenke mitnehmen. Das Ganze ist eine Apostrophe an den Rocken; der Dichter verbindet mit der Belehrung desselben über seine Bestimmung auf geschickte und anmuthige Weise das Lob der Empfängerin. Theile das Ganze in 1—11. u. 12—25.

ΗΛΑΚΑΤΗ.

Γλαύκας, ὦ φιλέριθ' ἀλακάτα, δῶρον Ἀθανάας
γύναιξιν, νόος οἰκωφελίας αἷσιν ἐπάβολος,
θάρσεισ' ἄμμιν ὑμάρτη πόλιν ἐς Νείλεω ἀγλάαν,

> V. 1. Athene, Erfinderin und Beschützerin weiblicher Arbeiten, als solche Ἐργάνη genannt, 15, 80.
> V. 3 u. 4. ὑμάρτη = ὁμάρτει. — πόλιν Νείλεω, Miletos, dessen Gründer Neileus (Neleus), der Sohn des Kodros, war. Aphrodite, deren Heiligthümer sich besonders an Häfen und am Meeresufer befanden, hatte hier unfern des Meeres einen Tempel, der von Schilf umgrünt war; so gab es auch in Samos einen Tempel der Aphrodite ἐν καλάμοις. ὑπ' Ἀμπέλῳ ist Conjectur von Hartung für das handschriftliche ὑπαπάλω. Ampelos war das südliche, Milet gegenüberliegende Vorgebirg von Samos; zugleich hiess so das ganze, die Insel Samos bildende Gebirg. Strab. 14, 637. — ὅππυι und τυῖδε, vgl. Sapph. 1, 5.

ὅππυι Κύπριδος ἶρον καλάμῳ χλῶρον ὑπ' Ἀμπέλῳ.
τυῖδε γὰρ πλόον εὐάνεμον αἰτήμεθα πὰρ Δίος,
ὅππως ξέννον ἔμον τέρψομ' ἴδων κἀντιφιλήσομαι
Νικίαν, Χαρίτων ἰμεροφώνων ἶερον φύτον,
καὶ σὲ τὰν ἐλέφαντος πολυμόχθω γεγεντμέναν
δῶρον Νικιάας εἰς ἀλόχω χέρρας ὀπάσσομεν,
σὺν τᾷ πόλλα μὲν ἔργ' ἐκτελέσεις ἀνδρείοις πέπλοις,
πόλλα δ' οἷα γύναικες φορέοισ' ὑδάτινα βράκη.
δὶς γὰρ μάτερες ἄρνων μαλάκοις ἐν βοτάνᾳ πόκοις
πέξαιντ' αὐτοένει, Θευγένιδός γ' ἔννεχ' εὐσφύρω·
οὕτως ἀνυσίεργος, φιλέει δ' ὅσσα σαόφρονες.
οὐ γὰρ εἰς ἀκίρας οὐδ' ἐς ἀέργω κεν ἐβολλόμαν
ὀπασσαί σε δόμοις ἀμμετέρας ἔσσαν ἀπὺ χθόνος.
καὶ γάρ τοι πάτρις, ἂν ὠξ Ἐφύρας κτίσσε ποτ' Ἀρχίας
νάσω Τρινακρίας μύελον, ἄνδρων δοκίμων πόλιν.
νῦν μὰν οἶκον ἔχοισ' ἄνερος, ὃς πόλλ' ἐδάη σόφα
ἀνθρώποισι νόσοις φάρμακα λύγραις ἀπαλαλκέμεν,
οἰκήσεις κατὰ Μίλατον ἐράνναν πεδ' Ἰαόνων,
ὡς εὐαλάκατος Θεύγενις ἐν δαμότισιν πέλῃ,
καί οἱ μνᾶστιν ἄει τῶ φιλαοίδω παρέχῃς ξένω.
κῆνο γάρ τις ἐρεῖ τὤπος ἴδων σ'· ἦ μεγάλα χάρις
δώρῳ σὺν ὀλίγῳ· πάντα δὲ τίματα τὰ πὰρ φίλων.

V. 5. Διός. Zeus οὔριος. Od. 15, 475.
V. 7. Νικίαν verbinde mit ἰδών. — Χαρίτων φυτόν. cf. Ibyc. Fr. 5. Bergk. Εὐρύαλε, γλυκέων Χαρίτων θάλος.
V. 9. Νικιάας ἀλόχω. Siehe zu 15, 110. Νικιάας = Νικιαίας, vgl. V. 1. Ἀθανάας.
V. 10. ἀνδρείοις πέπλοις = ἀνδρείους πέπλους; eben solche Accusative sind μαλακοῖς πόκοις V. 12. δόμοις V. 16. νόσοις λυγραῖς V. 20. s. Einl. zu Alkaios.
V. 11. βράκη = ῥάκη. Der Aeolier bezeichnet den Hauch bei ρ durch ein vorgesetztes β. βρόδον = ῥόδον.
V. 12. Ein Wunsch. — Milet, dessen Wolle berühmt war (Virg. G. 3, 307. 4, 334.), trieb starke Schafzucht.
V. 13. πέξαιντο. Der Aor. I. Med. hat nie eine passive Bedeutung. — αὐτοένει, Conjectur Bergks für das gewöhnliche αὐτοετεί, von ἔνος = ἐνιαυτός abzuleiten.
V. 15. ἀκιρός, iners, bequem. — ἐβολλόμαν = ἐβουλόμην.
V. 16. ἔσσαν = οὖσαν. — ἀπύ lesbisch f. ἀπό.
V. 17. Ephyra, der mythische Name von Korinth, von wo aus Archias Ol. 11, 2. Syrakus gründete. Thuc. 6, 3.
V. 22. πέλῃ f. πέλῃς, s. Melinno V. 5.
V. 24. μεγ. χάρις δ. σ. ὀλίγῳ ist aus dem folgenden Satze zu erklären.

II. Bion.

1. Id. I.

Ueber Adonis s. Einl. zu Theokr. 15. In dem Gedichte des Theokrit (V. 100.) singt am ersten Tage der Adonien die Sängerin ein Lied auf den zurückgekehrten Adonis; Bion dichtete, vielleicht mit Rücksicht auf Theokrit, ein Lied für den zweiten Tag der Adonisfeier, auf den gestorbenen Adonis. (Ueber den Tod des Adonis s. Ovid. Met. 10, 710 ff.) — Eintheilung: V. 1—5. Einleitung. Der ruhenden Aphrodite wird der Tod des Adonis gemeldet. V. 6—14. Der im Gebirge an seiner Wunde sterbende Adonis. V. 15—27. Kypris eilt herbei in verzweifelndem Schmerze. V. 28—37. Adonis ist todt, die ganze Natur beklagt ihn und die unglückliche Kypris. V. 38—65. Klagen der Kypris. V. 66—84. Der todte Adonis wird aus dem Gebirge auf das Lager der Kypris gebracht und geschmückt; um ihn trauern die Eroten. V. 85—95. Mit Kypris und den Eroten trauert Hymenaeos, es trauern die Chariten und die Musen. V. 96 u. 97. Schlussverse. Das ganze Gedicht kann in zwei grössere Partien zerlegt werden.

Ahrens theilt das Gedicht folgendermassen ein:
I. 1. Prohymnium V. 1. 2.
   2. Stropha A. V. 3—6. so dass V. 6. das Ephymnium bildet.
   3. Stropha B. 7—15. mit demselben Ephymnium.
   4. Stropha C. 16—28. mit dem Ephymnium αἰαῖ τὰν Κυθ. etc.
   5. Stropha D. 29—62. mit demselben Ephymnium.
II. 1. Antiprohymnium. V. 66.
   2. Antistropha A. 67—77., wonach er einschiebt das Ephymnium αἰαζ᾽ ὢ τὸν Ἄδωνιν, ἐπαιάξοισιν Ἔρωτες.
   3. Antistropha B. 78—84. mit Einschiebung desselben Ephymniums.
   4. Antistropha C. ist ausgefallen, sie schloss mit dem Ephymnium V. 85. αἰαῖ τὰν Κυθέρῃαν etc.
   5. Antistropha D. 56—95.
Siehe die Anm. zu Theokr. Id. 1, 63.

ΕΠΙΤΑΦΙΟΣ ΑΔΩΝΙΔΟΣ.

Αἰάζω τὸν Ἄδωνιν· ἀπώλετο καλὸς Ἄδωνις.
ὤλετο καλὸς Ἄδωνις, ἐπαιάζοισιν Ἔρωτες.

V. 1. αἰάζω τὸν Ἄδ. Bei dem Adonisfeste riefen die klagenden Weiber: αἶ αἶ τὸν Ἄδωνιν. Der Tod des Adonis wurde gemeldet mit den Worten: ὤλετο καλὸς Ἄδωνις. Ahrens schreibt hier, wie in den folgenden Intercalarversen: αἰαζ᾽ ὢ τὸν Ἄδ. und ἐπαιάξοισιν Ἔρωτες, weil in derartigen Versen durchgängig der Imperativ gebräuchlich sei; das Futur ἐπαιάξοισι steht dann statt eines Imperativs. — ἐπαιάζοισιν. cf. Il. 22, 429. ὣς ἔφατο κλαίων, ἐπὶ δὲ στενάχοντο πολῖται. ib. 515. 24, 746 ff.

μηκέτι πορφυρέοις ένὶ φάρεσι, Κύπρι, κάθευδε·
ἔγρεο δειλαία κυανόστολε καὶ πλατάγησον
στήθεα καὶ λέγε πᾶσιν· ἀπώλετο καλὸς Ἄδωνις. 5
Αἰάζω τὸν Ἄδωνιν· ἐπαιάζοισιν Ἔρωτες.
κεῖται καλὸς Ἄδωνις ἐν ὤρεσι μηρὸν ὀδόντι,
λευκὸν μηρὸν ὀδόντι τυπείς, καὶ Κύπριν ἀνιῇ
λεπτὸν ἀποψύχων· τὸ δέ οἱ μέλαν εἴβεται αἷμα
χιονέας κατὰ σαρκός, ὑπ' ὀφρύσι δ' ὄμματα ναρκῇ, 10
καὶ τὸ ῥόδον φεύγει τῶ χείλεος· ἀμφὶ δὲ τήνῳ
θνάσκει καὶ τὸ φίλημα, τὸ μήποτε Κύπρις ἀνοίσει.
[Κύπριδι μὲν τὸ φίλημα καὶ οὐ ζώοντος ἀρέσκει,
ἀλλ' οὐκ οἶδεν Ἄδωνις, ὅ νιν θνάσκοντ' ἐφίλησεν.]
Αἰάζω τὸν Ἄδωνιν· ἐπαιάζοισιν Ἔρωτες. 15
ἄγριον ἄγριον ἕλκος ἔχει κατὰ μηρὸν Ἄδωνις·
μεῖζον δ' ἁ Κυθέρηα φέρει ποτικάρδιον ἕλκος.
κεινὸν μὲν περιπολλὰ φίλοι κύνες ὠρύονται
καὶ Νύμφαι κλαίοισιν Ὀρειάδες· ἁ δ' Ἀφροδίτα
λοσαμένα πλοκαμῖδας ἀνὰ δρυμὼς ἀλάληται 20
πενθαλέα νήπαστος ἀσάνδαλος, αἱ δὲ βάτοι νιν
ἐρχομέναν κείροισι καὶ ἱερὸν αἷμα δρέπονται·
ὀξὺ δὲ κωκύοισα δι' ἄγκεα μακρὰ φορεῖται,
Ἀσσύριον μαιῶσα πόσιν καὶ πολλὰ καλεῦσα.
ἀμφὶ δέ μιν μέλαν εἷμα παρ' ὀμφαλὸν αἰωρεῖται, 25
στήθεα δ' ἐκ χειρῶν φοινίσσεται, οἱ δ' ὑπὸ μαζοὶ
χιόνεοι τὸ πάροιθεν Ἀδώνιδι πορφύρονται.
Αἰαῖ τὰν Κυθέρηαν, ἐπαιάζοισιν Ἔρωτες.
ὤλεσε τὸν καλὸν ἄνδρα, συνώλεσεν ἱερὸν εἶδος.
Κύπριδι μὲν καλὸν εἶδος, ὅτε ζώεσκεν Ἄδωνις· 30

V. 12. ἀνοίσει, aus der Unterwelt. cf. Od. 11, 625.
V. 13 u. 14. sind unächt; sie passen nicht in den Zusammenhang, da
  Aphrodite erst später mit Adonis zusammentrifft. ὅ dass, gleich
  ὅτι. Hom. Il. 19, 421. Siehe V. 57.
V. 17. φέρει ποτικάρδιον ἕλκος, cf. Theokr. 20, 17.
V. 21. νήπαστος = ἄπαστος. Fasten ist bei dem Schmerze gewöhnlich.
  Il. 19, 346. Od 4, 788. Hom. Hymn. Cerer. 49. 201. Vgl. ferner
  Soph. O. C. 348.
V. 24. μαιῶσα, μαιάω = μαίομαι, ζητῶ.
V. 25. Siehe zu Theokr. 15, 134.
V. 27. Ἀδώνιδι, dem Ad. zu Ehren, cf. Alkaios 1, 1.

κάτθανε δ' ά μορφά σὺν Ἀδώνιδι. τὰν Κύπριν αἰαῖ
ὤρεα πάντα λέγοντι καὶ αἱ δρύες αἰαῖ Ἄδωνιν,
καὶ ποταμοὶ κλαίοισι τὰ πένθεα τᾶς Ἀφροδίτας,
καὶ παγαὶ τὸν Ἄδωνιν ἐν ὤρεσι δακρύοντι·
35 πάντας ἀνὰ κναμώς, ἀνὰ πᾶν νάπος οἰκτρὰ ἀηδών
αἰάζει νέον οἶτον· ἀπώλετο καλὸς Ἄδωνις.
[Ἀχὼ δ' ἀντεβόασεν· ἀπώλετο καλὸς Ἄδωνις.]
 Κύπριδος αἰνὸν ἔρωτα τίς οὐκ ἐκλαύιεν αἰαῖ;
ὡς ἴδεν, ὡς ἐνόησεν Ἀδώνιδος ἄσχετον ἕλκος,
40 ὡς ἴδε φοίνιον αἷμα μαραινομένῳ περὶ μηρῷ,
πάχεας ἀμπετάσασα κινύρετο· μεῖνον Ἄδωνι,
δύσποτμε μεῖνον Ἄδωνι, πανύστατον ὥς σε κιχείω,
ὥς σε περιπτύξω καὶ χείλεα χείλεσι μίξω.
ἔγρεο τυτθόν, Ἄδωνι, τὸ δ' αὖ πύματόν με φίλησον.
45 τοσσοῦτόν με φίλησον, ὅσον ζώει τὸ φίλημα,
ἄχρις ἀπὸ ψυχᾶς ἐς ἐμὸν στόμα κεἰς ἐμὸν ἧπαρ
πνεῦμα τεὸν ῥεύσῃ, τὸ δέ σευ γλυκὺ φίλτρον ἀμέλξω,
ἐκ δὲ πίω τὸν ἔρωτα, φίλημα δὲ τοῦτο φιλήσω
ὡς σ' αὐτὸν τὸν Ἄδωνιν, ἐπεὶ σύ με, δύσμορε, φεύγεις,
50 φεύγεις μακρόν, Ἄδωνι, καὶ ἔρχεαι εἰς Ἀχέροντα
πὰρ στυγνὸν βασιλῆα καὶ ἄγριον· ἀ δὲ τάλαινα
ζώω καὶ θεός ἐμμι, καὶ οὐ δύναμαί σε διώκειν.
λάμβανε, Περσεφόνα, τὸν ἐμὸν πόσιν· ἐσσὶ γὰρ αὐτά
πολλὸν ἐμεῦ κρέσσων, τὸ δὲ πᾶν καλὸν ἐς σὲ καταρρεῖ.
55 ἔμμι δ' ἐγὼ πανάποτμος, ἔχω δ' ἀκόρεστον ἀνίαν,
καὶ κλαίω τὸν Ἄδωνιν, ὅ μοι θάνε, καὶ σεσόβημαι.
θνάσκεις, ὦ τριπόθητε· πόθος δέ μοι ὡς ὄναρ ἔπτη.

V. 35. οἰκτρὰ ἀηδών. cf. Soph. Ai. 629. οἰκτρᾶς γόον ὄρνιθος ἀηδοῦς.
 Die Nachtigall (Aëdon) beklagt ihren von ihr gemordeten Sohn
 Itylos (Hom. Od. 19, 518 ff.); jetzt aber singt sie ein neues Klage-
 lied. οἶτος = θρῆνος, cf. Simonid. 2, 3.
V. 38. κλαυίω, äol. f. κλαίω.
V. 48. Moschos 3, 69. ἁ Κύπρις φιλέει σε πολὺ πλέον ἢ τὸ φίλημα, τὸ
 πρώαν τὸν Ἄδωνιν ἀποθνάσκοντα φίλησε.
V. 53. αὐτά, an und für sich; jetzt ist durch den Schmerz all ihre
 Kraft gebrochen.
V. 54. καταρρεῖ. cf. Theokr. 1, 5.
V. 57. τριπόθητε. cf. Theokr. 15, 86. — πόθος, die Liebe statt des
 Gegenstandes derselben.

χήρα δ' ά Κυθέρηα, κενοὶ δ' ἀνὰ δώματ' Ἔρωτες.
σοὶ δ' ἅμα κεστὸς ὄλωλε. τί γάρ, τολμαρέ, κυναγεῖς;
καλὸς ἐὼν τί τοσοῦτον ἐμήναο θηρὶ παλαίειν;   60
ὧδ' ὀλοφύρατο Κύπρις· ἐπαιάζοισιν Ἔρωτες·
αἰαῖ τὰν Κυθέρηαν, ἀπώλετο καλὸς Ἄδωνις.
[δάκρυα δ' ά Παφίη τόσσ' ἐκχέει, ὅσσον Ἄδωνις
αἷμα χέει· τὰ δὲ πακτὰ ποτὶ χθονὶ γίνεται ἄνθη.
αἷμα ῥόδον τίκτει, τὰ δὲ δάκρυα τὰν ἀνεμώναν.]   65
 Αἰάζω τὸν Ἄδωνιν· ἀπώλετο καλὸς Ἄδωνις.
μηκέτ' ἐνὶ δρυμοῖσι τὸν ἀνέρα μύρεο, Κύπρι.
οὐκ ἀγαθὰ στιβάς ἐστιν Ἀδώνιδι φυλλὰς ἐρήμα·
λέκτρον ἔχοι, Κυθέρηα, τὸ σὸν νῦν λέκτρον Ἄδωνις.
καὶ νέκυς ὢν καλός ἐστι, καλὸς νέκυς, οἷα καθεύδων.   70
κάτθεό νιν μαλακοῖς ἐνὶ φάρεσιν εὖ ἐνιαύεν,
τοῖς μετὰ σεῦ ἀνὰ νύκτα τὸν ἱερὸν ὕπνον ἐμίχθη,
παγχρύσῳ κλιντῆρι· ποθεῖ καὶ στυγνὸν Ἄδωνιν.
βάλλε δέ νιν στεφάνοισι καὶ ἄνθεσι· πάντα σὺν αὐτῷ,
ὡς τῆνος τέθνακε, καὶ ἄνθεα πάντα μαράνθην.   75
ῥαῖνε δέ μιν Συρίοισιν ἀλείφασι, ῥαῖνε μύροισιν.
ὀλλύσθω μύρα πάντα, τὸ σὸν μύρον ὤλεθ', Ἄδωνις.
κέκλιται ἁβρὸς Ἄδωνις ἐν εἵμασι πορφυρέοισιν·

V. 58. κενός, μάταιος, *inutilis*.
V. 59. κεστός, der Gürtel der Aphrodite, der alle Anmuth in sich schliesst. Hom. Il. 14, 214 ff.
V. 61. Ahrens schreibt für ἐπαιάζοισιν: ἐπαύτησαν, damit auf ὀλοφύρατο ein Praeteritum folge.
V. 62. bildet den Abschluss des ersten Haupttheils des Gedichtes, daher sind V. 63—65. hier unpassend. Für die Interpolation spricht auch der Gebrauch von Παφίη, das so alleinstehend erst von sehr späten Dichtern gebraucht worden ist, und der Umstand, dass nach den gewöhnlichen Sagen die Anemone aus dem Blute des Adonis (Ov. Met. 10, 728 ff.), die Rose aus dem Blute der Aphrodite entstanden sein soll.
V. 67. weist zurück auf V. 3.
V. 68. die Blätter der Wildniss sind kein gutes Lager für Adonis; λέκτρον ἔχοι, und zwar τὸ σὸν λέκτρον.
V. 69. Theokr. 15, 125 ff.
V. 73. ποθεῖ sc. ὁ κλιντήρ.
V. 75. βαίνω, dahingehen, sterben, Soph. Phil. 494. — μαράνθην, äol. Inf. für μαρανθῆναι statt eines Imperativs.
V. 77. μύρον gebrauchen spätere Dichter für jede Art von Liebreiz.

ἀμφὶ δέ μιν κλαίοντες ἀναστενάχοισιν Ἔρωτες,
80 κειράμενοι χαίτας ἐφ' Ἀδώνιδι· χὠ μὲν ὀϊστώς,
ὃς δ' ἐπὶ τόξον ἔβαιν', ὃς δ' ἐπτέρνισδε φαρέτραν,
χὠ μὲν ἔλυσε πέδιλλον Ἀδώνιδος, οἳ δὲ λέβητ' ἐς
χρύσειον φορέοισιν ὕδωρ, ὃ δὲ μηρὸν ἰαίνει,
ὃς δ' ὄπιθεν πτερύγεσσιν ἀναψύχει τὸν Ἄδωνιν.
85 Αἰαῖ τὰν Κυθέρηαν, ἐπαιάζοισιν Ἔρωτες.
ἔσβεσε λαμπάδα πᾶσαν ἐπὶ φλιαῖς Ὑμέναιος,
καὶ στέφος ἐξεχέδασσε γαμήλιον. οὐκέτι δ' Ὑμάν
Ὑμὰν οὐκέτ' ἀεὶ δονέει μέλος, ἀλλ' ἐπαείδει
αἰαῖ καὶ τὸν Ἄδωνιν ἔτι πλέον ἢ Ὑμέναιον. .
90 αἱ Χάριτες κλαίοντι τὸν υἱέα τῷ Κινύρᾳ,
ὤλετο καλὸς Ἄδωνις, ἐν ἀλλήλαισι λέγοισαι.
αἰαῖ δ' ὀξὺ λέγοντι πολὺ πλέον ἢ Παιῶνα,
χαὶ Μοῖσαι τὸν Ἄδωνιν, ἀνακλείοισι δ' Ἄδωνιν
καί μιν ἐπαείδοισιν· ὁ δέ σφισιν οὐκ ἐπακούει.
95 οὐ μὰν οὐκ ἐθέλει, Κώρα δέ μιν οὐκ ἀπολύει.
Λῆγε γόων, Κυθέρηα, τὸ σάμερον, ἴσχεο κομμῶν·
δεῖ σε πάλιν κλαῦσαι, πάλιν εἰς ἔτος ἄλλο δακρῦσαι.

V. 78. weist zurück auf V. 7—79 ff. cf. Hom. Od. 24, 44 ff.
V. 80 u. 81. Die Eroten lassen ihren Groll aus an den Waffen des Ad.,
die ihn ins Verderben gebracht. ἐπὶ gehört auch zu ὀϊστώς. cf.
Anakreont. 13, 5.
V. 90. Kinyras, Vater des Adonis (κινύρομαι V. 41). Siehe zu Tyrt. 3, 6.
V. 92. Παιῶνα. Die mit Apollon eng verbundenen Musen singen wohl
am liebsten den apollinischen Päan.
V. 93. ἀνακλείω = ἀνακαλέω, heraufrufen aus der Unterwelt. Dies
geschah durch Zaubergesänge, ἐπῳδαῖς, daher ἐπαείδοισιν. Aeschyl.
Ag. 1020. τίς ἂν πάλιν ἀγκαλέσαιτ' ἐπαείδων.

2. Id. IV.

Ἰξευτὰς ἔτι κῶρος ἐν ἄλσεϊ δενδράεντι
ὄρνεα θηρεύων τὸν ὑπόπτερον εἶδεν Ἔρωτα
ἑσδόμενον πύξοιο ποτὶ κλάδον· ὡς δ' ἐνόησε,
χαίρων ὤνεκα δὴ μέγα φαίνετο τὤρνεον αὐτῷ,
5 τὼς καλάμως ἅμα πάντας ἐπ' ἀλλάλοισι συνάπτων
τᾷ καὶ τᾷ τὸν Ἔρωτα μετάλμενον ἀμφεδόκευε.
χὠ παῖς ἀσχαλάων, ὅκα οἱ τέλος οὐδὲν ἀπάντη,

τὼς καλάμως ῥίψας ποτ' ἀροτρέα πρέσβυν ἵκανεν,
ὅς νιν τάνδε τέχναν ἐδιδάξατο, καὶ λέγεν αὐτῷ,
καί οἱ δεῖξεν Ἔρωτα καθήμενον. αὐτὰρ ὁ πρέσβυς 10
μειδιάων κίνησε κάρη καὶ ἀμείβετο παῖδα·
φείδεο τᾶς θήρας, μηδ' ἐς τόδ' ἔτ' ὄρνεον ἔρχευ.
φεῦγε μακράν. κακόν ἐστι τὸ θηρίον. ὄλβιος ἐσσῇ,
εἰσόκε μή μιν ἕλης· ἢν δ' ἀνέρος ἐς μέτρον ἔλθῃς,
οὗτος ὁ νῦν φεύγων καὶ ἀπάλμενος αὐτὸς ἀφ' αὑτῶ 15
ἐλθὼν ἐξαπίνας κεφαλὰν ἔπι σεῖο καθιξεῖ.

V. 16. wie ein zahmer Vogel.

3. Id. V.

Ἁ μεγάλα μοι Κύπρις ἔθ' ἡβώοντι παρέστα,
νηπίαχον τὸν Ἔρωτα καλᾶς ἐκ χειρὸς ἄγοισα
ἐς χθόνα νευστάζοντα, τόσον δέ μοι ἔφρασε μῦθον·
μέλπειν μοι, φίλε βοῦτα, λαβὼν τὸν Ἔρωτα δίδασκε.
ὣς λέγε· χἀ μὲν ἀπῆλθεν, ἐγὼ δ' ὅσα βουκολίασδον, 5
νήπιος ὡς ἐθέλοντα μαθεῖν τὸν Ἔρωτ' ἐδίδασκον,
ὡς εὗρεν πλαγίαυλον ὁ Πάν, ὡς αὐλὸν Ἀθάνα,
ὡς χέλυν Ἑρμάων, κιθάραν ὡς ἄνυσ' Ἀπόλλων.
ταῦτά νιν ἐξεδίδασκον· ὁ δ' οὐκ ἐμπάζετο μύθων,
ἀλλά μοι αὐτὸς ἄειδεν ἐρωτύλα, καί μ' ἐδίδασκεν 10
θνατῶν ἀθανάτων τε πόθους καὶ ματέρος ἔργα.
κἠγὼν ἐκλαθόμαν μὲν ὅσων τὸν Ἔρωτ' ἐδίδασκον,
ὅσσα δ' Ἔρως μ' ἐδίδαξεν ἐρωτύλα πάντ' ἐδιδάχθην.

Cf. Anacreonteum 9.
V. 1. ἔθ' ἡβώοντι lesen wir mit Hermann (Hartung ἐφηβώοντι) statt des Handschriftlichen ἔθ' ὑπνώοντι. Der Dichter erzählt keinen Traum, sondern fingirt eine wirkliche Begebenheit. Doch scheint den corrupten Worten ein Verb zu Grunde zu liegen, das singen (εὖ ὑμνείοντι?) bedeutet, so dass Kypris durch den Gesang herbeigezogen worden wäre.
V. 3. ἐς χθόνα νευστάζοντα. Eros erheuchelt Scheu vor dem künftigen Lehrer.

4. Id. VI.

Ταὶ Μοῖσαι τὸν Ἔρωτα τὸν ἄγριον οὐ φοβέονται,
ἐκ θυμῶ δὲ φιλεῦντι καὶ ἐκ ποδὸς αὐτῷ ἕπονται.

κῆν μὲν ἄρα ψυχάν τις ἔχων ἀνέραστον ἀείδῃ,
τῆνον ὑπεκφεύγοντι καὶ οὐκ ἐθέλοντι διδάσκειν·
ἢν δὲ νόον τις Ἔρωτι δονεύμενος ἁδὺ μελίσδῃ,
ἐς τῆνον μάλα πᾶσαι ἐπειγόμεναι προρέοντι.
μάρτυς ἐγών, ὅτι μῦθος ὅδ' ἔπλετο πᾶς ἄρ' ἀληθής.
ἢν μὲν γὰρ βροτὸν ἄλλον ἢ ἀθάνατόν τινα μέλπω,
βαμβαίνει μοι γλῶσσα καὶ ὡς πάρος οὐκέτ' ἀείδει·
10 ἢν δ' αὖτ' ἐς τὸν Ἔρωτα καὶ ἐς Λυκίδαν τι μελίσδω,
καὶ τόκα μοι χαίροισα διὰ στόματος ῥέει ᾠδά.

Der Grundgedanke, wie in dem vorigen.
V. 10. Lykidas, der Geliebte des Dichters.

III. Moschos.

1. Id. I.

ΕΡΩΣ ΔΡΑΠΕΤΗΣ.

Ἁ Κύπρις τὸν Ἔρωτα τὸν υἱέα μακρὸν ἐβώστρει·
εἴ τις ἐνὶ τριόδοισι πλανώμενον εἶδεν Ἔρωτα,
δραπετίδας ἐμός ἐστιν· ὁ μανυτὰς γέρας ἑξεῖ
μισθός τοι τὸ φίλαμα τὸ Κύπριδος· ἢν δ' ἀγάγῃς νιν,
5 οὐ γυμνὸν τὸ φίλαμα, τὺ δ', ὦ ξένε, καὶ πλέον ἑξεῖς.
ἔστι δ' ὁ παῖς περίσαμος· ἐν εἴκοσι πᾶσι μαθῇσῃ.
χρῶτα μὲν οὐ λευκός, πυρὶ δ' εἴκελος· ὄμματα δ' αὐτῷ
δριμύλα καὶ φλογόεντα· κακαὶ φρένες, ἁδὺ λάλημα·
οὐ γὰρ ἴσον νοέει καὶ φθέγγεται· ὡς μέλι φωνά,
10 ἐν δὲ χολὰ νόος ἐστίν· ἀνάμερος, ἠπεροπευτάς,
οὐδὲν ἀλαθεύων, δόλιον βρέφος, ἄγρια παίσδων.
εὐπλόκαμον τὸ κάρανον, ἔχει δ' ἰταμὸν τὸ πρόσωπον.
μικκύλα μὲν τήνω τὰ χερύδρια, μακρὰ δὲ βάλλει,
βάλλει κῆς Ἀχέροντα καὶ εἰς Ἀίδεω βασιλῆα.
15 γυμνὸς μὲν τόγε σῶμα, νόος δέ οἱ εὖ πεπύκασται.
καὶ πτερόεις ὡς ὄρνις ἐφίπταται ἄλλον ἐπ' ἄλλῳ
ἀνέρας ἠδὲ γυναῖκας, ἐπὶ σπλάγχνοις δὲ κάθηται.
τόξον ἔχει μάλα βαιόν, ὑπὲρ τόξῳ δὲ βέλεμνον,
τυτθὸν μὲν τὸ βέλεμνον, ἐς αἰθέρα δ' ἄχρι φορεῖται.

καὶ χρύσεον περὶ νῶτα φαρέτριον, ἔνδοθι δ' ἐντί 20
τοὶ πικροὶ κάλαμοι, τοῖς πολλάκι κἠμὲ τιτρώσκει.
πάντα μὲν ἄγρια ταῦτα· πολὺ πλεῖον δ' ἔτι πάντων ·
βαιὰ λαμπὰς ἐοῖσα, τᾷ Ἄλιον αὐτὸν ἀναίθει.
ἢν τύγ' ἕλῃς τῆνον, δήσας ἄγε μηδ' ἐλεήσῃς.
κἢν ποτ' ἴδῃς κλαίοντα, φυλάσσεο μή σε πλανήσῃ. 25
κἢν γελάῃ, τύ νιν ἕλκε. καὶ ἢν ἐθέλῃ σε φιλᾶσαι,
φεῦγε· κακὸν τὸ φίλαμα, τὰ χείλεα φάρμακόν ἐντι.
ἢν δὲ λέγῃ, „λαβὲ ταῦτα, χαρίζομαι ὅσσα μοι ὅπλα",
μὴ τὺ θίγῃς πλάνα δῶρα· τὰ γὰρ πυρὶ πάντα βέβαπται.

Siehe Meleag. Epigr. 1, 1. — V. 1—6. denen entsprechen V. 24—29. dazwischen V. 7—17. und 18—23.

2. Id. V.

Τὰν ἄλα τὰν γλαυκὰν ὅταν ὤνεμος ἀτρέμα βάλλῃ,
τὰν φρένα τὰν δειλὰν ἐρεθίζομαι, οὐδ' ἔτι μοι γᾶ
ἐστὶ φίλα, ποθίει δὲ ποτὶ πλόον ἅ με γαλάνα.
ἀλλ' ὅταν ἀχήσῃ πολιὸς βυθός, ἁ δὲ θάλασσα
κυρτὸν ἐπαφρίζῃ, τὰ δὲ κύματα μακρὰ μεμύκῃ, 5
ἐς χθόνα παπταίνω καὶ δένδρεα, τὰν δ' ἅλα φεύγω,
γᾶ δέ μοι ἀσπαστὰ χἀ δάσκιος εὔαδεν ὕλα,
ἔνθα καὶ ἢν πνεύσῃ πολὺς ὤνεμος, ἁ πίτυς ᾄδει.
ἦ κακὸν ὁ γριπεὺς ζώει βίον, ᾧ δόμος ἁ ναῦς,
καὶ πόνος ἐστὶ θάλασσα, καὶ ἰχθύες ἁ πλάνος ἄγρα. 10
αὐτὰρ ἐμοὶ γλυκὺς ὕπνος ὑπὸ πλατάνῳ βαθυφύλλῳ,
καὶ παγᾶς φίλ' ἐμοὶ τᾶς ἐγγύθεν ἄχον ἀκούειν,
ἃ τέρπει ψοφέοισα τὸν ἄγριον, οὐχὶ ταράσσει.

Es spricht ein Landmann oder ein Hirte. Die Hauptbegriffe in dem Gedichte sind die Gefahr des Meeres und die Sicherheit und Anmuth des Landes.

V. 1. Die in diesem Verse hervorzuhebenden Begriffe liegen in γλαυκὰν und ἀτρέμα.

V. 4 u. 5. stehen entgegen dem V. 1., absichtlich zwei Verse einem einzelnen. In demselben Verhältnisse stehen V. 6—8. zu 2 u. 3. ferner 11—13. zu 9. u. 10.

V. 13 u. V. 8. weisen auf einander hin.

Wenn man dies Gedicht in kleinen vierzeiligen gereimten Strophen ins Deutsche übertragen wollte, wie viel Strophen müsste es geben und wie wären die Gedanken zu vertheilen?

IV. Meleagros.
ΕΙΣ ΤΟ ΕΑΡ.

Χείματος ἠνεμόεντος ἀπ' αἰθέρος οἰχομένοιο,
πορφυρέη μείδησε φερανθέος εἴαρος ὥρη.
γαῖα δὲ κυανέη χλοερὴν ἐστέψατο ποίην,
καὶ φυτὰ θηλήσαντα νέοις ἐκόμησε πετήλοις.
5 οἱ δ' ἁπαλὴν πίνοντες ἀεξιφύτου δρόσον Ἠοῦς
λειμῶνες γελόωσιν, ἀνοιγομένοιο ῥόδοιο.
χαίρει καὶ σύριγγι νομεὺς ἐν ὄρεσσι λιγαίνων,
καὶ πολιοῖς ἐρίφοις ἐπιτέρπεται αἰπόλος αἰγῶν.
ἤδη δὲ πλώουσιν ἐπ' εὐρέα κύματα ναῦται
10 πνοιῇ ἀπημάντῳ Ζεφύρου λίνα κολπώσαντες.
ἤδη δ' εὐάζουσι φερεσταφύλῳ Διονύσῳ
ἄνθεϊ βοτρυόεντος ἐρεψάμενοι τρίχα κισσοῦ.
ἔργα δὲ τεχνήεντα βοηγενέεσσι μελίσσαις
καλὰ μέλει, καὶ σίμβλῳ ἐφήμεναι ἐργάζονται
15 λευκὰ πολυτρήτοιο νεόρρυτα κάλλεα κηροῦ.
πάντη δ' ὀρνίθων γενεὴ λιγύφωνον ἀείδει,
ἀλκυόνες περὶ κῦμα, χελιδόνες ἀμφὶ μέλαθρα,
κύκνος ἐπ' ὄχθαισιν ποταμοῦ, καὶ ὑπ' ἄλσος ἀηδών.
εἰ δὲ φυτῶν χαίρουσι κόμαι καὶ γαῖα τέθηλεν,
20 συρίζει δὲ νομεὺς καὶ τέρπεται εὔκομα μῆλα,
καὶ ναῦται πλώουσι, Διώνυσος δὲ χορεύει,
καὶ μέλπει πετεεινὰ καὶ ὠδίνουσι μέλισσαι,
πῶς οὐ χρὴ καὶ ἀοιδὸν ἐν εἴαρι καλὸν ἀεῖσαι;

Anthol. Pal. IX, 363. — 6 zweizeilige Strophen, 2 dreizeilige, 1 fünfzeilige. Nach den Gedanken zertheile folgendermassen: 1—6. 7—12. 13—18. 19—23. Der letzte Theil fasst die vorhergehenden zusammen und enthält im letzten Verse den Hauptgedanken. V. 19 = 1—6. V. 20 und 21 = 7—12. V. 21 = 13—18.

V. 2. πορφύρεος, ἀγλαός, *splendidus*, s. zu Pind. Nem. 11, 28. Horat. Od. 4, 1, 10. *purpurei olores*.
V. 3. ἐστέψατο ποίην, bekränzt, schmückt sich mit Gras.
V. 13. βοηγενέεσσι μελ. Man glaubte, die Bienen seien aus verwesenden Stierkörpern entstanden. s. Virg. Georg. 4, 549 ff.
V. 15. κάλλεα, kunstvolle Arbeit; λευκὰ κάλλεα κηροῦ, die kunstvoll gearbeitete Honigscheibe aus weissem Wachse, νεόρρυτα, gefüllt mit frisch gesammeltem, reichlich strömendem Honig.
V. 19. χαίρουσι, fröhlich sprossen. *laetae segetes*, Virg. Georg, 1, 1.
V. 22. ὠδίνουσι, fleissig arbeiten. Nonnus nennt die Honigscheiben σοφῆς μελίσσης δαιδαλέην ὠδῖνα πολυτρήτοιο λοχείης.

www.ingramcontent.com/pod-product-compliance
Lightning Source LLC
Chambersburg PA
CBHW021154230426
43667CB00006B/392